부의 창조
히든 스토리

60세에 시작해도 부자 되는 투자법

부의 창조 히든 스토리: 60세에 시작해도 부자 되는 투자법
어린이를 평생 주식 부자로 키우는 투자 비법 있다!

초판 1쇄 발행 2023년 9월 14일

지은이 손대식
펴낸이 장길수
펴낸곳 지식과감성#
출판등록 제2012-000081호

교정 정은솔
디자인 정윤솔
편집 정윤솔
검수 주경민, 이현
마케팅 김윤길

주소 서울시 금천구 벚꽃로298 대륭포스트타워6차 1212호
전화 070-4651-3730~4
팩스 070-4325-7006
이메일 ksbookup@naver.com
홈페이지 www.knsbookup.com

ISBN 979-11-392-1287-7(03320)
값 36,000원

- 이 책의 판권은 지은이에게 있습니다.
- 이 책 내용의 전부 또는 일부를 재사용하려면 반드시 지은이의 서면 동의를 받아야 합니다.
- 잘못된 책은 구입하신 곳에서 바꾸어 드립니다.

지식과감성#
홈페이지 바로가기

Omnibus Edition

부의 창조
히든 스토리

60세에 시작해도 부자 되는 투자법

50년 투자 경력, 30년 재테크 연구
저자 **손대식 PD**
(前 KBS 시사교양전문 프로듀서)

新 싸이클
펜타곤 투자법
투자 순환도

③ 달러
② 아파트 ④ 예금
① 주식 ⑤ 국채

재테크 대상 5대 자산인
주식 | 아파트 | 달러 | 예금 | 국채 간의
新 싸이클 투자법을 통해
부를 창조하는 완벽한 투자기법인
펜타곤 투자법과 Hidden Story들

지식과감정#

부제 **어린이를 평생 주식 부자로
키우는 투자 비법 있다!**

재테크로 새로운 부를 창조해 내지 못하면 부자가 될 수는 없다

은행들이 신용창조로 돈을 불려 가듯이 투자자들 누구나 은행처럼 부의 창조가 가능할까?

펜타곤(Pentagon) 투자법을 따르면 누구나 가능하다!
중앙은행은 시중은행들에게 시중에 돈을 공급하게끔 본원통화(종잣돈)를 은행에게 공급한다. 은행들은 신용창조를 통해 보통 고객들이 맡긴 예금액의 9배 정도를 고객들에게 융자해 준다.

그리하여 은행들은 예금 이자의 9배 이상을 매년 벌어들인다. 이렇게 은행들이 예금액의 9배 정도의 돈을 창조해 내는 것을 은행의 신용창조라고 한다.

신용창조 총액은 공식으로는 $\frac{C(1-r)}{r}$ 로 표현한다. 지급준비율은 나라에 따라 예금의 종류에 따라 다른데, 예로 든 것은 지급분비율을 10%로 생각해 본 사례지만 실제로는 이보다 훨씬 더 낮다. 따라서 시중의 돈들은 거의 다 신용으로 만들어진 장부상으로만 존재하는 돈인 것이다.

통화량이란 현금통화와 신용통화를 합친 것이므로 통화량이 늘어나려면 신용창조, 즉 대출이 늘어나야 되는데 경제위기 등으로 대출 회수 가능성이 줄어들어 고객을 믿지 못하게 되면 은행은 대출을 못 하게 되므로 결국에는 유동성이 확 줄어든다.

즉, 신용통화가 증발해 신용경색이 일어난다. 신용경색이 일어나면 주식과 부동산이 급락하는 것은 당연하다. 은행이 융자를 해 주지 않아 시중의 돈이 확 줄어들기 때문이다.
중앙은행에서 공급한 돈이 은행 시스템을 통해 자동적으로 9배씩 창조되는 것과 같으므로 사람들은 이 은행 시스템을 자본주의 3대 발명품 중의 하나라고 한다.

펜타곤(Pentagon) 투자법에 따라 투자하면 은행처럼 매년은 아니지만, 10년에 10배 정도의 부는 충분히 창조해 낼 수 있다. 사업을 하거나 의사, 변호사 등 전문직으로 돈을 많이 벌어도 이 돈을 자본으로 새로운 부를 창조해 내지 못하면 부자가 될 수는 없다!

자기가 고유 업무로 번 돈을 단순히 모으기만 해서 부자가 된 사람은 재테크 전문가 입장에서 보면 부자가 되었다고 말하기엔 어딘가 좀 어색하다.

부자가 되었다고 말하려면 은행들이 신용창조로 매년 9배 이상의 부를 창조해 내듯이 번 돈을 기초 자본으로 새로운 부를 창조해야 부자가 되었다고 말할 수 있다.

주식, 아파트, 달러, 예금, 국채의 5가지 재테크 대상 자산을 펜타곤(Pentagon) 투자법에 따라 5단계로 차례대로 순환 투자를 해야만 10년에 10배~최대 18배 정도의 부를 창조해 낼 수 있다.

그동안 전문 투자자들도 재테크 기본 원칙에 관해서 거꾸로 알고 있거나 제대로 모르고 있던 숨겨진 이야기들을 모아 제대로 정리하였다.

부의 창조에 가장 큰 영향을 미치는 것은 달러 환율과 이자율이다. 유감스럽지만 이제는 가계 기업 정부의 과다한 부채와 인구 문제, 소구형 주택담보대출 등으로 한국을 포함한 전 세계는 일본처럼 장기간 지속되는 롱텀 디플레이션을 면할 길이 없다.

롱텀 디플레이션이 본격화되면 우리가 보아 왔던 매번의 불경기(숏텀 디플레이션) 때와는 투자법을 완전히 달리해야 투자에 성공할 수 있다. 보통의 불경기와 롱텀 디플레이션을 어떻게 구분하여야 하며 투자법은 어떻게 다른가를 최초로 자세히 설명한다.

앞으로는 롱텀 디플레이션 투자법을 모르면 부를 창조하기는커녕 일본인들처럼 완전히 망하게 된다. 기존의 투자법과는 정반대로 투자해야 하기 때문이다.

저자는 1960년대의 빈곤한 국가의 모든 발전과 같이 출발해 개발도상국을 거쳐 선진국이 되는 과정에서 모든 것을 경험했다. 한국의 주식, 아파트, 달러, 예금과 국채를 통한 재테크 방법과 경제 발전에 따른 한국의 경제·사회 변화 과정을 한 사람의 사회인으로, 언론인으로 다 같이해 왔다.

그리하여 저자의 50년간의 생생한 경험을 30년간 꼼꼼하게 생각하고 정리하여 그 내용들을 이론화한 것들이다.
따라서 본 저서의 투자법은 경제가 발전해 나가는 어느 나라에서나 언제든 쓸모 있는 재테크 스토리와 투자 지침서가 될 수 있을 것이다.

그동안 가장 잘못 알려진 것은 주식이나 아파트에 장기 투자 하면 누구나 부자가 된다는 주장이다. 그러나 사실 주식이나 아파트에 장기 투자 하면 누구나 다 망한다.

망할 수밖에 없는 이유를, 즉 경제 순환 사이클과 올바른 대책을 알기에 기존에 잘못 알려진 투자법을 재정리하여 부자가 되는 투자기법인 펜타곤 투자법을 안내한다. 어린아이도 은퇴자도 평생 부자로 사는 투자법이다.

돈은 항상 이동하는 길이 있고 순서가 있다. 특히 미국과 여타 나라는 길과 순서가 다르다는 사실도 이번에 알아야 한다. 돈을 벌려면 항상 메인스트림을 따라야 한다.

본 저서를 통하여 부자가 되기 위한 기술, 부를 창조하는 기술, 그동안 일반인들이 몰랐거나 반대로 알고 있었던 재테크 기법, 주로 매크로(Macro)투자법에 관해 숨겨진 Hidden Story들을 눈치 보지 않고 하나하나 공개한다.

투자에 성공하려면, 즉 새로운 부를 창조하려면 순환 투자의 정석인 펜타곤(Pentagon) 투자법을 꼭 먼저 알아야 한다. 이 펜타곤 투자법은 국내에서는 물론 해외거주 750만 교포들도 현지 투자 시에 지키기만 하면 반드시 성공 투자에 이르는 투자법이다. 본 저서를 재테크 기본서로 삼아 수 차례 읽고 읽어 체화하면 반드시 부를 창조할 수 있다.

마치 고교 시절 정통 종합영어 한 권을 기본서로 삼아 수십 번 읽고 읽어 쌓은 영어실력을 평생 써먹은 것처럼…. 이 투자기법들은 어찌 보면 공개하기 아까운 내용들로 자식들에게만 전해 주고 싶은 재테크 비밀수첩 속의 숨겨뒀던 내용들이다.

주.아.달.예.국 경제연구소
2023년 9월

일러두기

첫째, 이 한 권의 책으로 주식 투자, 아파트 투자, 달러 투자, 예금 투자, 국공채 투자 요령을 한꺼번에 다 읽을 수 있습니다.
또한 이 5가지 투자대상 자산 즉 주식, 아파트, 달러, 예금, 국채의 5가지 자산의 상호 관계와 투자 순서, 투자 요령을 동시에 익히지 않으면 제대로 된 부를 창조할 수 없기에 반드시 같이 이해해야 합니다.
돈은 항상 이익을 좇아 주식, 아파트, 달러, 예금, 국채 사이를 순환하므로 환율이나 금리에 맞춰 그때 그때 투자 대상 자산을 순서에 맞춰 변경하지 않으면 손실과 이익이 크게 달라집니다. 따라서 매번 순환 매매를 해야 합니다.

재테크에서는 이것이 가장 중요합니다.
한 가지 자산만 고집하여 계속해서 머무르면 큰 손실을 보게 됩니다. 따라서 이들 5가지 재테크 대상 5가지 투자수단을 다 이해하고 순환 투자 법칙인 펜타곤(Pentagon) 투자법의 관점에 따라 반드시 순서에 맞춰 순환 매매를 해야 재테크로 크게 성공하여 부를 창조하는 수준에 이르게 됩니다.

둘째, 이 책은 옴니버스 구성(Omnibus Edition) 방식으로 편집·저술되었습니다.
이 편집 방법은 관련 정보를 한꺼번에 많이 제공할 수 있는 장점이 있습니다.

셋째, 저자도 다른 책의 독자이기에 그동안 책을 읽으면서 불편했던 점들을 개선하였습니다.
줄을 비교적 자주 바꿔 눈의 피로도와 독서 시의 답답함을 줄여 가독성(legibility)을 높였습니다.

넷째, 컴퓨터 시대에 맞춰 들여쓰기를 하지 않았습니다.

다섯째, 기존 이론과는 다른 새로운 재테크 이론과 그동안 독자들이 생각하지도 못했던 내용이 많아 중요한 내용은 요소 요소에 가끔 반복 설명하여 잊지 않도록, 즉 시간이 지나더라도 기억이 잘 나도록 편저하였습니다.

그리고 본 저서에서 인용한 수치들은 2023년 8월 현재 미연준 및 한국에서 시행 중인 실제 수치들입니다.
그리고 내년 이전에라도 달라질 수 있는 수치들임에도 그대로 인용해서 설명한 이유는 이론상의 상황이 아니라 실제적이고 구체적인 데이터로 설명해서 이해도를 더욱 높이고자 함입니다.

세월이 좀 지나서 책에서 인용한 수치가 구체적으로 달라지면 그에 맞춰 다른 수치들도 연쇄적인 변화가 될 것입니다. 따라서 수치가 변하면 이를 반영하여 책 내용에 반영 이해하여야 합니다.

많은 도움이 되기를 기원합니다.

주.아.달.예.국 경제연구소
2023년 9월

목차

재테크로 새로운 부를 창조해 내지 못하면 부자가 될 수는 없다   4
일러두기   9

제1부

프롤로그   19

챕터 1)   주식이나 아파트에 장기 투자 하면 누구나 다 망하는 이유   25

챕터 2)   월급쟁이나 가난뱅이가 부자 되는 방법   37

챕터 3)   펜타곤(Pentagon) 투자법을 제대로 활용해야 부자가 된다
(각국의 무역 의존도와 경기 흐름과 시세의 흐름을
꿰뚫는 투자법)   45

챕터 4)   아파트 상승 시기, 반등 시기와 꼭대기 포착 요령   73

챕터 5)   난 아파트만 해, 친구에게   78

챕터 6)   주식 투자를 안 하면 더 가난해지는 이유   84

챕터 7)   금은 안전자산이 아니다   92

챕터 8)   국채도 항상 안전자산은 아니다   103

챕터 9)   전문가도 오해하고 있는 인플레이션 시의 부동산 투자 요령   124

챕터 10)   마이너스 금리는 무엇인가?   129

제2부
인플레이션(숏텀 디플레이션) 시대의 투자법

(1) 펜타곤(Pentagon) 투자법 1단계: 주식 투자　　　　134
　　주식 투자 단답형 궁금증　　　　　　　　　　　　　135

챕터 11) 대박을 노리는 자는 우량주에 투자하지 마라　　　137
챕터 12) 한국에서는 가치주에 투자하지 마라　　　　　　　144
챕터 13) 꼭대기와 바닥 100% 맞추기 비법　　　　　　　　149
챕터 14) 항상 주도주를 사야 하는 이유　　　　　　　　　　156
챕터 15) 신고가, 상한가, 신규주에 주목하라!　　　　　　　161
챕터 16) 주식은 끊임없이 오른다 But, 지금은 아니다　　　165

(2) 펜타곤(Pentagon) 투자법 2단계: 아파트 투자　　　　174
　　아파트 투자 단답형 궁금증　　　　　　　　　　　　　175

챕터 17) 과거에는 부동산은 Good, 주식은 No Good　　　177
챕터 18) 더 이상 토지 신화, 대박 신화는 없다　　　　　　182
챕터 19) 토지 상승 3×3×3 법칙을 활용하라　　　　　　　189
챕터 20) 부동산끼리도 순환 주기가 있다　　　　　　　　　193
챕터 21) 주식이건 부동산이건 파는 자가 부자가 되는 법은 없다, But…197
챕터 22) 롱텀 디플레이션 시에는 주식, 아파트 등
　　　　　모든 자산이 평균적으로 80~90%나 폭락한다　　204

(3) 펜타곤(Pentagon) 투자법 3단계: 달러로 교체 투자	210
달러로 교체 투자 단답형 궁금증	211

챕터 23) 고환율 정책과 저환율 정책의 수혜자는 다르다	213
챕터 24) 다이아몬드(Diamond) 달러 투자기법을 응용하여 단기간에 부를 창조한다	220

(4) 펜타곤(Pentagon) 투자법 4단계: 예금 투자	232
예금 투자 단답형 궁금증	233

챕터 25) 정기예금에서도 4~5%는 벌 수 있다	235

(5) 펜타곤(Pentagon) 투자법 5단계: 국채 투자	240
국채 투자 단답형 궁금증	241

챕터 26) 국고채 투자가 유리한 점	243
챕터 27) 금리에 따른 실제 국채 투자 요령	245
챕터 28) 기준 금리가 최고점일 때가 국고채 투자 최적기가 되며, 개략적으로 2024년 12월 이후가 아닐까 한다	250
챕터 29) 이론상 국고채의 가격 폭등 한도	255
챕터 30) 채권 시세 예측 Case Study	258
챕터 31) 실제 시장에서의 국고채 평가 시의 한도 가격	260
챕터 32) 국채보다 더 좋은 맥쿼리인프라 펀드의 가격 예측	262
챕터 33) 채권 투자로 대박을 맞은 사례	264

(6) 펜타곤(Pentagon) 투자법: 이론 검증 268
펜타곤 투자법의 실제적 검증(2017년 5월 이후~) 269

제3부
롱텀 디플레이션 시대의 투자학

인버스 시대의 투자학 281

챕터 34) 롱텀 디플레이션의 원인… 284

챕터 35) 디플레이션을 숏텀·롱텀 디플레이션으로
반드시 구분해야 하는 이유 294

챕터 36) 디플레이션의 징후 포착법 297

챕터 37) 롱텀 디플레이션이 되면 달러와 금은 폭락한다 316

챕터 38) 롱텀 디플레이션은 절호의 공매도 기회다 321

챕터 39) 아베노믹스(Abenomics)는 성공했다,
이제 일본을 살 때이다! 324

제4부

심심풀이 경제 이야기들 335

챕터 40) 화무십일홍(花無十日紅), 중국에 속은 세계 경제 343

챕터 41) 재테크 방법은 미국 안에 사느냐, 밖에 사느냐에 따라 다르다 354

챕터 42) 빌딩 사는 연예인들 잘하는 걸까?	360
챕터 43) 재미난 대박 이야기	371
챕터 44) 투자할 돈이 없어서 투자를 못 한다?	378
챕터 45) 제대로 된 레버리지(Leverage) 투자법	381
챕터 46) 남의 위기는 나의 기회다	390
챕터 47) 한국에는 재테크 전문가가 없다?	394
챕터 48) Believables & Unbelievables	401
챕터 49) 稅테크 못하면 앞으로 남고, 뒤로 밑진다	428
챕터 50) 금리 하락과 금리 인하를 구분하라	434
챕터 51) 펀드 No, ETF Yes! 새로운 위험 분산 투자기법 ETF	437
챕터 52) 펀드와 ETF, 보험, 연금 투자 요령	441

제5부

Tips & Tips	449
한 줄짜리 정보지만 책 한 권을 읽어야 얻는 고급 정보들	450

마치면서…	456

부록

부록 1) 60세에 시작해도 부자 되는 투자법 (어린이를 평생 주식 부자로 키우는 투자법 있다!)	469
부록 2) 노부부가 1억으로 10년을 넉넉하게 사는 투자법 있다!	492
부록 3) 통일 시 재테크 요령	496

제1부

프롤로그

1975년, 그러니까 대학 2학년 때 주식 투자에 나선 이후 약 50년간 수많은 실패와 몇 번의 성공을 거두었지만 저자는 부자가 되지 못했다. 하지만 가난뱅이가 되지도 않았음을 다행스럽게 생각한다.

그러나 내가 경험했고 이제야 완벽에 가깝게 정리한, 내가 겪어 온 5대 자산(주식, 아파트, 달러, 예금, 국채) 간 돈의 흐름의 법칙을 거시적으로 꿰뚫어 보는 펜타곤(Pentagon) 투자법으로 총정리하였다. 보다 많은 투자자들이 투자에 성공하여 부를 창조할 수 있도록 책으로 내기로 하였다.

은행들은 여러 사람들이 예금한 돈들을 모아 약 10% 정도의 지불 준비금을 남겨 두고 개인이나 기업에게 돈을 빌려주고 돈을 벌어들인다. 보통 예금액의 9배의 레버리지 대출을 해 준다.

100만 원의 돈이 예금 총액이라면 10만 원을 혹 예금을 인출하러 오는 고객을 위해 남겨 두고 나머지 돈의 9배를 빌려준다. 90만 원/0.1만큼 돈을 빌려준다. 이것이 신용창조를 통해 은행이 900만 원을 빌려주는 은행 시스템이다. 이러한 은행의 기능을 신용창조라고 한다.

따라서 이만큼 이득이 큰 기업과 산업은 없다. 그러기에 은행업은 반드시 정부의 허가를 받아야 하는 산업이며, 각종 규제 속에서 해야 하는 기업이다.

이들 은행의 신용창조처럼 투자자들도 막대한 부를 창조해 낼 방법을 자세히 정리하는 것이 이 책의 목표이다. 또한 스테디셀러로 인정받고 많은 투자자들이 부를 창조해 넉넉히 사는 길을 안내하는 것도 이 책의 목표이다. 시중에는 수많은 재테크 책들이 백가쟁명식으로 각자의 주장을 해 대지만 저자가 50년간 연구하고 체험해 본 바에 의하면 여태까지 시중에는 제대로 된 재테크 책은 없다고 보는 것이 맞다.

저자가 1952년생이므로 한국이 아주 가난했던 시절부터 현재까지 경제 발전, 사회 발전 과정을 고스란히 경험하며 살아왔고, 언론인으로 취재하며 진실에 접근하고 경험하였다. 어느 나라 어느 사회이든 발전하려면 우리나라와 저자가 경험했던 과정이나 절차를 거의 그대로 밟게 된다.

로스토우의 경제 발전 5단계설이란 것이 있지만 어느 사회나, 정치 발전 5단계나 사회 발전 5단계설도 존재한다고 보는 것이 저자의 생각이다. 즉, 한국의 경제·사회 발전 상황과 돈의 흐름도 재테크 기법을 정리하는 데에 큰 영향을 끼쳤다.

가장 효과적인 부의 창조 방법은 경기의 흐름에 따라 돈을 자연스럽게 재테크 대상 5가지 자산, 즉 주식, 아파트, 달러, 예금과 국채에 순서대로 돈을 순환 투자 하여야 한다는 것이다. 이 점이 기존의 재테크 책들과 완전히 다르기 때문에 이 책이 탄생된 것이다.

그래서 이 책은 5대 재테크 대상 자산인 주식, 아파트, 달러, 예금, 국채 간 돈의 흐름으로 꿰뚫어 보는 펜타곤(Pentagon) 투자법이라고 한 줄로 요약할 수 있다. 돈은 이익을 좇아 반드시 흐르는 길과 순서가 있다.

이 길, 즉 돈이 반드시 흐르는 재테크 사이클에 맞춰 투자하면 10년에 최대 16배, 평균 약 10배 정도로 자금을 불릴 수 있다. 바로 이렇게 은행이 신용창조를 통해 돈을 만들어 내듯이 돈을 창조하는 것과 같은 효과를 거둘 수 있다.

즉 투자를 통해서도 부의 창조가 가능하다. 5가지의 재테크 대상 자산을 순환시켜 가면서 매 자산마다 두 배씩 부를 창조해 가는 투자법이다.

만약 아파트만을 투자 대상으로 삼는 투자자라면 보통 10년이 걸리는 한 번 경기 순환 과정(One Business Cycle)에서 최대한 얻을 수 있는 수익의 1/5밖에 돈을 벌지 못한다는 사실을 알아야 한다.

결국 이 방법은 참으로 어리석은 투자 방법인 것이다. 주식만을 투자 수단으로 삼거나 달러, 예금, 국채 등 5가지 투자 대상 자산 중 한 가지만을 투자 수단으로 삼아도 마찬가지로 바보 투자자가 되는 것이다.

먼저, 기존의 재테크 책들은 주식 투자에 관한 책은 주식 투자기법 등만을 설명하고 부동산 투자 재테크 책은 부동산으로 돈을 버는 방법만을 설명한다. 나머지 재테크 책들도 각각 한 분야만 소개한다.

그러나 돈은 항상 수익이 많은 곳으로 흐른다. 주식이 수익이 많을 때에는 거의 모든 돈이 주식으로 몰리고 아파트가 수익이 많을 때에는 모든 돈이 아파트로 몰리는 것이 너무나 당연하지 않겠는가?

둘째, 왜 재테크는 주식에서 출발하여야 하고, 때가 되면 주식을 팔고 아파트로 자금을 옮겼다가 달러, 예금, 국채의 순서로 차례대로 순환 투자 과정을 거쳐야 하는가를 설명한다. 이렇게 자산별로 순환 투자 하면 이익이 더블에 더블로 급증하고 투자해 놓은 자산을 장기 보유 하기만 하면 재산 가치는 절반 이하로 추락하기 때문이다.

셋째, 주식이 먼저 오르기 시작한 후 6개월이 지나면 아파트가 상승을 시작한다. 그러나 상승 각도가 주식이 훨씬 크다는 사실도 알아야 한다. 그 증거와 이유를 제시한다.

넷째, 부를 창조해 줄 대상은 사실상 주식과 아파트가 주 대상이며 나머지 달러와 예금, 국채는 평상시에는 투자 대상도 아니다. 따라서 주식이나 아파트로 부자가 되는 방법, 즉 부의 창조 기법을 정리하여 안내한다.

다섯째, 가장 중요한 사실은 주식이나 아파트 등 5가지 투자 대상 자산 중 어디에라도 장기 투자 하면 누구나 다 망한다는 사실이다.

순환 투자 재테크 법칙을 따르기에는 바쁘거나 다소 복잡해서 이를 준수하지 못할 사람도 있다. 이런 사람들을 위한, 즉 게으른 투자자들을 위한 재테크 방법으로 평생 동안 평균 이상의 수익을 볼 주식 투자 이론을 부록으로 제공한다.

이는 맘 놓고 아이를 주식 부자로 키우는 요령과 정년퇴직 후에도 맘 놓고 주식 투자로 부를 늘려 가는 방법이 된다.

여러 권의 책을 써 왔지만 그동안의 내용들 중에서 주요 내용만을 뽑아 부를 창조하고픈 사람들이 꼭 알아 둬야 할 **히든 스토리**를 좀 더 쉽고 간편하게 재정리해야겠다는 생각이 끊임없이 생겨났다.
사람들은 왜 꼭 재테크를 해야 하며, 이 재테크를 통해서 부를 창조하기 위한 생각과 기법 중에서 투자자들이 거꾸로 알고 있는 것과 제대로 그 이유조차 모르는 것들, 왜 재테크로는 부를 창조하지 못하는지, 왜 소문과는 달리 장기 투자를 하면 누구나 다 실패하는지 등을 바르게 정리해 주고 싶었다.

저자도 언론인으로 직장 생활을 하며 약 50년간 재테크를 해 왔으나 뚜렷한 이유도 없이 때론 투자에 실패하였고 때론 성공했다. 그 이유를 이제야 제법 명확히 알게 되어 책으로 총정리를 하게 됨을 기쁘게 생각한다.

또 저자의 이론에 따라 저자는 부동산 급락기에 맞춰 일부를 처분하여 따뜻한 노후를 보내게 된 것에 감사한다. 저자의 마지막 저서가 될 《부의 창조 히든 스토리: 60세에 시작해도 부자 되는 투자법》에서는 일반인들은 그들의 생각과는 달리 항상 재테크에서 틀리는 이유들을 히든 스토리(Hidden Story)로 정리한다.

참고로 제1권 《자식들에게만 전해주는 재테크 비밀수첩》(2018.1.2. 초판 발행)에서 총 4권까지 예측한 그대로를 되돌아보면, 2017년 5월에 시작된 경기 순환과 함께 주식 투자를 시작하여 이번 경기 순환 시에 주식 시장의 끝은 예측대로 2021년 6월이었고, [그림 22]의 수직점선⑥의 주택지수처럼 아파트 경기의 끝은 예측한 대로 6개월 뒤인 2021년 12월이었다.

이렇게 주식과 아파트의 하락을 연도와 월까지 정확히 맞춘 것에 저자 스스로도 놀라움을 금치 못한다. 이에 자신감을 얻어 재테크 대상 5대 자산을 주식-아파트-달러-예금-국채의 순서대로 투자해야 대박 투자가 되는 결과를 독자들과 같이 공유하고자 한다. 이를 펜타곤(Pentagon) 투자법이라 명명하며 정리하였다.

저자는 2017년 5월에 시작된 이번의 경기 순환 과정은 처음부터 똑똑히 경험하고 있다. 앞으로도 이 펜타곤 투자법은 어느 나라에서나 어느 때에나 똑같은 95% 이상의 적중률을 나타낼 것을 의심치 않는다.

그 이유는 모든 나라의 경기 순환의 시작은 각국의 무역 의존도에 맞춰서 시작되고 돈은 이익을 좇아 움직이는 순서와 길이 있기 때문이다. 항상 이 순서와 길에 맞춰 투자를 해야 성공할 수 있다.

주.아.달.예.국 경제연구소
2023년 9월 판교에서

챕터 1) 주식이나 아파트에 장기 투자 하면 누구나 다 망하는 이유

전문가라는 사람들은 누구나 주식이나 아파트에 장기 투자만 하면 다 성공하여 부자가 되는 것처럼 말한다. 하지만 이건 사실이 아니다. 주식이나 아파트 등에 단순히 장기 투자만 하면 오히려 누구나 다 망하는 게 사실이다!

정확히 말해서 주식에 장기 투자 해서 돈 번 사람은 거의 없다. 기업의 오너들은 영원히 회사 주식을 팔지 못하므로 강제적인 장기 투자로 부자가 될 수 있다. 주식은 물론 아파트, 달러, 예금, 국채의 5가지 재테크 대상 자산 중 어느 한 가지 자산에만 계속 장기 투자 하면 누구나 다 망한다.

즉, 부자가 되려면 누구나 펜타곤(Pentagon) 투자법(1회 투자 기간 약 10년 소요)에 따라 자산 간 순환 투자 순서에 맞춰 교체 투자를 반드시 해야 한다. 본 저서에서는 이 순환 투자법을 검증하면서 설명한다.

경제는 정부의 경기 정책이나 자율적 반락에 의해서 강제로 순환되기 때문에 재테크 대상 5대 자산인 주식, 아파트, 달러, 예금, 국채 중 한 가지 재산에만 장기 투자 하면 누구나 다 망하는 것이다. 모든 자산은 상승기를 지나서 순환 투자 차례가 다음 자산으로 넘어가면 이미 올랐던 투자 자산의 가격은 다시 제자리를 향해 급격히 내려간다.

5가지 재테크 대상 자산 중 주식이 가장 먼저 오르고 그다음 6개월 후에 아파트가 오르기 시작한다. 잘 오르던 주식이 어느 날 갑자기 폭락을 시작하고 바닥을 헤매던 달러는 돌연 급등을 시작한다. 하지만 아파트는 아직도 오르고 있다. 이제는 주식을 팔고 달러를 사야 하는 때가 된 것을 알고 순서에 맞춰 주식을 팔고 달러를 사야 한다.

아파트는 아직도 6개월간은 급등할 시간이 남아 있는 것이다. 그래서 아파트를 급등 시세 중간에 팔고 달러로 교체 매매를 할 것인지, 그냥 두었다가 팔고 바로 예금으로 갈 것인지를 결정해야 할 때가 오는 것이다. 이제 곧 기준금리 인상으로 예금 이자가 급등할 차례가 오기 때문이다.

보통 기준금리 고점의 7개월 뒤에 예금 금리 고점이 뒤따른다. 이번 기준 금리 인상기에는 2023년 7월까지 이미 22배(2,200%)나 올렸어도 일반인들의 기대와 달리 아직도 미국의 예금 금리는 최고치가 아니라는 뜻이다. 즉, 금년 12월쯤이 은행 예금 금리가 최고 이자일 가능성이 크다는 뜻이다.

투자자들은 시중 금리의 이런 시차를 사이클에 맞춰서 재산을 전부 주식-아파트-달러-예금-국채 순서로 옮겨 가야 하는 것이다. 이 순서에 맞춰 재테크 대상 5대 자산을 순환 투자 하지 않으면 대세 상승기 동안 올랐던 주식과 아파트, 달러 등은 다시 거의 제자리를 찾아가게 된다.

기업에도 인간 세상처럼 생로병사, 흥망성쇠, 즉 인플레 시대를 지나 숏텀, 롱텀 디플레이션이 주기적으로 찾아오기 때문에 그냥 한 가지 재산에서 장기 투자만 한다면 다 망하는 것이다. 결국 이 5가지 재테크 대상 재산에 투자할 시기와 다음 자산으로 순환시킬 시기만 알면 사실상 재테크는 끝이다.

그동안 장기 주식 투자, 장기간의 아파트 투자 등 재테크로 항상 망한 이유는 올랐던 자산 가격이 경기 변동에 따라 다시 가격이 폭락했기 때문이었다.

[그림 1]은 42년간 우리나라의 코스피 지수이다. 경기 하강기엔 아무리 좋은 주식도 50~90%까지 단기간에 폭락한다.

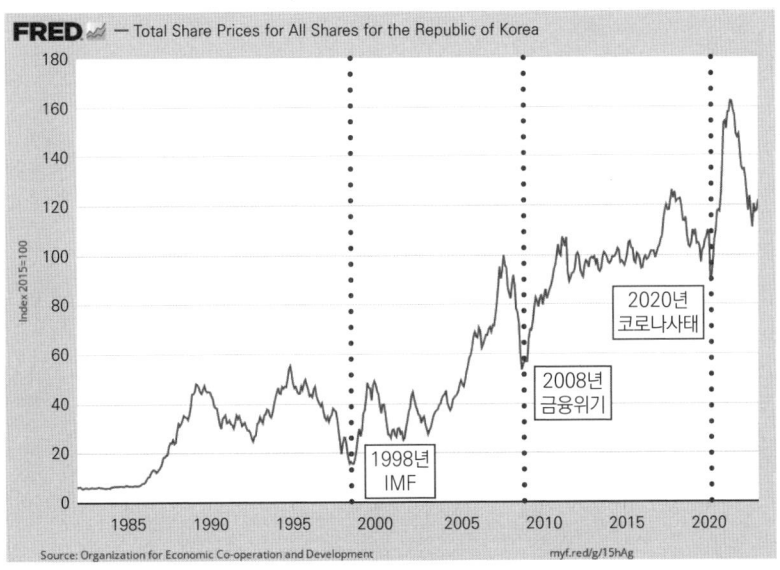

[그림 1] 한국의 42년간(1982.1.1.~2023.3.1.) 코스피 지수[1]

---

1   자료출처 FRED, https://fred.stlouisfed.org에서 인용

1998년 IMF, 2008년 금융위기, 2020년 코로나 사태 등으로 인한 큰 폭의 가격 변동 폭을 보라! 1982년에 사서 2023년에 팔면 지수가 올랐으니까 누구나 부자가 된다고 전문가들은 그렇게 말해 왔다.

42년간 같은 주식을 가지고 있을 사람은 기업의 오너 외에는 아무도 없을 것이고 최저점에 사서 최고점에 팔 사람은 더욱더 없다. 아파트도 마찬가지이다. [그림 2]는 한국의 41년간 주택지수이다.

아파트만을 그래프화한 게 아니라 한국의 모든 주거용 주택의 상승률과 하락률을 그래프화한 것이다. 1998년 IMF 당시의 주택 가격 변동, 2020년 코로나 사태 등 눈으로 일견해도 확연히 드러나는 기간들의 주택 가격 변동률을 보라.

[그림 2] 한국의 41년간(1982.1.1.~2022.10.1.) 주택지수

어느 동네, 어느 주택 기준이 아니라 우리나라 모든 주거용 주택 가격의 평균 변동률을 그래프화한 것이기에 이상해 보이지만 모두 사실이다.

이렇게 가격 변동률, 즉 가격 변동 폭이 큰데 단순히 장기 보유만 하면 부자가 되겠는가? 천만의 말씀이다.
주식 가격이 오르내리듯 아파트 가격도 똑같이 오르내린다. 언제 오르고 언제 내리는가? 오르고 내리는 등락률은 얼마나 되나? 반등은 언제 시작되며 언제 끝나나? 등을 전부 알 수 있다.

이에 대처할 기법을 펜타곤(Pentagon) 투자법을 통해 독점적으로 전해 줄 수 있다! 2~3번 정독하면 누구나 얻어 갈 수 있다. 아파트를 단순히 장기 보유 하면 부가가 된다? 지나고 나서 그래프로 확인해 보니 그렇게 될 것 같지만 주식처럼 최고점에 사서 최저점에 파는 경우가 더 많다. 모두가 욕심 때문이다.

경기 급강하나 정부 규제 등으로 가장 가격이 쌀 때 많은 사람들이 팔아야만 하는 위기가 같이 동시에 닥치는 것이다. 그래서 어려울 때에는 누구나 보유할 수 없기 때문에 결국 바닥에서 투매하게 된다. 결국에 매수 가격보다도 더 싸게 팔게 되어 오히려 더 크게 망하는 것이다.

호경기, 불경기에 따라 아파트도 30~40%의 가격 변동은 기본이다. 기나긴 세월 동안 직접 투자하고, 경험하고 연구해 최종적으로 결론에 이른 것은 단순한 장기 투자자는 결국에는 누구나, 언제나 다 몰락한다는 사실이었다.

이를 반대로 활용하여 부자가 되는 방법들을 찾기 위해, 저자는 50년간의 투자 경험과 그동안 연구된 모든 재테크 기법들을 다 모으고 미시·거시경제, 경영학, 회계학, 재무관리학, 법학, 철학 등을 융합해서 연구 분석해 보니 망하지 않고 부자가 되는 방법이 비로소 몇 년 전부터 가능해졌다는 걸 알게 되었다.

시중에는 별의별 주식 투자기법으로 빌딩 투자, 아파트 투자, 연립주택 투자 등으로 대성공했다는 사람들의 자랑이 넘쳐 나지만 이들은 전부 광고이며, 광고들의 99.9%는 거짓말들이다.

둘째로, 미국인들이 쓴 투자서는 미국 밖에서는 가장 중요한 부분이 현실과 맞지 않는다. 그런데 모두 이에 따라 투자하고 자금을 회수한다.

달러와의 교체 투자가 필수라는 저자의 펜타곤(Pentagon) 투자법을 그들은 적용할 수 없다. 왜냐하면 그들에게 달러는 재산 증식이 거의 안 되는 현금이고 다른 나라에서는 달러가 가장 중요한 재산 중의 재산이기 때문이다. 달러와 주식의 단순 교체 투자를 통해서도 순식간에 자산을 4~8배로 불릴 수 있다. 따라서 그들은 이 기법을 설명하지도 않는다.

즉, 워런 버핏도 따른다는 하워드 막스 등 미국인이 쓴 순환 투자 관련 재테크 책들은 미국을 제외한 국가에서는 맞지 않는다는 사실을 먼저 알아야 한다. 코스톨라니의 달걀 이론도 물론 현실과는 맞지 않는다.

경험상 한국 주식 시장은 10년에 한 번씩 주도주를 중심으로 코스피 지수가 대폭 오른다. 주도주는 3~4년간 오르며, 상승 폭은 보통 4~20배다. 경기 진정을 위한 금리 인상, 자율반락 등으로 주도주가 꺾이면서 달러는 급등하고 주가는 폭락하면서 주식의 대세 상승은 끝난다. 아파트가 꺾인 후 6개월 후에는 아파트도 폭락세로 돌아선다.

그러나 주식이나 아파트의 대세 상승이 끝났다고 해서 재테크가 끝난 것이 아니다. 이제야 본격적으로 시작하는 것인데 사람들은 여전히 주식이나 아파트에 집중하고 있는 것이 여태까지의 재테크 방법이었다. 즉, 평생 동안 주식이나 아파트에 매달리는 투자였다.

이렇게 미국식 재테크 방법, 즉 미국의 재테크 책은 여기에서 그냥 끝난다. 펜타곤 투자법은 이것이 크게 잘못된 재테크 방법이었다는 것을 알려 준다.

주식 시장이 대세 상승을 주도하는 기간은 약 2년이며 그 후에는 주식이나 아파트를 팔고, 달러를 샀다가 팔고, 그다음으론 예금을 했다가 국채까지 투자를 해 놓고 불경기가 끝나기를 기다려야 한 번의 투자가 끝나는 것이다.

그 후 미국 경기가 좋아지면 다시 주식 투자에 나서야 하는 것이다. 이것이 한 번의 투자이며 이것이 한 번의 경기 순환 변동에 맞춘 투자이다. 이렇게 경기 순환에 따라 돈이 움직이는 길이 생겨나므로 투자자는 당연히 돈이 움직이는 이 길을 따라 투자를 계속 해야 하는 것이다.

항상 주가지수가 꼭대기일 때, 달러 가격은 최저가 된다. 달러 가격이 최고일 때 주가지수와 경기는 최저 바닥이 된다.

32년간 한국을 분석한 결과이다. 따라서 틀릴 가능성은 5% 내외에 불과하다.

사람의 욕심은 무한하므로 모든 투자자는 주도주만을 매매하고 싶어 하고 한 번 주도주의 화려함에 취한 사람은 주도주가 폭락을 해도 팔지 못하고 또 오를 것으로 생각하기 쉽다.

하지만 다우를 초장기로 해서 주도주의 변화 등을 분석한 결과 한번 주도주로 나섰던 주식이나 업종이 다시 주도주가 될 확률은 12.5%에 불과하다는 사실이다.

따라서 이 사실도 대세 하락과 함께 주식을 팔고 다음 투자 대상 자산으로 순환 매매에 나서야 한다는 것을 말해 준다고 할 수 있다.

이전에 화려했던 건설주, 증권주, 은행주 등 트로이카주의 몰락을 보라! IT주, 조선주, 풍력주, 태양광주 등을 몇 년 이상 장기간 보유했다면 이미 10분의 1 가격이다! 대폭락한다.

어쭙잖은 재테크 전문가라는 사람들 말 믿고 단순히 주식에 장기 투자를 하면 전부 폭삭 망한다는 사실을 꼭 알아야 한다. 주식은 당연히 다음 순환 투자 대상 자산인 아파트나 달러로 순환 매매를 해야 한다.

그다음에는 예금이나 국채로 순환 매매를 해 줘야 한다. 이렇게 순서에 맞춰 다음 자산으로 순환 매매를 하지 않으면 폭삭 망한다는 사실이다.

그 이유는 주식 시장은 몇 년 사이에 주도산업들이 이미 경쟁이 극심한 업종이나 산업이 되는 것 때문이다. 그리고 주식 판 돈을 아파트나 달러, 예금, 국채로 순환 투자를 해야 하는 이유는 경기 변동에 따라 환율도 변하고 이자율도 변하기 때문이다. 환율이나 이자에 따라서 자산 자격은 급등하거나 급락한다는 것은 누구나 아는 사실이다.

그래서 주식 시장의 대세 상승장이 끝나면 반드시 주식 시장을 완전히 떠나 아파트-달러-현금-국채의 순서대로 펜타곤(Pentagon) 빅 사이클 순환 투자법에 맞춰 한 바퀴 자금을 돌리거나 최소한 인버스 상품으로 바꿔 줘야 하는 것이다.

순환 매매도 하지 않는 이런 이유 때문에, 그동안 전문가들의 주식 투자 성적은 원숭이보다도 못 한 것이다.

또한 재테크라는 학문이 없기도 하거니와, 경영학 박사든 경제학 박사든 증권사 직원이든 애널리스트든 별도로 재테크를 공부하거나 경험을 쌓지 않으면 그들의 투자 결과도 개미 투자자들보다 나을 게 없다는 것이다.

개미 투자자 입장에서는 그나마 다행인 셈이다. 즉, 별도로 재테크를 공부하거나 경험하지 않는다면 누구에게나 기회는 동등하다.

이 사실과 투자법을 익힌 이상 이제는 전문가들의 거짓 안내에 속고, 스스로의 투자 심리에 속아서 실패하면 안 된다.

보통의 불경기(숏텀 디플레이션)나 롱텀 디플레이션이 왔을 때, 개미들은 버티고 버티다가 결국에는 가장 쌀 때 팔게 된다.

그 이유는 Loss Cut에 걸려 주식을 던지는 기관들이 만들어 낸 투매 가격을 보고서야 비로소 위험을 인지하게 되기 때문이다.

이를 보고 주식을 팔게 되어 개인 투자자들은 결국 가장 쌀 때 주식을 팔면서 바닥 가격을 만들어 주는 것이다. 그래서 개인 투자자들 중 일부는 가장 장기 투자자가 되는 것이고 가장 크게 망하는 것이다.

즉, 위기 시에는 삼성전자도 다른 주식처럼 30% 이상씩 폭락하고, 이때에는 기관 투자자도, 외국인도, 개인 투자자도 누구나 돈이 필요하거나 위험해지기 때문에 비슷한 때에 바닥시세에 팔게 된다. 결국 불경기 막바지 때에 기관보다도 개인이 나중에 더 바닥시세로 팔게 된다.

10년 이상 그래프를 통해서 결과만 보면 삼성전자 주가는 장기간 상승만을 한 것처럼 보이지만 삼성전자도 매 불경기마다 30~40% 이상씩 폭락을 한 후 바닥에서 다시 상승을 하여 현재 가격이 됐다.

따라서 바닥시세에서 최고 시세까지를 다 먹는 사람들은 성공한 0.001%의 사람들이다. 우연히 사고 파는 타이밍까지 다 맞아야 찾아오는 행운이다.

여유 자금으로 투자하라고 사람들이 떠들지만, 돈에 여유가 있는 사람은 이 세상에 아무도 없다. 재벌도 마찬가지이다. 인간은 누구나 욕심이 끝이 없기 때문이다. 따라서 항상 평균 가격으로 주식을 사고파는 법을 알아야 한다.

우리들이 늘 해 왔던 방식으로 주식이나 아파트에 투자하면 누구나 다 망한다. 하지만 본 저서는 주식에 장기 투자 하면 누구나 다 부자가 되는 방법도 부록으로 독점 공개한다. 새로 정리한 투자법이다. 또한 어린 아이를 평생 주식 부자로 키우는 요령도 안내한다.

그동안 전문가라는 사람들이 늘 해 왔던 말, 즉 주식으로 부자가 되려면 워런 버핏처럼 "주식에 장기 투자 하라."라는 이 말은 명백한 거짓말이다.

인플레이션 경제 시, 즉 평상시에는 펜타곤(Pentagon) 식으로 5가지 투자 대상 자산인 주식, 아파트, 달러, 예금, 국채에 짧게 짧게 2년 정도씩 돌려 가며 투자하지 않으면 누구나 다 망한다는 사실이다.

주식이나 부동산에 장기 투자 하여 망하는 또 다른 이유는 바로 디플레이션이 진행 중일 때에도 사람들이 장기 투자 하기 때문이다. 숏텀 디플레이션이든 롱텀 디플레이션은 디플레이션은 모든 자산가격을 초토화시킨다.

따라서 디플레이션 시에는 현금과 현금등가물을 제외한 아무 것에도 투자하지 말아야 한다. 금과 달러(미국 비거주자의 경우)에도 투자하면 절대로 안 된다.

특히 본 저서에서는 여태까지 알려진 단순한 장기 투자법과는 달리 '60세에 시작해도 부자 되는 투자법'과 '어린이를 평생 주식 부자로 키우는 투자기법'으로 달러평균법(dollar average method)을 응용해 성공하는 장기 투자 기법으로 부록에서 독점 소개 한다.

챕터 2) 월급쟁이나 가난뱅이가 부자 되는 방법

월급쟁이나 가난뱅이가 부자가 되는 방법은 사실상 부동산 투자나 주식 투자로 월급을 늘려 가는 두 가지 방법뿐이다. 각종 금융 회사, 정부, 기업들이 부자가 되는 방법이 이 밖에도 여러 가지가 있다고 떠들어 대지만 사실상 이 두 가지뿐이다.

세월을 살아 보면 은행, 증권, 보험 투신 등 금융 회사들은 우리 돈으로 눈부신 성장을 했고, 우리들은 더 가난해졌음을 알 수 있다. 결국 우리가 그들에게 꾸준하게 돈을 넘겨준 것이다.

경기 흐름과 자금의 순환 사이클을 이해하고 재테크 공부를 해서 미리 예측하고 투자하지 않으면 우리들은 투자금을 전부 금융 회사 몫으로 넘겨주게 된다.

특히 월급쟁이는 아무리 월급을 많이 타도 월급에 맞춰 생활하기에 부자는 될 수 없음도 알아야 한다. 회사 오너들은 절대로 월급쟁이가 부자가 될 정도의 월급을 주지도 않는다. 예금, 적금으로는 부자가 될 수는 없고, 투자로 이를 불려야 한다.

기업들도 무진장 커졌다. 배당금을 가급적 줄이고 큰 이익금을 회사에 계속 쌓아 놓기 때문이다. 결국 기나긴 세월을 거쳤어도 월급쟁이와 가난뱅이가 부자가 되지 못한 이유는 주식이나 부동산에 투자해서 성공하는 방법을 아무도 아무 데서도 가르쳐 주지 않는다는 것이다.

경제학과, 경영학과, 회계학과 등 대학에서 배우는 돈 공부도 겨우 증권 투자론 한 권 배우면 끝인데, 이마저 실제 증권 투자와는 아무런 관련도 없다. 게다가 부동산 투자 요령은 관련 학과가 아니라면 전혀 가르치지도 않는다.

그러나 월급쟁이를 하면서 이제 돈이 조금 생기면 누구나 무작정 재테크에 나서게 된다. 주식으로 부동산으로 수없이 깨지고 망가지고 그 원인도 이유도 모르고 만세를 부르고 물러가는 사람이 90%는 될 듯싶다.

자기 스스로 그렇게 깨지고 망가지며 배웠지만 체계화된 경험이나 지식이 아니기에 자식들에게 무엇을 가르쳐야 그 경험 중 일부라도 넘겨주게 되는지도 모르고 포기하게 된다. 결국 자식들도 실패를 반복하고 30대 후반이 되어야 제법 돈 공부의 쓰라린 경험을 얻게 된다.

이미 만신창이가 된 상태로, 다시 그 아들의 그 아들도 마찬가지 과정을 밟는다. 그리곤 주식으로 망한 자는 "넌 절대로 주식 투자하지 마라." 부동산으로 망한 자는 "너는 부동산 투자는 절대 하지 마라."라고 말한다. 결국 재테크 투자 요령을 모르니 그 자식의 자식도 영원히 가난뱅이나 가난한 월급쟁이로 인생을 마감한다.

이걸 단칼에 해결하는 방법이 있다.

한국 자본주의에서 주식, 부동산의 50년 투자 경험과 새로 정리한 투자 이론을 일목요연하게 저자가 Omnibus Style로 정리했다. 자식들에게만 전해주려다가 책으로 펴낸다.

따라서 이 책을 2~3번 읽으면 누구나 출발선부터 재테크 10년 정도의 경력자로 출발하는 것과 같다고 본다. 10년마다 매번 찾아오는 금융위기를 역이용하는 재테크 방법과 IMF가 또 온다면 대박치는 초보적 이론과 방법도. 이른바 초급자부터 최고급 투자자들을 위한 돈 공부 총론서이다.

저자는 이 한 권의 책으로 주식, 아파트, 달러, 예금, 국채를 순환 매매 해야 하는 이유와 순서와 시기 등 각 자산의 투자 요령을 다 이해할 수 있게 동시에 설명한다.

모든 재테크 책들은 어느 나라나 어느 때든 주식, 아파트, 달러, 예금, 국채 등의 가격 변동의 상관관계와 초보적인 이론, 실제 경험을 한꺼번에 설명해야 되는데, 바로 이 책이 그렇게 구성되어 있다.

실제 50년 투자 경험을 쌓은 저자의 경험과 과거 금융 상품이나 부동산 투자 요령 등의 기록을 한 권의 책에 다 모아 놓은 것이다.

제일 중요한 '돈은 왜 돌고 도는가'를 설명하며, 돈의 순서에 맞춰 투자금을 돌리지 않으면 왜 망하며, 왜 수익이 팍팍 줄어드는지를 알게 된다.

(돈이 돌고 도는 길과 그 시기를 저절로 알게 되니 이론에 따라 다녀도 되고, 미리 노루목에서 기다려도 큰 노루를 잡게 된다.)

이것이 바로 저자가 최초로 정리한 펜타곤(Pentagon) 투자법으로 앙드레 코스톨라니의 달걀 이론을 한 방에 아웃시키는 이론이다.

물론 그 당시에는 개방 경제 시대가 아니어서 그도 달러와 여타 자산 간의 교체 매매로 재산을 간단히 4~8배로 늘려 가는 기법을 몰랐기도 했고, 교체 매매 순서도 잘못 소개했기 때문이다.

이제 작심삼일이면 재테크 기법을 마스터할 수 있다. 주말이나 연휴를 이용하면 된다. 자식들에게 이 책 한 권을 강제로 읽히면 종합 재테크 공부를 다 시킨 것이 된다. 고등학교 2학년 이상이면 이해 가능한 돈 얘기다.

저자의 친구는 5권을 한꺼번에 사 갔다. 조카들 나눠 주고 한 달 후 조카들과 재테크 토론회를 개최하겠다고 했다. 옳은 방법이다. 주식 투자, 아파트 투자, 달러 투자, 국채 투자, 금 투자 시에도 이렇게 해야 한다.

단순히 장기 보유만 한다면 주식, 아파트, 달러, 예금, 국채의 5가지 투자 대상 자산의 투자는 거의 다 망한다는 사실을 꼭 알아야 한다.

돈은 이익이 더 많은 곳을 좇아 저절로 움직이기에 주식→아파트→달러→예금→국채 순서로 저절로 순환 매매가 이루어지는데, 국내의 재테크 전문가라는 사람들은 항상 부동산 책은 부동산만을, 주식 책은 주식만을 설명한다. 달러와의 교체 투자 이유, 시기, 방법은 100% 누락시켰고, 국채 투자 요령은 한 줄도 취급하지 않는다.

재테크의 90%는 바로 달러의 등락에서 시작되고 완성된다. 즉, 모든 재테크 책들은 주식, 아파트, 달러, 예금, 국채를 책 한 권 안에서 동시에 그 관계와 매매 순서를 설명해야 재테크 기술의 전체를 알고 매매하는 것이 된다. 그동안의 재테크 책들은 자기 분야인 1/5씩만 설명하여 결과적으로 지엽적인 문제만을 다룬 것이 되었다.

또, 그동안 모든 재테크 책들은 미국인 투자자 입장에서 주로 미국인들이 썼기에 달러가 다른 재산들의 가격을 결정해 주는 원리를 설명하지도 않는 것들이었다.

또한 전부 미국인들이 쓴 재테크 책의 이론 접근법을 준용한 것들이어서 그렇다. 미국인들에게 달러는 그냥 현금에 불과하니 투자 대상도 연구 대상도 아니다.

그러나 기타 국가에서는 달러만큼 중요한 투자 수단이 없다. 달러와 교체 매매를 해야 부자가 될 수 있다. 따라서 재테크 시에는 경기 순환 과정에 따라 주식과 아파트는 달러와의 교체 투자를 반드시 거쳐야 하고 예금과 국채로 한 차례씩 교체 매매 해 줘야 재산이 단기간에 4~8배로 불어난다는 사실을 알아야 한다.

모든 재테크는 달러와의 관계로 판단하면 큰 폭이 무차별적으로 모든 자산 시장에 일시에 반영되고 급등락 폭을 전부 취할 수 있다.

앞으로 달러가 오를 것이니까, 근본적으로 부동산과 주식을 사면 안 된다, 혹은 앞으로 달러 가격이 내릴 것이 확실하니까 주식과 부동산에 베팅 찬스가 왔다 등 크게 보고 판단해야 한다. 한국의 IMF, 일본의 준 IMF 위기, 영국의 브렉시트를 분석하여 구체적으로 거시적으로 설명해 두었다.

Business Cycle상 이번 대세 하락은 2021년 6월이 주식 시장의 꼭대기였고, 2021년 12월이 아파트 시장의 꼭대기였다. 2008년 서브프라임 사태, 2020년 코로나로 풀린 약 7조 달러의 돈으로 1~2년 늦게 찾아올 줄 모른다고 저자도 예상했었지만. 결국에는 2018년에 예측한 그대로였다.

이제 한국을 비롯한 전 세계는 2037년 정도까지 지속될 롱텀 디플레이션 경제로 진입했음을 알아야 한다.

이번의 롱텀 디플레이션(Long Term Deflation)은 전 세계에 닥친 약 30년 정도씩 지속되는 초장기 디플레이션인 롱텀 디플레이션으로 본다. 여태까지 알던 길어야 3년 이내이던 숏텀 디플레이션(불황기)이 아니다.

뒤에서 설명할 [그림 6]의 1929년의 미국, [그림 5]의 1989년의 일본이 구체적 사례이다. 저자가 이 두 나라의 증거를 활용 최초로 정리한 이 롱텀 디플레이션 이론은 전 세계 어느 나라, 어느 시대에나 롱텀 디플레이션 시에는 항상 적용되어야 하는 신 이론이다.

디플레에 관한 연구를 본격적으로 한 학자나 연구소는 별로 없다. 저자는 최초로 롱텀 디플레이션을 철저히 분석하여 대체 투자처까지 알려 드린다. 이 점이 다른 책들과 제일 크게 다른 점이다.

만약 이 책들이 기존의 다른 재테크 책들과 비슷하거나 같다면 책으로 낼 이유도 없다. 독자들은 기존 책으로도 얼마든지 재테크 기법을 익힐 수 있기에 비슷한 책의 출간은 독자들을 헷갈리게 하고 이는 또 다른 공해가 되기 때문이다.

여태까지 경험하고 정리한 것을 감안하면 투자에서 돈을 버는 방법은 박사나 고졸이나 실력이 다 같다. 별도로 공부하지 않으면 그 투자 결과가 항상 같다는 것이다. 이래서 초보자들도 제대로 된 투자 공부만 하면 박사보다 경제학 교수보다도 오히려 더 희망이 있다.

30년 언론인의 경험과 50년 투자 경험으로 볼 때 한국의 공매도 제도를 빼고는 우리나라의 모든 재테크 시장은 지극히 공평하다.

저자가 주창하는 펜타곤(Pentagon) 투자법에 따라 투자하면 시장을 따라잡을 수 있다. 저자의 투자법은 수학 공식에 가까우므로 심리적으로도 흔들림 없이 투자할 수 있을 것이다.

재테크 지식과 기법은 세월이 아무리 지나도 크게 달라질 것은 없다. 인간의 욕심은 끝이 없고 그 욕심을 다루는 것이 바로 재테크 기법들이기 때문이다.

챕터 3) 펜타곤(Pentagon) 투자법을 제대로 활용해야 부자가 된다
(각국의 무역 의존도와 경기 흐름과 시세의 흐름을 꿰뚫는 투자법)

재테크로 돈을 벌려면 재테크 대상 5대 자산인 주식, 아파트, 달러, 예금, 국채를 펜타곤(Pentagon) 투자법에 따라 반드시 순서에 맞춰 평균적으로 자산마다 2년 정도씩 순환 투자 해야 한다. 그러지 않으면 누구나 쪽박을 차게 된다.

즉, 주식, 아파트, 달러, 예금, 국채 중 단순하게 한 가지 재산에만 장기 투자 한다면 누구나 다 무조건 망한다. 그래서 5단계로 재산을 순환시켜야 한다. 이것이 저자가 보는 가장 중요한 히든 스토리(Hidden Story)이다.

펜타곤(Pentagon) 투자법을 이해하기 위해서는 먼저 각국 GDP의 무역 의존도와 경기 흐름의 직접적 관계를 알아야 한다. 무역 의존도란 한 나라의 경제가 무역에 어느 정도 의존하고 있는가를 표시하는 정도를 말하는데, GNP에 대한 수출입 총액의 비율로 표시한다. 수출 의존도와 수입 의존도를 따로 계산하기도 한다.

2020~2021년 기준으로 보면 주요국의 무역 의존도는 아래와 같다.

한국	70	영국	37	덴마크	62
프랑스	44	이탈리아	55	네덜란드	108
폴란드	87	스웨덴	59	일본	20
캐나다	51	호주	39	인도	31
중국	34	독일	72	미국	20
벨기에	176	싱가포르	217	홍콩	375

[표 1] 주요국의 무역 의존도

무역 의존도가 높다는 것은 세계의 경기 변동에 따라 그 나라의 국민 경제가 불안정해진다는 것을 뜻한다. 즉, 어느 나라나 무역 의존도에 따른 경상수지의 변동이 그 나라의 경기 변동에 지대한 영향을 끼침은 말할 필요도 없다고 할 수 있다.

따라서 국제수지의 증감을 추적하면 국내 경기의 흐름이 예측 가능하며 한국의 경우, 32년간 분석해 본 결과 한국의 무역수지가 흑자 혹은 적자로 돌아선 지 1년이 지나면 국내 주식 시장은 좋아지거나 나빠지기 시작한다는 결론이다.

또는 미국의 경상 적자가 늘어나거나 줄어든 지 1년이 지나면 국내 경기는 물론 세계 각국의 경기까지 서서히 좋아지거나 나빠지기 시작한다.

그리고 우리나라의 모든 경제위기는 경상수지가 적자로 돌아섰을 때 발생했다는 사실이다. 경상수지 증감으로 풀린 돈이 은행의 신용창조 기능을 거쳐 통화의 증감에 미치는 영향은 실로 막대한 것이다. 통화량이 9배가 줄거나 늘어나는 영향을 끼친다.

우리나라의 1년간의 GDP에 대한 무역 의존도가 70% 정도이므로 무역이 국내 경기에 70% 정도의 영향을 끼치고 있는 것이다. 오늘날 우리나라는 생산하지 않는 제품이 없으며, 생산하지 못하는 제품도 없다. 즉, 한국은 제조업 기반의 수출 주도형 국가로 세계 무역 순위도 8~9위이다.

지난달 수출입 통계를 그다음 달 1일 11시에 한국 정부에서 발표한다. 따라서 세계에서 가장 빠르고 정확한 우리나라의 지난달 수출입 통계를 보고 해외 IB뱅크나 애널리스트들이 전 세계 경기의 흐름을 예측하는 용도로 쓰는 것은 타당하다고 할 수 있다.

한국의 매월 무역 동향 통계를 데이터로 활용하면 전 세계의 산업별 경기 흐름의 정확한 예측이 된다는 뜻이기도 하다. 무역 의존도 통계, 즉 각국의 수출입 통계는 해당 연도가 지나고 몇 개월 이상 지나야 발표된다. 발표되지 않는 나라도 있다.

그래서 한국을 제외한 나라들의 늦은 수출입 통계, 즉 무역 의존도 통계는 각 경제 주체들이 현재의 정책 판단 자료로 쓰기에는 너무 늦어 그 가치가 크게 훼손되고 있는 것이 현실이다. 하지만 한국의 수출입 통계는 해당 연도, 해당 월만 지나면 바로 그다음 달 1일에 전 세계에 공표된다.

이처럼 빠르고 정확한 수출입 통계는 현재의 전 세계, 전 산업의 경기 흐름을 거의 동시에 각 경제 주체들이 파악할 수 있다는 뜻이 된다. 그래서 그 자료의 가치는 높을 수밖에 없다. 이는 바로 한국의 행정 전산망 통계 시스템이 세계 제일임을 말하는 것이기도 하다.

이를 확대 해석해 보면 전 세계 모든 나라는 국제수지의 변동이 바로 그 나라의 국내 경기의 흐름을 좌우하며 특히 무역 의존도가 높은 나라일수록 곧바로 경기 흐름에 반영됨을 추론할 수 있다. 나라별로 경제 발전 단계에 따라 각국 경기와 주가, 아파트 등 재테크 자산에 반영되는 기간도 달라질 것 또한 당연할 것이다.

투자자들은 이를 재테크를 시작하는 출발점으로 투자에 바로 활용할 수 있음을 이미 한국의 32년(1981~2013)간 무역 의존도와 주식 시세의 흐름으로 증명해 냈다.

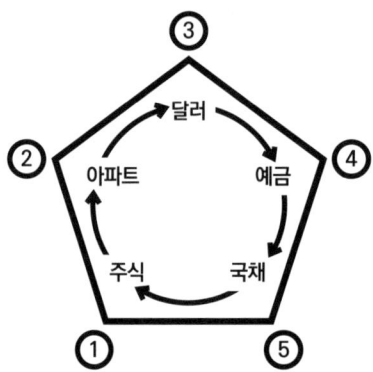

[그림 3] 펜타곤(Pentagon) 투자법 순환도

즉, 이를 활용하여 5大 재테크 대상 자신인 주식, 아파트, 달러, 예금, 국채 간 돈의 흐름으로 꿰뚫어 보는 펜타곤(Pentagon) 투자법을 저자가 정리할 수 있는 이론적 근거가 되었다.

돈의 흐름으로 꿰뚫어 보는 펜타곤(Pentagon) 투자법은 미국을 제외한 전 세계 어느 나라에서나 똑같이 적용해서 투자할 수 있으며, 적중률 또한 거의 같다고 할 수 있다. 무역 의존도가 100%에 가까운 나라이면서 전 산업의 전 품목을 전부 생산 판매하는 나라일수록 경기에 더 민감하게 반응할 것임은 말할 필요도 없다. 게다가 바로 이전 달의 통계면 더 가치 있는 데이터가 될 것이다.

즉, 5大 재테크 대상 자산인 주식, 아파트, 달러, 예금, 국채 간 Big Cycle에 맞춰 펜타곤(Pentagon)식으로 순환 투자를 해야 최대의 재테크 이익을 누릴 수 있는 것이다.

부를 창조하기 위해서는 투자할 대상이 되는 자산은 주식, 아파트, 달러, 예금, 국채 외에도 금이나 은 등 원자재도 있지만, 사실상 5대 재테크 재산 중에도 달러나 예금, 국채는 평상시에는 투자 대상도 못 된다. 왜냐하면 가격 변동이 거의 없기 때문이다.

현재에는 인플레이션 경제 시에 투자 대상으로 금이나 은 등 원자재가 좋다고 말하지만 실제로는 이 또한 거의 투자 대상이 아니라고 본다. 일시적으로 기현상을 나타내는 금 가격의 이상 급등 현상은 전혀 동의할 수 없다.

다가올 롱텀 디플레이션 시에는 달러도 급락하고 금, 은 등 원자재 가격도 동시에 급락하므로 역시 투자 대상이 될 수 없기 때문이다. 책의 2부에서 자세히 설명하기에 앞서 개략적인 내용을 먼저 정리한다.

〈펜타곤투자법 정리〉

1) 평상시. 즉 숏텀 디플레이션 경제하에서는 펜타곤(Pentagon) 투자법 순환도 [그림 3]처럼 투자 중인 돈을 ①주식, ②아파트, ③달러, ④예금, ⑤국채의 순서에 따라 순환 투자 하여야 한다.

2) 숏텀 디플레이션(보통의 불황기)과 달리 롱텀 디플레이션이란 달러와 주식, 아파트가 평상시 반비례 관계에서 정비례 관계로 변하는 것이다. 1988년 12월의 일본을 살펴보면 환율과 니케이 지수가 같이 급등했다가 1990년 1월부터 같이 급락한다. 이로써 1988년 12월이 롱텀 디플레이션의 시작 시기임을 알려 주고 있다. 즉, 일반적으로 알려진 1990년 1월이 아니다.

[그림 5]의 수직점선② 이후처럼 환율과 니케이 지수가 정비례 관계로 변했다. 즉, 달러가 급등할 때 니케이 지수도 급등하고 있다. 저자가 주창한 평상시의 투자 대상 5가지 재산, 즉 주식, 아파트, 달러, 예금과 국채 등의 투자법인 다이아몬드 달러 투자법에 따라 있을 수 없는 일이다. 그러나 롱텀 디플레이션이 근 30년 이상 지속되었던 일본에서는 1988년 12월 이후 이런 이상 경제 현상이 지속되었다.

따라서 이 기이한 현상을 기존 경제학으로는 아무도 해결할 수 없었고, 저자는 기존의 숏텀 디플레이션과 이런 현상을 구분하여 이를 롱텀 디플레이션(Long Term Deflation)이라고 명명한 바 있다. 이런 현상을 전 세계의 석학들도 일본 정부도 근 30년 이상 해결하지 못한 것이다.

또 한 가지, 주택지수 데이터가 없어서 1988년 12월 당시, 즉 수직점선②에서 환율과 니케이 지수, 주택지수 3자를 동시에 비교하지 못하는 것이 아쉽다는 점이다. 하지만 수직점선⑤ 이후를 보면 3자가 정비례 관계임을 알 수 있고, 주택지수 데이터가 있었다면 수직점선② 이후에도 줄곧 세 가지 데이터가 정비례 관계였으리라고 합리적인 추론을 할 수 있다.

따라서 이 사실은 다이아몬드 달러 투자법에 따라 주식을 달러로 교체 투자 하면 절대로 안 된다는 것을 의미한다. 아파트도 교체 투자 하면 절대로 안 된다는 뜻이기도 하다.

즉, 롱텀 디플레이션 때에는 달러와 주식 아파트 사이에 교체 투자 하면 절대 안 된다는 뜻이다. 또한 일본의 경우 1988년 12월 이후에 달러, 주식, 아파트, 금, 은 등에 투자했다면 폭삭 망했을 것임에 틀림없다는 뜻도 된다. 전부 폭락했으니까.

아쉬운 것은 일본 국내의 금, 은 가격에 관한 데이터나 그래프가 없기에 이를 증명하지 못하지만 롱텀 디플레이션이 진행됨에 따라 일본 내의 국내 달러 가격은 끊임없이 내려갔으므로 틀림없이 금, 은도 이에 비례하여 폭락했을 것으로 추론할 수 있다.

이것이 가장 중요한 내용이다. 이것이 핵심적 롱텀 디플레이션 투자법이다. 즉 펜타곤 투자법을 짧게 핵심만을 부연 설명한다.

〈플랜 A〉

[그림 3]의 펜타곤(Pentagon) 투자법 요약도를 먼저 보자.
롱텀 디플레이션이 시작될 때, 주식에 투자하고 있었다면 주식 시장이 꺾이는 것을 확인함과 동시에 주식을 팔고 아파트로 투자했다가 달러에 투자한다.

즉, 주식을 파는 즉시 아파트를 샀다가 팔고 달러를 샀다가 팔고 은행 예금으로 가는 방법이다. 은행 예금까지 오는 데 주식 시장의 대세 하락기부터 약 2년 이상 걸릴 것이다. 과열된 경기를 진정시키기 위해 정부는 금리를 올리거나 융자 제한 등 규제책을 내놓게 될 것이기 때문이다.

이는 평소에는 주식에 투자하다가 주식이 꺾여도 6개월간은 더 오르는 경기 순환을 이용해서 아파트의 단기 급등기 수익까지 노리는 전략이다.

펜타곤(Pentagon) 투자법 출발 단계인 [그림 3]의 (1)단계부터 아파트는 주식보다 6개월 후에 상승을 시작했기에, 아니면 유동성이 주식보다 6개월 정도 더 늦기 때문에 주식 시장이 꺾이고도 아파트는 6개월간 더 오른다. 이것은 한국의 32년(1981~2013)간의 데이터 분석 결과이다.

이에 따라서,

주식을 팔고 달러에 투자됐던 자금이나, 주식을 팔고 6개월간 아파트의 급등 시세를 즐기기 위해 잠시 투자했던 아파트도 팔아야 한다.

양도소득세 면세 기준은 수시로 바뀌지만 면제를 위한 평균 보유 기간 2년 정도를 지나야 하므로 주식을 팔고 아파트의 순간 급등을 즐기기 위한 투자는 신중하여야 한다.

차익을 거둔다고 하여도 거의 전부를 양도세, 취득세, 등록세 등 세금으로 납부하게 될 뿐 아니라 매도 시기를 놓칠 수도 있기에 큰 실익이 없을 수도 있다. 즉, 피하는 것이 좋다고 본다.

또 부동산세는 공시지가로 양도소득세를 계산하는 하는 것이 아니라 실거래 가격으로 계산하여 세금을 납부해야 하기 때문에 단기 차익은 나오지만 실제로는 오히려 손해를 볼 수도 있음을 주지하여야 한다.

이쯤이 주식이든 아파트든 곧 1차 하락의 마지막 시세를 형성할 때이다. 즉, 주식 시장이 반등세를 나타낸 기간만큼 아파트 시장도 상승세를 나타낸다. 반등 시의 양 자산의 반등 기간도 반등률도 거의 같다. 그러나 곧 시작되는 2차 하락기 때부터 주식은 추가로 약 30~50% 정도, 부동산도 30~50% 정도 더 폭락하는 게 일반적이다.

1차 하락 이후 주식 시장이 반등을 시작한 때로부터 6개월 후에는 아파트도 반등을 시작한다. 반등 기간은 주식 시장과 아파트 시장이 똑같은 기간 동안 반등한다는 점을 잊어서는 안 된다.

〈플랜 B〉

아파트에만 투자하고 있었다면, 주식 시장이 꺾여도 아파트는 약 6개월간 단기간에 더 급등하므로 아파트 매도 시기를 놓치지 않아서 좋다. 끝까지 즉 6개월간 더 이익을 취한 후에, 아파트를 무조건 판다. 6개월 후에 파는 것, 이것은 공식이다.

32년간 분석한 결과이며 수차례 검증된 것이니 욕심내지 말고 기간으로 계산해서 그냥 팔아야 한다. 그러고는 달러의 급등 시세를 즐기기 위해 달러를 사야 한다. 달러는 아직 약 1년 6개월 정도 더 오르거나 강세를 띄게 된다.

달러 매도 시점을 정확히는 알 수 없으나 더 이상 오르지 못하고 제자리에서 등락을 거듭한다면 여기가 꼭대기 정도이다. 시중에서는 기준 금리 인상에 따라 은행 금리가 줄기차게 오르고 있을 것이다. 금리 인상이 중단되면 이제 달러를 팔고 은행 정기예금으로 가면 된다.

인상이 중단된 금리가 고원지대에서 약 1년 정도 더 이상 변동치 않다가 1년 후쯤에는 그동안 갑자기 오른 금리로 인해 연체된 이자와 이자 누적 효과 등으로 기업의 부도 위기든 은행의 위기든 이때쯤 나타나기 시작하여 금리는 내리게 되고 달러는 폭등하게 된다.

위기가 본격화되면서 시중금리는 줄곧 내려가기 시작한다.

> 따라서 이제는 국채를 사야 할 시기가 온 것이다. 국채는 시중 금리가 내리면 내릴수록 급등한다. 이제 이자는 덤이다. 시세 차익이 막대할 것이라는 뜻이다.
>
> 〈플랜 C〉
> 롱텀 디플레이션이 본격화되기 전에 공교롭게도 달러에 투자하고 있었다면 [그림 5]의 수직점선③처럼 달러와 주식이 마지막으로 같이 급등한 후에는 또 같이 급락을 시작하게 된다.
>
> 예로 든 [그림 5]는 1989년의 일본에 나타난 현상이지만, 2016년 1월부터 한국을 비롯한 전 세계에도 1989년의 일본처럼 롱텀 디플레이션 상황에 처해 있다. 이와 같은 현상, 즉 달러와 주가가 비례하는 현상이 나타나면 그 나라는 이미 롱텀 디플레이션 중이라는 뜻이다.
>
> 2022년 3월에 시작한 미국의 기준 금리 인상부터 시작해 모든 나라의 기준 금리는 이미 수차례 급등하여 제법 높은 금리를 나타내고 있을 것이므로 보유하고 있던 달러를 팔고 정기예금으로 가면 된다.

정기예금 이후에는 플랜 A, B, C 전부 국채 투자부터 같은 펜타곤(Pentagon) 투자법 투자 과정을 거치면 된다.
숏텀 디플레이션(보통의 불경기) 때의 펜타곤(Pentagon) 투자법의 적용 요령과 롱텀 디플레이션 시의 펜타곤(Pentagon) 투자법은 이처럼 다르다.

숏텀 디플레이션이냐 롱텀 디플레이션이냐에 따라 투자 요령이 완전히 다르기 때문에 반드시 숏텀 디플레이션과 롱텀 디플레이션을 구분해야 하는 것이다.

3) 재테크 투자자들이 가장 헷갈려 하는 것이 부동산이 먼저냐, 주식이 먼저냐의 궁금증이다. 결론부터 말하면 항상 주식이 먼저 오르고 먼저 내린다. 이것 하나면 제대로 익혀도 이 책을 읽은 효과는 거의 다 본 셈이다.

이것이 가장 기초적인 재테크 공부인 셈이다. 재테크 전문가들도 이를 헷갈려 하는 것을 보면 아연실색하게 된다.
우리나라의 주식과 아파트와 국제수지 관계를 32년간(1981~2013) 분석해 보니 주식과 아파트는 국제수지의 궤적을 그대로 그리며 따라가고 있다는 사실을 알게 된 것이다. 그러하니 누구나 이 순서에 맞춰 투자하면 항상 95% 이상의 성공 투자가 된다.

펜타곤 투자법의 마지막 투자 수단인 또 다른 10년의 새로운 투자를 시작할 시기, 즉 국채에서 주식으로의 최적의 투자 시기를 100% 가까이 맞출 수 있다.

무역수지 흑자 1년 뒤가 그 시기이다. 그러나 바로 주식 투자를 시작하지 말고 기조 변환일과 삼선 전환도로 다시 한번 확인하고 들어가면 된다. 국제수지가 흑자를 보이기 시작한 월(月)까지는 알아도 일(日)까지는 일반인들은 잘 알 수 없다.

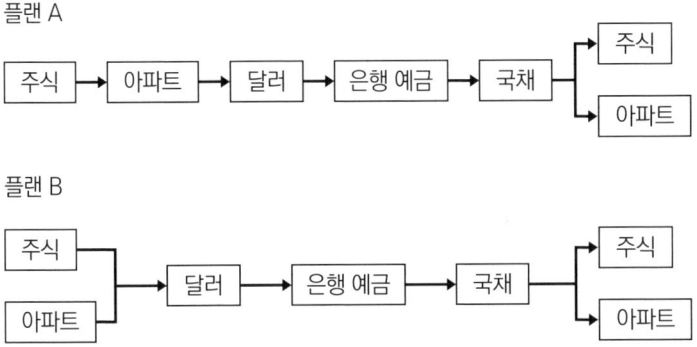

[그림 4] 펜타곤(Pentagon) 투자법 요약도

그러나 저자의 기법은 결국 매수 최적 일자까지도 맞출 수 있다. 기조 변환일 투자법을 적용해서 판단하기 때문이다. 기조 변환일(또는 기조 반전일이라고도 함) 투자법이란 기조가 변할 때 주식을 사거나 파는 것이다.

주식이 대량 거래를 수반하면서 어떤 경우에는 상장 주식 전체보다 더 많은 주식 거래가 하루에 이뤄지기도 한다. 이런 날은 대개 주가가 대폭적으로 오르거나 내리는데 이날, 즉 기조 변환일에 매수 혹은 매도하는 투자법이 기조 변환일 투자법이다.

물론 기조 변환일이 발생한 후 1~3일 사이에 투자를 시작해도 늦지 않다. 기조 변환일 당일이나 1~3일 이내에 사도 장기간 대폭적으로 오를 것이므로 종목에 따라 가격 변동 폭은 약간씩 다를 것이나, 수익과 매수 가격에는 큰 차이가 없기 때문이다.

경험에 따르면 항상 기조 반전일을 확인한 후 1~3일 사이에는 적당한 매수·매도 타임이 주어진다. 기조 반전일 1~3일 사이에 되돌림 확인 과정을 거치게 되므로 이때 사면 된다. 이 방법이 좋은 것으로 인정되는 것은 경험적인 주식 격언에도 나오는데, 주식이 사고 싶을 때에는 3일 후에 사라는 격언이다.

기조 반전일을 겪지 않고, 즉 기조 변환일을 통과하지 않은 주식의 주가 변동은 미미할 수밖에 없다. 그 이유는 가격이 조금씩 오를 때마다 매물 세례를 계속 받기 때문이다.

그러나 모든 물건, 즉 주식, 아파트, 달러, 채권, 원유, 각종 원자재 등은 기조 반전일을 통과하면서 기존 주주가 새로운 주주로 바뀌기에 대량 거래를 수반할수록 더 안전하고 확실한 기조 변환이 된다.

즉, 새로 바뀐 주주들의 평균 매수 단가가 이날 거래 평균 단가로 변경되었으므로 향후에는 기조 반전일의 주가까지 잘 내리지도 않으며, 그 가격 아래에서는 여간해서는 매물화되지도 않아서, 향후 탄탄한 주가 상승을 만들어 가는 것이다. 이 기조 반전일 투자법은 어느 나라, 어느 시대에도 맞는 투자법이다.

기조 반전일 바로 다음 날부터 1~3일 이내에 되돌림 현상이 생기는 이유는 당일 미처 팔지 못한 사람들과 매일 시장을 살펴보지 않는 사람들은 오른지도 모르고, 오른 이유도 모른 채 기조 반전일 1~3일 사이에 거의 다 팔기 때문이다. 따라서 이때가 오히려 기조 반전일 당일보다 더 좋은 매수 시기가 될 수도 있다.

투자 관점을 1~3일 이내에 바꾸는 사람은 장을 리딩하는 선도적 투자자들이고, 10~20일간 변동이 있은 후에야 깨닫는 것이 팔로잉 세력이다. 이것마저도 눈치채지 못하는 대중 투자가들이 훨씬 더 많다.

저가 대형주일수록 상장 주식 총 숫자의 2~3배 정도가 당일 혹은 하루 이틀 사이에 거래되어야 향후 제대로 된 상승 폭이 나온다. 이때에 서투른 투자가들은 물량 상투라면서 팔지만 리딩 그룹들은 주도 세력과 같이 거꾸로 산다.

거래량이 폭주하는 이유는 오랫동안 묶여 있던 대중 투자가들이 전부 팔아서 손 바뀜이 완전히 이뤄지기 때문이다. 그래서 일단 팔고 나면 판 가격으로는 물량을 되살 수도 없게 된다.

주식을 판 사람들은 오랫동안 기다린 사람들이어서 손해 본 경우에도 팔게 된다. 물론 남기고 파는 자들도 있을 것이다. 기조 반전일을 매매 기준일로 삼는 방법은 중장기 투자에 적합한 매매기법이다. 기조 반전일 투자 방법은 몇 개월에서 몇 년 이상의 중장기 투자 방법에 적합하며, 대세 상승장에서 특히 그 힘을 발휘하게 된다. 이를 숙지하고 실천하도록 노력하면 좋다.

또, 여기에다가 기조 변환일 이후 삼선 전환도로 양전환하였는지를 확인하고 투자를 시작하면 더 확실한 진입 시기를 확인하고 투자하는 것이 된다. 이 경우 최적 진입 시기를 맞췄을 확률은 거의 100%가 된다. 통계에 따르면 미국의 경상수지의 적자 혹은 흑자는 1년 뒤의 코스피 지수의 상승과 하락으로 그대로 나타난다.

무역 의존도가 70%에 이르는 우리나라의 경상수지가 흑자가 되면 1년 후 코스피가 오르고, 그 뒤 6개월 후에는 아파트가 오른다. 만약 적자가 나면 1년 후에 코스피가 내리고 그 6개월 뒤에는 아파트가 내린다. 이것은 적중률 95% 이상의 공식이다.

경상수지 그래프를 1년 뒤로 미뤄서, 즉 래깅(Lagging)시켜 비교하면 주가와 경상수지 그래프가 거의 비슷함을 알 수 있다. 아파트는 1년 6개월 뒤에 경상수지 그래프와 거의 그래프가 같아지는 것이다. 이 히든 스토리(Hidden Story)를 공식으로 꼭 기억하자.

이제 경상수지 상태를 알면 국내에서의 재테크는 다 알고 치는 고스톱으로 봐도 된다.
경상수지란 무역수지+무역외수지+이전수지의 합이다. 보통 국제수지 적자 혹은 흑자를 말할 때 대개 경상수지를 기준으로 말한다. 또 경상수지 중 무역수지 비중이 가장 크므로 무역수지 흑자, 적자 여부로 경기를 판단해도 틀릴 경우는 거의 없다.

이 경상수지는 환율에 영향을 미치고 국가 신용 등급 등을 결정하는 핵심 자료가 된다. 국가 신용 등급은 국제 금융 시장에서 차입 금리나 투자 여건을 판단하는 기준이 된다. 양적완화가 없는데도 통화량이 늘어나는 것은 무역수지가 흑자라는 뜻이다. 항상 흑자 폭의 9배 정도나 시중통화량 증가로 나타나고 있다고 보면 된다.

미국의 경상수지 적자 규모는 세계 경제 성장에 직접적인 영향을 끼치며, 미국의 경상수지 적자 규모를 확대시키면 호황이 찾아오고 축소시키면 불황이 찾아온다. 미국은 전 세계 경제의 25% 정도를 담당하는 경제 대국이다.

미국이 기축통화의 가치를 유지하려면 경상 적자를 줄여야 하지만 이를 줄이면 세계 경제는 불경기로 진입한다. 결국 미국은 경상수지 적자 폭을 활용하여 세계 경제를 볼모로 잡은 것과 같다.

만약 무역수지 적자가 지속되는 현상이 나타난다면, 이를 국내에 경제위기가 찾아온다는 사전 정보로 활용할 줄 알아야 한다. 한국 시장의 분석 결과는 부동산이 주식 시장에 이어 6개월 후행하고 [그림 5]처럼 일본은 부동산 시장이 약 5개월 더 늦게 움직인다.

1990년 일본 붕괴 시에는 주식이 무너진 지 약 3개월의 시차를 두고 부동산 시장도 붕괴되었다. 일본은 한국보다도 단독주택 비중이 훨씬 높지만 1990년에는 부동산의 움직임이 한국보다 약 세 달이나 더 빨랐다.

2010년 일본의 부동산 지수가 발표되기 시작한 이후의 일본의 니케이 지수와 부동산 지수의 변동 추이를 보면 현재에는 약 5개월의 시차가 남을 [그림 5]의 수직점선⑥으로 확인이 가능하다.

일반적으로 주식과 아파트가 움직이는 시기에 차이가 나는 이유는 거래 금액의 고저와 공정한 시세의 유무에 따른 유동성 차이로 이해되나, 환율과 주식 시세의 변화에 따른 한국과 일본의 부동산의 반응 속도 차이는 1개월 정도이므로 거의 같다고 볼 수 있다.

펜타곤(Pentagon) 투자법, 즉 재테크 기초 이론상 아파트나 주식에의 투자는 다이아몬드 달러 투자법에 따라서 투자해야 한다. 어느 나라의 무역 흑자가 늘어나면 그 나라 안에서 달러는 약세가 되고 현지화는 강세가 된다. 이 경우에는 주식과 아파트는 무조건 사야 한다.

다이아몬드 달러 투자법에 따라 달러 가격이 가장 쌀 때가 주식과 아파트가 가장 비쌀 때이며 주식 시장이 갑자기 붕괴되는 순간이 달러를 사들여야 하는 시발점이 된다.
이와 반대로 달러 가격이 가장 비쌀 때가 국내 주식과 아파트 가격이 가장 쌀 때이다. 이를 현실에 대입하기만 해도 두세 가지의 확실한 투자 방법이 생겨난다.

일본의 사례처럼 한국의 환율과 코스피, 환율과 주택 가격의 관계로 한국의 숏텀 디플레이션 때의 관계와 롱텀 디플레이션 때의 양자 또는 3자의 관계를 [그림 22] 및 [그림 27]과 [그림 28]을 통해 알 수 있다. [그림 27]의 2016년 1월의 수직점선⑤ 이전은 숏텀 디플레이션 때이고, 수직점선⑤ 이후는 롱텀 디플레이션 때이다.
이 현상은 [그림 29]를 통해서 또 한 번 확인할 수 있다. [그림 29]의 수직점선 ④ 이전까지는 금과 원유 가격이 달러 가격과는 반대 방향을 나타내고 있다.

이런 현상이 나타나는 것은 다이아몬드 달러 투자법이 적용되는 숏텀 디플레이션 시절이고 수직점선④ 이후는 롱텀 디플레이션 현상이 나타나기 시작함을 볼 수 있다.

즉, 달러도 내리고 금도 원유도 같이 내리고 있다. 이것이 바로 롱텀 디플레이션 현상이다.

4) 환율의 하락에 따른 자산 가격의 폭등은 정부에서 규제책을 펼 방법도 없어 대폭등을 막을 수도 없다. 환율을 예전처럼 임의로 조절하다가 잘못하면 환율 조작국으로 지정되기 때문이다.

이제 한국에 다가오는 달러 가격의 장기적 하락세, 즉 1985년대의 플라자합의 이후의 일본처럼 원화 자산들의 마지막 축제가 오고 있다. 1,300원에서 800원대까지는 충분히 간다. 환율의 마지막 바닥은 훨씬 더 아래로 짐작되지만 너무 낮아 말하기 곤란할 정도이다.

매번 찾아오는 통상적인 불황 때의 아파트, 주식 투자 방법과 롱텀 디플레이션 시대의 투자 방법이 완전히 다르다는 사실을 절대로 잊어서는 안 된다.

숏텀 디플레이션 시대나 롱텀 디플레이션 시대나 같은 방법으로 투자하면 안 된다. 모든 것이 폭락하는 이런 롱텀 디플레이션 현상들은 기존의 경제학 이론으로는 설명할 수도 해결할 수도 없다.

일본은 이를 30년 이상 해결하지 못하고 있다. 이제 마지막 징후들이 극히 조금 보이긴 하지만… 아직은 아니다.

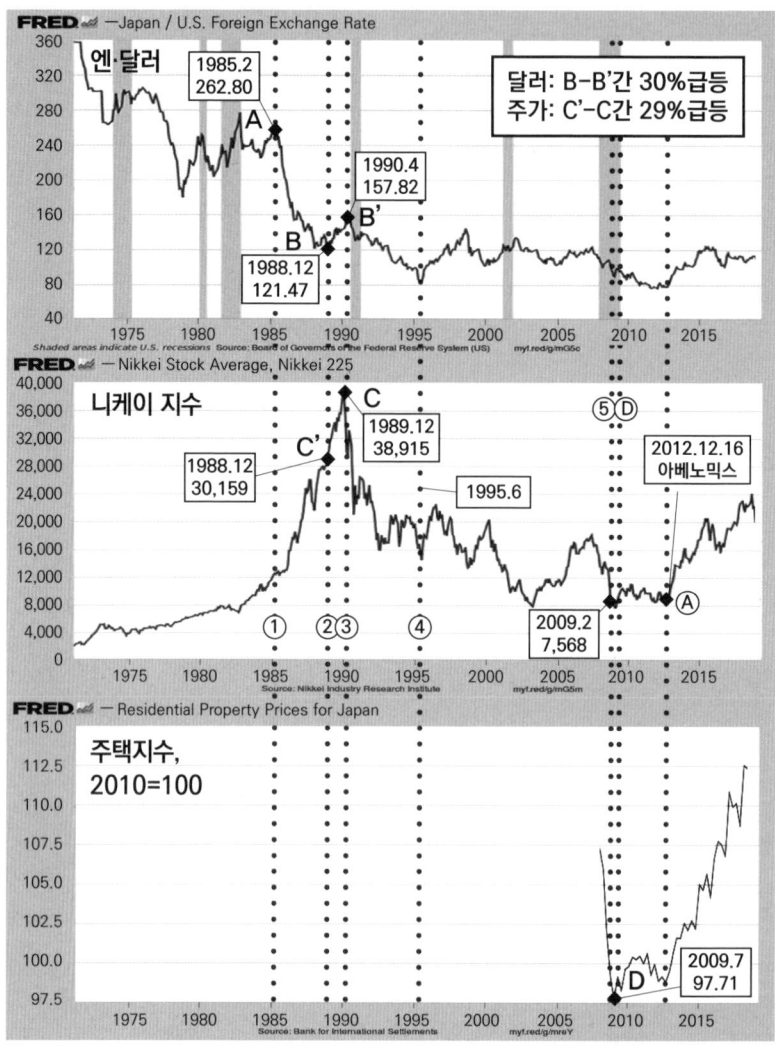

[그림 5] 48년간 엔화 가격과 니케이 지수 및 주택지수의 변동

저자는 롱텀 디플레이션을 최초로 분석하고 새로운 투자법을 소개한다. [그림 7]을 보면 엔·달러 가격과 니케이 지수, 일본 주택지수는 다 같이 오르고

있다. 이것이 롱텀 디플레이션 현상이다.

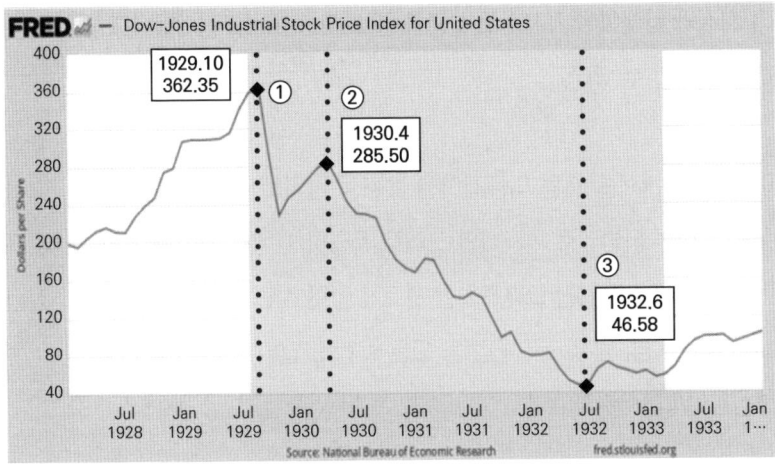

[그림 6] 다우지수 그래프

주식이나 부동산, 달러, 예금, 국채의 투자는 어려운 게 아니다. 큰손들이 움직일 수밖에 없는 순서에 맞춰 투자하면 된다. 기관 투자가 등 전문 투자자들은 돈을 좇아 투자해야 하므로 차례로 반드시 가야 하는 길과 순서가 있다.

정해진 이 '길'과 '순서'를 역행하는 역주행 투자는 큰 손실로 귀착된다. 대개의 경우 기관 투자가 등 큰손들이 주식 시장의 대세 하락을 유도한다. 이들의 매도 시기는 그냥 정해지는 것이 아니라 보다 많은 수익을 내기 위한 이익 동기에서 출발하는 것이다.

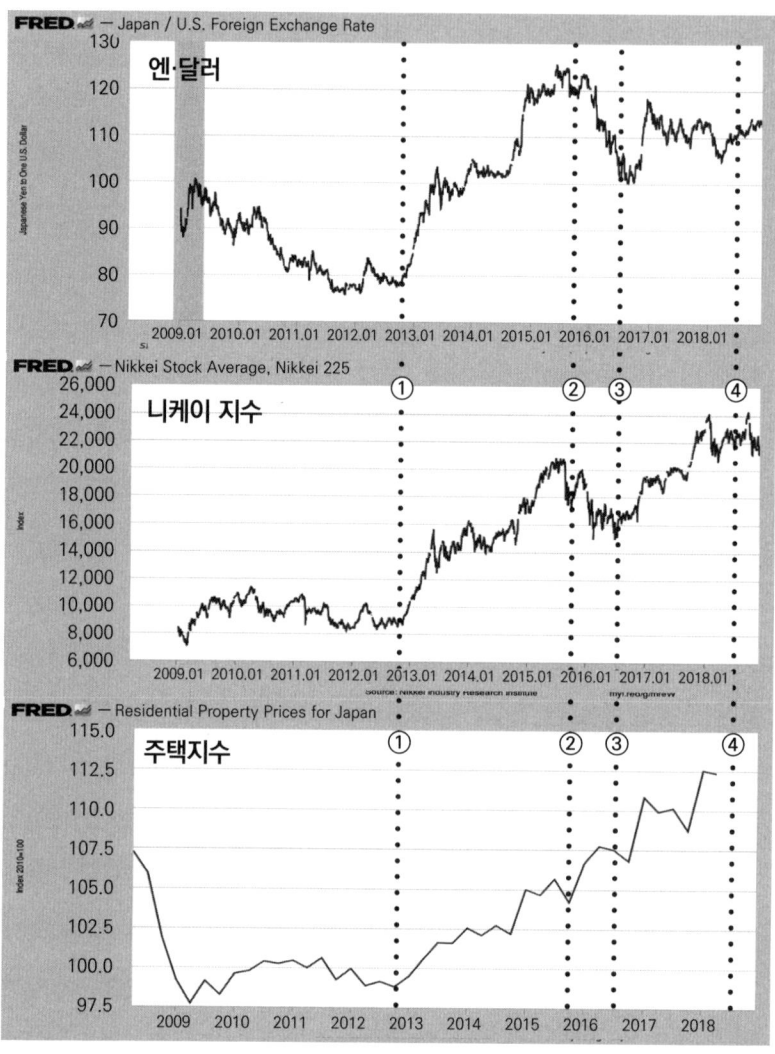

[그림 7] 11년간(2009~2019) 롱텀 디플레이션 중 엔화와 니케이 및 주택지수

저자가 최초로 정리한 이 [그림 3]의 펜타곤(Pentagon) 투자법은 코스피의 주도주를 30년간 분석한 결과에다가 1981~2013년까지 32년간 한국의 국

제수지와 주가, 아파트 가격의 변화 등 경제 지표들을 분석한 자료를 결합하여 저자가 창안한 주식, 아파트, 달러, 국채 간의 순환 투자 법칙이다.

투자도의 생김새가 미국 펜타곤처럼 오각형이어서 저자가 펜타곤(Pentagon) 투자법으로 명명하였다. 장기간의 데이터를 분석 응용한 것이어서 틀릴 가능성은 거의 없다. 적중률은 최소 95% 이상으로 본다.

평상시, 즉 숏텀 디플레이션 시에는 어느 나라나 어느 시대에나 그대로 적용 가능하며 달러와의 교체 투자 과정은 꼭 필요한 핵심적인 순환 투자 과정 중의 한 과정이다

달러는 미국에서는 그냥 현금이므로 미국에서는 이 순환 투자법을 그대로 적용해서 투자할 수 없다.

즉, 미국에서 적용한다면 달러와의 교체 투자 과정은 생략되어야 한다. 꼭 유의할 점은 롱텀 디플레이션에서는 절대로 펜타곤(Pentagon) 투자법을 적용해서 투자하면 안 된다는 점이다.

이제는, 펜타곤(Pentagon) 투자법과 흡사한 앙드레 코스톨라니의 달걀 이론을 비교해 보자.

1) 무엇보다 큰 차이는 달러로의 교체 투자 과정이 달걀 이론에는 없다는 것이다. 단순히 달러로의 교체 투자에서만 최대 4~8배의 투자 수익을 창출할

수 있는데, 달걀 이론은 이를 해결하지 못한다.

2) 우선 앙드레 코스톨라니가 주장하는 [그림 8]의 달걀 이론에서 가장 중요한 투자 결정 포인트인 금리 최저점과 금리 최고점을 알아내는 것은 현실적으로는 불가능에 가깝다. 왜냐하면 최고·최저 금리는 정해져 있는 것이 아니고 당시의 경제 상황에 따라 항상 다를 수밖에 없기 때문이기도 하다.

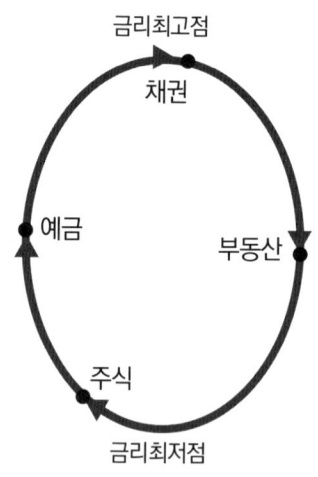

[그림 8] 앙드레 코스톨라니의 달걀 이론

결국 달걀 이론을 따른다면 주식이나 채권에의 투자 시기를 결정하는 것이 너무 어려워 시장에 진입 시기부터 오류를 범할 수 있다는 뜻이다.

그러나 저자의 펜타곤(Pentagon) 투자법은 주식에의 투자 시점 판단법이 미국 경기의 호전이나 한국의 국제수지의 흑자 시점부터 기산하여 1년 후의 기간으로만 판단하므로 간단하면서도 적중률이 거의 100%다.

3) 당시의 금리 수준은 고려 대상도 아니어서 간편하고 정확하다. 마치 수학 공식처럼 국제수지 흑자 1년 후 주식 시장으로 진입하면 된다. 주식에 투자하고 나면 주가지수는 지속적으로 상승하게 되고, 6개월 후부터는 아파트도 서서히 상승한다. 주식 시장은 2~3년 정도 지속적으로 오르다가 어느 순간 붕괴된다.

물론 아파트도 주가지수가 오르기 시작한 후 약 6개월 후부터 같이 오르는데 단지 상승 각도가 주가지수에 비해서 훨씬 낮게 오른다.

그 후 주가지수가 붕괴한 후에도 6개월간 아파트는 더 오르며 그동안 상승 각도가 낮은 상태였기에 주식 시장이 붕괴한 후에는 그 차이를 메꾸기 위해서 급등하게 된다.

즉, 주식 시장이 붕괴된 후에도 아파트는 6개월간 본격적으로 폭등하게 된다. 그래서 경기 순환 후에 비교해 보면 주식의 상승률과 아파트의 상승률은 거의 같게 된다.

그다음에는 달러로의 교체 투자 과정을 거쳐 국채나 맥쿼리인프라 펀드를 사둔 후 남들과 달리 불경기를 즐기고 있다가 다시 국제수지 흑자 1년 후 주식 시장으로 진입하면 된다. 이렇게 1회의 빅 사이클이 완성되는 것이다.

4) 이처럼 저자가 창안한 펜타곤(Pentagon) 투자법은 수학 공식처럼 간단하고 정확하게 투자 시기와 회수 시기를 알 수 있어서 편리하다. 최저 금리를 몰라도 투자 시기 파악에는 전혀 문제가 없다. 한국의 무역수지 흑자 1년 후에 주식을 사면 된다.

5) 앙드레 코스톨라니의 달걀 이론과 비슷한 하워드 막스의 마켓 사이클의 법칙은 워런 버핏이 따라 한다고 해서 유명하다고 하다.

둘 다 빅 사이클 순환 투자법과 비슷한 순환 투자법이지만 아무도 저자가 정리한 이 펜타곤(Pentagon) 투자법에는 당할 수 없다. 저자가 큰소리를 치는 이유는 이 두 가지의 순환 투자법은 달러와의 교체 투자 과정이 없기 때문이다.

6) 저자의 5단계 펜타곤(Pentagon) 빅 사이클 순환 투자법은 순환 투자 과정 중 달러와의 교체 투자 과정이 가장 중요하고 독특하다. 달러와의 교체 투자 과정이 수익 발생도 가장 크고 단기간에 약 4~8배나 수익 달성이 가능하다.

달걀 이론이 탄생할 즈음은 비(非)개방 경제 시대여서 앙드레 코스톨라니는 달러와의 교체 투자 과정이 빠진 자산 간 순환 투자 과정만을 생각했던 것으로 보인다.

하워드 막스 이론은 저자가 미국인이어서 달러와의 교체 투자 과정을 생각하지도 못했을 것으로 보인다. 즉, 앙드레 코스톨라니나 마켓 사이클 이론은 시대에 뒤떨어졌거나 미국에서만 통용될 수 있는 이론이다.

7) 저자가 창안한 이 펜타곤(Pentagon) 투자법은 미국을 제외한 전 세계 어느 나라에서나 항상 활용 가능하고 그 순서도 항상 같다. 여태까지 우리들은 모든 재산들은 더 좋은 투자 성과를 위해서 펜타곤(Pentagon) 투자법 4단계인 정기예금 가입 이전에 달러와의 교체 투자 과정이 반드시 필요하다는 사실도 모르고 투자해 왔다.

국내 달러 가격이 최저 시세를 기록하면 국내 주식은 최고 시세가 된다. [그림 22]의 수직점선⑤와 ⑧이 바로 달러를 가장 싸게 살 수 있는 때임을 간단히 알 수 있다. 이때 주가는 최고를 기록하고 있음을 그래프로 확인할 수 있다. 특히 수직점선⑧은 1989년 4월인데 1달러가 불과 668원 90전이었다.

이처럼 평상시, 즉 숏텀 디플레이션 시대에는 재테크 투자 대상 5대 자산인 주식, 아파트, 달러, 예금, 국채를 차례대로 순환시키며 투자하는 펜타곤(Pentagon) 투자법에 따라 투자하면 저절로 부자가 될 수 있다.

또한 롱텀 디플레이션 시대에는 펜타곤(Pentagon) 투자법을 따르면 절대 안 된다는 것 또한 부자가 되는 길이다. 결국 펜타곤 투자법을 제대로 활용해야 부자가 될 수 있는 것이다.

저자의 설명을 듣고도 펜타곤(Pentagon) 투자법을 믿지 못하는 사람도 있을 것이다. 이런 투자자에게는 증권 거래 계좌를 하나 더 열어서 총 투자금의 3분의 1만이라도 펜타곤(Pentagon) 투자법에 따라 투자해서 부자가 되길 빈다. 95% 이상의 승률이 될 것이다.

그리고 지금은 롱텀 디플레이션 시대이므로 펜타곤(Pentagon) 투자법대로 절대 투자하면 안 된다는 것도 명심해 주기 바란다. 롱텀 디플레이션 시대에는 주식, 아파트, 달러, 금, 은 등 모든 자산은 다 폭락하기 때문이고 오로지 국채만이 이자율이 내리는 기간 동안 내내 폭등하는 재산이 된다.

챕터 4) 아파트 상승 시기,
　　　　　 반등 시기와 꼭대기 포착 요령

앞 챕터에서도 얘기했지만 아파트의 상승 시기를 예측하는 것은 너무나 쉽다. 한마디로 주가지수가 오르기 시작한지 6개월 후부터 오른다. 이건 수학 공식이다. 그만큼 정확하다.

최근 주택 가격이 제법 내렸다. 저자가 2018.1월에 예측한 대로 [그림 22]의 수직점선⑥ 주택지수처럼 2021년 4분기(12월로 추정)부터 급락하면서 제법 내렸다. 그 후 급매물이 소진되고 나서 가격이 오른 곳도 꽤 있어서 다들 반등 시기가 도래한 것 아니냐고 궁금해한다.

역시 마찬가지로 아파트 상승 시기를 알 수 있듯이 반등 시기 또한 공식에 대입하면 그 시기가 나온다. 이에 따라서 2차 하락 출발 월과 마지막 바닥 시기도 공식에 대입하면 저절로 알 수 있다.

32년간의 통계치를 그대로 대입하는 것이므로 틀릴 수도 없다. 다른 경제 변수 때문에 틀린다면 약 5% 이내로 틀릴 수도 있다.

수많은 전문가라든가 관련 정부 부처에서도 아파트의 첫 상승 시기나 반등 시기, 2차 하락 시기와 바닥 시기를 몰라서 우왕좌왕하니 일반 투자자들은 더욱 헷갈려 한다.

너무나 간단한 공식을 몰라서이다.
결론부터 말하면 아파트 반등 시기가 도래한 것이 맞다.
집값, 즉 아파트 가격 반등 시기를 찾는 법은 의외로 간단하다.

바로 [그림 22]를 통한 저자의 검증과 한국의 무역수지와 주식, 아파트의 32년간을 래깅 처리 하여 비교한 그래프로도 아파트는 주가를 6개월 후행함을 알 수 있다.

[그림 5]로는 일본의 주택 상승 시기와 하락 시기, 반등 시기 등도 확인이 가능하다.

이 6개월 후행 공식에 따르면, 코스피지수가 2022년 10월부터 반등 내지는 큰 폭의 내림세에서 벗어났기에 이로부터 6개월 후인 2023년 3월부터 10개월 후인 금년 12월까지는 반등세일 것으로 본다.

즉, 주식이 2023년 7월까지 10개월간 오름세였으므로 아파트도 똑같이 10개월간 즉 2023년 12월까지는 오름세라는 뜻이다. 만약 코스피 지수가 8월까지 오른다면 아파트도 1개월 더 올라 2024년 1월까지 총 11개월 아파트가 오른 기간과 같은 기간을 오른다는 뜻이다.

즉, 아파트 반등 기간은 항상 이처럼 주가가 오른 기간만큼 오른다. 반등율도 거의 비슷하다. 같은 방법으로 반등 기간, 예상 기간의 끝을 계산하는 것도 너무나 쉽다.

주가지수가 오른 기간, 즉 오른 개월 수가 더 늘어나면 아파트 반등 월수도 그만큼 더 늘려 주면 된다. 이 판별법의 적중률은 당연히 95% 이상이다.

그러나 2022년 10월부터 2023년 7월까지의 시세는 반등시세므로 지금 아파트를 사면 바로 죽음에 이르는 길이 된다. 이제 겨우 하락 1파를 마무리했기 때문이다. 아파트는 앞으로도 2차 대세 하락과 3차, 4차 등 수차례의 지루한 하락이 기다리고 있다. 이에 따라 아파트가 반등할 시기 또한 앞으로도 수차례 남아 있음을 알 수 있다.

또한 지금 아파트를 매매하면 양도소득세 면제 기간에도 도달하지 못할 정도로 반등 기간도 짧을 것으로 예상되므로 반등 시기를 이용하여 사고 판다면 양도소득세를 내야 할 것으로 본다.

게다가 취득세나 등록세까지 감안하면 큰 손해를 보게 되므로 누구나 그냥 구경만 해야 하는 아파트 반등 폭과 반등 기간으로 판단된다.

이와는 달리, 1가구 2주택자 이상이라면 이번 반등이 아주 좋은 매도 타임이 될 것이다. 롱텀 디플레이션으로 인해 앞으로 주택 가격은 최고 가격 대비 80~90%까지 내리게 될 것으로 본다.

이번에는 롱텀 디플레이션 본격화로 인해 1차 하락 폭이 제법 크지만, 이번 반등이 뒤에서 자세히 설명한 주식과 아파트를 꼭대기에 파는 비법의 좋은 사례가 된다.

특히 저자가 2018년 1월에 《자식들에게만 전해주는 재테크 비밀수첩》에서 알려준 매도 타이밍(2021년 12월)을 놓친 사람들의 경우 아파트의 이번 반등은 매도 급소인 것이다.

즉, 여기가 바로 아파트 가격의 꼭대기를 판단하는 2가지 방법 중 하나이다. 아파트 등 부동산 가격 꼭대기 판별법 2가지는

1) (반등기간 비례법) 대세하락을 시현 중이던 코스피 지수가 반등하는 개월 수 만큼 아파트 가격도 반등하므로 코스피 반등기간 동안 반등한 아파트 가격을 꼭대기 시세로 판단하는 방법이다.

2) (단순기간 판단법) 단순히 주가지수가 대세 하락을 시작한지 6개월 후 즉 이번에는 2021년 12월 말의 아파트 시세를 꼭대기로 판단하는 것이다. 32년간의 통계 분석 결과를 응용하여 단순히 기간만으로 아파트 가격의 꼭대기를 맞추는 방법이다.

지금 저자는 어느 특정 지역의 아파트가 오르고 내리는 시기와 기간을 말하는 것이 아니다. 아파트 지수, 즉 부동산 지수는 주가지수가 오르기 시작한 지 6개월 후부터 오르고 주가지수가 오른 기간만큼 오른다는 말이다. 즉 매

크로(Macro)적으로 판단하는 아파트 꼭대기 시세 판단법이다.

따라서 개별 주식이나 어느 지역 아파트가 반등 시 많이 오를지를 맞추는 것은 힘들다. 그러나 많이 내린 주식과 많이 내린 아파트가 많이 오를 것은 주식의 경우와 같다.

그리고 주식 매매 시에 반드시 참고해야 하는 기조 변환일 투자법을 아파트 매매 시에도 적용하면 승률은 현격히 높아진다. 즉, 거래량이 늘어야 믿을 수 있는 가격 추세의 변동으로 인정할 수 있다.

또한 부동산 매도 시에 가장 중요한 것은 주가지수가 대세 하락을 기록한 6개월 뒤에는 아파트 시장도 대세 하락을 반드시 시작한다는 것이다.

아파트의 경우에는 주식처럼 대세 하락을 확인하지 말고 그냥 기간 계산법으로 주식 시장이 무너진 뒤 6개월 후에 팔아도 적중률은 95% 이상이다.

정부 관련 부처나 연구기관 시중의 전문가 공인중개사 등이 아파트 시세 흐름을 예측하지 못해 헤매는 것과 달리, 아파트 상승 시기와 꼭대기, 반등 시기는 물론 반락 시기 등을 맞추는 것은 저자에게는 너무나 쉬운 일이다.

주식 시세가 6개월 전에 미리 다 알려 주니까. 저자의 예측 적중률은 이론상으로는 100%이고 실제로는 95% 이상이다.

챕터 5) 난 아파트만 해, 친구에게

흔히들 주식 이야기를 하면 아무런 관심을 보이지 않는 사람들이 더 많다. "주식에 관심 없냐?"라고 물어보면 "응, 난 부동산만 해."라고 말하는 친구들이 내 주변에도 꽤 있다.

한국에서는 그래도 된다.
아니 그래도 됐었다.
그동안 결과는 대충 그가 옳았으니까.
하지만 이제는 아닌 시대에 들어섰다.
우리도 선진국이다.
30~50 클럽 회원이 되었다. 30~50 클럽은 국민 소득 3만 달러 이상, 인구 5천만 명 이상인 국가를 말하는데, 일본, 미국, 영국, 독일, 프랑스, 이탈리아, 한국 순서로 가입되었고 현재 7개국만이 해당된다.

한국인들은 돈에 묘하게 반응한다. 돈에 관한 얘기는 터부로 여기고 점잖지 못한 저속한 이야기로 친다. 하지만 실상을 알고 보면 엄청나게 돈에 대한 애착심을 가지고 있다.

선진국에 가까워지면 사람들의 재산은 금융 자산으로 신속히 이동한다. 지금의 선진국들이 그랬다는 말이다. 사람들의 생각, 사회적인 트렌드의 변화는 같아진다.

역시 사람들은 현명하기 때문이다. 1만 달러 시대의 경제학이 있고 2만 달러 시절의 사회 변화가 있고 3만 달러 생활이 있는 것이다.

난 부동산만 해! 친구야, 이제 한국은 생산 활동 가능 인구가 줄어들고 있고 720만 베이비붐 세대들이 실업자가 되었고 전체 인구도 줄어들고 있어.

펜타곤(Pentagon) 투자법에 따라서 주식이 내리면 부동산도 내리고 주식이 올라야 비로소 부동산이 상승 시동을 걸 거라는 신호야. 뭐든 주식이 먼저야. 보통 부동산은 6개월 뒤에 뒤따라와.

오르는 순서와 내리는 순서는 항상 주식이 먼저라는 거, 말을 바꾸면 사람들이 코스피 지수형 ETF를 사서 주식으로 손해 보고 있다면 친구가 보유한 부동산도 곧 내린다는 연락이 온 거라는 거지.

반대로 어떤 대중 투자가가 코스피 지수를 사서 돈을 벌었다면 곧 부동산도 오른다는 신호야. 이런 게 대세 상승 신호야.

그런데 지나고 보면 종합지수 상승률과 아파트 상승률은 거의 같더라. 공평하지? 그렇지? 그래서 돈은 돌고 도는 거야.

그러니까 내가 주식 투자로 돈을 벌거나 잃는다는 것은 장차 네가 가진 부동산이 오르거나 내린다는 것과 같다는 뜻이야. 부동산이 6개월 더 늦을 뿐이야.

시간차는 어쩔 수 없다. 하나는 동산이고 다른 하나는 부동산이니까. 하지만 항상 주식이 먼저 움직임을 보여 준다는 거지. 잃거나 번 돈이 적으냐? 큰돈이냐? 그 차이뿐이다.

투자액이 적으면서 큰 돈벌이에는 귀가 더 쫑긋해지지만, 비율로 따져 봐야 돼. 주식과 부동산의 상승률이나 하락률 말이야.

제대로 된 투자가는 두 자산의 시세 변동 시차를 이용해서 양쪽에서 돈을 벌고, 한쪽에만 투자하는 부동산 투자자는 편도 수익만을 누리는 것이다. 즉, 절반의 손해야. 손해는 아니라고 보는 것이 일반적이지만 문자로는 기회비용(opportunity cost)이라고 해.

부동산은 말 그대로 움직이지 않는 동산이다. 즉, 팔면 동산이 된다. 하지만 한국의 주거시설은 아파트 세대수가 절반이 넘어선 지 이미 오래야. 연립주택, 주상복합, 오피스텔 등을 합치면 75%는 아파트인 셈이야.

그리고 아파트는 다른 의미의 초고가 주식임을 눈치채야 돼.
특히 오피스텔은 더 그렇지. 이들은 단지별로 위치나 메이커, 내부 디자인과 가격이 거의 표준화되어 있어서야. 자동차, 냉장고 등의 물건처럼 말이야.

아파트 등은 거래 단위가 큰 주식이 되어 가고 있어. 부동산과 동산의 중간쯤 되는 자산이라는 거지.

난 부동산만 해! 친구야,
편도 이익만을 벌면 부자 되는 속도도 절반으로 떨어지는 것은 당연하지?

내 말처럼 주식 급락기에, 즉 거품이 터지면 주식 팔아서 아파트로 가서 뻥튀기 한번 하고 나서 얼른 팔아 버리고 달러를 샀다가 팔고 비싸진 은행 금리를 따라서 정기예금에 가입해. 여기까지 주식 가격이 폭락을 시작한 후 3~4년은 걸려.

하지만 이제는 갖은 세금과 규제로 피곤하니까, 6개월짜리 아파트 단기 반등 폭은 포기하고 비싸진 이자를 받기 위해 정기예금 2년 만기로 가는 게 더 나아.

금리가 내리기 시작하면 정기예금 해약하고 국채를 사서 이자를 받아먹고 살면 아주 편해진다. 한국도 일본처럼 잃어버린 30년을 맞을 거니까, 10년 이상은 그냥 놀기만 하면 돼.

그래도 이자가 많이 나오니 아무 상관없어. 국채로도 연간 4~5%는 받을 수 있지. 이제 이번 인플레 후에는 한국은 인플레는 진행 안 돼요. 한국 내의 모든 물건은 값이 30년 가까이 쭈우욱 내리는 롱텀 디플레이션이 본격적으로 오는 거야.

내 말을 믿어. 아파트가 유동화 경향을 보이기 시작했지만 유동성은 현저히 떨어지잖아. 샀다가 못 팔면 어떡해…. 롱텀 디플레이션이 이미 와 있으니까 아파트로 돈 뻥튀기는 포기하라는 것이지.

게다가 아파트는 정부에서 이익금을 절반씩 나눠 가지자고 하잖아. 아니, 내가 부동산 투자로 밤잠도 못 자고 심혈을 기울일 때, 자기가 뭘 한 게 있다고! 그렇지? 아니, 나하고 동업자야, 공동 투자자야?

누구나 항상 현금이나 현금등가물이 필요한 것은 알지?
이것은 선진국 트렌드야. 우리도 30~50 클럽에 가입했어. 주식은 부동산과 비교하면 현금이야. 현금과 비교하면 주식은 세미(semi) 부동산이고. 혹시 일본인들처럼 너도 눈물을 흘리게 되는 거 아니지?

한국 주식 시장에 지쳤다고, 남몰래 해외에 투자한 것 아니지? 금융 회사들 믿으면 안 돼! 가려면 달러가 더 싸지면 가야 해. 아마도 700원대에 살 수 있을 거야. 기업은 모르지만 우리 서민들에게는 신나는 세상이 3~4년 뒤에 시작될 거야.

안타까운 것은 아무것도 안 해도 그렇게 된다는 거지. 그러니까 예전 인플레이션 시절처럼 그냥 부동산을 오래 가지고만 있으면 돈이 늘어나는 게 아니라 오히려 망하는 거지. 롱텀 디플레이션이 되면 달러는 꾸준히 내리고 아파트와 주식은 달러를 추종해서 같이 내려와.

일본이 그랬고 우리도 피할 수 없어. 다 줄어드는 인구+달러 약세+부채 때문이야.

곧 달러도 내리고 주식도 내리고 아파트도 폭락한다. 금도 은도 구리도 결국에는 폭락한다.

이것 전부 롱텀 디플레이션 때문이지.

대신에 한동안은 해외여행 실컷 다닐 수 있을 걸. 지금과 비교하면 공짜나 마찬가지지. 중소기업들도 신날 거야. 대기업은 죽을 맛이고…. 세상은 변한다. 그래야 살맛이 나지.

인생을 살면서 작은 물결은 타고 넘고 큰 파도는 피하는 게 좋아. 역주행은 절대 안 돼.
돈을 잃는 게 아니라 다 죽어.

챕터 6) 주식 투자를 안 하면 더 가난해지는 이유

주식이나 아파트에 장기 투자 하면 다 망한다니까 "역시 내 생각이 맞아." 하면서 역시 나는 잘했다고 생각하는 사람들이 많을 것이다.

그럼 주식에 투자하지 않으면 오히려 부자가 되는 것이네 하고 생각하면 맞을까? 아니다!
주식 투자는 위험하다고 주식 투자를 아예 피하면 오히려 더 가난해진다는 사실이다.
왜 그럴까?

한국의 1인당 GDP는 약 3만 달러 정도이다.
다섯 식구라면 개략적으로 연간 15만 달러(연봉 1억 8,000만 원) 정도를 벌어야 한국의 평균 소득을 버는 것이다. 다섯 식구이면서, 매월 1,500만 원 정도를 못 버는 가정이라면 한 가정의 수입으로 볼 때 대한민국 평균 소득도 못 버는 가구가 된다.

사실 이 정도의 연봉을 버는 사람은 많지 않다. 이 정도 연봉을 못 버는 사람들은 1인당 국민 평균 소득 이하의 월급을 버는 것이 된다. 나머지 소득은 기업들이 회사 내에 유보금 형태로 보유한다고 보면 맞다. 기업들이 배당을 하고 남은 유보금은 매년 기업에 쌓여만 간다.

따라서 국민들 개개인은 이 차액, 즉 1인당 GDP와 내 소득을 주식 배당금과 시세 차익으로 메꾸지 못하면 이 가정이 GDP와 대비하여 점점 가난해지는 것은 너무나 당연하다. 국민 전체적으로 볼 때 1인당 국민 소득을 못 벌어들이기 때문이다. 따라서 이 가정이 주식이 전혀 없다면 10년쯤 지난 후에는 주식 투자를 하는 가정보다 실제로는 아주 큰 차이가 난다.

그러니까 안전한 형태로 주식 투자에 나서야 하는 것이다. 그러나 투자의 구루(Guru)들이 말하는 대로 주식에 장기 투자 하면 할수록 다 망한다. 그럼 어떡하면 될까? 그 답을 저자가 제시한다.

우선 사람들은 주식을 안 하면 왜 점점 가난해질까를 생각해 보자! 우리나라의 GDP 성장률은 예전에 비해 떨어진 것은 사실이지만 꾸준히 경제는 성장은 하고 있다. 가계, 기업, 정부 이들이 1년간 벌어들인 돈을 다 합치면 그것이 바로 GNP다. 요즘은 해외에 기업들이 많이 나가 있어서 범위를 넓혀 외국에서 번 돈도 포함하여 GDP라고 한다.

GDP는 늘었다는데 내 몫은 다섯 식구를 기준으로 1인당 GNI(Gross National Income)로 환산해 보니, GDP 3만 불 시대이니까, 15만 불을 벌어야 다섯 식구 평균치를 버는 것이다. 연봉 1억 8,000만 원을 버는 가구는 전체 가구의 1%나 될까 싶다.

경제는 성장한다는데도 내 생활은 나아지는 게 별로 없다. 내 소득도 몇 % 늘었지만 사는 것은 전보다도 점점 더 못한 것 같다. 결국 평균치 이하를 내가 벌어서 그런 것 같은데 GNP 중 내 몫에 해당되는 돈의 차익은 누가 가져갔을까?

GDP가 매년 늘어나는데도 우리 가계가 점점 가난해지는 이유는 기업이나 정부가 GDP 성장액 중에서 각 가정의 몫을 더 가져가기 때문이다.

대개의 경우 기업들이 더 많은 몫을 챙긴다. 그들은 노동보다 자본의 기여도가 더 크다면서 벌어들인 돈을 항상 더 많이 가져간다. 기업들은 갖은 핑계를 대고 회사에 그냥 남겨 둔다. 성장 자금이다, 생존 자금이다, 안전 자금이다 등 구실을 대면서 말이다.

즉, 그렇게 알게 모르게 항상 기업 분배율이 노동 분배율보다 조금씩 계속 더 늘어난다. 민노총, 한총의 노동 운동은 여기에서 출발해야 한다. 노동 분배율을 늘려 가야 하는 게 노동운동의 시발점이고 논의의 시초는 바로 여기여야 한다.

자본 분배율과 노동 분배율의 1~2% 차이가 나라 전체로는 얼마나 큰 차이인가 생각해 보라. 분배율 자체도 자본 기여율이 항상 더 크지만 이 분배액 중에서 기업들은 자기 몫에서 모든 비용을 빼고 기업에 일정율의 이익금을 넉넉히 쌓아 놓는다. 기업에게는 핑계로도 써먹을 수 있는 법으로 강요된 적립금 제도도 있다.

이 적립금들은 향후 위기 시를 대응해서이기도 하고 성장을 위한 자금 배분이기도 하다. 이 쌓인 돈들 때문에 기업의 주가는 한번 오르면 불경기가 도래하거나 기업이 위기에 처하지 않는다면 주가는 기업 가치 이하로는 여간해선 잘 내리지 않는다.

이게 바로 그 기업의 가치이자 가치 투자의 본질이다. 즉, 팔아서 현금화한다면 받을 수 있는 금액, 이 가치 이하로는 여간해선 안 내린다. 평상시에는 팔면 항상 그 가치 이상은 받아 낼 수 있으니까, 너무나 당연한 얘기다.

이 기업의 누적된 이익금은 주식 숫자로 나눠진다. 이게 주당 기업 가치이고 이게 매년 노동자분인 내 월급보다 더 늘어나고 있으니 주가가 안 오르기도 쉽지 않은 것이다. 누적된 기업 가치가 더 늘어나기 때문이다.

기업의 가치가 조금씩 늘어나면서 주가는 올라서 예전에 비해서 우리나라 우량기업들은 10~20배가 올랐는데, 난 주식이 전혀 없다면 상대적으로 나의 부는 그만큼 줄어든 것이다.

현재 우리나라의 주식 보유 인구는 1,000만 명 정도이고 외국인들이 우리나라 주식의 30% 이상을 가지고 있다. 총 기업 수익과 누적된 기업의 이익금도 많아졌지만 난 주식은 한 주도 없이 월급만 타는 사람이니 기업이 쌓아 놓은 이익금 중 내 몫은 전혀 없다.

심지어 다니고 있는 회사 주식도 한 주 없다. 어느 순간 정신 차려 보니 난 평균 소득도 못 벌고 있고 평균적 재산도 지니지 못해 나도 몰래 더 가난해져 있었다. 중산층에서도 더 멀어진 느낌이다. 실제로도 그렇다! 한마디로 다니는 회사 주식도 KODEX 200 ETF도 전혀 없으니까 그렇다.

위험하다고 해서 주식이 한 주도 없으니 한동안 행복했었다. 그러나 그동안 성장의 몫을 노동자보다 매년 많이 가져가는 기업을 나누어 놓은 주식이 전혀 없으니 국가 전체적으로 볼 때 결국 상대적으로 더 가난해질 수밖에 없다.

주식이 한 주도 없으니 주가가 올라도 내 재산은 전혀 늘지 않고, 배당금이 적든 많든 난 배당금이 한 푼도 없으니까 우리나라가 성장한 대가와 다니는 회사가 성장한 지분 중에서 월급으로 주어지는 몫만 겨우 챙기고 있다.

그동안 늘어난 GDP라는 Pie는 주식 보유 비율대로 오너를 비롯한 주주들이 주가 상승분과 배당금 형태로 나눠 가졌고 외인들도 이 두 가지를 한몫 챙기고 있다. 난 아무것도 없으니 GDP 중의 내 몫도 못 챙기고 있다. 결국 더 가난해진 것이다.

코스피 지수는 1980년 1월 4일을 100으로 하여 계산한다. 2023년 3월 말일의 코스피 지수는 2,476.86으로 53년 만에 24.8배 올랐다. 소유한 주식이 전혀 없으니 이 24배 이상 오른 재산 증가 혜택을 전혀 누리지 못했다. 주식 없이는 앞으로는 중산층 대열에 낄 수 없다. 기업들의 성장 혜택인 파이를 나눠 가져야 가능하다.

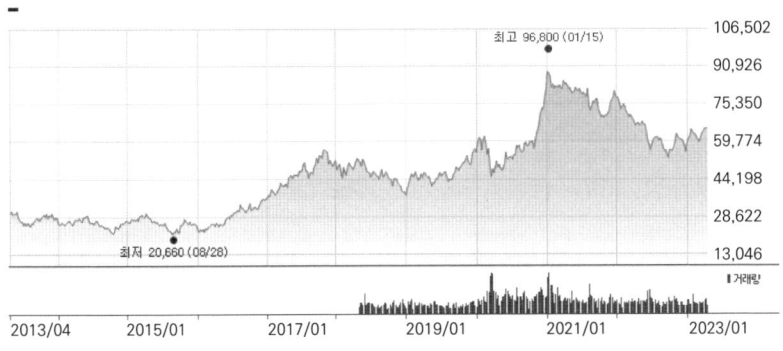

[그림 9] 삼성전자 10년간(2013.4.~2023.4.) 주가 그래프[2]

지금까지 본 것처럼 내 재산도 53년 동안 재산이 24.8배가 늘어야 내 몫은 챙긴 것으로 볼 수 있다. 주식으로만 부자 되는 법도 부록에 정리해 두었으니 주식이 뭔지도 모르면서 주식으로 돈을 벌어 부자가 되려면 참고하면 된다.

실제로 결과만을 보면서 몇 년 전부터 국민주가 된 삼성전자 주가의 움직임 결과를 살펴보면,

> 근래 10년간 최고 시세: 96,800원(2021.1.15.)
> 근래 10년간 최저 시세: 20,660원(2015.8.28.)
> 최근 종가 시세: 종가: 64,000원(2023.3.31.)

이 기간 중 최고 가격(96,800원)과 최저 가격(20,660원)을 비교해 보면 7년 정도에 469%가 올랐다. 그래서 "아하, 이렇게 주식은 오랫동안 가지고 있으면 부자가 되는구나."라고 흔히 생각한다.

---

2 자료 출처: Naver(http:://www.naver.com)

그러나 세상이 그렇게 쉬우면 이 세상에 가난한 사람은 없을 것이다. 과거에는 삼성전자도 300원(액면가 100원 기준) 정도에 무제한으로 살 수 있었다. 저자는 이 당시에도 주식 투자자였는데, 한 번도 삼성전자 주식으로 돈을 벌어 본 적이 없다. 아니 삼성전자를 사 본 적도 거의 없다.

시세가 300원(액면 5천 원 기준으로 그 당시 시세는 1만 5천 원)이었을 때에도 다른 전자 관련 주식에 비해서 엄청 비쌌던 것이 가장 큰 원인이었다. 나는 싼 주식 중 나름대로 성장성이 뛰어나다고 생각하는 주식들을 샀으니까….

2021년 1월 15일 96,800원이었던 삼성전자 주식은 2023년 3월 31일에는 64,000원이 되었다. 무려 34%가 폭락해 있다. 개인 사정에 따라서 10년 내 최저가인 20,660원에 사서 최고가인 96,800원에 469%를 남기고 판 사람도 있을 수 있고, 2023년 3월 31일 종가인 64,000원에, 즉 34% 폭락한 가격에 팔아야 하는 사람도 있다.

어느 쪽 투자자가 되고 싶은가?
당연히 돈이 많이 남은 쪽이 되고 싶겠지만 그것이 불가능에 가깝다. 왜냐하면 평상시에는 좋은 주식을 샀기에 정말 망할 지경으로 돈이 필요하지 않으면 팔지 않을 것이기 때문이다.

개인이나 기관 등 누구나 그렇다. 개인이나 기관 투자자나 불황의 끝자락에서 마지막 코너에 몰려 다른 기관 투자자나 외국인들의 로스 컷(Loss Cut) 다음에 갖은 핑계와 함께 가장 쌀 때 주로 팔게 되기 때문이다.

그래서 결국에는 근 10년 내에 469%나 올랐던 주식을 지금도 약 34%나 내려 있지만 앞으로도 약 20~30% 이상 더 내린 가격에 팔고 나오는 것이 더 흔하다. 그래서 주식이나 아파트, 달러, 예금, 국채에 장기 투자 하면 절대로 안 되는 것이다.

앞에서도 얘기했지만 5개의 투자 대상 자산 중 한 가지 재산에 약 2년 정도씩만 투자하라는 이 말은 평상시의 경기 순환, 즉 숏텀 디플레이션 때의 경우이다.

롱텀 디플레이션(Long Term Deflation, 약칭 LTD)의 경우에는 국채에서 장장 3~30년 정도까지 머물러야 수익을 극대화할 수 있다. 즉, 이때에는 일본처럼 국채에 초장기간 투자를 해야 떼부자가 되는 것이다. 따라서 롱텀 디플레이션을 판단해 내는 것이 얼마나 중요한지 알 수 있다.

설명한 이유와 같이 주식에 투자하지 않으면 점점 가난해지는 것은 당연하다. 또한 무조건 장기 투자 하기만 해도 망하는 것이 바로 주식 투자이다. 그래서 주식 투자는 공부를 하고 투자해야 한다.

챕터 7) 금은 안전자산이 아니다

우선 이 두 그래프를 자세히 살펴보자. 국제 금 가격과 국제 달러 가격의 장기간 그래프들이다.

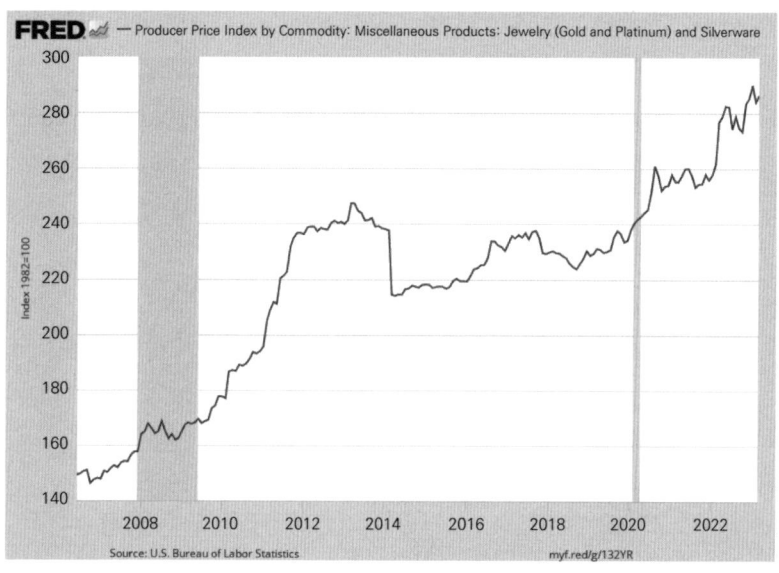

[그림 10] 18년간(2006.1.2.~2023.2.1.) 국제 금 가격

[그림 10]은 2006년 1월 2일부터 2023년 2월 1일까지의 국제 금 그래프이다. 금만을 나타낸 금 그래프는 어느 곳에서도 제공되지 않기에 이 그래프

로 대신하여 분석해 보기로 하자.

금과 플래티넘(백금), 은 등을 합쳐서 그린 FRED에서 제공하는 그래프이다. 본 저서에서 인용한 FRED의 그래프들은 Microsoft365.com에 회원가입을 한 후에 누구나 무료로 이용할 수 있다.
왼쪽 회색의 넓은 띠는 경기 침체 기간을 나타낸다. 이는 [그림 11]의 달러 인덱스 그래프의 회색으로 나타낸 경기 침체기와 똑같다.

어떤 자산이 안전자산이 되려면 경기가 침체되거나 호황이 되거나 가격 변동이 크지 않으면서 항상 제 가치를 지니고 있어야 한다. 적어도 항상 인플레이션율과 디플레이션율도 커버할 수 있어야 한다.

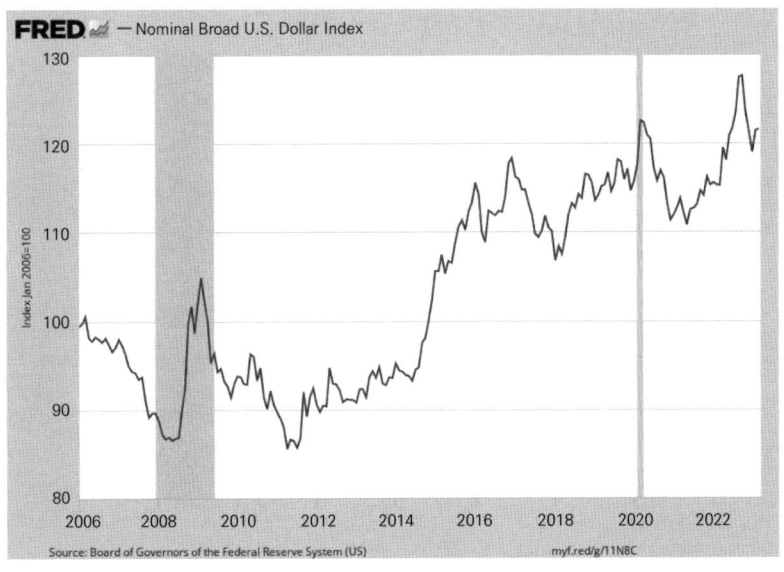

[그림 11] 18년간(2006.1.2.~2023.3.17.) 국제 달러 가격: 달러 인덱스

[그림 10]의 국제 금 가격 그래프와 [그림 11]의 국제 달러 가격 그래프는 시작 연도가 2006년 1월 2일로 같다. 즉, 임의의 일자 수직점선을 그으면 같은 날짜의 국제 달러 가격과 국제 금 가격을 알 수 있다.

회색 바가 시작되는 일자는 2007년 12월이고 끝나는 일자는 국제 달러나 국제 금 가격이나 같은 2009년 6월이다. 회색 바의 넓이는 당연히 같다. 동시에 두 그래프를 같이 살펴보자. 불경기, 즉 경기가 침체하니까 [그림 11]인 달러 인덱스가 급등하고 [그림 10]의 금 가격은 같은 기간에 급락하고 있다.

이때에는 금을 팔고 달러를 사야 한다. 즉, 이를 보면 금은 안전자산이 아니다. 달러가 오르면 금은 내리는 것이다. 금은 달러 대체재이다. 숏텀 디플레이션(불황기), 즉 인플레이션 경제하에서는 반대로 움직이므로 달러 가격이 오르면 금을 팔고 달러 가격이 내리면 금을 사면 된다.

따라서 저자가 주창한 다이아몬드 달러 투자법에 따른 투자, 즉 달러와 이 세상의 모든 물건은 역의 관계로 반비례하므로 여기에 맞춰 투자해야 하는 것이다.

물론 이 다이아몬드 달러 투자법은 정상적인 경기 흐름일 때에만 적용 가능한 이론이다. 저자는 [그림 12]의 수직점선①을 경계로, 즉 2016년 1월부터 한국은 물론 전 세계에 롱텀 디플레이션이 도래해 있음을 주창해 왔다.

지금 이 두 그림을 관통하는 수직점선①, 즉 2016년 1월 이후에는 달러 가격과 금 가격이 비례 관계로 동반 상승하는 것을 보고 롱텀 디플레이션이 시작되었다고 판단하는 것이다.

즉, 2016년 1월 이후부터는 다이아몬드 달러 투자법에 따라 매매하면 안 되는 것을 볼 수 있다. 이들이 정비례 관계로 [그림 12] 국제 달러 가격(달러 인덱스)과 국제 금값의 관계가 변했음을 볼 수 있다.

이 수직점선이 숏텀 디플레이션(불황기, 인플레이션 경제 시대)과 롱텀 디플레이션의 경계선인데, 이 이후부터는 금과 달러에 투자하는 요령이 반대가 되어야 한다.

가격이 오르니까 금 가격도 동시에 오르고 있는 것을 볼 수 있다.

이 사실을 보고 나서도 앞으로 금 가격이 무한정 오를 것으로 생각하는 것은 엄청난 판단의 오류가 될 것이다. 이미 롱텀 디플레이션이 진행 중인 일본에서 확인된 바는 미국 달러 가격은 롱텀 디플레이션이 진행 중인 국가에서는 폭락한다는 사실이다. 이는 [그림 5]를 통해서 알 수 있다. 그래서 지금 미국 달러에 투자하는 것은 바보에 가깝다.

또 달러가 내리면 금가격도 내린다는 것을 [그림 12]를 통해서 보았으니 지금 금에 투자하는 것 또한 바보 행위인 것이다. 왜냐하면 롱텀 디플레이션(Long Term Deflation) 시에는 달러와 금은 항상 같은 방향으로 움직이기 때문이다.

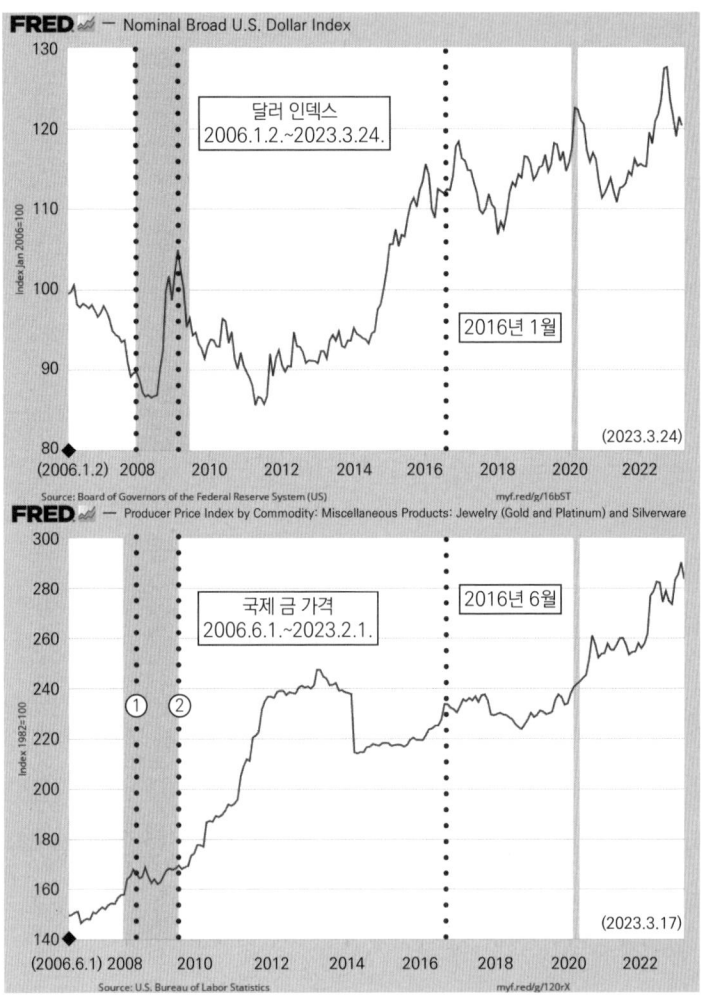

[그림 12] 국제 달러 가격(달러 인덱스)과 국제 금값의 관계

이 결합 그래프의 수직점선① 2016년 1월 이후를 경계로 보면 달러 인덱스 잘 알다시피 미국 달러 가격이 인상되면 모든 물가는 무차별적으로 인상되어 인플레이션이 초래된다. 반면에 달러 가격이 끊임없이 하락하면 국내 물가는

모두 내리는 디플레이션이 된다. 이 영향으로 국내의 모든 물건은 지속적으로 무차별적으로 가격이 내리게 된다.

경제 상식으로도 금은 인플레이션 방어용 자산이지 디플레이션 방어용 자산이 아니다. 지금의 금 가격은 지극히 이상 현상인 것이다.

이 [그림 12]로 아주 중요한 두 가지 사실을 확인하고 검증한 것이다. 첫째로 전 세계는 2016년 1월부터 롱텀 디플레이션 상태에 있다. 둘째 금은 안전자산이 아니다.
롱텀 디플레이션이 되면 달러가 먼저 폭락하고 이에 맞춰 5개월 뒤에 금도 같은 궤적을 그리며 폭락한다.

1929년의 미국과 1989년, 아니 더 정확하게는 1988년 12월부터의 일본이 롱텀 디플레이션 상태였고, 2016년 1월부터는 한국과 전 세계에 나타난 공통 현상이다. 롱텀 디플레이션의 원인 중 가장 강력한 것이 지속적인 달러 약세였다. 2023년 3월 현재까지는 달러가 강세이지만 곧 강력한 달러 약세 장세가 전개된다.

롱텀 디플레이션 상황에서는,
① 달러가 내리면 코스피 지수도 내리고 달러가 오르면 코스피 지수도 오른다. 달러와 주식, 아파트, 금, 은 등은 전부 반비례 관계에서 정비례 관계로 변한다.

한국이나 기타 다른 나라들은 아직은 롱텀 디플레이션이 본격화되지 않아 정비례 관계가 뚜렷하게 보이진 않으니 일본의 국내 미국 달러 가격, 즉 엔·달러 지수와 니케이 주가지수로 설명을 해 보자. 바로 [그림 5]와 [그림 7]을 통해서 확인할 수 있다.

이 정비례 관계를 숏텀 디플레이션 때처럼 반비례 관계로 오해하고 다이아몬드 달러 투자법대로 투자하면 그대로 폭망하게 된다. 아직 부동산 가격, 즉 아파트 시세는 장기간 그래프화한 자료가 없어 직접 비교는 힘들지만 추정컨대, 아파트, 금, 원유, 은, 구리 등 모든 물건도 달러 가격과 정비례하는 이런 현상은 같다고 본다.

② 달러가 오르면 약 6개월 뒤에는 금 가격이 같은 상승률로 오른다. 달러가 내리면 반대로 6개월 뒤에는 금 가격이 같은 하락률로 내린다. 이 사실은 [그림 30]과 [그림 31]로 바로 확인 가능하다.

즉, 일본은 예의 주시 해야 하고 우리나라와 전 세계는 이 롱텀 디플레이션에 따른 투자 방법대로 투자하여야 폭망하지 않는다. 대한민국은 30년 전의 일본과 같은 상황 속으로 서서히 잠겨 들어가고 있어 안타깝기 그지없다.

지금 설명한 대로 전 세계가 롱텀 디플레이션 상태이냐 아니냐를 판단하거나 롱텀 디플레이션 상태에서 정상으로 회귀했느냐를 판별하는 것은 아주 쉬운 일이다. 즉 국제 달러 가격도 내리고 국제 금 가격도 내리면 롱텀 디플레이션 상태인 것이다.

롱텀 디플레이션 때에는 달러 가격은 장기간에 걸쳐 일본처럼 급락한다. 이러한 사실이 있음에도 현재 금 가격은 하늘을 찌르고 있다. 따라서 국제 금도 금명간 폭락할 운명인 것이다. 2016년 1월경부터 전 세계가 롱텀 디플레이션 중이니까 그렇다. 아래의 데이터를 잠깐 보자.

달러 인덱스	국제 금 가격
2016년 1월: 115.9	2016년 1월: 381.9
2023년 2월: 121.5	2023년 2월: 671.3
4.83% 상승	75.8% 상승

2016년부터 2023년까지 약 8년간 국제 달러 가격이 4.83% 올랐다. 반면에 같은 기간에 국제 금 가격은 75.8%나 폭등했다. 2016년 1월부터 전 세계는 롱텀 디플레이션 중인데도 그동안 금 가격은 달러 가격에 비해 지나쳐도 너무 지나치게 70.9%(75.8-4.83)나 초과 급등했다.

일본을 보면 롱텀 디플레이션 시에는 달러 가격이 폭락한다. 아니 달러 가격이 계속 폭락하므로 롱텀 디플레이션이 된다. 일본에 롱텀 디플레이션이 처음 나타나기 시작한 1988년 12월이었으며, 이때 일본 국내 달러 가격은 125.5엔이었고, 2023년 2월의 달러 국내 가격은 136.1엔이었다.

일본의 달러 가격은 평균적으로 봐서 줄곧 내림세였으며, 니케이 지수도 당연히 줄곧 내림세였고, 일본 부동산도 당연히 대폭 내리고 있었다. 유감스럽게도 일본 내 금 가격 그래프는 구할 길이 없어 직접 비교는 못하지만 아마도 일본 내의 달러 가격 추이에 따라 약 6개월의 시차를 두고 금 가격이 뒤따라서 변해 왔을 것으로 추정이 가능하다.

결론적으로 어느 나라에 롱텀 디플레이션이 발생되면 그 나라에서는 달러 가격이 내리는 것이 확실하다. 이에 맞춰 주가지수는 즉각적으로 같은 비율로 하락하고 아파트는 국내 달러 가격보다 6개월 후행하고 금 가격은 국내 달러 가격에 5개월 후행한다.

모두 같은 비율로 내린다. 또한 기타 원자재의 국제 가격도 국내 가격도 달러 가격에 맞춰 폭락한다. 이를 응용해 보면 2016년 1월부터 국제적으로도 금, 은, 원유, 구리 등 모든 원자재에 투자하면 안 된다는 것도 알 수 있다. 빈곤의 악순환이라는 말이 있듯이 사실 달러 국내 가격의 하락보다 더 강력한 국내 물가 하락, 즉 디플레이션 요인이 있을 수 없다.

가장 강력하게 국내의 모든 물건을 하락시키는 요인이 바로 달러 가격의 끊임없는 하락인 것이다. 달러 가격의 끊임없는 하락은 롱텀 디플레이션이 진행 중인 나라에서 반드시 나타나는 현상이다.

아파트나 금, 원유, 은 등의 자산들은 전부 롱텀 디플레이션이 진행 중인 그 나라의 국내 달러 가격에 항상 6개월 후행하므로 마음 놓고 이런 상품의 선물 거래나 공매도에 나서도 되는 것이다. 이것은 검증된 아주 중요한 사실이다. 이 사실은 어느 누구도 설명해 주지도 안내해 주지도 않던 사실이다. 이것이 바로 부의 창조를 위한 히든 스토리(Hidden Story)인 것이다.

사실 일본의 잃어버린 30년은 막말로 30여 년간 지속된 무역수지 흑자 때문인 것이다. 그 결과 엔화 강세와 달러 약세는 지속되었고, 일본은 이 무역 흑자에 해당하는 달러 유입으로 인한 통화량 증가의 부정적 역할을 해외 투자 권유로 해결해 온 셈이다.

그러나 한번 해외 투자에 나선 돈은 지속되는 엔화 강세로 일본 국내로 귀국도 못하고 국제 금융 시장을 떠도는 유령 달러(Ghost Dollar) 신세가 되었다.

저자는 아베노믹스로 출발한 일본 경제의 정상화 노력은 거의 성공했다고 본다. 반면에 한국을 비롯한 전 세계는 2016년 1월에 이미 롱텀 디플레이션에 진입한 것으로 설명한 바 있다.

그러나 다행스러운 것은 롱텀 디플레이션 퇴치법도 일본을 통해서 제법 알 수 있다. 즉, 모든 나라들은 무역 적자 연도와 무역 흑자 연도를 적당히 섞어서 국가 경영을 해야 하는 것이다.

롱텀 디플레이션을 퇴치하거나 발생되지 않게 하려면 무역 흑자 장기간 지속으로 인한 달러 공급 과잉으로 해당 국가의 국내 미국 달러는 약세를 나타내고 현지화는 강세가 나타난다.

이는 디플레이션 현상으로 자연스레 해외 투자가 늘어나며, 무역 흑자는 지속되며 미국 달러는 공급 과잉으로 지속적으로 약세를 나타낸다. 이 악순환의 연결고리를 끊어야 한다.

말한 대로 금은 약 70%나 이상 급등한 바 있으므로 팔아야 한다고 본다. 지금 안전자산이라고 금을 사는 것은 어리석은 투자임은 말할 것도 없다. 만약에 금 선물에 투자를 한다면 증거금을 한두 차례 이상 올리면 매도 타임으로 봐야 한다.

레버리지를 조금이라도 축소하면 기관 투자자들에게는 큰 충격을 주므로 빠져나와야 한다. 금은 약 20배의 레버리지를 쓰기 때문이다.

최근에는 금과 비트코인이 상관관계가 높아지는 기이한 현상이 나타나고 있다. 두 가지 다 투자 대상은 아니다.

전통 이론에 의해도 금은 인플레이션 방어용 수단이지 디플레이션 방어용은 아니다. 금은 그 자체로 수익을 만들어 내는 자산도 아니다.

마지막으로 한 번 더 롱텀 디플레이션에서의 금은 무조건 내리는 자산임을 강조한다. 금은 안전자산이 아니다. 디플레이션 시대에는 현금과 예금이나 현금등가물이 안전자산이다. 무위험 자산이라던 각국 국채도 경우에 따라 다르다.

챕터 8) 국채도 항상 안전자산은 아니다

이제 재테크 대상 5대 자산인 주식, 아파트, 달러, 예금, 국채 간 돈의 흐름을 꿰뚫어 보는 펜타곤(Pentagon) 투자법에 따라서 마지막 5단계인 국채 투자에 관해서 검토해 볼 차례다. 그동안 즉 지난 8년간 벌어들인 돈은 정기예금에 가입되어 있거나 마음이 급한 사람, 즉 금리정점이라고 너무 빨리 반영한 사람들은 이미 국채에 도착해 있을 것이다.

그러나, 2025년 후반기 쯤으로 예상되는 정부의 첫 번째 기준 금리의 인하와 함께 정기예금을 해약하여 서서히 국채 투자에 나서면 된다고 판단한다. 이번의 금리 인하는 언제까지 내려가는지 전혀 예상할 수도 없다. 왜냐하면 우리나라는 이미 2016년 1월부터 롱텀 디플레이션이 진행 중이기 때문이다.

흔히들 미국 국채는 무위험 자산으로 인정하여 각국 정부는 외환보유고 중 일부를 미국 국채로 보유하기도 한다. 이번 SVB(실리콘밸리뱅크) 파산 사태에서 보듯이 이 세상에 절대 안전자산은 없다. 즉 미국 국채도 안전할 때가 있고 아주 위험할 때가 있다.

일본의 자산 시장은 1990년부터 핵심 경제 활동 인구의 감소와 함께 무너졌지만 일본의 생산 활동 가능 인구(Working Age)는 실제로는 1995년부터 본격적으로 줄어들었다.

우리나라의 핵심 경제 활동 인구는 2013년부터 생산 활동 가능 인구(working age)도 2016년부터 감소하기 시작했다. 미국과 유럽은 우리보다 10년 빠른 2006년부터 생산 활동 가능 인구가 줄어들기 시작했다.

이에 따라 장기간 롱텀 디플레이션이 진행될 것을 고려하면 우리나라도 일본처럼 마이너스 금리까지 진입할 것으로 본다. 정말 무서운 상황이 온다. 단기간에 정상 금리로 돌아가지도 못한다.

롱텀 디플레이션은 뒤에서 자세히 설명하겠지만 생산 활동 가능 인구의 감소 특히 베이비부머의 완전한 은퇴와 막대한 가계 부채, 소구형 주택담보대출 제도의 3종 세트가 원인으로 그 파괴력이 너무나 강력하다. 일본의 단카이 세대(일본의 1947~1949년생을 말함, 680만 명)로 인한 경기 침체와 가계 부채 등으로 인한 롱텀 디플레이션에서 그들은 아직도 탈출하지 못했다!

게다가 한국의 롱텀 디플레이션은 일본의 롱텀 디플레이션보다 더 강력하고 신속히 진행될 것이다. 그 이유는 바로 인구 구조에 있다. 한국의 베이비부머 세대와 총 인구 대비 비율로 알 수 있다.

일본의 단카이 세대는 한국의 베이비부머 세대(1955~1963년생, 720만 명)보다 인구도 40만 명이 더 적다. 총 인구 비중으로도 일본은 한국의 베이비부머 인구 비중인 14.4%보다 더 낮은 5.7%로 1/3 수준이다. 숫자상으로만 계산하면 그리고 해리 덴트의 주장처럼 인구가 가장 큰 디플레이션 사유라면 일본의 디플레이션 속도보다 한국의 디플레이션 진행 속도가 2.5배(14.4%/5.7%=2.5배)나 더 빨리 진행될 수 있다는 것은 뻔하다.

따라서 인구 문제로 인한 롱텀 디플레이션의 부작용은 일본과 비교해서 더 강력할 것이다. 즉, 한국에서는 일본의 잃어버린 30년이란 부작용에 불과 12년(30/2.5=12년) 만에 도달할 수 있다는 뜻이다. 일본의 인구는 한국의 5천만 명보다 약 2.5배 정도가 많은 1억 2천만 명이나 되기 때문이다. 롱텀 디플레이션 현상마저도 한국에서는 빨리빨리 나타날 것이 우려된다.
그렇지만 한 가지 고려해야 할 사항도 있다.

일본의 단카이 세대는 3년에 집중되어 있지만 한국의 베이비부머들은 9년간 골고루 분포되어 있다. 즉, 롱텀 디플레이션 진행 정도가 빠를 수도 있고 예상과 달리 별 차이가 없을 수도 있는 것이다. 우리나라의 롱텀 디플레이션이 언제까지 지속될 것이냐는 누구도 정확히 알 수는 없으나 저자의 판단으로는 2037(30년/2.5년=12년)년 정도까지로 본다.

우리나라도 일본처럼 잃어버린 30년이 온다고 보면 2016년+30년=2046년에야 지금의 일본이 된다. 그러나 단카이 세대와 베이비부머 세대의 각국의 총 인구 대비 비중을 감안하면 일본의 30년은 한국에서는 30년/2.5년=12년 정도가 된다.

베이비부머들은 9년간 골고루 분포되어 있고 단카이 세대는 3년에 집중되어 있으므로 2016년 플러스 12년 하면 2028년경이 된다. 여기에 9년을 더해서 2037년경이면 우리나라도 롱텀 디플레이션에서 완전히 탈출하게 될 것이라 저자 임의로 추정한다. 일본은 잃어버린 30년이 넘었고 우리나라도 잃어버린 30년이 오는 것이다. 또한 GDP 대비 총부채 비율이 개략적으로 100% 근처로 되돌아와야 경제에 활력이 생기는 것도 감안해야 한다.

그러나 롱텀 디플레이션이 언제 시작하고 언제 끝난 것이냐는 간단히 알아낼 수 있다. 어느 나라의 롱텀 디플레이션의 탈출 여부와 진입 여부는 국내 미국 달러 가격과 코스피 지수의 비례 관계가 반비례 관계로 회복되면 롱텀 디플레이션은 끝난 것이 되고 반대로 비례 관계가 되면 롱텀 디플레이션에 진입한 것이 된다.

[그림 29]를 통해서 2016년부터 환율과 금 원유 가격이 비례 관계로 변한 것을 확인할 수 있다. 이것이 반비례 관계로 변하면 다시 인플레이션 경제(정상적인 경제, 숏텀 디플레이션)로 변한 것이 된다.

이제 미국 국채 얘기를 해 보자!
2023년 3월 40년 된 미국의 16위의 은행 실리콘밸리뱅크(SVB)는 뱅크런, 아니 터치런으로 불과 36시간 만에 파산했다. 같은 때에 미국의 시그니처은행도 파산했다. 퍼스트리퍼블릭은행도 터치런이 닥쳐왔다. 미국의 은행 중 부도 직전에 폐쇄된 은행의 순위로는 두 번째 큰 은행이 SVB이다.

더 놀라운 것이 SVB의 위기가 안전하고 무위험 자산이라던 10년물 미국 국채에 집중 투자했기 때문이었다. 미국 기준 금리가 2023년 3월 0~0.25%에서 5.25~5.50%까지 불과 1년 조금 지나서 2,200%(22배)나 올랐다. 지속되는 금리 인상으로 18억 달러의 미실현 평가 손실이 SVB가 많이 보유했던 미국 국채 10년물에서 발생한 것이다.

만약 SVB가 100억 달러 정도 미국 10년물 국채에 투자하고 있었다면 얼마나 잃었을까?
(5.50-0.25)×7%=36.75%. 즉 37억 달러의 평가손실이 발생한다. 국채 평가 방법은 금리가 1% 내리면 10년물 국채 가격은 즉석에서 7%가 폭락한다. 20년물 국채라면 금리 1%당 14%가 즉각적으로 폭락한다. 30년물이라면 1%당 21%가 폭락한다. 반대의 경우에도 계산 방법은 같다.

무위험 자산이라던 국채도 이처럼 안전하지 않다. 기준금리가 오르면 은행금리도 오르고 이에 맞춰 새로 발행할 국채금리도 올리게 된다. 이미 발행한 국채는 낮은 금리로 발행된 국채이므로 오른 금리차액만큼 가격을 낮춰야 매매된다. 그래서 금리가 오르면 채권가격은 반드시 내리는 것이다.

그리하여 세계 제일의 안전자산이라던 이미 발행한 미국 국채마저 미실현 손실의 급증으로 국채 평가액이 폭락하여 은행이 부도 위기까지 몰리는 사태가 된 것이다. 흔히들 미국 4대 은행은 안전하다고 말하지만 사실 이 4대 은행들의 미국 국채 보유량이 제일 많다고 봐야 한다. 결국 누구나 위험을 피할 길은 없어 보인다.

미국은 어떤 경우에도, 즉 인플레이션 방어를 포기하더라도 미국 국채를 보호하려 할 것이다. 벌써 BTFP(Bank Term Funding Program)를 실시하여 10년물 미국 국채를 시세를 불문하고 액면가로 평가한 후, 액면가로 1년간 중소형 지방 은행만을 대상으로 융자해 주되 2조 달러 한도 내에서 4% 중반 정도의 이율로 융자를 해 주고 있다.

서브프라임 때 풀린 돈이 4조 5천억 달러이고 코로나 때 풀린 돈이 약 2조 5천억 달러였다. 이로 인한 9.1%의 인플레이션을 수습 중인 지금 BTFP의 2조 달러는 무지막지한 금액임을 알아야 한다.

이는 지금 하고 있는 금리 인상 이유, 즉 통화 긴축과는 반대 방향이기 때문이다. 이는 인플레이션이 더 장기화되어도 좋다는 뜻이고 또한 고금리가 장기화되어도 미국 국채는 지켜 내겠다는 강력한 의지의 표현인 것이다.

즉 QT(양적긴축, 즉 Quantitative Tightening) 중에 다시 양적완화에 나선 웃지 못할 상황이다. 결국 미국이 인플레이션 방어를 포기하는 것과 같아 인플레율은 다시 15% 정도까지 치솟을 것으로 채권왕 건들락이 말한 바 있다. 은행권 내에서만 양적완화가 되는 방안이라 인플레율과는 관계없다는 주장도 있으나 결국 실물 경제에도 풀리는 것이다. 경기 후퇴로 장단기 금리 역전 현상이 다시 역전되면 4~6개월 이내에 경기는 급속히 후퇴하게 된다.

장단기 금리 차이가 나타나면 불황이 되는 이유는 통상 은행은 정기예금과 은행채 등을 판 자금, 즉 단기 자금을 조달해 돈을 장기간 빌려주면서 금리

차이로 수익을 확보하기 때문이다. 즉, 은행은 단기 자금을 장기 자금화하여 대출해 주면서 금리 차액을 수익으로 한다.

장단기 금리가 역전되면 은행들은 단기 자금 마련을 못해 신용창조를 못 하게 되며, 결국 은행은 장기 자금 융자를 못 해 주게 되므로 불황이 찾아오는 것이다. 신용창조를 하지 못하면 은행은 수익이 확 줄게 된다. 이 기간이 길어지면 은행에도 위기가 도래할 뿐만 아니라 경제계에는 치명타가 되는 것이다.

현재 일본은 YCC(Yield Curve Control의 약자로 특정 만기일의 국채 금리를 미리 정하고 그 수준을 유지하도록 국채를 매입 또는 매도하는 통화 정책)로 정책으로 10년물 국채를 무제한 매수해 주고 있는데, 2023년 4월 현재 이 매수율이 국채 발행액의 109%에 달한다. 국채 발행액보다 사들인 액수가 크다는 것은 10년물 국채 발행액의 9%는 공매도가 되었다는 뜻이고 결국 해지 펀드들이 일본 국채를 공매도 했다는 뜻이다.

일본의 금리가 3% 정도까지 오를 것을 대비한 공매도이다. 일본은 결국에는 미국 국채를 투매해서 강달러에 대비하게 될 것이므로 장차 미국 국채 금리가 폭등하게 될 것이다.

시장에서는 일본의 10년물 국채 금리가 1% 정도까지 오를 것으로 보지만 3%까지는 오를 것이다. 결국 강달러는 미국 국채 투매를 유도하게 되는 것이며, 일본은 이 미국 국채 판매 대금으로 엔화를 사들여야 한다. 3~4분기에는 일어날 현상으로 본다.

금리가 올라서 미국의 모기지(주담대) 금리는 현재 7%대이지만 3~4% 고정 금리로 융자한 자금이 59%에 달하기 때문에 아무런 지장이 없다고들 말한다. 그리고 기준 금리가 안 올라도 시중 금리가 오르기도 하는데, 그 이유는 시중 금리를 은행들이 대출 이자에 반영하기 때문이다. 주로 은행채의 시장 금리를 반영한다.

고금리의 지속으로 하반기부터는 자산 시장의 2차 대폭락이 온다고 보는 것이 타당하다. 이에 따라서 미국은 단기간에 약 1~2% 정도의 기준 금리를 인하할 것으로 보이지만 BTFP로 인해 다시 15% 정도까지 치솟은 인플레율을 잡기 위해 또 다시 긴급히 금리 인상에 나서야 한다고 본다.

미국은 지난 1980년대 폴 볼커 시절과 같이 금리를 급하게 인하시킨 후 다시 급격한 금리 인상을 하게 될 것으로 본다. 이번의 9.1%나 되는 인플레율을 불과 5.50% 정도의 금리로 파월이 끝낼 수 있다면 그는 신의 손을 가진 것과 같다. 인플레율이 조금 잡혔다고 오판하는 것이 더 큰 화를 부르게 되며 결국 4~5%의 인플레율을 전 세계가 항상 용인해야 하는 세상이 올 것으로 본다.

1980년대 미국에서는 1974년에 인플레율 11%를 찍은 후 돌연 1970년대 후반에 또 다시 물가가 무섭게 오르기 시작해 1980년에는 무려 13.5%의 인플레를 기록했다.

미국의 1976년 12월 기준 금리가 17%였는데, 17년 후인 1992년 2월에야 비슷한 4.13%를 되찾았다. 평상시의 금리 수준으로 되돌아가는 데에 무려 17년이나 걸린 것이다.

그 이후 미국의 기준 금리는 계속 내림세로 2008년 12월에는 0%대 금리 시대까지 겪고 나서 2022년 3월에야 금리를 처음으로 올리게 되어 지금에 이른 것이다.

지금 상황을 잘못 판단한 투자자들은, 즉 평상시의 경제 흐름과 최근의 인플레율의 하락을 지켜보며 국채에 먼저 투자했던 사람들은 이제 곧 국채 투매에 나서게 될 것이다.

이 현상이 전 세계에서 일어날 것이며 달러는 다시 급등하게 될 것이다. 그리하여 롱텀 디플레이션은 적어도 2037년 정도까지 이어지며 그때까지 세계 경기는 회생하지 못할 것으로 본다.

따라서 저자는 이번에야 말로 전 세계는 물론, 특히 한국은 일본처럼 적어도 30년 정도는 국채에 오랫동안 머무는 투자를 해야 한다고 판단하고 있다.

게다가 일본, 중국, 영국, 한국 등은 자국의 환율 방어용으로 미국 국채를 투매할 것으로 보이며 이 또한 미국 국채 금리의 급등을 유발할 것이다. 이럴 때에는 KBSTAR 미국 장기 국채 선물 인버스2X(합성H)가 급등을 하게 된다.

우려스러운 것은 미국의 시중은행들도 미국 국채를 엄청나게 투자해 놓고 있는데, BOA도 미실현 손실 평가액이 엄청나다고 한다. 그렇게 안전자산이라 던 미국 국채가 이렇게 폭락하는데 한국을 비롯한 전 세계 각국의 국채들도 불안전한 자산이 아닌가 싶을 것이다. 또한 전 세계 각국은 미국 국채를 그들의 외환보유고의 일부로 엄청나게 보유하고 있다.

이번 미국 국채 평가 가격의 폭락은 FRB의 지속적인 기준 금리 인상에 그 원인이 있다. 10년물 국채를 기준으로 금리가 1% 오르면 국채 가격은 7% 폭락한다.

SVB가 보유했던 미국 국채 10년물 국채는 5.25%×7%=36.75% 급락했을 것이다. 20년물 미국 국채라면 평가액이 5.25%×7%×2=73.5% 급락한다.

이 원리를 응용하면 국채에 투자를 해서 단기간에 큰돈을 모을 수 있다. 채권 금리가 0.25%에서 5.50%로 2,200%나 급등하는 이런 급격한 금리 변동이 예상될 때에는 국채라도 대단한 위험 자산일 수 있다.

평상시에는 절대적으로 안전한 자산이지만 지금처럼 금리가 급등할 때에는 위험 자산이 된다. 그러나 금리가 급락할 때는 국채가 최고의 투자 자산임을 말할 것도 없다. 전 세계는 앞으로 40년 정도 고금리 시대이면서 인플레이션은 잡히지 않고 10년 이상 4~5%의 인플레이션이 진행되는 세상이 될 것이라는 주장도 있다.

그러면 모든 자산 투자는 재검토되어야 한다. 자산 간에도 큰 가격 조정이 필요하게 된다고 본다. 금리를 변동시킨 후에는 평균적으로 고원지대 금리에서 11개월 체류한다는 것이 통계치이다.

그러나 이번에는 경기 급락으로 마지막으로 금리를 인상한 바로 다음 달에 금리를 내려야 할지도 모른다. 이제 앞으로 6~8% 정도의 고금리 시대이면서 인플레율이 4~5%인 시대를 40년간 살 가능성이 아주 많다. 여기에 대비해야 한다.

이번의 9.1% 인플레율을 잡으려면 폴 볼커 시절과 비교하여 단순히 계산상으로만 봐도 이자율을 12.4%까지 올려야 한다. 만약 채권왕 건들락이 말한 것처럼 15%까지 인플레율이 치솟는다면 상상하기도 싫은 일들이 벌어질 것이다.

폴 볼커는 인플레를 잡기 위해 금리를 급격히 올렸다가 다시 급격히 내려야 한다고 했다. 1980년 인플레율이 다시 13.5%까지 급등했기 때문이다. 1980년 12월에는 다시 22.0%까지 금리를 인상해야만 했다. 채권왕 건들락은 40년 경력의 채권왕이어서 이런 상황을 미리 그리고 있는 것 같다.

따라서 이번에는 저금리 시대가 다시 온다고 한 번쯤 기준 금리를 인하한다고 덥석 국고채 등을 사서는 안 된다. 평상시처럼 미리 최고 금리라고 예측하고 국고채 투자에 나섰다가는 바로 죽음을 맞게 된다. 아무도 예측할 수 없는 상황이 오고 있다.

1981년 폴 볼커(1979년 8월 6일~1987년 8월 11일 재임) 제12대 FRB 의장 시절, 미국 국고채 금리가 무려 15.19%였다. 보통 국고채 금리가 6% 이상이면 IMF 구제 금융을 받는 것이 관례이다. 이 당시 산 국고채는 30년간 이 금리가 그대로 적용되었다.

만약 15% 기준 금리 시대가 온다면 맥쿼리인프라 펀드 평균 분배율은 7%대이기에 이 펀드도 전혀 매력적이지 않은 시대가 올 수 있다. 맥쿼리인프라 펀드의 만기(2043-2023=20년)가 20년 후라면 시세×14%만큼 대폭락한다.

만약 어느 자산의 수익률이 15% 이하, 즉 기준 금리보다 낮은 수익률을 보인다면 그 자산의 가격은 폭락할 것이다. 고금리로 장기간 높은 이자를 내야 하므로 주택 융자금 등 빚을 견뎌 낼 수 있는 사람이 없을 것이다. 약 70년간의 미국의 기준 금리 변동을 나타내 주는 [그림 13]을 보자.

이번에도 2022년 3월부터 기준 금리를 0.25%에서 2023년 7월 5.50%까지 초단기간에 금리를 2,200%(22배)나 초급등시켰다가 금리 고원지재를 지난 후에는 경기 급락으로 다시 금리를 급하게 내릴 것으로 본다. 이로 인해서 다시 인플레율은 급등하게 된다. 다시 인플레를 잡기 위해서 기준 금리를 급격히 올리게 된다.

그 이후에는 1980년대처럼 다시 금리를 급격하게 내려야만 한다고 본다. 세월이 변해도 사람들의 심리는 예나 지금이나 항상 같기 때문이다. 즉 이번에도 볼커처럼 또 실수를 하게 된다고 본다.

그 후에는 고금리 시대가 17년 이상 40년 정도 지속되고, 인플레율은 4~5%로 장기간 갈 수 있다. 즉, 인플레가 고착화되며, 전 세계의 인플레이션 목표율 2%는 사실상 실현 불가능한 목표로 봐야 한다.

장기간 고금리에 고인플레이션 시대라면 자산 시장에 일대 변혁이 찾아온다. 인플레율 4~5%로 40년 가까이 간다면 은행 대출 이자는 6~8%대가 될 터이니 모든 자산 가격은 대조정 시기를 맞게 되는 것이다.

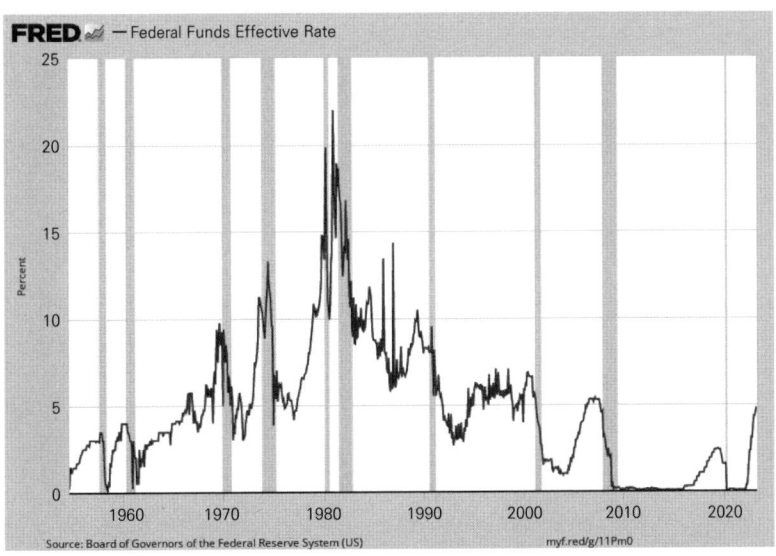

[그림 13] 미국의 70년간(1954.7.1.~2023.3.23.) 기준 금리

한국의 정기예금 금리가 치솟아 예금 최고 금리가 5%대였던 것이 바로 2023년 1~2월경이다. 정부의 반강제 예대 마진 축소 권유로 갑자기 예금 금리가 4%대로 하락했지만 지금은 정기예금에서 2년 정도 기다려야 하는 타임인 것이다.

1980년대처럼 성급한 금리인하로 인해 다시 인플레율이 급등함에 따라 마지막으로 또 한 차례의 급격한 금리 인상과 비자발적 금리 인하가 남아 있고, 이 급인상과 급인하로 경제는 기진맥진하게 된다고 본다.

이때부터 한국과 세계는 롱텀 디플레이션에 본격적으로 진입하게 되며 1990년 초의 일본처럼 될 것으로 본다. 결국 앞으로는 금리가 하락한 평상시의 금리가 약 6~8%이고 매년 인플레율이 평균 4~5%일 것으로 본다.

따라서 미리 국고채에 투자하면 큰 손해를 보게 되는 것이다. 10년물과 2년물의 장단기 금리의 역전의 재역전이 이미 시작했으므로 앞으로 4~6개월 후면 경기 침체로 롱텀 디플레이션의 본격화는 거의 확실하기 때문이다.

폴 볼커 시절 기준 금리를 19.85%에서 9.93%로 인하하는 데 불과 5개월(1980년 3월~1980년 7월)밖에 걸리지 않았다는 사실도 기억해야 한다. 그 후에는 1980년 7월에서 1980년 12월까지 불과 6개월 만에 금리를 9.93% → 22.0%로 12.07%나 급인상했다. 10개월 사이에 금리를 9.93% 내렸다가, 12.07%나 인상한 것이다.

이번에도 그때처럼 경기에 따라 금리 인하 후에 단기간에 치솟은 인플레율을 잡기 위해 초고속으로 다시 기준 금리를 올렸다가 경기가 급속히 식어 다시 금리를 비자발적으로 급격하게 인하시켜야 하는 상황에 처하게 된다고 예상한다. 지금은 SVB 등 지방 중소 은행 사태로 또 다른 이름의 양적완화(QE)인 BTFP(Bank Term Funding Program) 제도를 시행함으로써 인플레율이 더 빨리 치솟게 되어 있다.

최근처럼 인플레이션이 잡히지 않는 여건에서는 '볼커의 실수'를 저지를 확률이 아주 높다. 볼커의 실수란 1980년대 초 스태그플레이션을 맞아 당시 폴 볼커 Fed 의장이 금리를 올려 물가가 잡히기 시작했다가 이후 성급하게 금리를 내려 인플레이션이 재발한 사건을 말한다.

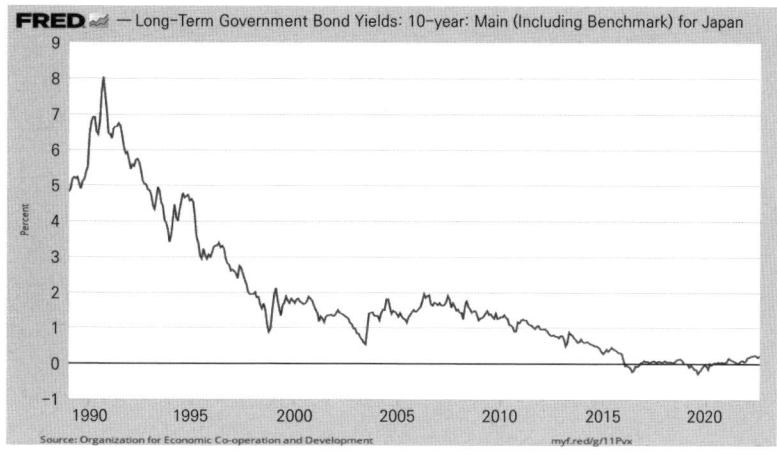

[그림 14] 일본의 34년간(1989.1.1.~2023.1.1.) 기준 금리

이번에도 이처럼 반복될 것이라고 판단한다. 따라서 단기 금리를 낮추기보다 오히려 만기가 10년 이상인 장기채를 대상으로 양적긴축(QT) 규모를 늘려 장기 금리를 높여 주는 방안이 더 현실적이라고 본다.

2016년 1월부터 한국과 전 세계는 일본의 1990년처럼 롱텀 디플레이션에 진입해 있다. 향후 [그림 14], [그림 15]의 일본과 한국처럼 장기간 금리가 계속 내릴 것인가? 사실 이를 아는 사람은 아무도 없다. 그야말로 전 세계가 미지의 세계로 가고 있다.

국제 금 가격과 국제 달러 가격의 관계로 판정할 수 있는 전 세계의 롱텀 디플레이션은 좀 불확실하지만 한국의 롱텀 디플레이션은 이제 피할 길이 없다고 본다. 1990년 1월 초의 일본과 너무나 흡사한 환경에 도달한 것으로 보인다.

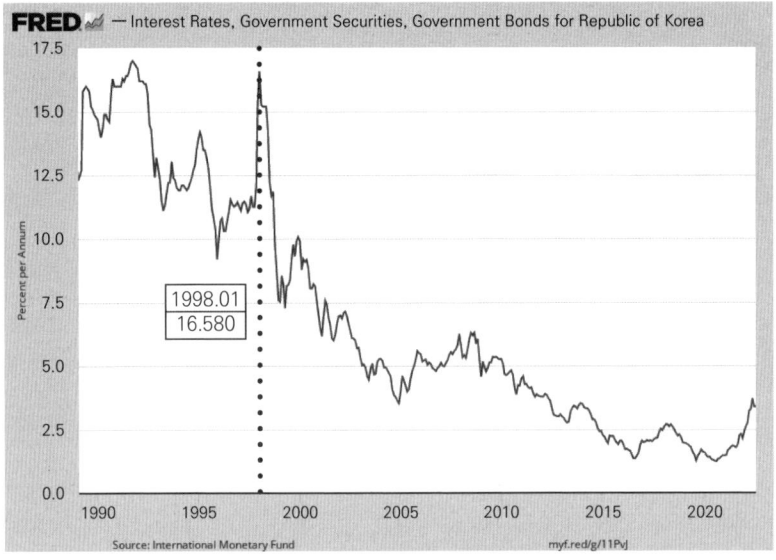

[그림 15] 한국의 34년간(1989.1.1.~2023.1.1.) 기준 금리

가계, 기업, 정부의 부채 규모, 부채 상환 방법, 경제 활동 인구 감소 등이다. 여기에다가 세계의 기준 금리라고 할 수 있는 미국 금리의 널뛰기로 인한 각 나라 경제 주체들의 피곤함이 가해진다. 이런 것들은 단기간에 해결될 가능성이 거의 없음도 당시의 일본과 닮은 형태이다.

IMF 위기에 직면하는 어느 나라든 그 나라의 국채 할인 금리가 6%가 되면 일단 구제 금융을 받는 것이 관례이다. 정부가 정하는 기준 금리에 +α 금리를 더하면 실세 금리가 된다. 이 +α에는 여러 가지가 포함된다.

기준 금리를 올리지 않아도 시중 금리인 실세 금리는 오를 수 있다는 뜻이다. +α에는 신용 리스크나 은행채 발행 금리 등이 포함된다, [그림 14]와 [그림 15]는 같은 기간의 일본과 한국의 금리를 나타내는 그래프이다.

한국은 1997년 12월 3일 IMF 사태 이후 금리가 급등했던 것을 [그림 15] 그래프를 통해서 확인할 수 있다. IMF 때 한국의 주택담보대출 금리는 무려 16.5%였다. 1990년 이후 한국, 미국, 일본의 금리는 지속적으로 하락세를 나타내고 있다.

이렇게 금리가 지속적으로 내리는 디플레이션, 특히 롱텀 디플레이션 시에 투자할 자산은 오로지 국채뿐이다. 물론 회사채도 시중에는 널려 있지만 불경기로 모든 기업들은 부채 이자도 못 낼 형편으로 기업 이익이 줄어들게 된다. 즉, 언제 부도가 날지 모르는 상황이기에 저자는 회사채나 공기업 회사채에의 투자는 권하지 않고 오로지 국채만을 안전자산으로 추천한다.

장기적으로 국채의 금리는 마이너스까지 추락하고 국채의 가격은 끊임없이 오를 유일한 자산이 된다. 특히 롱텀 디플레이션 진입이 가장 확실하고 강력할 것으로 판단되는 우리나라에서는 세계 시장에 찾아온 약 40년 정도의 고금리 시대도 감안할 필요가 없음은 지나온 일본의 잃어버린 30년을 보면 알 수 있다.

이제는 금리가 내리면 왜 국채 가격은 급락하는지 얼마나 급락하는지를 알아보자. 이를 알아야 금리 변동기의 국채 투자 요령을 알 수 있다.

한국 국채는 이미 한 차례 상승했으나, 즉 국채 금리가 내릴 것으로 생각하고 국채 가격이 미리 선제적으로 올랐으나 2024년 고원지대를 통과할 즈음 다시 한 차례의 인플레율 급등으로 급격한 금리 인상과 비자발적인 금리 인하가 있을 것으로 앞에서 설명한 바 있다.

누적될 경상 적자와 트리핀의 딜레마[3]로 2024년 5월 이후에 위기는 본격적으로 나타날 것으로 보이고 결국 환율 폭등으로 한 차례 외국인의 한국 국채 투매가 있을 것으로 본다.

이때가 한국 국채를 살 때이다. 미국의 대공황 시, 즉 1932년부터 14년처럼, 또 일본의 잃어버린 30년처럼 지속적인 국채 가격의 폭등이 찾아올 것으로 본다. IMF 당시 국채 버블이 아파트 채권에 잠시 나타났었던 이후 다시 상당 기간 한국 국채를 비롯해 전 세계 국채에도 나타날 것으로 본다.

이자율과 상관없이 모두가 채권이 최고라고 외치게 될 때가 바로 꼭대기이며 이때가 국채 버블이 제일 터질 가능성이 제일 높을 때다. 일본 이자율은 1990년 8.3%에서 2015년 3월 27일 0.38%까지 폭락했다. 물론 그 후엔 마이너스 금리이며 2023년 4월 현재까지도 전 세계에서 유일하게 마이너스

---

3 트리핀의 딜레마: 미달러의 기축통화 역할로 인해 미국의 국제수지 적자가 늘어나면 전 세계는 호황이 되고, 적자가 줄어들면 전 세계가 불황이 되는 상황을 일컫는 말

금리이다.

금리가 내려도 통상 관성의 법칙이 작용하므로 2회차 상승 이후에 채권 시장에서 떠나면 된다. 이번에는 너무 서두를 이유가 없다. 아래 그래프는 미국 30년물 모기지 금리 장기 그래프이다.

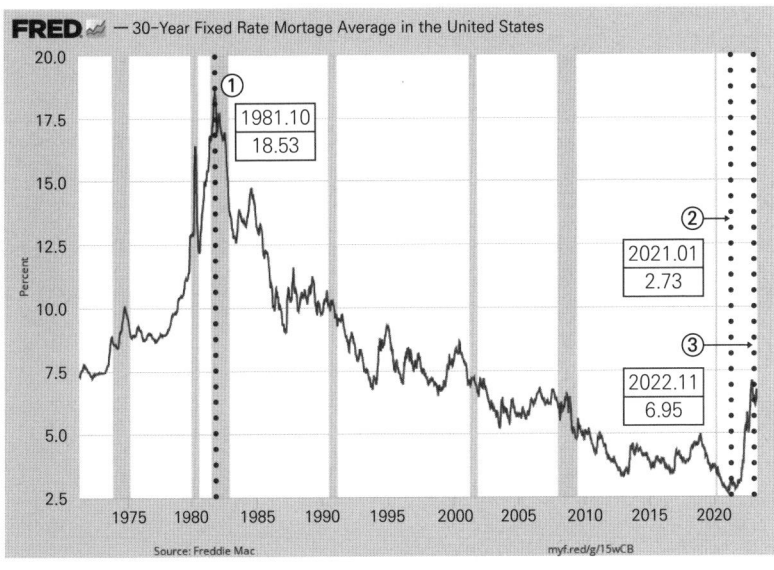

[그림 16] 미국 53년간(1971.4.2~2023.3.24.) 미국 30년물 모기지 금리

이처럼 미국에서도 금리가 41년간(1981.10.~2021.1.)이나 금리가 긴 내림세였음을 알 수 있다. 41년간 금리가 내림세였으니, 이제 다가올 40년 정도는 금리가 오름세일 것으로 예측하는 전문가들도 많다. 만약 그렇다면 세상은 완전히 뒤집힌다. 그래서 미리 예측하고 선제 투자에 나서는 것은 너무나 부담스러운 선택이 된다. 확인하고 움직여야 한다.

우리나라는 인구 구조상 롱텀 디플레이션에 진입한지 8년 차이므로 국고채 중 장기채를 사되 정부가 기준 금리를 1회 이상 인하하고 앞으로도 더 인하할 가능성이 훨씬 더 클 때, 요즘 유행하는 말로 점도표가 60%는 넘어설 때 국고채를 사서 오랫동안, 30년 이상 보유해야 한다. 환율 폭등이 시장 심리에 미치는 영향으로 한국 국채는 내재 가치에 비해 훨씬 더 언더슈팅이 나올 것으로 본다.

시기적으로는 2024년 말부터 2025년 후반기가 아닐까 한다. 2024년 7~9월 이후, 즉 금리의 고원지대가 막 지나고 나서부터 개략적으로 약 1년 정도가 된다.

보통 이때에 금융위기와 함께 환율이 급등하므로 외국인들의 큰 매도세가 나타나게 되면서 외국인들의 국채 투매가 나타나게 된다. 국채, 주식과 아파트도 투매로 마지막 바닥시세까지 폭락하게 된다. 주식 시장에는 서킷 브레이크가 수차례 나타나게 된다.

이때가 한국 국채의 최적 투자 시점이 된다. 그 후 오르던 환율이 진정되기 시작하면 외국인들은 이제 다시 환차익을 노리고 국채 시장으로 몰려온다.

지금 현재 한국 국채 금리보다 미국 국채 금리가 더 높다는 현상도 뭔가 한참 잘못된 상황이다.

그 후에 다시 끊임없이 금리가 내리면서 국채는 급등에 급등을 거듭하면서 국채에 버블이 잔뜩 끼게 된다. 기나긴 국채 버블 형성기가 지나고 금리 인상과 함께 거품이 붕괴된 후, 즉 17~30년 후쯤에는 이제 한국 국고채를 팔고 주식 시장으로 나아갈 타임을 고려해야 때가 오는 것이다.

금리 변동과 환율 변동에 따라 국채 가격 변동이 이렇게 심하므로 국채는 항상 안전하다고는 할 수 없다. 제아무리 정부가 보증하는 국채라고 해도 금리 변동과 환율 변화에는 당해 낼 재간이 없는 것이다.

2023년 4월, 미국 실리콘밸리은행(SVB)의 파산을 비롯한 몇몇 은행들의 파산을 봐서도 알 수 있고 앞에서도 자세히 설명했지만 미국 국채도 항상 무위험 자산인 것은 아니다.

금리가 급격하게 오르거나 내릴 때에는 사거나 팔지 않아도 실제적인 평가 손실이나 평가 이익은 은행에 잠재되어 있는 것이다.

잠재된 손익이라 하더라도 신용평가 시에는 해당 은행이나 기업들의 신용 등급의 조정을 수반한다. 결국 이는 그 회사, 즉 해당 은행이나 기업의 대출과 대출 이자에 큰 영향을 주게 된다.

챕터 9) 전문가도 오해하고 있는 인플레이션 시의 부동산 투자 요령

일반 투자자들이 헷갈리지 말아야 할 것은 인플레이션이 심하면 부동산이 급등한다는 생각이다.

앞의 그래프는 62년간(1960.1.1.~2021.1.1.)의 미국의 인플레율과 미국의 주택지수와의 관계를 한눈에 볼 수 있는 그래프이다.

인플레이션이 진행되면 인플레이션을 진정시키기 위해서 금리가 오르므로 아파트 가격은 오히려 대폭락한다. 그 이유는 물가 상승은 시중 금리 인상으로 귀결되고 대출은 줄어들기 때문이다. 결국 물가는 폭등하지만 일반인들 생각과는 달리 주택 가격은 수직점선① 과 ④처럼 오히려 내린다. 주택 가격은 인플레율보다는 금리 인상에 더 큰 영향을 받는다.

a) 한국은행에 따르면 기준 금리를 1% 올리면, 1년 뒤 부동산은 0.7% 내리고 2년 뒤에 부동산은 2.8% 내린다.
b) 금융연구원에서는 시장 금리가 1% 상승하면, 2년에 걸쳐서 아파트는 5% 내린다는 연구 결과를 발표한 바 있다.
c) 국토연구원에 따르면 금리를 내리면 부동산은 즉각 오르고 금리를 올리면 12~15개월 후 부동산 가격이 내린다.

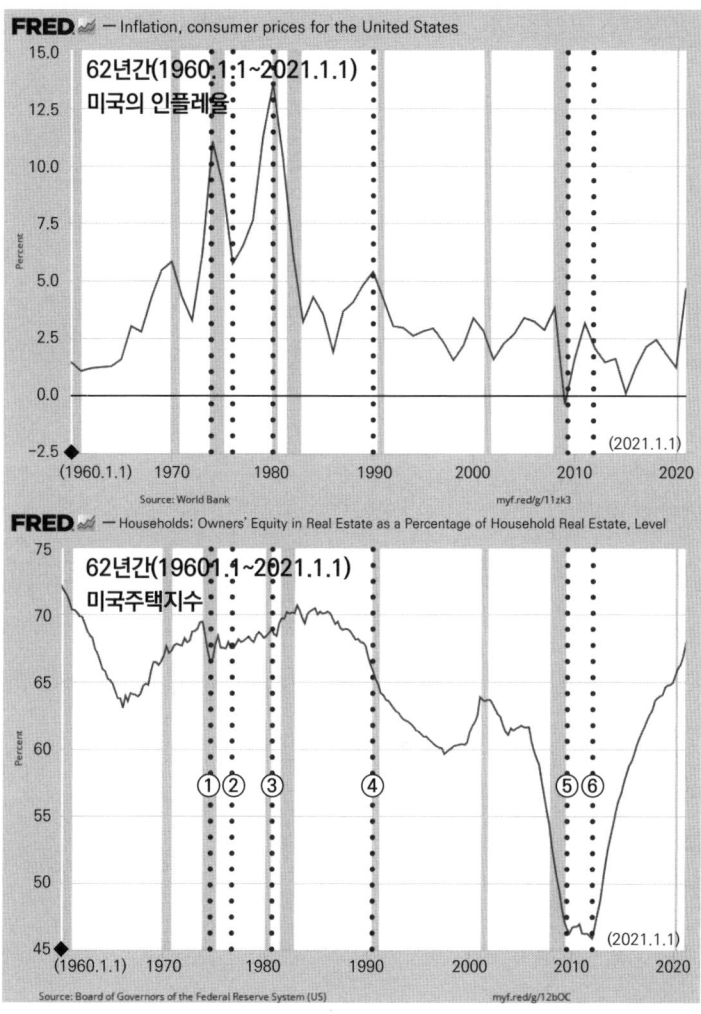

[그림 17] 미국의 62년간(1960.1.1.~2021.1.1.) 인플레율과 주택 가격 변화

한 줄짜리 정보들이지만 책 한 권을 읽어야 겨우 얻을 수 있는 정보들이다. 전부 기억해 둬야 한다.

결국 인플레율을 보고 아파트(부동산)를 매매하기보다는 금리 변동을 보고 아파트를 매매하는 것이 더 정확하다고 연구 결과가 이미 나와 있다는 뜻이다.

한국에서 부동산 투자할 때 금리 인하 시에는 부동산은 즉각 오르므로 즉각 사야 하며 금리 인상 시에는 서서히 아파트 가격은 내리므로 1년 이내에 파는 것이 유리하다. 주식은 아파트 보다 6개월 전에 오르거나 내린다. 즉, 아파트는 금리가 내리면 즉각 오르므로 주식은 금리가 내리기 6개월 전에 이미 올랐을 것이다.

또 유의할 점은 최근에는 한국부동산원이나 KB국민은행에서 주간 아파트 상승률이 0.1% 라고 발표하는데 이를 단순히 수치로만 이해하면 안 된다. 즉, 주간으로 0.1% 상승했다면 1년은 52주이므로 1년 상승률로 계산해 보는 습관을 들여야 한다. 연간 0.1%×52=5.2% 오르는 것이다. 거래 가격이 10억이라면 연간으로는 5천2백만 원이나 폭등했다는 뜻이다. 이런 것들도 중요한 히든 스토리(Hidden Story)인 것이다.

어쨌든 위의 [그림 17]은 장장 미국의 62년 인플레율과 주택 가격을 비교한 것이니 이 분석이 틀릴 가능성은 5%도 안 된다. 인플레이션이 한참 진행 중일 때 주택 가격이 오르는 것이 아니라 인플레율이 진정되고 올렸던 금리를 내리면서 인플레율이 비로소 반영되면서 아파트 가격이 본격적으로 오르는 것이 맞다.

전 세계 어느 나라나 마찬가지이다,

잊지 말아야 한다.

또 한 가지 알아 두어야 할 것은 사람들은 인플레이션을 늘 걱정하고 계속될 것으로 생각하지만 인플레이션은 영원히 지속될 수 없다는 점이다. 사람들은 점점 줄어드는 담보 부족으로 돈을 빌릴 곳이 더 이상 없어지며, 사람들이 이자와 부채를 갚기 시작하면 통화량이 줄어들고 신용통화는 날아가고 디플레이션이 시작되기 때문이다.

특히 매월의 이자 납부액이 월 소득을 초과하면 2008년 4분기 같은 결정적인 한계점에 도달하기 때문에 인플레이션은 지속될 수 없다. 부채의 실질 부담이 계속 늘어나기 때문에 부채를 갚아도 부담이 더 늘어나기만 하는 부채의 역설 현상이 발생하는 것이다. 이것이 바로 부채의 역설이며 부채 디플레이션 이론이다. 악마의 하강 나선구조라고 부르기도 한다.

예를 들어 보면 부채가 5억을 포함하여 재산 가치 11억의 집을 샀다고 치자. 그 후 빚 1억을 갚았다고 치자. 아파트는 떨어져 8억이 되었다면 1억을 갚았어도 부채 비율이 급등하여 오히려 더 가난해지는 것이다. 1929년 미국의 대공황의 원인과 1990년 일본 디플레이션의 원인으로 벤 버냉키도 부채 디플레이션이라고 인정한 바 있다.

인플레이션의 경우에는 반대 현상이 나타나는데, 부채액 원본의 실질 가치가 하락하고 있다는 사실을 깨닫지 못하는 게 일반적이기 때문이다. 전쟁의 장기화 혹은 대량의 전후 복구 자금을 필요로 하는 경우 혹은 어떤 연유로 어떤 나라가 하이퍼 인플레이션 상태로 진입한다면 최고의 자산은 오직 달러뿐이다.

오늘날 베네수엘라의 하이퍼 인플레이션 자료를 찾아보면 그 폐해를 짐작하게 될 것이다. 여기에서는 논하지 않기로 한다.

챕터 10) 마이너스 금리는 무엇인가?

마이너스 금리가 어떻게 존재할 수 있는가? 마이너스 금리는 시중은행과 중앙은행 간에 주로 적용되는 금리이다. 실제로 존재한다. 제로 금리도 있을 수 있다. 시중은행들은 지불 준비금으로 일정액의 시재금을 초과한 현금을 중앙은행에 맡겨야 한다.
이때에 저금하는 돈, 즉 지불 준비금에 마이너스 금리를 적용한다는 뜻이다.

시중은행들의 대출을 독려하기 위해서 시행된다. 마이너스 금리는 일반적으로 일반인과 기업 예금에 대해서는 적용하지 않고 주로 시중은행과 중앙은행 간의 예금에 대해서만 적용한다.

시중은행이 마이너스 금리를 일반 고객에게 적용한다면 예금자들이 손해를 보지 않기 위해 앞다퉈 뱅크런이 발생하는 사태가 발생할 수 있기 때문이다. 스웨덴이 2009년 초 세계 최초로 개인들에게도 −0.25% 금리를 시행한 바 있긴 하다. 스웨덴 사람들이 저축률이 가장 높은데, 마이너스 금리를 적용해도 그들은 돈을 은행에 그대로 두되 저축한 돈을 헐지도 않았다.

국채 금리가 마이너스라면 경기를 아주 비관적으로 보는 것이며, 성장도 인플레이션도 없다고 가정하는 것이다. 그 정도에 따라 마이너스 금리도 -0.5%, -1.0% 등으로 시행할 수 있다. 당연히 -1.0%가 더 경기를 안 좋게 보는 것이다.그렇다고 시스템의 붕괴는 아니다.

마치 국채를 할인 발행하는 것과 실질적 효과는 같다고 볼 수 있다. 스웨덴, 일본 등이 마이너스 금리를 시행했다. 침체된 경기를 활성화시키기 위해 시중은행들의 대출을 독려하는 한 방법이다.

국채에도 세 개 국가에서 마이너스 금리가 나타난 바 있으며 현재는 일본만이 마이너스 금리이다. 개인이나 기업이 적극적으로 대출해서 생산시설이나 부동산, 주식 등에 투자하도록 유도하기 위해서 마이너스 금리를 도입한 것이다.

2012년 덴마크, 일본은 2019년부터 아직도 -0.1%를 시행 중이다. 2020년 포르투갈과 독일에서 10년물 국채 수익률이 마이너스 이자 -0.6%를 기록한 바도 있다.

미국의 인플레율이 무려 9.1%였기에 인플레율을 2% 이내로 내리기 위한 기준 금리 인상이 지속되어 0.25%에서 5.25%까지 단기간에 금리를 급등시킨 바 있다.

보통 국고채 실세 금리는 기준 금리가 최고가 되기 전 3~4개월 이전에 이미 하락세로 기우는 것이 보통이었지만, 이번에는 다르다고 생각한다,

왜냐하면 미연준의 기대와는 달리 인플레이션 목표율 2%는 달성 불가능할 가능성이 크다는 레이 달리오 등 소수파의 의견을 존중하기에, 앞으로 상당 기간 동안 평균 인플레율이 4~5% 정도로 고착화될 가능성이 크다고 본다.

이에 따라서 기준 금리는 평균 6~8% 이상까지 오를 가능성이 큰 것으로 본다. 대부분의 예측과는 완전히 다른 고금리 시대가 장기간 지속되므로 미리 기준 금리를 예측하고 국고채 투자에 나서면 큰 실수를 하게 될 것으로 보인다.

따라서 이번에는 기준 금리의 공식적인 첫 인하를 확인하고 국고채 투자 여부를 결정하기 바란다.

재테크 대상 5대 자산인 주식, 아파트, 달러, 예금, 국채 간 돈의 흐름을 꿰뚫어 보고 투자하는 펜타곤(Pentagon) 투자법에 따른 채권 투자 시기는 불황으로 시중 금리가 내릴 때이다. 이때에는 국고채를 제외한 기타의 모든 지역채나 은행채, 회사채 등의 채권은 위험하다고 판단된다. 따라서 오직 국고채만을 투자 대상으로 하기 바란다.

미국 국채도 과연 최고의 안전자산인가 하는 의문이 생겨나는 현재이다. SVB 사태는 금리 변동에 따른 미국 국채 평가 가격의 폭락에 기인한 것이다.

일본이 금리 인상에 나서거나 유로화가 절하되면 환율을 방어하기 위해 미국 국채를 투매함으로써 미국 국채 금리가 급등할 가능성이 항상 존재한다. 우리나라도 중국도 각각 자국 통화의 화폐 가치를 유지하기 위해서는 미국 국채나 보유 금을 팔아 자국 통화의 가치를 유지해야 하는 경우가 생길 수 있다.

게다가 미국 국채는 각국 중앙은행과 전 세계의 대형은행들도 막대한 양을 보유하고 있다. 따라서 전 세계의 우량은행들마저 보유한 미국 국채 혹은 자국의 국채 가격의 변동에 따라 부실화 가능성이 있다고 봐야 한다.

2016년 1월 한국을 포함한 전 세계는 이미 롱텀 디플레이션 상황에 진입해 있으며 1988년 12월 롱텀 디플레이션에 진입한 일본은 2019년부터 아직까지 마이너스 금리인 -0.1%를 시행 중이라는 사실을 기억해 둬야 한다.

이어서 제2부에서는 인플레이션(=숏텀 디플레이션=불황기) 시대의 투자법에 관해서 자세히 설명한다.

본 저서의 핵심 내용이랄 수 있는 펜타곤(Pentagon) 투자법의 5대 투자 대상 자산인 '(1) 주식 투자 – (2) 아파트 투자– (3) 달러로 교체 투자 – (4) 예금 투자 – (5) 국채 투자'에 관련한 투자법과 이론적 바탕들을 차례대로 나눠서 설명한다.

이번의 경기 순환은 2017년 5월에 시작되었다고 본다. 이부터 펜타곤 투자법의 유효성을 자산별로 투자 결과를 검증해 보고 '(6) 펜타곤(Pentagon) 투자법: 이론 검증'이라는 제목으로 구체적으로 요약 정리하였다. 그리고 인플레이션(숏텀 디플레이션) 시대의 투자법과 롱텀 디플레이션 시대의 투자법은 완전히 다르므로 제3부에서는 롱텀 디플레이션 시대의 투자법을 구분하여 자세히 살펴보기로 한다.

제2부

인플레이션(숏텀 디플레이션) 시대의 투자법

(1) 펜타곤(Pentagon) 투자법 1단계
주식 투자

주식 투자 단답형 궁금증

a) 주식이 먼저 오르나, 아파트가 먼저 오르나?
⇒ 아파트가 항상 6개월 먼저 오른다.

b) 대세 하락 시에는 둘 중 어느 재산이 먼저 꺾이나?
⇒ 당연히 주식이 먼저 꺾인다.

c) 주식과 아파트 중 어느 재산이 더 많이 오르나?
⇒ 상승률은 거의 같다.

d) 왜 이렇게 자산 투자 순서가 항상 같은가?
⇒ 주로 유동성 차이에 기인하며 거래 가액이 크고 작음에도 기인한다. 이를 정리한 것이 펜타곤(Pentagon) 투자법이다.

주식-아파트-달러-예금-국채의 5가지 투자 대상 자산의 순환 Macro적 투자기법인 펜타곤(Pentagon) 투자법은 한 가지 재산에 평균적으로 2년 이상 투자하지 않는 새로운 투자법이다.

이 5가지 재산 투자법의 첫 번째 순서인 주식 투자에 관해서 제일 먼저 기억해야 할 것부터 정리한다.

챕터 11) 대박을 노리는 자는 우량주에 투자하지 마라

디플레이션 경제가 이미 2013년에 시작된 것으로 짐작되는 우리나라에서는 주식 투자, 부동산 투자 시에 10년 이상을 장기 투자 하면 안 된다. 한국은 이미 생산 가능 인구 절벽을 2016년에 맞았다. 핵심 경제 활동 인구의 감소는 2013년에 맞았다. 그래프상으로도 2016년으로 확인된다.

따라서 저성장, 고령화 시대까지 앞둔 현재 시점은 마지막으로 예금과 국채에 투자할 기회가 남아 있을 것으로 판단된다.

2017년 5월에 시작된 것으로 보이는 이번 경기 순환 중 주식 시장의 대세 하락은 2021년 6월에 이미 시작되었고 [그림 22]의 수직점선⑥의 주택지수처럼 6개월 뒤인 2021년 12월에 대세 하락을 시작한 것으로 보인다. 그 후 달러와의 교체 투자 과정을 이미 지났으며 현재에는 예금에 가입되어 있어야 할 때이다.

개미 투자자들, 즉 월급쟁이들이 부자가 되는 방법은 주식 투자나 부동산 투자로 대박을 맞는 것인데, 전문가라는 사람들은 무책임하게도 우량주에 장기 투자를 하면 부자가 된다고 쉽게 말한다. 그러나 앞으로 다가올 저성장, 고령화 시대에는 시장 상황이 급변한다. 오늘의 우량주가 내일의 부실주가 될 가능성이 많아진다.

인플레이션은 대기업에게 특히 유리한 기업 환경이지만, 이제는 원화 강세 현상이 지속될 것으로 예상되고, 롱텀 디플레이션 경제가 10년 이상 예상되므로, 중소 고성장 기업에의 투자가 정답이 된다.

현재의 한두 종목을 제외한 우량주에의 투자는 정답이 아니다. 개미 투자가들 입장에서는 지금의 우량주가 아니라 앞으로 우량주가 될 종목에 투자하여야 대박의 기회를 맞을 수 있는 것이다.

저성장 시대에는 고성장주가 돋보이는 것이 당연하다.
미국이나 한국, 일본보다는 중국이 더 빨리 성장할 것은 뻔하고 중국보다는 인도나 베트남, 인도네시아가 더 빨리 성장할 것은 누구나 안다. 그렇기에 지금 인도, 베트남, 인도네시아의 대표적 기업 100~200여 개를 하나로 묶어서 팔고 있는 ETF를 사면 적어도 선진국 증시에 투자하는 것보다는 더 많이 오를 것이다.

이 ETF를 10년간 가져간다면 최소한 10배는 보장받은 것이나 마찬가지이다. LG화학이나 포스코처럼 현재의 우량주를 사서 더 우량주가 되기를 바라면 큰 부자는 될 수 없다. 이들에게는 경기 순환적인 주가 상승의 매매 차익만이 주어질 것이다.

예를 들면, 현대바이오사이언스, 영진약품, 제넨바이오, DXVX, 네이처셀, CMG제약, 엠젠솔루션 등 지금 현재에는 무엇인가 부족하여 주가가 싼 주식들을 사서 이들이 우량주가 될 때까지 기다리는 것이다.

10개의 종목을 투자한다면 10년 후에는 개략적으로 2~3개 회사는 4~20배쯤 올랐을 것이고, 2~3개 회사는 망해서 없어졌을 것이고, 나머지 2~3개 회사는 그냥 그 자리에서 적당한 가격을 유지할 것이다.

지금은 삼성전자의 주가가 500만 원(액면가 5,000원으로 환산 시) 가까이 오른 적도 있었지만 1985년 9월에는 8,370원(액면가 5,000원)이었음을 생각해 보라.

앞으로의 고성장주는 주로 바이오, 제약, 헬스케어, 줄기세포주, 로봇주, 배터리 관련주 등에 숨어 있다고 본다. 즉, 이들은 지금은 우량주가 아니지만 앞으로 우량주가 될 종목이고, 이 종목 등에 투자해야 큰 기회가 주어질 것으로 예측한다.

바로 여기가 개미들이 투자한 후 10년씩 기다려 봐야 하는 종목들이 숨어 있는 곳이다. 주도주를 사야 하는 이유에서 설명하겠지만 주도주도 대세 하락장이 오면 무조건 팔아야 한다는 것을 한국증시 30년을 분석한 KTB증권의 연구 리포트로 확인할 수 있다. 이것도 아주 중요한 히든 스토리(Hidden Story)이다.

주도주는 보통 3~4년간, 4~20배까지 오르지만 대세 하락장에서는 심하면 2년 만에 95%까지 내리는 경우도 있다. 즉, 제아무리 주도주라고 해도 4년 정도만 계속 보유할 수 있는 것이다.

주도주분만 아니라 주식 시장이 최고일 때 주식을 전부 팔고 달러로 대체 투자를 해야 하는 것이 바로 펜타곤(Pentagon) 투자법이다. 코스피 지수가 가장 높을 때에는 국내 달러 가격은 최저 시세가 된다.

이런 사실은 환율과 코스피의 관계를 자세히 나타낸 [그림 27]의 수직점선 ①, ③, ⑦의 아래위를 살펴보면 알 수 있다. 이것이 다이아몬드 달러 투자법의 핵심이기도 한 것이다. 이러한 사실이 틀릴 가능성은 5% 내외이다.

하지만 이들 바이오 관련주들은 주가 차별화의 핵심주들로 판단이 되니, 대세 하락장에서도 팔지 않는 것이 더 나은 결과를 도출할지도 모른다는 생각을 가지고 있다. 즉, 10년 이상을 사고팔지 않고 그대로 가져갈 수 있다는 말이다.

전문가들이 말하는 현재의 우량주는 이미 가격이 상승하여 몇백 주를 사기에도 개미들의 적은 투자 자금으로는 벅차며 몇백 주로는 부자가 될 수도 없음은 너무나 자명하다.
종목 연구에, 신산업의 발전 상황에 심혈을 기울여 현재의 준우량주를 찾아 나서야 대박이 찾아오는 것이다.

또 하나, 2017년 5월에 상승을 시작한 이번 경기 순환이 어쩌면 롱텀 디플레이션 직전의 마지막 대세 상승장이었을 것이다. 이럴 경우에는 저가주의 투자 수익률이 가장 높다.

대세 상승장에선 초기 상승 종목과 중기, 후기 상승 종목이 각기 다른데, 경험상 싸구려 주식이 맨 마지막에 오르며, 제일 많이 오른다.

종목 간 순환 원리에 따라 지수가 오른 만큼 모든 주식이 오르는 것은 너무나 뻔한 이치이다. 다만, 장기적으로 큰 폭의 성장이 기대되는 우량주들도 다가올 대세 하락기엔 전부 팔아야 한다.

일본을 예로 들면, 일본의 대세 하락기인 1990년 이후 약 5년간 대세 하락을 거친 후인 1995년부터 이들 고성장주들은 계속되는 니케이 지수의 급락에도 평균적으로 약 700%나 급상승을 하였다는 점이다.

일본의 주가 차별화는 장장 12~13년간 이나 진행되었다. 가장 심했던 기간이 5년간이었고, 주가 차별화가 본격화되기 약 7년 전인 1988년경부터 주가 차별화는 알게 모르게 진행되어 왔다.

측정 기간은 미상이나. 고성장주 8개 종목과 상승률은 혼다자동차(251%), 캐논(246%), 신예츠화학(158%), 대루모(141%), 동경일렉트론(105%), 스즈키자동차(103%), 코마츠(78%), 다케다약품공업(72%), 올림푸스, 에자이 등이 뒤를 이었다.

상승률과 종목은 비교 대상 기간에 따라 다르기에 이 기간 동안 제약업종 주가가 가장 높게 평균적으로 700%가 올랐다는 리포트가 더 많지만 자세한 제약주의 상승 기록은 인터넷상으로는 검색되지 않는다. 당시 인구 고령화와 맞물린 일본 제약사들이 기록적인 고성장을 하였음은 리포트로 간접적으로 미루어 짐작할 수 있다.

또한 이는 똑같은 인구 감소와 인구 고령화를 맞는 한국에도 그대로 적용될 가능성이 크다. 2000년 이후에는 일본의 이 주가 차별화도 그 세를 대충 마감하였는데, 이는 지속적인 금리 인상으로 증시 기조가 서서히 변했기 때문으로 보인다.

잘 알다시피 제약, 바이오 줄기세포, 헬스케어 등의 산업은 생활필수품보다도 더 중요한 생필품이다. 밥은 굶어도 치료약을 안 먹을 수는 없으니 진정한 생필품 주식들이다.

비록 생필품일지라도 임의 소비재이므로 소비를 조금은 줄일 수 있지만, 치료약은 필수 소비재이므로 줄일 수도 없다. 따라서 신약이 개발되고, 치료 효과만 있다면 판로와 수익은 보장되는 것이다.

내츄럴엔도텍, 홈케스트, 파미셀, 메디포스트, CMG제약, 차바이오텍, 네이처셀 등의 한국의 바이오, 제약, 줄기세포 산업은 이미 세계적 수준이고, 천연물 신약 분야의 영진약품 등은 한국의 독보적 제약 바이오업체로 우뚝 설 것으로 예상된다.

게다가 제넨바이오 등의 이종장기 산업이나 인공혈액 관련 산업, 암 치료제 관련 회사들의 독보적인 기술력도 세계적인 수준임은 말할 것도 없다.

사계절의 구분이 뚜렷한 한국은 천연물 신약 발굴 약초들의 보고이다. 한국의 산야초들, 몇백 년이나 내려온 경험과 한의학의 존재가 한국의 천연물 신약 개발에 큰 도움이 될 것은 자명하다.

또 한 가지 한국과 일본 등의 생산 활동 가능 인구는 매년 줄어들고 있지만, 노령 인구는 오히려 큰 폭으로 늘어 가고만 있다는 점이다.

절대 인구가 줄어들어도 인구 고령화로 노인 인구는 계속 늘어 가기만 하는 고령 사회, 초고령 사회를 맞고 있는 것이 시사하는 바를 읽어 내야 한다.

챕터 12) 한국에서는 가치주에 투자하지 마라

언제부턴가 주식 투자는 가치주 투자를 하면 돈이 된다고 난리다. 바로 워런 버핏 때문인 것 같다. 그가 가치 투자를 표방했고 성공했기에.

그러나 한국의 개미들은 가치 투자하지 마라. 개미들이 추구할 건 오로지 성장주에 분산 투자하는 것이다. 한국에서의 가치주의 가치 변화를 예측해 보자. 기업 가치란 것은 주로 옛날에 벌어 놓은 돈이 있다는 것이다. 이 돈들은 '건물+땅+현금+기계장치+제품' 등으로 바뀌어 보관되고 있다.

2017년부터 한국의 생산 가능 인구가 줄어들고 있고, 공장이 줄어들고 있고, 소비가 줄어들고 있다. 시내 중심부의 1층 가게가 공실로 서서히 늘어나고 있다. 다들 알다시피 한국 기업들의 재산 가치의 40~50% 정도는 부동산 가치이다.

대규모 토지를 가진 어떤 제조업 기업이 있다고 치자.
예전엔 땅값이 잘 올랐다. 허나 이젠 대규모 공장을 새로이 짓지도 증축하지도 않을 것이고, 대규모 아파트를 더 이상 지을 이유가 없는데도 토지 신화를 믿고 있다. 최근에는 용인의 대규모 반도체 클러스터를 제외하고는 큰 산업

단지가 생겨나지 않을 것이다.

소비자 물가가 일정 수준 이상 상승하면 한국에서는 기업이 보유한 토지 등 자산을 재평가할 수 있었다. 전 세계에서 토지 재평가 제도를 도입한 몇 나라 중 한국이 대표다. 미국은 도입한 적이 없다.

토지 재평가를 하여 재무제표에 반영하는 이유는 개발 경제 시절의 높은 기업들의 부채 비율을 낮춰 주기 위한 고육책이었을 것이다.

이를 통해 국내나 해외에서 자금을 차입할 당시에 이자 등에서 유리하게 적용받기 위해서였을 것이다. 이제 토지 가격이 오를 가능성도 희박하다.

공장들은 이젠 중국을 넘어 베트남이나 인도로 가고 있다. 공장을 지어야 땅값을 유지하거나 올릴 수 있다. 국내에 대규모 공장을 짓지 않는 대규모 땅은 그 값어치가 급전직하로 떨어질 것이다. 일본은 디플레이션 과정에서 부동산은 평균적으로 80%나 폭락했다.

토지가 오를 경우에는 재평가를 하지만 토지 가격이 내릴 경우에는 재평가를 하지 않는다. 즉, 장부상의 토지 등의 재산 가치는 허구의 수치가 된다.

게다가 한국의 가치주란 대개 구태의연, 중후장대 산업이 주류를 이룬다. 산업 그 자체로도 이미 쇠락의 길을 가고 있는 종목들이다.

이번의 부동산 대세 하락 후에도 지금 땅값이 유지될 리가 없다. 한국 기업들의 부동산 보유 규모는 엄청난데, 가치 하락이 시작된다면 매년 엄청난 평가 손실이 생기게 된다.

10만 평이 평당 2만 원씩 빠지면 자산 가치가 얼마나 손상되는가? 20억이 하루아침에 날아가는 것이다. 그래도 재산세와 공과금은 장부가로 내야 한다. 바닷가에 소재한 조선소와 철강소는 땅을 남기고 사라져 가는 게 선진국이 여태까지 걸어온 길이다.

이 땅에 선진국 산업인 Beach형 요양영리병원 등이 들어오지 않으면 한국은 죽는 것이다. 이제 한국의 자산 재평가를 통한 기업 가치는 머잖아 허공으로 사라질 운명이다. 이를 실제 가치에 맞춰 재무제표에 반영한다면 큰 폭풍이 휘몰아칠 것은 분명하다.

미국의 기준 금리 급인상(0.25%→5.25%, 2,100% 인상)으로 인한 미국 은행들의 국채 채권 보유액의 미실현 손실 반영으로 인한 SVB 등의 파산처럼 한국에서는 부동산발 미실현 손실이 엄청나게 발생할 것이다.

미국 등 선진국들의 기업 가치와 한국의 기업 가치는 그 가치를 형성한 구성 인자 자체가 다르다. 미국 등 선진국의 기업 가치는 이익금이 쌓여서 만들어진 자산들의 합계 수치이고 한국 기업들의 가치는 대부분 부동산의 재평가에 따른 장부상의 가치인 것이다. 워런 버핏이 얘기하는 가치 투자는 백 번 옳은 방법이지만, 한국에서 현재 기업 가치 투자는 허상에 투자하는 것이다.

이번 대세 상승을 끝으로 부동산 가치 폭락으로 인한 미실현 손실을 반영한다면 기업들의 PBR이 급격히 떨어지게 될 것이다. 한국의 자산재 평가 제도는 부동산 가치가 하락할 경우에는 재평가를 하지 않는 제도이다.

이 가치라는 것도 기업이 정상 상태일 때를 기준으로 한 것이며 청산이나 부도 위기에 몰리면 부동산 등의 큰 자산은 20~30%의 가격으로 경매 처분되는 것이 보통이다. M&A를 할 때, 기업 인수나 합병을 할 때, 기업 실사에 그렇게 열중하는 이유다.

삼성전자, 한국전력 등 우량기업은 토지 재평가를 한 적도 없지만 옐로칩과 그 이하의 기업들은 자주 재평가한 부동산 가치를 장부가에 반영해 왔다는 것을 잊지 말아야 한다. 대부분의 한국 기업들의 PBR은 허구라는 사실이다.

게다가 진정으로 기업 가치가 높다 하여도 성장 가치가 없는 기업의 자산 가치는 서서히 사라져 간다. 가치 투자를 고집한다 하여도 성장주인 기업의 영업 가치주만이 투자 대상이어야 한다.

강태공이 낚시하는 심정으로 물고기를 무작정 기다리는 가치 투자자들은 한국의 기업 가치들이 잘못 산정되어 있음을 아는지 묻고 싶다.

쥐구멍에도 볕이 든다는 심정으로 기다리는 가치 투자는 말을 뒤집어서 생각해 봐야 할 시기다. 혹 쥐구멍에도 볕이 든다면 몇 시간이나 들겠는가. Dynamic Korea에서는 오로지 성장주에, 기술혁신주에, 바이오 제약주 등에 투자해야 장기적으로 대박이 나는 것이다.
대신에 약간씩 위험하니 반드시 분산 투자를 해야만 한다.

펜타곤(Pentagon)식 재테크 대상 5대 자산인 주식, 아파트, 달러, 예금, 국채에만 순차에 맞춰서 투자하되 원칙적으로 한 가지 재산에서 2년 이상 머무르면 안 된다는 대원칙을 지켜야 한다.

2년 이상 한 가지 재산에 머물면 재산은 50% 이상 날아간다는 것이 펜타곤 투자법이며 이는 이미 확인되고 증명된 것이나 마찬가지이다.

또, 앞으로 한국에서는 가치 투자를 하지 마라.
허상에 투자하는 것이다.

챕터 13) 꼭대기와 바닥 100% 맞추기 비법

코스피지수의 꼭대기는 국내 환율이 최저 시세일 때이고 코스피 지수의 바닥은 국내 환율의 꼭대기라고 말한 바 있다.

[그림 27]의 수직점선①, ③, ⑦을 예로 들어 앞에서 설명한 바 있다. 다시 확인해 보라. 따라서 환율의 꼭대기와 바닥을 맞출 수 있다면 코스피 지수의 바닥과 꼭대기를 맞추는 것은 쉬운 일이다.

그러나 귀신도 국내 달러 환율의 꼭대기와 바닥을 정확히는 맞힐 수 없다. 코스피 지수를 맞출 수 있다면 지수형 ETF에 베팅을 하고, 종목별로 주가를 예측할 수 있다면 종목을 매매하면 될 일이지만 이것이야말로 불가능에 가까운 일이다.

그러나 주식 시장 격언 중에 "무릎에 사서 어깨에서 팔아라."라는 말이 있다. 이 말을 확대, 재해석해 보면 꼭대기와 바닥을 맞출 수 있다.

이 말은 부동산, 주식, 달러, 엔화, 위안화 등 모든 자산 시장에도 같이 해당된다고 본다. 이 격언은 주로 종목별로 매매할 때 쓰는 기법이다. 사실 누구도 못 맞추는 것이 주가지만 포기하지 말고 무릎과 어깨를 맞추려고 매번 노력해야 한다.

주식이 호재로 오르기 시작하려면 거래량이 늘기 시작한다. 꽤 많은 기간이 걸리는 경우도 있고, 하루 이틀 사이에 거래량이 폭주하고 가격이 오르는 경우도 있다. 이른바 이때가 기조 반전일이다.

기조 반전일을 이용한 매매 전략은 너무나 중요하다. 바닥에서는 하루 거래량이 상장 주식의 2~3배가 거래되기도 하는데 초보자들은 이를 물량상투라고 하면서 판다.

큰손들이 매집하고 있기에 거래량이 폭증하고 있다는 것을 초보자들은 모른다. 초보자들은 그동안 손해를 보고 있었기 때문에 4~5년 정도 고생하면서 상승을 기다린 주식을 그냥 취득 원가 이하로 남에게 넘겨주는 꼴이다. 바닥에서는 거래량이 많을수록 좋은 것인데도 말이다.

아파트도 마찬가지다.
매물로 내놓은 지 몇 년이나 지났는데도 연락 한 번 없던 부동산을 아직도 팔 거냐고 물어 온다면 덥석 팔아야 될까? 아니다. 이제 상승을 시작하려고 하는 신호가 온 거다.

이럴 경우에는 얼른 해당 지역의 시세를 알아보기 위해 인터넷 검색을 하든지, 현지에 가 봐야 한다. 아파트도 거래량이 늘기 시작해야 '이제, 오르겠습니다.' 하고 신고하는 것이다.

주식이나 부동산에서 일반적으로 바닥시세는 호재가 나와도 아무런 반응이 생기지 않는 때이다. 시중 금리는 바닥을 치고 있고, 불황은 막바지에 이르러 다들 지쳐 있을 때이다. 그러나 바닥으로 짐작되는 곳에서 남들보다 먼저 살 이유는 없다.

기조 반전일로 바닥을 확인한 후에 조금 더 주고 사야 하는 것이다. 이곳이 바로 무릎이 되는 것이다. 거래량 폭주와 약간의 가격 상승으로 기조 반전일을 확인하고 사는 것이기에 여기가 바로 바닥이며 바닥시세를 맞출 확률은 95% 이상이다.

이제 더 중요한 꼭대기 찾기를 해 보자!
미사일이 꼭대기까지 올라가면 약 0~1초를 최고 꼭대기에서 멈춘 다음, 방향을 틀어 떨어지기 시작한다. 시세가 오르는 주식, 부동산도 마찬가지다. 끝까지 올랐다가 내릴 때에는 가속도가 붙어 엄청난 속도로 떨어지는 것처럼 거품이 낀 주식이나 부동산도 거품이 터지면서 떨어질 때에는 가속도가 붙어 엄청난 속도로 떨어진다.

주가의 바닥을 아는 자가 아무도 없듯이 꼭대기를 아는 자도 아무도 없다. 지나 보면 확인되는 것이 바닥이요 꼭대기이다. 그래서인지 주식, 부동산 시장에서는 꼭대기에서 팔려고 하지 말고 어깨에서 팔라고 말한다. 남들도 먹을 게 남아 있어야 사지 않겠느냐고 말을 하면서.

"그런데, 꼭대기를 모르는데 어깨는 어떻게 알 수 있나요?"라고 질문을 하면 아무도 답변을 못 한다. 그러나 어깨를 알 수 있는 방법은 의외로 쉽다. 꼭대기를 치고 내려올 때 보면 저절로 알 수 있다.

꼭대기를 치고 주식이나 아파트 등이 내리기 시작할 때까지 따라갔다가 내리막으로 확인되었을 때, 즉 꼭대기를 확인하고 내림세가 확연히 나타난 그 이후에 팔면 거기가 바로 어깨이다.

어깨나 꼭대기를 미리 맞추려 애쓰지 말라. 미리 팔고 후회하지 않으려면 이렇게 편하게 끝까지 따라갔다가 내려오는 것을 확인하고 팔면 거기가 바로 어깨인 것이다.

이것이 간단히 어깨에서 파는 것이며, 매도의 달인이 되는 비법이다. 이 시세 또한 꼭대기보다 약 5% 정도 낮은 가격이 된다. 투자자 스스로 이쯤이 어깨일 것이라고 판단해서 팔고 나서 후회하는 경우는 너무도 많다. 달러나 아파트 주식 다 마찬가지로 꼭대기에서 꺾이고 내려올 때, 하락세를 확인하고 어깨에서 팔아라.

최고가에서 꺾이고 내려와야 어깨를 찾을 수 있다. 이 경우에도 역시 기조 반전일 투자 방법을 이용해야 한다.

주가를 예로 해서 좀 더 자세히 말하면 매일 상한가 가까이 오르던 주식이 어느 날 하한가 근처까지 내려가거나 하한가로 내려가는 날이 오면 엄청난 거래량을 수반하게 된다.

그날은 종가까지 그냥 지켜본다. 만약 하한가로 빠지거나 하한가 가까이 빠진다면 그다음 날 오전에 어제 내린 것에 대한 반등과 기대감에 차 있는 멍청한 투자자들이 다시 매수해 들어오기에 오전에는 어제 내린 폭의 절반 정도까지 오른다.

이때가 바로 기조 반전일 겸 대세 하락 시발점이 된다. 어제와 오늘의 2일간 거래량은 엄청나게 된다. 지금이 바로 팔고 나올 때, 즉 어깨보다 조금 더 높은 목 부분이 된다. 이것도 일반인들은 모르는 히든 스토리(Hidden Story)이다.

주식 투자를 위해서 여러 가지 기법과 그래프 등이 이용되고 있으나, 이 중 꼭대기와 어깨, 바닥과 무릎을 가장 높은 확률로 맞출 수 있는 그래프는 삼선전환도이며 신뢰도가 가장 높다. 이 삼선전환도를 이용하여 어깨와 무릎은 거의 90% 이상 맞출 수 있다. 이를 적극 활용하도록 한다.

급등하던 달러가 고점이라고 추측되는 곳에서 1주일 이상, 부동산은 2~3주 이상, 주식은 1~2주 정도 오르락내리락한다면 이게 꼭대기 징후다. 이때부터 예의 주시 해야 한다.

곧 내림세의 폭이 커지면 이젠 바꿔 타야 할 때임을 알려 주는 것이니 나오면 된다. 약 3~4년에 걸친 대세 상승 이후에도 늘 관심이 갈 종목들이겠지만,

이제 이 종목들이 다시 주도주가 되기에는 불가능에 가깝다.

한번 주도주나 주도업종이었던 종목이 다시 주도업종이나 주도주로 나설 확률은 1/8(12.5%)도 안 된다는 사실은 미국 다우지수를 1953~2007년까지 54년을 분석한 윌리엄 오닐이 그의 저서에서 밝힌 내용이다. 맞다, 아니 맞을 것이다.

우리나라에서는 특히 중국으로 인한 화무십일홍은 이제 잊어야 한다. 미국은 이제 리쇼어링 전략을 구사 중이다. 세계 경제는 쪼그라들고 있는 것이다. 요즘은 인터넷이나 HTS에 주식 시세가 그래프로 제공되어 편리하기만 하다.

이들을 이용하여 장래 주가 예측을 해 보기도 한다. 그래프 종류는 수십 가지나 된다. 그중에서 비교적 신뢰도가 높은 그래프는 단연코 삼선전환도이다.

삼선전환도란 주가가 하루에 이전의 음선 3개를 커버할 만큼 상승하는 경우에는 향후에도 계속 상승할 것(양전환)으로, 주가가 이전의 양선 3개를 넘길 만큼 하루에 하락(음전환)하는 경우 향후에도 추세가 하락세로 변할 것으로 판단하고 이에 맞춰 매매하는 기법이다.

주로 강세장의 초입과 지속되는 강세장에서 돋보이지만, 약세장에서는 속임수가 너무 자주 발생하여, 잦은 매매를 하게 된다는 단점이 있긴 하다. 3개의 음선이나 양선을 넘기는 시세 변동이 하루에 생긴다면 시세의 기조가 변했다고 보는 것이다.

즉, 이름은 삼선전환도 이지만 기실 기조 변환일을 확인하는 것과 흡사하다. 단지 삼선전환도 매매는 거래량으로 판단하는 매매 기법은 아니지만 거래량도 동시에 보고 매수·매도 여부를 판단하면 신뢰도는 더 높아진다.

챕터 14) 항상 주도주를 사야 하는 이유

주식 투자를 하면서 항상 주도주에 투자해야 하는 이유는 항상 코스피 지수 대비 초과 수익을 얻을 수 있기 때문이다. 또한 주도주는 끊임없이 오르므로 항상 신고가주일 수밖에 없다.

즉, 주도주는 시장을 선도하여 올라가는 종목인데, 시장을 선도하면서 신고가주가 안 될 수 없는 것이기에 그렇다. 전 KTB투자증권 김한진 수석연구위원이 연구한 30년간의 코스피 주도주 분석에 의하면, 주도주는 10년 경기 순환 과정의 호경기 시에 보통 3~4년간 오르는데, 오르다가 쉬고 쉬었다가 또 오르는 종목들이다.

종목은 한두 개일 수도 있고 보다 많을 수도 있다. 대개의 경우 같은 업종에 소속되어 있다. 상승 폭은 보통 4~20배까지 오른다.

이 주도주가 꺾이면 대개 이번의 주식 시장 대세 상승은 끝나게 된다. 이후 기타 종목으로의 짧은 순환매를 끝으로 이번의 대세 상승을 끝을 맺게 된다. 수명을 다한 주도주는 보통, 피크 후 1년 차에 고점 대비 50~95%까지 내린다. 많이 오른 대신 대폭락을 맞는다. 이렇게 폭락하는 것은 주도주에는 항상 버블이 형성된다는 것을 간접적으로 증명한다.

대개 주도주는 성장주인데, 성장주는 돈을 풀 때 오르고, 조이면 더 오르고, 원화강세 시 더 오르고, 연속해서 오른다. 2005년부터는 중국 경기가 세계의 주도주를 좌우해 왔다고 본다. 즉, 중국의 수출과 관련성이 컸다.

중간재를 사서 완제품을 만들어 중국도 수출 대열에 참가한 것이다. 인구 13억의 거대한 중국이 새로이 자유 진영과 자유 무역을 시작했기에 한동안에는 윌리엄 오닐의 분석과 달리 지나간 주도주들이 급성장하는 경우가 많았다.

지나간 차, 화, 정, 조선 등이 한국 시장에서 주도주로 부각됐던 일이다. 이는 오로지 중국 덕이었다. 한번 지나간 주도주가 다시 성장 주도업종이 된다는 것은 12.5%의 확률밖에 안 되는 데에도 지나간 산업들이 주도업종이 되었던 것이다.

지나간 산업들이 다시 주도주가 될 수 있었던 것은 중국이 2001년 12월 11일에 WTO에 신규 가입함으로써 13억 인구의 시장이 새로 열렸기 때문이다. 중국은 주로 한국의 중간재를 사서 값싼 인건비를 바탕으로 해 완제품을 만들어서 세계 수출 시장, 주로 미국 시장에 등장했기 때문이다.

이들은 사회주의 경제로 세계 경제에 포함되진 않은 그야말로 13억 인구의 100% 순수 신시장이었기에 한국의 흘러간 산업들이 한때 주도주로 떠오른 것이다. 다시는 이런 일이 없을 것이다. 착각하지 말아야 한다.

신산업의 성장성 높은 산업과 기업에서 주도주는 탄생한다. 미국의 뜨는 종목과 산업, 즉 항상 미국의 주도주 중에서 한국의 주도주와 주도산업을 찾아야 한다.

미국의 주도주가 한국의 주도주를 결정하는 것이나 마찬가지다. 물론 국가별로 발전 단계가 달라서 주도주가 다를 수도 있으나 이는 큰 변수가 되질 못한다.

왜냐하면 각국은 그들의 내수 시장으로 국한된 시장이기 때문이다. 한때 중동건설 경기로 한국의 건설업만 대상승을 했던 때를 기억해 보면 알 수 있다.

주도주 이야기에서 잊지 말아야 할 것은 대세 상승장이 꺾이고, 주도주가 꺾이면 주도주가 가장 많이, 단기간에 내리므로 반드시 매도하여야 한다는 점이다. 미련을 두고 기다려도 다음 대세 상승장에서 다시 주도주가 될 확률은 1/8에 불과하므로 바보 같은 짓에 불과하다.

삼성전자를 예로 들어 본다면 1980년대에 처음으로 국내 시장을 개방하고 저 PER주 선풍이 불 때 주도주로 한번 떠오른 이후에는 주도주라고 하기에는 약간씩 미흡한 기나긴 세월을 보냈고, 이제 약 30년 만에 즉 2017년 5월부터는 새로이 주도주가 되었다고 여겨진다.

즉, 긴 세월 동안 주도주가 아니었기에 급등도 급락도 없이 단지 장기 보유만 하여도 코스피 움직임에 맞춰서 평균 수익 이상을 안겨 준 사례로 보인다. 요즘의 화두는 4차 혁명시대라는 말인데, 사실 혁명 같지는 않다. 너무 변화가 없다. IOT, DRONE, 3D, VR, AR 등으로는 세상을 획기적으로 바꾸기엔 미흡한 것 같다.

혁명에 가까울 만큼 비용을 줄이거나 인간들의 생활을 획기적으론 바꾸지 못하고 있다. 따라서 대규모 수요도 발생하지 않을 것이다.

전기자동차, 자율주행차를 말하지만 이 또한 혁명적일 만큼 시간이나 비용을 줄여 주지 못하며, 삶을 바꾸지도 못할 것 같다. 휘발유차의 대체재 아니던가?

즉, 현재까지는 새로운 주도주와 주도산업이 없다고 보인다. 서비스 로봇 산업이나 AI를 대표하는 챗GPT가 대세일 수 있을까? 이들 산업도 결국 반도체가 주도주해야 하는 것으로 보이나 이는 이미 지나간 주도주가 아니겠는가. 13%의 확률이 맞을지는 좀 더 지켜봐야 할 듯하다.

이럴 경우에는 기존 산업 내에서 획기적인 정도의 활황의 세미(Semi) 주도주를 찾을 수밖에 없다. 즉, 바이오, 제약, 줄기세포, 의료로봇주 등에서 주도주 후보를 지속적으로 살펴봐야 한다. 비앤비, 우버 등도 획기적이지만 미국 시장에 국한된 회사들이다. 한국에서는 갖은 규제로 아류의 기업도 탄생하지 못하고 있다.

주도주나 주도산업이 없는 시장은 팥 없는 찐빵이나 마찬가지여서 종합지수의 큰 폭의 상승은 기대하기 힘들다. 기껏해야 경기 순환에 따른 상승만이 존재할 뿐이며, 이는 신고가를 만들어 내기에도 벅찬 것이 된다.

그러나 주식 시장의 대세 상승기에 주도주를 사지 않으면 단기간(주도주가 존재하는 3~4년의 기간 동안)에 큰돈(4~20배)을 벌 수 없음을 기억해야 한다.

그래서 다시 강조한다. 주도주도 꺾이면 가장 많이, 가장 빨리 내리므로 반드시 매도하여야 한다. 미련을 두고 기다려도 다시 이 종목들이 주도주가 될 확률은 13%에 불과하다는 사실을 명심해야 한다. 주식은 같은 종목에 10년 이상씩 투자하는 자산이 아니다.

게다가 여태까지는 히든 스토리(Hidden Story)였던 이야기, 즉 개미 투자자나 전문 투자자들도 제대로 몰랐던 새로운 재테크 기법인 펜타곤(Pentagon)식 재테크 대상 5대 자산인 주식, 아파트, 달러, 예금, 국채를 약 2년씩 순차에 맞춰 순환 투자 해야 한다는 대원칙에 비추어 보면 주식을 2년 이상 장기 보유하는 경우는 아주 제한적으로 해야 된다고 본다.

챕터 15) 신고가, 상한가, 신규주에 주목하라!

(1) 신고가 투자법

주식에 투자하는 기법에는 여러 가지가 있으나, 달러 평균법, 스톱 오더법, 스케일 오더법 등과 신고가 투자법, 단타 매매법이 있다. 어느 것이 좋다고 딱히 말할 수는 없다.

그러나 이 중에서 신고가 투자법이 가장 추천할 만하다.
ETF에 투자하지 않고, 직접 종목에 투자하는 경우에 신고가를 치는 종목들에만 투자하는 방법이다. 신고가주란 52주(1년은 52주) 신고가, 즉 1년간을 통틀어서 최고가에 이른 종목들을 말한다. 이 신고가 종목을 매일 검토하되, 5~6개를 골라서 기계적으로 분할 투자하는 방법이 신고가주 투자법이다.

어떤 종목이 제법 많이 오르려면 반드시 신고가를 계속해서 기록해야 하는 것이므로 이 방법으로 투자하면 승률은 50% 이상은 될 것이다. 그중에는 대박 종목도 나올 것이다.

신고가 투자법은 신제품의 발굴, 신기술, 새로운 특허의 획득, 신시장의 개척 등으로 1년, 즉 52주 이내에 신고가를 기록하는 종목들에게 투자하는 방법이다. 이 방법은 단타에서도 쓰일 수 있다. 어제 오른 주가는 대개 그다음 날 아침에도 올라서 거래가 시작되는 게 보통이므로 단타족들도 이용할 수 있다.

신고가법으로 투자한 종목 중에서 그다음 날에도 신고가를 다시 만들어 가면 그냥 보유하고 탈락하는 종목은 매도하는 방법이다.

신고가 종목은 거의 매일 탄생하지만 나름대로 신고가가 된 이유, 즉 정보의 가치를 분석할 지식이 있어야 한다. 이 방법은 기관들보다도 더 민첩하게 움직일 수 있으므로 더 많은 수익을 실현할 수 있는 기법이다.

장중에 신고가를 나타내는 경우를 대비하기 위해 조선일보 등 일간지의 경제 정보 정도는 항상 알고 있어야 한다. 이와 비교해 너무 자세한 경제지나 증권 전문지를 구독하는 것은 바람직하지 않다고 본다.

당일 발생하는 호재로 신고가를 달성하는 경우에는 HTS의 정보를 순간적으로 판단할 능력을 평소에 키워 둬야 한다.

(2) 상한가 투자법

한국의 주식은 하루에 오를 수 있는 최고 한도를 정해 두었는데, 현재는 30%가 오르면 상한가라고 한다. 반대의 경우는 하한가라 하고 역시 30%가 하루에 내릴 수 있는 한도이다. 향후에는 두 가지 다 없어질 것이지만, 어떤 주식이 하루에 30%가 급등락한다면 그날은 더 이상 변동을 제한한 제도이다.

어떤 종목이 하루에 30%가 한도인 상한가를 시현한다면 대단한 호재가 나타났을 때이다. 신기술의 개발, 신시장의 개척, 신제품의 출시 등이다. 이러한 경우 상한가를 친 이유를 분석하여야 한다.

우선은 상한가 잔량이나 하한가 잔량을 보면 그 강도를 예측할 수 있다. 이를 보면 그다음 날에도 상한가를 칠 것인가, 아니면 대폭 오를 것인가 등을 예측할 수 있다.

장중이나 장후에 알려진 상한가 혹은 하한가 사유를 분석하여 그 호재의 정도와 상하한가의 지속성을 판단해서 투자하는 방법이다. 의외의 대박 주식은 이런 상한가 주식에서 출발하는 것이다.

장중에 급등하는 종목은 증권사의 HTS를 통해서 간접적으로 예상할 수 있는데, 지금 막 뜨는 기사를 접하고 순간적으로 정보 가치를 판단하여 투자하면 상한가 첫날에 비교적 싼 가격에 매수할 기회를 가질 수 있다.

그러나 이는 평소에 종합적인 정보들로 무장되어 있어야 가능하다. 따라서 평소 일간지 하나 정도는 필독하고, KBS 9시 뉴스로 세상의 흐름과 항상 같이하여야 할 것이다.

(3) 신규주 투자법

매번 그런 것은 아니나 신규 상장 주식 중에서 시장 가치를 제대로 반영치 못하여 싸게 거래되는 경우가 있다. 이 또한 평소의 경제적 지식이 있어야 판단할 수 있으므로 꾸준히 경제에 관심을 가진 자에게만 주어지는 특혜라고 할 수 있다. IPO 경쟁률도 참고하면 된다. 모든 신규 상장 주식은 자세히 검토해 두는 것이 좋다.

신규 상장 종목도 크게 오르려면 상한가나 신고가를 기록하게 되므로 위의 매매 방법들이 적용된다고 할 수 있다.

요즘은 상장 절차를 간단히 하기 위해서 스팩(SPAC)이라는 상품을 증권 회사들이 상장시켜 놓았으며, 이 스팩과 상장시킬 기업을 합병하여 상장시키는 제도이다. 스팩을 통한 상장은 대개의 경우 증권 회사에서 물 타기를 미리 하여 상장하므로 투자 대상으로 적당하지 않다.

챕터 16) 주식은 끊임없이 오른다
But, 지금은 아니다

(1) 인플레이션 경제하에서 주가가 늘 오르는 것은 외국인과 기관 덕이다

가장 평범한 이론인 수요와 공급의 법칙에 따라 주식에 대한 수요가 있으니까 오르는 것이다. 인류가 만들어 낸 합법적 투기 수단은 주식과 카지노다.

카지노는 합법이긴 하나 일반인들은 승패 확률의 임의 설정이 가능한 기계에 지게 되어 있고 주식은 대량의 수요가 필요한 외국인이나 기관에게 지게 되어 있다. 기관이나 외국인들이 사기 때문에 주식값이 오르는 것이지, 일반인들이 직접 사서는 오르지 않는다고 보는 게 옳다.

그럼 외국인들이나 기관들은 왜 주식을 사는가?
아니, 왜 사지 않으면 안 되는 것일까?

기관들이나 외국인들이 안 사면 주식값은 더욱 더 내려갈 것이지만, 그들끼리 담합하지 않는 이상 돈을 더 벌려고 서로 경쟁해야 되므로 그들도 더 이상 내려가기만을 기다릴 수 없는 것이다. 외국인이라고 분류되는 자금 내역을 분석하면 거의 전부 외국의 펀드나 기관들 자금이다. 해외 교포들도 있지만 역시 소규모이다.

외국인으로 분류되는 자금도 결국 큰 의미로는 외국 기관의 펀드 자금이 주이다. 그러므로 주식은 기관(외국, 국내)이 사기 때문에 오르는 것이다. 그럼 기관(국내 기관, 외국인)은 왜 주식을 사지 않으면 안 되는 것인가?

기관에는 매월 일정한 금액의 돈이 들어온다. 보험 회사의 보험료, 연기금, 증권 회사의 펀드, 사모 펀드 등이다. 이처럼 매월 주식을 사야만 하는 자금이 기관에 쏟아진다. 이 자금들은 반드시 주식이나 유가 증권을 사야 하는 자금들이다.

법에 의하여 보험 회사의 보험료는 일정액을 부동산, 유가 증권, 현금성 자산으로 보유해야 한다. 펀드 또한 주식을 사야 한다. 이들은 이 자금들로 돈을 불려서 스스로도 생존하고 투자가들에게 일정한 이득금을 되돌려 주고, 기관끼리의 경쟁에서도 살아남아야 하기 때문에 주식 수요는 끝이 없다.

(2) 환율 변동과 이자율의 변동 때문이다
환율이 변동되면 가만히 있어도 기업이나 연기금, 펀드 등의 보유 재산의 가치가 현지화로는 그대로여도 달러 기준으로는 변동된다. 이 가치 변동에 따른 재산의 재배분과 재투자가 반드시 필요해진다.

이자율의 변동에 따른 수익성을 감안한 재산 가치의 향후 변동도 물론이다. 또한, 인플레에 따른 재산의 가치 변동, 정책의 변화에 따른 자금의 재배분 등의 이유도 있다. 이상의 이유 외에도 많은 요인들이 있으나 큰 영향을 끼치는 이유들은 대체로 이들 때문이다.

(3) 주식은 끊임없이 오른다. 다만… 지금은 아니다

주식은 끊임없이 오른다. 끊임없이 오르다가 가격이 더 이상 오르기 어려운 수준까지 오르면 갑자기 거품이 붕괴되는 것이다.

물론 거품이 형성되는 과정 중에 정부는 끊임없이 금리를 올리거나 각종 규제책 등 경기 진정책을 쓰지만, 인간의 탐욕은 끝이 없기에 거품이 터질 때까지 오른다. 거품의 형성은 대개의 경우 금리 인상으로 끝을 다한다.

2004년 1.00%이던 기준 금리를 2006년 5.25%까지 미국, 유럽, 우리나라 등에서 올렸다. 이것도 2008년 서브프라임 사태가 촉발된 원인 중의 하나다. 즉, 거품이 터진 것이다.

금리가 단기간에 525%나 급상승하였는데, 무난히 주택 대출 원리금을 낼 수 있는 사람이 몇이나 되겠는가?

여기에다가 2006년부터 인구절벽(생산 가능 인구 감소)을 맞은 미국과 유럽 등은 잔뜩 값이 오른 집을 더 사 줄 사람도 없어지고 있었다. 이러면 일시에 주택 매매가 중단되지 않겠는가. 이렇게 더 이상 오를 수 없을 때까지 오르면 주식이든 부동산이든 거품이 터진다.

파산, 경매 등으로 빚이 정리되고 나면 바닥에서 다시 시작하는 것이 여태까지의 자본주의 시스템이었다. 2023년 3월 0~0.25%의 기준 금리였다가 2023년 7월 미국의 기준 금리는 5.50%가 되었다. 단기간에 금리를 22배

(2,200%)나 올렸다. 롱텀 디플레이션은 전 세계에 도래해 있다. 전 세계의 부채와 인구감소 문제가 주원인이다.

인구절벽에서 기인한 수요 감소는 단기간에 해결될 수 없는 것이다. 그래서 이제는 디플레이션 경제가 왔다는 주장과 이미 디플레이션은 끝났다는 주장이 공존하고 있다.

경제가 매년 성장하기만 한다면 주가는 반드시 오른다. 보통 경제가 얼마나 성장하는 가를 GDP로 표시한다. GDP(Gross Domestic Products)라는 것은 국내 총생산액이라고 번역되는데, 이 GDP라는 것을 세부적으로 들여다보면 기업 측면에서는 '생산수량×가격'을 다 합친 것이다.

작년보다도 GDP가 3% 성장했다고 한다면, 기업 입장에서는 이 공식처럼 생산 수량이 늘든지(다 팔린 것으로 전제한다), 판매 가격이 올랐든지 한 것이다.

즉, 기업의 수익이 늘었기에 적어도 이만큼 주식 가격이 올라야 하는 것은 당연하다. 사실은 오르는 게 아니라 제 가치가 되는 것이다.

그러나 이 GDP의 계상에는 상장된 기업과 비상장된 기업, 크게 성장한 회사와 제자리 수준의 기업들의 지난해 수입(수익)을 평균적으로 계산한 것이다.

그중에는 폭발적으로 성장한 바이오 기업도 있고 대규모 적자로 죽을 쑨 해운 업체도 섞여 있으니, 폭발적으로 성장한 기업을 샀다면 GDP 증가율과는 달리 주가 상승률은 수백%가 나오는 기업도 있다는 뜻이다.

주식 투자자들은 이 몇백% 성장하는 기업을 사기 위해서 애쓰는 것이고 이를 샀다면 1년 정기예금 이자의 수백 배 수익을 거두는 것이다. 돈은 수익이 많이 나는 기업의 주식 쪽으로 흐른다. 그래서 매년 주식은 최소한 'GDP 증가율+인플레율+알파'만큼 올라야 하는 것이다.

알파는 수백%일 수도, 마이너스일 수도 있다. 기업은 이익 집단이고 글로벌 기업은 전 세계에서 24시간 동안 밤낮으로 운영한다.

그렇기 때문에 기업은 매년 성장하는 것이고 성장하는 만큼, 즉 돈을 벌어들인 만큼 주가 상승으로 그 가치가 계산되는 것이다. 그 가치의 반영은 평상시보다 주로 호경기 때에 한꺼번에 반영된다.

어느 나라 어느 정부든 인플레이션이 매년 2% 정도씩 발생하여 모든 자산 시장이 완만히 오르는 것을 정책 목표로 삼는다.

그 이유는 국민들이 화폐적 환상에 젖어서 적당히 만족하고, 정치에 관심을 갖지 말고 열심히 일만 하기를 원하는 데에서 기인한다. 따라서 이 인플레이션 정책을 적당히 구사하면 장기 집권도 가능해지는 것이다.

게다가 모든 정부는 부동산 시장보다는 주식 시장이 더 완만히 장기적으로 오르기를 시도한다. 부동산이 너무 오르면 당장 주거비의 증가로 국민들은 불만이 많아지게 된다. 주식 시장은 위와 같은 이유 외에도 완만한 가격 상승은 자본주의를 유지시켜 주는 가장 핵심 요소이기 때문이기도 하다.

주식 시장은 자본주의의 근간인 기업이라는 제도를 만들어 가는 것이며, 이 기업들은 주식으로 적은 자본들을 모아서 기업 이익을 내기 위해서 열심히 제품들을 만들고 판매한다. 이 기업들은 이외에도 금융 회사들에게서 자금을 빌리거나 혹은 예금을 하여 은행 시스템을 유지시켜 준다.

은행 시스템은 정부의 본원통화 즉 화폐 발행액을 활용하여 다시 신용, 즉 돈을 재창조하여 기업들에게 빌려주는 시스템이므로 크게 보면 주식이 자본주의를 유지시켜 주는 핵심 키워드이다.

따라서 자본주의가 존재하기 위해서는 주식은 단기적으로는 내리기도 하지만 장기적으로는 무조건 오르는 시스템으로 틀이 짜인 것과 같다.

특히, 세계 경제를 주도하는 미국의 다우와 나스닥지수는 인류가 존재하고 자본주의가 존재한다면 단기적으로는 급락도 있지만 결국에는 끊임없이 오르는 괴물인 것이다.

1964년 800에서 출발한 다우지수는 2023년 4월 현재 33,000을 넘어서고 있다. 60년 만에 53.66% 즉 53.7배가 오른 것이다. 그동안의 인플레를 전부 반영한 것이다.

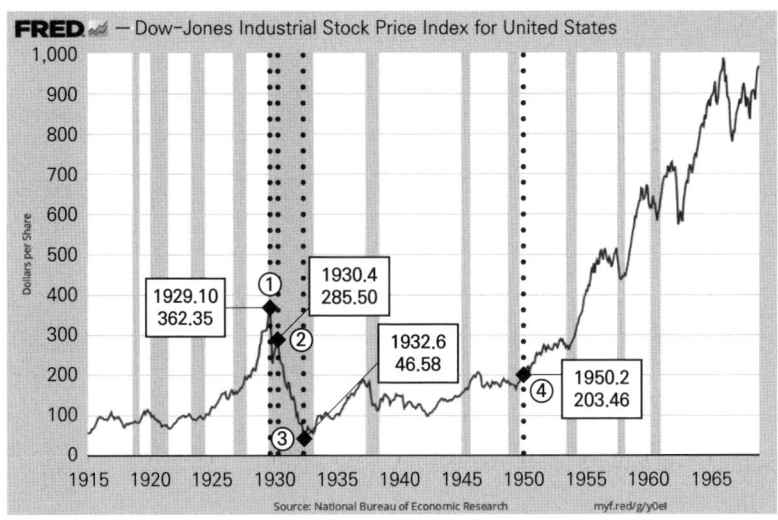

[그림 18] 다우지수 장기 그래프(1914~1969)

그렇다면 왜 사람들은 주식 투자를 해서 망할까? 심지어 증권인들도 왜 거의 다 망하는 것일까? 펜타곤(Pentagon)식 재테크 투자 대상 5대 자산인 주식, 아파트, 달러, 예금, 국채에 기본적으로 2년 정도씩만 투자해야 하는데 너무 장기간 보유하거나 분산 투자를 안 해서라고 본다. 주도주도 꺾일 때에는 완전히 폭삭 망하는 것이다.

물론 미국에 거주하는 사람들은 달러와의 교체 투자 과정이 없어 주식, 아파트, 예금, 국채의 4단계로 투자하면 결과는 같다. 누구나 펜타곤(Pentagon) 투자법을 준수해야 한다. [그림 6]처럼 다우지수는 1929년 대공황으로 대폭락을 했지만 그 후 대체적으로 올랐음을 알 수 있다.

평균적으로 53.7배가 60년 만에 오른 것이니 그 속을 들여다보면 1,000

배 오른 종목도 있고 망해서 없어진 회사도 있을 것이다. 기업의 평균 수명이 50년도 안 된다. 즉, 사람보다도 수명이 짧다.

최근에는 S&P지수 변동을 자동적으로 추종하는 펀드와 같은 KODEX, S&P 500, 선물 ETF 등의 상품과 KODEX 200, KODEX 200 TR 등 각종 ETF가 너무나 많으므로 이에 투자하면 장기적으로 무조건 돈을 벌 수 있는 것은 이미 위의 사실로도 입증된 것이다. 부록에서 자세히 설명한다.

물론 500개 기업 중에는 수명이 다해 없어진 기업도 있었을 것이고 새로이 생겨난 기업도 있으나 500개 종목으로 구성되어 있으니 전체 가격에는 별 영향이 없이 이 종목이 꾸준히 오를 것은 너무나 자명하다.

인류의 목표는 경제를 지속적으로 성장시켜 누구나 윤택한 삶을 누리게 하는 것이 지상 과제이므로, 부침이 있어도 당연히 그렇게 될 것이다.

예전보다 주식 투자 환경이 너무나 좋아진 것을 실감한다. 개인에게는 허용되지 않지만, 내릴 때에도 돈을 벌 주식 공매도 제도가 있고, 개인들에게도 주가가 내리면 오르는 각종 인버스 ETF가 있다.

국내에서도 선진국이나 후진국 등의 나라에 투자를 얼마든지 할 수 있고, 곡물, 원유, 아연 등 어느 곳, 어느 것에도 투자할 수 있는 세상이 되었다. 단지, 주식은 끊임없이 오르는데 내 전문 지식이 짧아서 투자에 성공하지 못하는 것이다.

그러나 2016년부터는 전 세계에 롱텀 디플레이션이 도래해 있다. 한국도 물론이다. 혼자 30년간 롱텀 디플레이션을 겪은 일본은 이제 그 나락에서 벗어난 것으로 보인다.

(2) 펜타곤(Pentagon) 투자법 2단계
아파트 투자

아파트 투자 단답형 궁금증

a) 주식이나 아파트나 같이 꺾이나?
⇒ 아니다. 주식이 꺾인 후 아파트는 오히려 6개월간 급등한다.

b) 아파트가 항상 주식보다 6개월 늦은 이유는?
⇒ 주로 유동성 차이 때문이다.

c) 간단히 아파트 대세 하락 시점을 맞출 기법이 있나?
⇒ 있다! 코스피가 대세 하락을 시작한 후 6개월 후이다.

d) 아파트 반등 시기와 반등률 맞추는 기법
⇒ 아파트 반등 시기도 주식이 반등을 시작한 지 6개월 후가 된다. 반등 기간도 반등률도 같다.

e) 아파트 매수 타이밍을 참조할 수 있는 지표는?
⇒ 이미 경상수지가 흑자로 돌아선지 1년이 지난 후 코스피 지수가 6개월 정도 꾸준한 오름세를 확인한 후의 아파트에 대한 투자 결정이므로 주식 상승을 확인하고 아파트 투자에 나서면 된다.
만약 코스피 지수의 오름세 기간이 6개월보다 짧은 경우엔 무시하는 것이 좋다. 주식 시세의 대세 하락 중 반등시세 확인의 경우에도 대세 하락 기간이 6개월 이하인 경우에 오는 반등세의 경우에는 따르지 않는 것이 좋다.

f) 무역적자가 하락추세면 아파트 가격도 내리나?

⇒ 당연히 내린다. 추세적으로 6개월 정도 무역적자가 생기면 이는 경상수지에 영향을 주고 무역적자는 시중 통화량을 급격히 줄이게 되어 아파트 가격이 시차를 두고 하락한다.

챕터 17) 과거에는 부동산은 Good, 주식은 No Good

여태까지 주식을 하면 망하고 부동산을 하면 부자가 된다는 게 정설이었다. "미워하는 친구를 서서히 망하게 하려면 주식을 가르치고 단번에 망하게 하려면 경마를 가르치라."라는 영국 속담도 있다. 동서양을 막론하고 주식을 하면 망한다는 게 정설처럼 굳어 있는 것 같다.

이처럼 주식이 망하는 투자인 이유는 가격의 변동이 심해 사고 팔고를 자주 하면서 거래세와 수수료 부담 때문에 마치 카지노업자만 흥하고 갬블러는 망하는 것과 원리와 같다고 보면 맞다.

주식은, 매일 수시로 가격이 변한다. 사람의 욕심은 한이 없기에 심리의 변동이 심한 자산이다. 그러나 워런 버핏 같은 사람이 주식으로 엄청난 부를 이루었음은 누구나 안다.

잦은 시세 변동으로 인한 잦은 매매가 재산을 갉아먹는다는 것을 안 버핏은 이를 피하기 위해서 '월가'에 거주하지도 않고, '오마하'라는 조그만 시골 도시에서 산다. 너무 많은 정보로 인한 잦은 매매는 오히려 자기 재산을 증권업자에게로 이전시키는 일밖에 안 됨을 그는 간파한 것이다.

그라고 실패가 없었겠는가?

경험으로 알아냈을 것이다.

사실 이보다 주식 투자로 망하는 가장 큰 이유는 레버리지, 즉 신용을 쓰기 때문이다. 신용으로 매수한 시기와 만기의 도래로 인한 개미들의 매도 시기와 악재의 출현으로 주식을 파는 시기도 거의 같아서 하락을 극대화시키는 작용을 한다.

신용을 쓰지 않고 매수하면 악재로 주가가 내리더라도 세월이 지나면 기업의 이익이 늘어나는 한 반드시 오르기 때문에 망할 수는 없다. 혹 신용을 쓰다가 하락기를 맞는다면 이 개미들이 같이 파는 시기만 피해도 손실 폭을 크게 줄일 수 있다. 상당한 경험과 지식이 쌓이기 전에는 신용을 이용한 매매는 하지 말기 바란다.

세월이 지나고 인플레이션 경제가 지속되는 한 주가는 반드시 오른다. 물건을 만들어 파는 것이 기업이고 기업을 분할해 놓은 것이 주식이므로 인플레이션이 진전되면 기업들은 인플레이션의 진전에 따라 물건 값을 인상하게 되고, 기업의 수익은 늘어나기 때문에 주가는 이에 따라 오른다. 단지 부도가 나서 기업이 없어지는 경우에는 영원히 회복할 기회가 없다.

이런 주식에 투자하면 망할 수밖에 없다. 그래서 반드시 10여 개 이상의 기업으로 포트폴리오를 구성해야 한다. 세 가지의 경제 주체 중 하나인 기업은 이익을 목표로 한다고 정관에 명시되어 있다. 3M(Man, Material, Money)을 갖추고 오로지 이익을 위해서 존재하는 경제 주체가 바로 기업이다.

투자자인 주주들을 위해서, 아니 기업의 이익을 위해서 사람들이 잠들어 있는 시간에도 전 세계 곳곳에서 직원들은 회사를 위해, 결국은 자신과 투자자를 위해서 열심히 일을 해 주고 있다. 전 세계에서 24시간 돈을 벌어들이고 있는 글로벌 기업들이 한국에도 이젠 십여 개나 된다.

부동산이 그동안 성공 신화를 써 온 것은 제조업 강국인 한국은 안 만드는 것이 없고, 못 만드는 것이 없는 나라였기 때문이다. 그러나 이제는 각종 정부 규제와 강성노조, 비싼 임금을 피해서 제조업체들은 중국, 베트남, 인도 등으로 내몰린 지 벌써 10년도 넘었다.

제조업을 하지 않는 이상 이제 대규모 토지 수요는 없는 것이나 마찬가지이다. 땅값이 오르지 않으면 집값이나 다른 부동산도 오를 수가 없는 것이다. 게다가 2016년부터는 한국도 생산 가능 인구가 줄어드는 인구절벽의 시발점이 시작되었다.

이보다 앞선 2013년에 이미 핵심 경제 활동 인구는 줄어들기 시작했다. 일본은 1990년에 핵심 경제 활동 인구가 줄어드는 인구절벽을 맞아 경제가 추락했다. 유럽과 미국도 2006년에 인구절벽을 맞았고, 이 결과로 2008년 미국의 금융위기가 찾아왔다.

일본 도쿄 근처의 신도시에 도시 공동화 현상이 나타난 것처럼 경기도 분당 아래쯤은 텅텅 빈 집들로 넘쳐 날 가능성이 있다. 일본의 이 신도시는 건설 당시 입주한 사람들이 노인이 되어서 그 집에 그냥 살고 있다. 결국 새로운 인구의 유입이 없었기에 집주인은 바뀌지 않고 노인의 도시가 되었다.

일본 전체로는 빈집이 820만 채가 넘는다. 우리나라의 10년 후쯤 모습이 아닐까 생각한다. 이제 부동산은 아닌 것이다. 부동산은 인구, 즉 수요자가 있어야 오른다. 2017년에 인구절벽을 맞은 한국도 1990년 1월 14일의 일본을 카피하면서 뒤따를 것으로 판단된다.

이제 한국도 물가가 내리는 디플레이션 경제에 진입했다. 일본의 황금기는 1982~1989년이었는데, 이 기간에 주식은 6.5배, 부동산은 평균적으로 약 9배씩 올랐다.

특히 1986년부터 1989년까지 4년 동안에만 주가와 부동산이 3배씩 상승했다. 당시 일본의 무역 흑자는 엄청나게 늘어나고 있었고 무려 60개월간이나 무역 흑자가 쌓여 오고 있었다.

1986년 한 해에만 일본의 무역 흑자는 850억 달러에 달했다. 그즈음 엔화 가치 상승을 막기 위해 일본 정부에서 대대적으로 사들인 달러 때문에 풀린 자금은 주식과 부동산으로 쏟아져 들어갔다.

한국도 2017년 7월 말 현재 무역 흑자가 무려 66개월째였다. 한국도 인구 구조학적으로는 이미 디플레이션 경제에 진입한 지 8년 차쯤 되었다. 무역 흑자에 따른 투기장이 주식 시장과 부동산 시장에 2020년에 불어왔다.

세일러가 《착각의 경제학》에서 한국 경제의 32년간을 분석한 결과가 도출된 것처럼, 무역 흑자는 1년 후에 주식 시장에 그 영향력을 발휘하게 된다.

주식 시장은 2017년 5월에 대세 상승을 시작했고, 아파트는 그 6개월 후인 2017년 12월에 대세 상승을 시작했다고 본다.

부동산이나 주식에서 같은 돈이 남는다면 주식은 세금이 매입·매도 시의 거래세와 수수료를 합쳐 1.7% 정도이지만, 부동산은 차익의 50% 정도를 세금으로 내야 한다. 예전처럼 다운계약서도 작성할 수 없이 고스란히 차익의 50% 정도를 세금으로 내야 한다.

이제는 세제상으로도 부동산보다는 주식인 것이다.
자산 증식의 패러다임이 변한 것을 깨달아야 한다. 이제는 정부가 원하는 대로 부동산이 아니라 주식 시대인 것이다.

단, 인플레이션 경제에서다. 디플레이션 경제에서의 주식은 오로지 성장성이 있는 주식에 한해서다. 저성장, 역성장에서의 고성장 기업의 주식은 초신성 같은 존재가 된다.

챕터 18) 더 이상 토지 신화, 대박 신화는 없다

한국에선 부동산으로 더 이상의 대박 신화를 이룰 수 없다는 말에 100% 동의한다. 한마디로 토지 신화는 이제 사라졌다.

하지만 농업 국가에서 공업 국가로 발전을 거듭하는 나라에는 항상 토지 신화가 존재한다. 단, 사회주의 국가나 공산 국가는 토지 신화가 있을 리 없다. 토지가 국가 소유이기 때문이다.

주식이 대세 하락을 시작한 6개월 후까지, 즉 2021년 12월까지 아파트는 영끌까지 해서 대폭등세가 나타난 바 있다. 아파트는 주식에 비해서 왜 그렇게 상승 기간이 짧으냐고 항변하겠지만, 사실은 아파트도 2017년 12월부터 꾸준히 상승해 왔다.

단지 그 상승 폭이 1년에 주택담보대출 이자 정도의 상승을 약 4년간 지속하다가 마지막 피치를 올리는 타임이 주식 시장이 꺾이고 나서 6개월간이다. 그 끝 타임이 2021년 연말이 된다. 즉, 주식 시장은 이미 꺾여 대세 하락을 6개월째 지속하고 있어도 이때까지 아파트는 대폭등세가 나타나는 것이다.

거래세, 양도소득세 등의 모든 경비를 제외하고도 남는 돈이 있다면 영끌족들의 투기처럼 계속 오르겠지만, 주식 시장의 대세 상승이 끝나고 짧은 기간 동안 아파트는 대폭등을 2021년 7월부터 시작한 바 있다.

그러나 이 대폭등도 [그림 22]의 수직점선⑥의 주택지수처럼 2021년 12월쯤에는 끝난다. 왜냐하면 주식 시장이 꺾이면서 시작되는 마지막 자산 시장의 순환매의 시작 때문이다. 이 6개월이 주식과 아파트의 지난 4년간 상승률을 맞추는 시기이다.

32년간의 긴 기간을 분석한 것을 응용한 것이니 맞을 수밖에 없고 실제로 일치하였다. 이번 대세 상승 이후에는 기나긴 롱텀 디플레이션이 여러분을 기다리고 있음을 알아야 한다. 향후에는 일본처럼 80%까지 폭락하는 사태가 올 것으로 본다.

'상가 → 단독주택 → 토지 등'의 부동산 내의 순환매는 아파트가 꺾이고 나서 그 여진을 이용한 매매 기법으로 그동안은 성공했었다. 하지만 이제는 이 부동산 간의 순환매도 없을 것으로 보인다. 아파트의 뛰어난 환금성과 가격의 공정성은 다른 부동산이 따라올 수 없기 때문이다.

이번에 마지막으로 아파트의 대세 상승이 끝나고 나서, 투자용 토지는 특수한 지역, 즉 용인의 반도체 클러스터 지역 등을 제외하고는 투자 값어치가 없다고 봐야 한다.

장기 10년 이상의 투자 기간으로 본다면 워낙 값이 싼 미수복지구의 땅, 민통선 이북의 땅, 강화도 군사 보호 지역, 세종시와 그 근처 등에만 투자할 수 있다. 이들 지역은 통일이 되거나 남북 관계가 좋아지면 대폭 상승할 여지가 있는 것은 사실이다.

그렇지만 앞으로는 특별하게 부동산 중 무엇을 사고 무엇을 팔아야 할지 생각해 보자. 부동산은 크게 나누면 투자용 부동산과 수익형 부동산으로 나눌 수 있다.

투자용 부동산은 세월이 지날수록 토지에 대한 수요가 늘어날 경우와 인플레율의 반영으로 인한 지가 상승을 노리는 것이다. 지금은 전 세계가 뉴노멀 경제 시대에 들어섰고, 심지어 중국도 인구절벽이 10년 후에는 다가온다고 한다. 2022년에 중국 인구도 겨우 48만 명이 늘어났을 뿐이다.

인구 고령화 원조 국가라고 할 수 있는 일본의 자연적인 연간 감소 인구가 2022년에만 80만 명이나 된다. 1995년부터 일본의 생산 활동 가능 인구가 줄어들기 시작한 이래로 역대 최대 규모 인구 감소이다. 작년 한 해에, 부천시 인구 규모만큼 자연 감소 한 것이다.

높은 인건비와 강성노조로 한국의 제조업은 이미 한국을 떠났으며, 공장을 짓지 않으면 대규모 토지 수요가 없어지는 것은 당연하니 땅값의 폭등은 더 이상 없다.

따라서 앞으로의 부동산 투자는 수익성 부동산에 국한시키는 게 좋다. 그러나 이마저도 인구 고령화 등에 따른 복지를 위한 자금을 마련해야 하는 정부 입장에서 각종 보유세, 거래세, 양도소득세를 세원으로 확보해야 하니 이 또한 점점 순수익률이 떨어지게 된다.

후보 지역은 시내 중심부 사대문 안의 주거 및 상업 지역 등의 투자다. 수익률이 떨어지게 되면 부동산도 가격이 하락하게 되고 이는 다시 수익성을 떨어뜨리는 과정을 되풀이하게 된다. 전통적인 금리나 수익의 티핑 포인트(Tipping Point)는 순수익률 3%대이다. 그러나 다가올 뉴노멀 경제 시대에는 이마저도 낮아질 가능성이 있다.

따라서 매년의 보유세와 소득세를 감안하여 순수익률이 3% 이하라면 해당 자산을 보유할 이유가 전혀 없다. 다른 대체 투자 자산을 찾아 나서야 한다. 세제는 몇 년째 계속 개정 중이므로 당분간 수익성 자산에의 투자도 하지 않는 것이 좋다.

모든 월세도 과세하는 게 맞지만, 이는 거의 전액이 세입자들에게 전가될 것이므로 저소득층의 주거 부담을 줄여 준다는 의미에서만 수용 가능하다고 본다. 그러나 결국 모든 월세 소득은 과세하게 될 것이다. 결론적으로 향후 투자용 부동산은 물론이고 수익성 부동산도 극히 조심스럽게 투자해야 할 것으로 본다.

이제 더 이상 부동산 불패 신화는 없다. 대박 신화는 기대하기 힘들지만, 이

벤트를 기대하고 특정 지역의 토지 등에 투자하는 경우에는 값싼 땅을 넓게 투자하는 것이 좋다.

너무 작은 땅은 개발에 따라 도로나 공공시설 등으로 투자한 전체 면적이 수용될 수 있어서 개발 이익을 고스란히 반납해야 할 경우가 많다. 토지의 경우 적어도 500평 이상은 되어야 개발 이익을 균점할 수 있다.

또한 맹지를 피해야 하지만, 오히려 장기 투자를 목표에 두고 개발 이익을 목표에 둔다면 싼 값에 큰 맹지에 투자하는 것도 투자액 대비 수익률을 높일 수 있는 방안이다.

투자 구역이 대대적으로 개발이 된다면 맹지도 도로가 날 가능성이 있기 때문이다. 당연히 정상 토지 시세보다 훨씬 싼 경우에만 매수 대상이다. 이젠 순수익률이 모든 자산의 가격을 결정하는 시대가 오고 있음을 눈치채야 한다.

한 30년 전쯤 얘기다.
서울시 수도과장이 내가 연출한 TV 프로그램에 출연을 했었다. 방송 후 뒤풀이 커피 한 잔을 대접할 때, 그가 강남의 100평대 단독주택에 살고 있다고 이야기하여 깜짝 놀랐다. 자기는 수도 설치 계획이 확정된 곳의 땅을 사서 수도 설치가 되고 나면 팔기를 반복했다고 한다. 3~4차례 했더니 이렇게 부자가 되었다고 했다. 아직도 보유하고 있다면 80~90억도 더 갈 것이다.

그렇다.

부동산이든 주식이든 좋아질 때까지만 오르는 것이다. 지금 우리나라에는 수도가 나오지 않는 곳은 없을 것이지만, 약 50년 전에는 서울도 변두리 일부는 수돗물 공급도 되지 않았었다. 그 당시 그분은 거여동 토지에 또 투자하고 있었다.

성공한 재일교포 기업가인 사돈의 팔촌쯤 되는 분 얘기도 있지만, 혹 앞으로 부동산 투자로 정말 부자가 되고 싶다면 삼성전자가 웅지를 튼 베트남, 인도네시아, 필리핀 등 한국 기업들이 터를 잡은 곳으로 가서 시내 중심부 사거리의 땅을 선점하라고 권하고 싶다.

게다가 이들 후진국들은 경제가 성장함에 따라 서서히 화폐 가치도 오르게 되어 있으니, 환율 차익을 합쳐서 수익은 더 늘어나게 될 것이다. 그러고는 20~30년만 기다려라.

말죽거리 배추밭이 1,000배 오르듯이 100배 오르기는 가능하다. 약간의 위험과 20~30년 세월을 기다릴 수 있는지만 고려하면 된다. 국민 소득에 따라, 즉 사회 발전에 따라 땅값도, 주식값도, 데모 방법도, 소비 주력 품목도 달라지는 게 바로 사회 발전 단계설이다.

중국이나 동남아시아 등은 아직도 수돗물이나 전기, 대중교통인 시내버스 시설 등 사회 간접 자본 투자가 부실한 곳이 많다. 이런 곳에 거주하는 교민 등은 역시 한국의 발전에 따른 부동산 투자기법을 그대로 현지에 적용하여 크게 성공할 수 있다.

사례로 들었듯이, 수돗물 공급이 해당 지역의 땅값 급등을 가져올 것이다. 다음의 급등 요인은 전기나 교통시설이 될 것이다. 부동산 투자 격언 중에 "버스 종점에서 더 들어간 곳의 땅을 사라."라는 말이 있다. 이는 점점 주거 지역이 커져 가면서 그 안쪽에도 도로 시설과 버스가 통행할 것을 대비한 투자다.

요즘은 지하철이 신설되면 근처 부동산이 급등하는 것과 같다. 하지만 한국은 이젠 인구가 줄어들고 있으니, "출발지인 사대문 안으로 들어가라."가 되는 것이다. 일본처럼 머지않아 사람이 살지 않는 시골 마을이 부지기수로 나타날 것이다.

또, 국내에서는 도시 중심에 있는 군사 시설, 혐오 시설, 공해 공장 등은 전부 도시 외곽으로 빠지게 될 것은 너무나 당연하므로 이 시설들의 이전을 고려한 투자도 당연히 최고의 투자처가 된다. 한국에서는 주식 투자도 2021년 6월 정도에 이번 대세 상승이 지나면 옳은 투자가 아니지만, 부동산 투자는 더욱 아니다.

50% 정도의 양도소득세 등을 내고 나면 투자 수익은 반감되고, 앞으로 닥쳐올 디플레이션 경제 시대에는 매년 증세되어 부과될 각종 세금과 공과금을 감안하면 아파트 등 모든 부동산은 매력적인 투자 자산은 더욱 아니다.

챕터 19) 토지 상승 3×3×3 법칙을 활용하라

인플레이션 경제 시대이던 한국의 고도 성장기 시절, 부동산 가격은 매년 거침없이 올라갔다. 그러면서 토지 불패 신화를 만들어 냈다. 인플레이션 경제가 계속되었던 2022년까지, 근 70년 동안 토지 불패 신화를 써 온 셈이다.

그리하여 박정희 정권 개발 경제 시대에는 심지어 차관[4]으로 싸게 들여온 돈으로 시설 투자에 나서기보다 간접적으로 토지 투기에 나서는 기업들도 많았다.

즉, 필요 이상의 토지를 공장용지라고 말하면서 합법적으로 정부에서 특혜 융자받은 차관 자금으로 대규모 토지를 조성 원가로 살 기회까지 있었다.

그 시절 강남 양재동의 말죽거리 배추밭은 1,000배 이상이 올랐다. 개발 경제 시대에는 누구나 토지를 사 두면 몇 년 만에 10배 정도씩 남던 시절이 있었다.

그 당시 토지가 상승의 법칙은 '3×3×3의 법칙'이었다. 즉, 개발 후보지의 토지는 총 27배 정도가 오른다는 말이다.

---

[4] 차관: 국가가 국가에게 빌려주는 자금

중국이 만약에 토지의 사유 제도를 시행한다면 이런 법칙으로 오를 것이다. 전, 답, 임야 등 넓고 싼 땅이 최고의 이익을 가져다준다는 게 그동안 터득한 한국에서의 경험들이다. 그러나 중국의 토지는 100% 국가 소유이고 50년 단위로 빌려주기만 한다.

혹시 50년 동안 임차해서 10년 이상을 개발하지 않고 가지고만 있어도 된다면, 그리고 타인에게 양도 가능하다면 한국의 토지 투기와 같은 현상이 도시 근교에서 나타날 것이다.

토지의 사유 재산 제도가 보장되는 아시아 후진국들의 토지 상승 과정도 마찬가지로 토지 가격이 올라 토지 신화라는 단어가 나타날 것이다. 제조업을 기반으로 하는 나라일수록 상승폭이 더 크다. 대규모 공장을 지어야 하기 때문이다.

이젠 한동안 한국의 토지에 적용되었던 토지의 상승 3×3×3 법칙을 알아보자. 개발 계획이 발표되면 해당 지역의 토지는 우선 3배가 오른다. 공사를 시작하면 다시 3배가 오른다. 완공 후가 되면 다시 3배가 올라서 평균적으로 27배 정도나 오르는 법칙이다.

지금 현재 서울 시내 빌딩 소유주의 약 90%가 전부 개인 소유인 이유 중의 하나다. 이 빌딩들은 토지 투기 신화로 만들어진 것이다.

이 좋은 시절 나는 쪼그만 아파트 당첨에만 신경을 쓰는 알뜰한 샐러리맨에 불과했으니 부를 이룰 수가 없었다. 이 토지 투기 신화 당시에는 오히려 제대로 취업도 못 한 백수들이 부동산 투기로 떼돈을 벌어들여 천지 차이의 부를 이루게 되었다. 단언컨대 지금 현재 빌딩 소유주의 90% 이상은 그동안 변변한 직장도 없던 사람들일 것이다.

특히 그 당시에는 부동산 거래 제도의 미정비로 아무나 복덕방을 개업하고 부동산업에 종사할 수 있던 시절이었다. 이들 부동산업자들과 투기꾼들이 돈을 다 긁어 간 것이다. 그들은 때로는 스스로 투자자가 되기도 하고, 중개인도 되었다.

이제 인간의 수명이 길어져 60세에 정년퇴직을 해도 20년 이상을 더 경제 활동에 나서야만 하는 세상이 되었다.

저자는 이 20년 이상의 기간 동안, 그동안 배우고 익힌 지식을 총동원하여 모든 상황의 복합체로 시현되는 주식 가격의 예측과 모든 투자와 그동안의 경험들을 저술하는 데에 힘을 쏟고 있다.

720만 명에 달한다는 베이비부머들도 마땅한 투자처가 없는 현실을 볼 때 대부분 주식 시장으로 달려들 것은 뻔한 사실이다. 향후에는 인구가 모여드는 몇 곳을 제외한 곳의 부동산과 주식 외에는 마땅한 투자 대상도 없을 것이므로 더욱이 그러하다.

그러나 주식 시장은 호락호락하지 않다. 흔한 말로 정년퇴직 후에는 아무 것에도 투자하지 말라는 말이 있다. 이런 정년 퇴직자나 어린이를 평생 주식 부자로 키우기 위한 가장 안전한 주식 투자법을 부록으로 제공하고 있으니 참조하면 정년 후에도 성공 투자를 할 수 있다고 본다.

월급쟁이들의 꿈이라는 상가주택, 임대주택 등 수익성 부동산에는 온갖 세금이 부과되어 실제 수익률이 3%를 넘는 경우는 거의 없다.

롱텀 디플레이션으로 이 순수익률마저도 결국 계속 낮아질 것으로 본다. 롱텀 디플레이션 시대여서 주식, 아파트, 달러 등에 투자할수록 손실 폭은 늘어날 것이지만 장기적으로는 금리가 마이너스 금리까지 내릴 한국의 국채에 투자하면 안전한 노후가 될 것이다.

그러나 개도국의 제조업을 기반으로 하는 국가의 투자자라면 토지 상승 3×3×3 법칙을 적극 활용하라고 권한다.

챕터 20) 부동산끼리도 순환 주기가 있다

아파트는 주식과 같다.

값이 비싼 주식이 된 것 같다. 점점 더 아파트는 주식화되고 있다. 이제 한국에서 아파트는 한 주에 10억 정도 가는 비싼 주식이 되었다. 2022년 9월 1일 기준 서울 아파트 중위 가격이 10억 4,400만 원이다. 아파트는 매일 시세가 나오며 급매물은 몇 천만 원을 빼 주면 바로 팔리는 주식이다.

주식의 특성은 바로 뛰어난 유동성이다. 아파트는 거래 가격이 거의 공정 가격이고, 품질도 단지별로 평면도만 보고도 거래할 정도로 균일하니, 뛰어난 유동성을 자랑한다.

전 인구의 60% 정도가 아파트에 거주하므로 부동산이 움직일 때에는 아파트가 제일 먼저 움직인다. 아파트와 오피스텔, 주상복합 아파트, 오피스텔 등 공동주택 거주 인구는 75%나 된다.

아파트 다음에 상가가 움직이고 단독주택을 거쳐 토지 시장으로 마무리하게 된다. '아파트→상가→단독→토지' 순서로 대부분 움직인다. 이는 부동산의 종류별 순환매이다.

이는 주식 시장의 순환매와 같은 점이 많다. 업종별, 종목별로 그때마다 경기 호전 시기와 경기 호전 순서에 따라 주가 상승 종목이 바뀌는 현상이 바로 주식의 순환매이다.

제한된 자금으로 큰 시장을 움직이려면 이러한 순환매가 필수적이다. 부동산 내에도 주식 시장처럼 이런 부동산 간의 순환 주기가 아직 남아 있다.

아파트 내의 지역별 순환 매매도 있다. 아파트의 대세 상승 시기가 오면 거의 매번 아파트의 상승은 강남 3구인 강남, 서초, 양재동에서 급등 출발한다.

그 상승의 원인이 재건축이든 자금의 순환이든 제1의 주거지로 치는 강남이 오르고 나서, 곧이어 목동, 분당, 평촌 등이 오르고 이어서 일산, 강북으로 번져 간다. 이를 이용하여 가장 뛰어난 투기꾼은 강남 3구의 먼저 오른 아파트를 처분해서 목동 아파트를 산 후 차익을 남긴 후 이를 팔고, 다시 일산으로 갔다가, 성내동 단독으로 가서 정착하면서 단기간에도 2~3배 이상의 차익을 남겼다.

예전에 강남의 투기 붐이 목동으로 건너와서, 목동 아파트가 1.5배 정도 오른 후에, 목동 신시가지 아파트를 팔고 일산 신시가지로 갔다면 다시 1.5배가 남았다. 그 후 일산 신시가지 아파트를 팔고 성내동 80번지 단독주택으로 갔다면 같은 돈으로 성내동의 단독주택 두 채를 살 수 있었다.

2017년 6월 현재에는 성내동 40평 정도 단독주택을 팔면 목동 27평 1.5채를 살 수 있다. 성내동 단독주택 약 13억, 목동 아파트 27평 약 9억이다.

그러나 다시 부동산에 대세 상승 바람이 불면, 즉 아파트의 투기 바람이 끝날 2021년 연말 정도면 전과 비슷한 현상이 나타날 것으로 본다. 즉, 목동 신시가지 아파트 가격이 문제의 성내동 단독주택보다 더블 정도로 비싸져 있다.

그러나 목동 아파트에는 재건축 기대 가격이 포함되어 있어서일 것이다. 아파트의 뛰어난 유동성을 앞으로 단독주택은 당해 낼 수 없고 안전 문제나 주거 환경도 아파트를 당할 수 없어 부동산 간 순환매가 이번이 마지막이거나 계속되긴 어려울 것이다.

아파트 내에서의 순환과 마지막으로 아파트와 단독주택의 교체 매매를 이용한 투자법으로 알아 두길 바란다. 단독주택은 살기에 불편한 점이 많다.

또한 주차장, 쓰레기 분리수거, 매년 약간씩의 수리비, 전월세 비용과 분명치 못한 가격으로 매매에 많은 시간이 걸린다는 것이 단점이다.

이런 이유로 부동산 내에서도 단독주택은 가장 늦게 오른다. 하지만 부동산의 순환 매매를 가능케 해 주는 요인이 된다.

또 하나, 최근에는 재건축 대상 지역은 아파트 가격의 대폭락세에도 값이 별로 안 내렸지만, 최근 재건축을 했거나 이미 25층 이상으로 재건축을 한 아파트의 경우는 향후 20년쯤 지나면 심각한 사태를 맞게 될 것이다. 50층 이상은 말할 것도 없다.

아파트 재건축은 용적률을 높이며 다시 건축을 해야만 수지 타산을 맞출 수 있어 재건축이 가능하지만 이미 25층 이상인 아파트는 향후 20년이 지나 재건축을 하려면 용적률을 맞추기 어려워질 것이다.

즉, 계속 초고층으로 올려 가면서 아파트를 지어야 하지만 이는 영원히 가능한 방법이 아니다.

결국에는 고층 아파트는 장기적으로 보면 슬럼화된 노후 지역으로 남게 될 것이다. 심각한 도시 빈민 지역이 된다는 뜻이다. 고층으로 인한 주거 환경은 심각하게 나빠질 것은 뻔하다.

챕터 21) 주식이건 부동산이건 파는 자가 부자가 되는 법은 없다, But…

주식이건 부동산이건 10년 이상 보유해야 부자가 된다는 말이 있다. 하지만 자본주의 국가의 경기는 순환한다. 호경기 시절에는 주식도 오르고 부동산도 오른다. 불경기 시절에는 주식도 내리고 부동산도 내린다. 강산이 변한다는 10년 세월은 보통 '호경기 5년+불경기 5년'으로 나눌 수 있다.

다시 세분하면 '호경기 준비 기간 2년+실제 호경기 3년+불경기 진입 기간 2년+실제 불경기 3년'이 지나야 강산이 한 번 변하는 것이다.

한국 증권 시장의 주도주는 대세 상승기가 찾아오면 보통 3~4년간 오르며, 4~20배까지 올랐다. 특히 부동산은 장기 보유하는 자가 큰 부자가 된 것이지 차익을 남기고 판 자는 큰 부자가 될 수 없다고 믿어 왔다. 한국인라면 누구나 이것이 오랜 기간 해 왔던 아파트 투자 방법이 아닐까 싶다. 그러나 이젠 투자 방법을 달리해야 한다.

파는 자가 부자가 된다. 부자가 되려면 펜타곤(Pentagon) 투자법을 따라서 반드시 투자 대상 자금을 주식→아파트→달러→예금→국채의 순서대로 자금을 순환시켜야 부자가 된다. 앞의 [챕터 3]에서 자세히 설명한 바 있다.

인플레이션 경제가 지속된다면 모든 부동산은 매년 누적되는 인플레율 정도까지 오르는 것은 당연하고, 그렇게 올라야 본전이 되는 것이다.

다만 인플레율이 매년 반영되는 것이 아니라 인플레이션을 잡기 위해서 올렸던 금리를 경기부양을 위해서 다시 내릴 때에 한 번에 반영되는 경우가 많다. [그림 17]을 참조해서 알아 두기 바란다.

부동산도 경제적인 충격이 오면 폭락한다. 주식이 내리면 아파트도 당연히 폭락한다. 과열된 투기 시장을 식히기 위한 정부의 몇 차례의 금리 인상만으로도 아파트는 순식간에 30~50%는 빠진다.

2022년 3월부터 시작된 미국의 기준 금리 인상에 따른 한국의 기준 금리 인상으로 아파트는 이미 30~50% 정도 폭락을 경험하고 있다. 1차 하락 시세에 이미 30~50%가 폭락한 것이다. 곧 잠시 동안의 반등이 있은 후에는 2차 하락기가 다시 시작된다.

그러므로 가장 바람직한 부동산 투자법은 호경기의 끝에서는 팔았다가, 달러로의 교체 투자 과정을 거치고 예금을 거쳐 국채까지 순환시켜야 하는 것이다.

그 후 불경기의 끝자락을 지나 주식이 오르기 시작한 지 6개월 후에 국채를 팔고, 판 부동산을 다시 되사거나 다른 부동산 투자에 나서야 한다. 이것이 아파트 투자의 정석이다.

단지 주식이 꺾인 지 6개월 후에 아파트를 팔았다가 다시 7~8년 후에 같은 부동산을 되사기만 해도 평균적으로 50% 이상의 차익을 남긴다. 왜냐하면 불경기 시에는 좋은 부동산도 50%는 쉽게 내리기 때문이다.

또한 펜타곤(Pentagon) 투자법에서 투자 대상으로 삼은 자산은 주식, 아파트, 달러, 예금, 국채로 5가지 재산이다. 한 번의 경기 순환(One Business Cycle)을 보통 10년으로 보고 5가지 투자 대상 자산을 다 거쳐야 하므로 이론상으로 아파트는 8년 후에야 다시 제대로 된 상승 시기가 도래하는 것이다.

펜타곤(Pentagon) 투자법에서 모든 자산은 평균적으로 2년 이상 장기 보유하면 안 된다. 아무리 좋아하는 자산이라도 팔았다가 8년 후에 다시 사야 부자가 되는 것이다.

그동안 아파트나 주식 등의 모든 투자 대상 재산들은 롱텀 디플레이션 시에는 80~90%나 내리는 것이 미국의 1929년 금융 대공황과 일본의 1990년 롱텀 디플레이션 이후, 한국의 1988년 IMF 등으로 통해서 이미 입증된 바 있다.

특히 주식은 주도산업이 매번의 대세 상승기마다 거의 다 달라지므로 주도주가 꺾일 때에는 반드시 팔아야 한다. 한국의 코스피를 30년간 분석한 통계에 의하면, 주도주라고 하여도 같은 회사 주식을 3~4년 이상 가지고 가는 자는 바보다.

한번 주도업종이나 주도주였던 종목이 다시 주도주가 될 확률은 불과 13%의 확률에 불과하다. 이는 미국의 다우지수를 100년 가까이 분석한 결과이다.

혹자들은 삼성전자를 예로 들며 반박할 것이지만, [그림 9]의 삼성전자의 10년간 주가의 부침을 보라. 호경기의 끝에 팔았다가, 다시 주도주가 될 때 사야 제대로 된 수익을 거두는 것이다.

그러나 앞으로 이번 주식 시장과 아파트 시장의 대세 상승기 후에 다가올 롱텀 디플레이션 경제에서는 이런 투자도 통하지 않는다. 즉, 모든 자산은 팔고 순환매로 투자를 해 나가거나 그냥 단순히 쉬는 것이 오히려 더 낫다. 이것이 오히려 더 부자가 된다. 이미 증명된 것이다.

앞으로는 좋은 위치의 부동산이거나 수익성이 이미 확보된 부동산도 주식 시장이 꺾인 후 6개월 이내에 팔아야 된다고 본다. 부동산도 포트폴리오를 구성하여 분산 투자 하여야 하며 올인은 안 된다. 아무리 좋은 위치와 수익성을 지녔어도 분산 투자 해야만 위험을 줄일 수 있다.

한국의 제조업이 더 이상 국내 투자를 하지 않는 이상, 앞으로 특별한 지역을 제외하고 한국에서는 인플레이션이 찾아와도 부동산 투자로 10년에 몇십 배로 재산을 불리기는 불가능하다.

외딴섬에 위락관광지가 들어서거나 북한이 흡수 통합되거나 할 경우 등에만 부동산 시장에 변수가 생길 것으로 본다. 지금 현재는 황무지나 야산이지만, 10년이라는 세월이 몇 번 지나면 획기적으로 달라질 곳을 '포기한 투자(Givenup Investment)' 하면 된다.

현재 좋은 부동산이 아니라 앞으로 좋아질 가능성이 많은 부동산에 돈을 포기한다고 치고 투자해야 큰 부자가 될 수 있다. 경기 순환에 맞춘 부동산 투자는 하지 않는 것이므로 포기 상태의 투자나 마찬가지다. 투자 후 20년 정도 가격을 알아보지도 않는 투자라고 봐야 된다. 주식으로 치면 우량주에 투자하는 것이 아니라 우량주가 될 벤처주 장기 투자 하는 것과 같다.

이런 포기한 투자에 적당한 부동산을 알아보자.

(1) 북한의 개성공단과 가장 가까운 강화도 양사면 철산리, 덕하리 등 부근 마을 근처

개성공단이 더 활성화되고, 더 확대되면 강화도 부근 마을에서 개성공단으로 직접 다리를 놓을 것으로 ○○건설이 예측한 바 있다. 이 철산리, 덕하리 등에는 물품 창고나 중소형 부품 공단이 들어설 가능성이 아주 많은 곳으로 판단된다. 이 지역은 통일이 된다 하더라도 다리가 꼭 필요한 곳이다.

(2) 여의도 ○○아파트

아직도 한강의 조망권을 두고 서울시와 주민 간, 학자들 간 논쟁 중이지만 이미 여의도 지구는 뉴욕의 맨해튼처럼 고도를 제한하지 않는 지구로 지정된 것이나 마찬가지다. 장기적으로는 국회의 세종시 이전도 점쳐지지만 여의도는 영원할 것이다.

○○아파트는 고도 제한이 없어진다면 아파트 한 채 보유자에게 4~5채의 분양권이 주어질 수도 있는 곳이다. 미리 투자해 둘 필요가 있다. 도심 지역에서 이보다 더 큰 수익을 안겨 줄 부동산은 없다고 예측한다. 10년 후를 내다보라. 사대문 안으로 들어가라고 말했지만, 여의도의 ○○아파트도 주시해야 할 대상이다.

매수 시기는 롱텀 디플레이션이 진전되어 현재 가격에서 30% 이상 추가 하락했을 때이다. 아파트는 내가 거주하면서 가격이 오르는 것이니 투자금은 절반 이하의 자금이 투자되는 것이나 마찬가지이다.

(3) 파주, 연천 등의 군사시설 보호구역 내의 대규모 임야나 잡종지
더 좋은 곳은 미수복지구 토지이다. 당연히 10년 이상 묻어 두어야 할 후보지이다. 또 하나, 안양교도소의 이전을 전제로 한 호계동 사거리의 빌딩, 토지 등도 좋아 보인다. 세종시 부근은 늘어나는 인구나 국회나 청와대 이전을 예상하여 투자해 둘 만하다. 모두 10년 후를 예측한 투자 적지이다.

앞으로 모든 부동산은 사기 전에 10년 정도는 가지고 간다는 전제하에서 '포기한 투자'를 하라. 하지만 이마저도 매수 적기로는 2037년 정도가 될 것이다.

경제의 성장은 GDP의 성장으로 결과가 나타난다. GDP는 기업 입장에서 보면 매출액이므로, 경제가 성장하여 GDP가 성장하면 그만큼 기업의 이익이 늘기에 주가가 오르는 것이다.

하지만 불행한 것은 한국도 이미 일본처럼 인구절벽과 고령화로 잃어버린 30년 차 중 8년 차에 들어왔다는 사실이다. 일본은 1990년 이후, 주식과 부동산은 평균적으로 80% 이상 폭락하였다.

이는 저성장, 인구 고령화, 인구절벽에 기인한다. 또 한 가지, 소구형 주택담보대출이 더 큰 원인을 제공했을 것으로 본다. 아쉽지만 한국도 소구형 주택담보대출 제도를 도입하고 있다.

이제는 때에 맞춰 파는 자가 부자가 된다. 재산을 파는 것으로 다 한 게 아니라 대체 투자 자산, 즉 꾸준히 오를 재산으로 대체 투자를 해야만 한다.

앞 챕터에서 설명한 펜타곤(Pentagon) 투자법에 따라 주식 시장이 대세 상승을 끝내면 즉시 팔고 달러를 사야 하고, 아파트는 주식이 꺾인 지 6개월 이내에 팔고 다음 투자 자산으로 자금을 순환시켜야 한다.

저자가 주창한 펜타곤(Pentagon) 투자법에 따라 전체의 자산을 이 방법대로 투자하는 것이 옳지만 전체 재산을 교체 투자하기가 거북하다면 자산의 3분지 1이라도 이 이론에 따라 순환 매매를 하기를 강력히 권한다. 이미 검증된 새로운 투자법이기에 믿고 따르면 저절로 부자가 된다.

챕터 22) 롱텀 디플레이션 시에는 주식, 아파트 등 모든 자산이 평균적으로 80~90%나 폭락한다

[그림 5]는 약 48년이라는 긴 기간 동안 일본의 엔화 환율과 이에 따른 니케이 지수와 일본 부동산 가격의 변동 관계를 분석한 그래프이다. 임의의 어떤 수직점선의 아래나 위를 수직으로 보면 같은 해, 같은 월의 2자, 혹은 3자의 관계를 비교해 볼 수 있다.

그래서 이 그림을 활용하여 숏텀 디플레이션 시의 투자 요령과 롱텀 디플레이션 시의 투자 요령을 완벽히 익힐 수 있다. 48년은 긴 세월이므로 숏텀 인플레이션 시대의 투자 요령과 롱텀 디플레이션 시대의 투자 방법을 이 한 장의 그래프로 모두 익힐 수 있다.

수직점선①을 살펴보면 1985년 2월의 엔화 시세는 262.80엔이다. 즉, 이때 1달러를 사려면 262.80엔을 내야 한다. 1985년 9월에 플라자 합의를 한 이후에도 엔화는 지속적으로 올라 1995년 6월에 달러는 대바닥을 시현한다.

맨 위 그래프는 환율, 즉 엔·달러의 시세 그래프이다. 왼쪽 수직선이 엔·달러 환율이고 수평선은 연도이다. B점인 1988년 12월까지 엔화는 지속적으로 올라 1달러당 121.47엔이 될 때까지 오른다. 무려 53.6%, 엔화의 대폭적인 절상이다.

이에 맞춰 엔화의 절상과 비례해서 니케이 지수는 급등했음을 가운데 니케이 지수 그래프를 통해 확인할 수 있다. 이것이 바로 다이아몬드 달러 투자법에 맞춰 투자하면 투자에 성공하는 증거이다.

엔화 절상률에 맞춰 일본의 주택도 당연히 올랐겠지만 유감스럽게도 맨 밑의 주택지수 그래프를 보면 개략적으로 2010년 이후 급격히 올랐음을 알 수 있다. 다만 2010년 이전의 일본의 주택지수는 제공되지 않아 그 결과를 비교할 수 없어 아쉽다.

위의 3가지 그래프를 통해 엔화의 움직임에 따라 주식이나 아파트 등 부동산이 매일매일 반영되며 반비례 관계로 움직일 수는 없으나 중장기적으로는 반비례 관계임을, 환율이 내리면 주식도 오르고 부동산도 오름을 알 수 있고, 당연히 그 반대의 경우도 발생함을 알 수 있다.

주식은 거의 매일매일 환율의 변동이 주가에 반영됨을 투자자들은 경험으로 알고 있다. 수직점선을 아래위로 따라서 보면 이 점선은 같은 연도, 같은 월의 지표 변화를 나타냄을 알 수 있다. FRED에서 제공하는 그래프를 같은 연도와 같은 월로 맞춰 자동 비교되도록 만든 것이다.

다음으로 수직점선②, ③을 동시에 살펴봐야 한다. 수직점선②에 있는 B점은 엔화가 절상된 단기간의 최저점이다. B점과 수직점선②를 이은 선은 다이아 몬드 달러 투자법을 그대로 따르면 엔화가 최고치이므로 니케이 지수는 최고점이거나 그 근방이어야 한다.

주택지수가 그래프에서는 제공되지 않지만 주택 가격은 당연히 최고 시세였을 것이다. 주택지수는 B점과 수직점선②에 있었을 것으로 추정되며 주식처럼 급등하고 있었을 것으로 추정된다.

단기 저점을 찍은 엔화는 최저점인 B점을 지나 오히려 상승하고 있고, 니케이 지수도 급등하여 일본 역사상 최고점인 C점을 기록하고 있다. 이 당시 니케이 지수는 38,915였고, 이때가 바로 대붕괴 직전인 1989년 12월이었다.

수직점선②와 ③ 구간에서는 엔·달러 환율과 니케이 지수가 갑자기 정비례 관계로 변해 있다.

수직점선② 구간 이전의 기간 동안에는 엔·달러 환율과 니케이 지수가 반비례 관계였음을 확인할 수 있다. 이 구간에서는 엔화가 내리면 주가는 폭등한다.

그러나 수직점선②와 ③ 구간은 ② 이전 구간과는 다르다. 달러가 오르자 이에 맞춰 주식가도 올랐다. 정비례 관계로 변한 것이다.

역시 마찬가지로 맨 밑의 주택지수는 제공되지 않아 비교할 수 없으나 D점 이후의 주택지수의 움직임을 보고 주식처럼②와 ③의 구간에서 폭등했을 것으로 추론할 수 있다.

즉, 수직점선②와 B선이 바로 롱텀 디플레이션의 시발점인 것이다. 다이아몬드 달러 투자법이 반대로 작동되고 있으므로 그렇게 판단된다. 이 구간에서는 부동산도 급등했을 것이다.

그 이후에는 엔화의 방향과 주가지수의 방향과 움직임의 형태도 거의 같아진다. 물론 주택지수도 마찬가지일 것이다.

따라서 롱텀 디플레이션의 시발점을 이런 식으로 매일매일의 엔화와 주가지수의 움직임 방향을 통해서 찾아낼 수 있다.

이를 찾아냈다면 그동안 숏텀 디플레이션 시에 투자했던 방법과는 완전히 다른, 반대의 방법으로 투자 방법을 바꿔야 한다는 것을 알 수 있다.

이를 해석하면 롱텀 디플레이션이 포착되면 달러 예금이나 해외 투자에 나서면 절대로 안 된다는 것을 확실히 알게 된다. 왜냐하면 롱텀 디플레이션 시에는 위의 [그림 5]의 맨 위 그림처럼 국내 달러 가격은 계속해서 내려가기 때문이다. 일본의 경우 국내 달러 가격은 약 80% 이상 폭락했다.

그리고 롱텀 디플레이션이 진행 중일 때에는 주식 투자, 부동산 투자에도 나서면 절대로 안 된다. 그 이유는 역시 [그림 5]의 니케이 지수와 주택지수의 그림으로 확인할 수 있다. 30년 동안 일본의 주식과 부동산, 즉 양대 자산이 약 80~90%씩 내렸다.

롱텀 디플레이션 시에는 한국 내의 달러 가격 인하에 따라 한국도 똑같은 현상이 나타난다.

지금의 디플레이션이 숏텀 디플레이션인가 혹은 롱텀 디플레이션인가를 알아내는 것은 이처럼 투자 결과를 반대로 결정짓기 때문에 반드시 필요한 과정이다. 엔·달러 환율과 니케이 지수와 일본 주택지수는 정확히 반비례한다.

이를 통해서 지금 비이성적으로 오르는 금값의 장래를 볼 수 있다. 금 가격의 장래가 이미 나와 있는 것이다. 롱텀 디플레이션이 진행되면 상당 기간 저환율 시대가 찾아올 것은 확실하다.

따라서 내 아파트와 내 주식, 달러 예금, 미국 배당 투자 주식과 미국 리츠에서 어떤 결과가 나올지는 이미 정해진 것이나 마찬가지이다.

앞으로는 달러의 움직임에 따라 주가, 아파트, 달러, 국채를 잘 다루어야 부자가 된다. 환율은 단기 예측도 중요하지만, 중·장기간의 달러의 등락에 따른 내 재산 가격의 변동을 미리 예상해서 투자하지 않으면 큰 부자가 될 수 없다.

롱텀 디플레이션 시에는 주식, 아파트 등 모든 자산은 평균적으로 80~90%나 폭락한다. 따라서 평상시의 경제 순환에서 롱텀 디플레이션으로 전환되는 시점을 포착하는 것이 가장 중요하다.

자동적으로 찾을 수 있는 방법이 없어 아쉽지만 매일매일의 관찰을 통해 찾아내는 요령 등 롱텀 디플레이션에 관한 내용들을 제3부에서 자세히 알아본다!

(3) 펜타곤(Pentagon) 투자법 3단계
달러로 교체 투자

달러로 교체 투자 단답형 궁금증

a) 왜 주식과 아파트를 팔자마자 달러를 사라는 것인가?
⇒ 주식과 아파트가 최고 시세일 때 달러는 최저 가격이 되기 때문이다.

b) 왜 주식을 팔고 아파트를 샀다가 팔고 달러를 사면 안 되는가?
⇒ 안 될 것은 없다. 주식이 꺾여도 아파트는 항상 6개월간 급등한다. 따라서 주식이 꺾인 것을 확인한 후 팔고 이 돈으로 아파트를 사면 아파트의 6개월간의 급등 시세를 즐길 수 있다.

그 후 아파트를 팔고 달러를 샀다가 적당한 때에 달러를 팔면 주식, 아파트, 달러의 3가지 자산 매매로 큰 이익을 볼 수 있다. 그러나 이 경우 아파트는 단기 보유가 불가피해 양도소득세와 취득세, 등록세를 내게 되므로 수익을 거의 전부를 내놔야 하기 때문에 아파트는 매매를 하지 않는 것이 더 좋다고 본다.

c) 왜 달러와 모든 자산은 반비례하는가?
⇒ 환율에 따라 달러 베이스로는 자산 가격이 변하기 때문이다. 이런 현상들을 응용한 투자법이 다이아몬드 달러 투자법이다.

d) 왜 고환율의 특혜는 대기업, 저환율의 피해는 중소기업 몫인가?
⇒ 중소기업 부품의 대기업 납품 일자와 중소기업의 대금 수령일이 보통 6개

월 이상일 정도로 길고 그 기간 동안 환율은 지속적으로 오르기 때문이다.

e) 달러 매매 시에도 삼선전환도가 중요한 이유는?
⇒ 제법 잘 맞기 때문이다.

f) 달러 융자 제도를 언제 이용해야 하는가?
⇒ 당연히 달러 가격이 가장 비쌀 때에 빌려서 환전하고, 1차 하락기가 완성되는 즈음에 주식을 팔고 환전해서 갚으면 된다. 달러 융자 제도를 이용하여 단기간에 4~8배짜리 게임을 즐길 수 있다.

g) 펜타곤 투자법 3단계인 달러로 교체 투자는 미국 거주자에게는 필요하지 않다. 미국 거주자는 주식과 아파트를 팔고 현금인 달러로 그대로 보유하는 약 2년의 기간이 된다.

예금 금리가 오르고는 있으나 여전히 낮으므로 예금에 가입하더라도 별 실익은 없기 때문이다. 즉 펜타곤(Pentgon) 투자법은 미국 거주자에게는 네 단계로 구성된 테트라곤(Tetragon) 투자법이 된다.

"[환율 1,300원대] 은행 외화대출 급증… 대손부담 가중"이라는 제목의 2022년 6월 7일 연합인포맥스 기사를 참조해 보면 은행이 달러 대출을 독려하고 있음을 알 수 있다.

챕터 23) 고환율 정책과 저환율 정책의 수혜자는 다르다

일본을 분석해 보면 롱텀 디플레이션이란 결국 달러의 지속적인 약세를 의미하는 것이다. 인플레이션을 다들 두려워하듯이 달러 가격 약세로 인한 롱텀 디플레이션은 사실 더 무서운 것이다. 잃어버린 30년의 일본을 보라.

환율은 복잡하고 신경 쓸 게 한둘이 아니다. 그래서 대부분의 사람들은 환율을 신경 쓰지 않고 살고 싶다는 생각을 할 것이다. 그러나 누구나 지금은 환율에 100% 노출되어 있고 일상생활에서 피할 수도 없다.

당장 달러 가격이 오르면, 좋아하는 커피 한 잔의 가격이 오르며, 가까운 이웃 나라에 휴가를 가려 해도 환전할 때 여행 경비가 늘었음을 알게 된다.

조그만 장사를 해도, 달러 가격이 오르면 외국 손님이 확 늘어나기도 한다. 외국인들은 같은 1달러로 더 많은 한국 돈을 바꿀 수 있기 때문이다. 그러니 환율을 신경 쓰지 않고 살기는 쉽지 않다. 이렇듯 환율은 모든 물건의 가격을 결정하는 데 결정적으로 중요한 일을 한다.

평상시에는 소소한 내용들이 변하지만, 외환위기나 경제위기 등으로 환율이 급등하면 심할 경우 내 재산이 반토막 난다는 사실을 알아야 한다. 신경 쓰고 싶지 않지만, 내 재산 가격이 내 의사와 관계없이, 또 국내 물가와도 관계없이 변하는 것이니 늘 관심을 두어야 한다.

국민들의 일상생활에 영향을 끼치니 각 나라의 정부들은 환율을 안정적으로 유지시키기 위해서 늘 노력은 하고 있다. 피할 수 없는 경우를 제외하고는 평상시에는 원하는 대로 잘 관리를 하고 있는 셈이다. 그래서 환율이 주요한 정책 목표로 등장하기도 하는 것이다.

(1) 고환율 정책
모든 정치가는 매년 2% 정도의 인플레이션이 진행되기를 희망하고 그렇게 경제 정책을 펴 나간다. 매년 2% 정도의 적정 인플레이션이 되어, 사람들이 화폐적 환상[5]에 젖어 열심히 일하고 그냥 현실에 만족하며 정치에는 관심도 두지 않길 바란다.

그러고는 다음 선거에서 또 지지받기를 기대한다. 즉, 완만한 인플레이션은 장기 집권으로 가는 최고의 지름길이다.

그래서 정치가 혹은 각국의 정부들이 장기 집권을 위해 가장 손쉽게 취할 수 있는 정책이 바로 고환율 정책이다. 매년 환율이 적당히 오르기를 기대하고, 고환율을 유지하기 위해서 역량을 알게 모르게 집중한다. 고환율은 무차별적

---

5 화폐적 환상(Monetary Illusion): 실제 가치와는 다른 단순히 수입이 늘어난 것으로 착각하는 현상

으로 수입 물가가 오르기 때문에 인플레이션을 유발한다.

고환율이나 완만한 환율의 상승이 지속되면 대기업은 살찌고 대기업에 납품하는 중소기업과 월급쟁이들의 실제적인 수입은 줄어들게 된다. 그 차액은 고스란히 수출 대기업으로 이전된다.
그래서 이를 환율 조세라고도 한다. 또한, 인플레도 수반하므로 인플레 조세이기도 하다. 결국 세금이나 마찬가지라는 뜻이다.
이것도 히든 스토리(Hidden Story)의 하나이다.

그 이유를 살펴보면 수출 오더를 주문받고, 이를 중소기업에 부품 등의 납품 주문을 하면 중소기업은 부품 원재료 등을 수입하거나 직접 제조해야 한다.

약 6개월 정도 후에 수출 대기업에 부품이 납품되고, 대기업은 이들을 조립해서 완성품을 만든 후에야 수출이 이뤄진다. 대기업이 수출한 후에 수출 대금을 2~3달 후에 받으면 대개 납품 후 1년쯤 지나야만 중소기업으로 물품 납품 대금이 들어온다.

그 사이에 환율은 지속적으로 서서히 더 상승하고, 대기업에게는 환율 상승분만큼 수출 대금을 원화로 환전할 때에는 환산 차익이 공짜로 생긴다. 심지어 대기업의 경우, 이 환율 차익만으로도 직원들의 월급을 주고도 돈이 남을 수 있다.

그 사이 물가가 올라서 인플레이션까지 된다면 국내 제품 판매 가격도 인상하게 되어 수출 대기업은 이중으로 공짜 돈이 들어오는 것이다.

반면에 대기업에 납품해야 하는 중소기업은 환율 상승으로 인해 엄청나게 올라가 버린 '수입 원자잿값+원가'를 100% 반영해 주지 않는 대기업 때문에 오히려 더 어려워진다.

이게 바로 환율 조세, 인플레이션 조세이다. 환율이 10% 올라가면(100원 정도) 대기업은 얼마나 수익이 늘어날까? 수출액의 약 67%의 이익이 늘어난다고 조사된 적이 있다.

(2) 저환율 정책

디플레이션이 진행되거나 환율이 내리면, 반대로 수출 대기업들이 불리해진다. 디플레이션 기간이 3년 이상, 30년 정도나 되는 롱텀 디플레이션이라면 수출 대기업들은 롱텀 디플레이션 기간 동안 내내 곡소리가 난다.

그러나 저환율 정책을 쓰면 물가가 싸지므로 서민들의 생활은 더 윤택해진다. 국민들은 고환율 정책이 흔히들 더 좋은 것으로 알고 있다. 수출이 더 잘 되니까 국민 경제에 더 좋지 않겠느냐는 단순한 생각이다.

국가가 경제 발전 초기 단계나 국가 경제가 어려울 때는 제법 맞는 말이지만, 경제 성장의 혜택을 골고루 나눠야 할 때는 틀린 말이다.

요즘은 자동화로 대기업들이 공장을 증축해도 인력 고용이 전보다 50%의 고용 효과도 창출하지 못할 뿐이어서 예전처럼 낙수 효과가 크지 않다. 환율이 높으면 수출이 잘되는 것이 사실이다. 하지만 중소기업이나 국민들은 비싸진 원자재, 오른 물가로 더욱 궁핍해지게 된다.

환율 때문에 비싸진 이 이득들이 대기업으로 서서히 이전하게 된다는 사실은 아는 사람만 안다. 히든 스토리(Hidden Story)인 것이다. 환율 인상에 따른 환차익은 고스란히 중소기업과 국민에게서 대기업으로 이전되는 것이다.

이런 고환율 정책이 10년만 지속되어도 국민들과 중소기업은 환율 상승으로 인한 차익을 고스란히 수출 대기업에 공짜로 이전시켜 주게 되어 더욱더 가난해지게 된다.

따라서 당연히 소득 양극화로 내수도 부실해진다. 소득이 소수의 수출 대기업과 소수의 대기업 직원 쪽으로 쏠리게 되어 소득 양극화는 더욱더 진전되는 것이다.

어느 나라나 중소기업에서 각 국가의 인력 대부분을 채용하고 있다. 즉, 중소기업 근로자 수가 대기업 고용 인력의 3~4배는 더 되는 현실을 감안하면 장기간 고환율 정책이 지속되면 심각한 상황까지 도달하게 되는 것이다.

대기업보다 적은 임금과 낮은 복지 혜택을 주는 중소기업에 취업한 이유와 생활 물가 상승은 서민들의 주머니 사정을 이중으로 어렵게 한다. 이렇듯 경제 정책이란 것은 국민들의 생활과 직접 연결되는 것이다. 대기업들은 고환율 정책을 대환영하겠지만, 영원히 중소기업의 적자 상황을 눈감을 수 없다.

중소기업은 적은 마진으로 적자 상태에 돌입하게 되므로 결국에는 납품 가격을 인상시켜 주지 않을 수가 없는 단계가 온다. 그러면 단가 인상으로 수출 시장에서 가격 경쟁력이 추락한다. 수출 경쟁력이 추락한다고 난리가 나는 것이다.

그래서 각국 정부에서는 저환율 정책을 쓸 수도 있다. 이로 인해 수출액은 줄어들지만, 수입 물가가 낮아져 국민들이 혜택을 누릴 수 있게 된다.

롱텀 디플레이션으로 저환율이 10년 이상 지속된다면 그동안 수출 대기업 등의 환율 차익은 저환율로 인한 환차손으로 변하게 되고 이 환차손은 수출 대기업으로 이동하게 된다.

일본의 잃어버린 30년 동안 일본의 수출형 제조업 대기업들이 부도나고 국제 경쟁력이 현저히 추락했음은 이를 의미한다.

반대로 일본의 중소기업은 강소기업이 되었고 세계의 히든 챔피언이 많이 탄생하였음은 주지의 사실이다. 그러나 단순히 가격 경쟁력을 바탕으로 하는 기술력 없는 중소기업에게 저환율로 인한 혜택은 원재료·부품 수입 단가 하락 외에는 크게 얻을 게 없다.

이런 기업은 오히려 저환율 때문에 수출 가격이 더 낮아지므로 오히려 더 어려워질 수도 있다. 오로지 기술 개발만이 살 길이 된다. 이렇듯 인위적인 환율 정책은 수혜자와 비수혜자를 강제로 나누는 것과 같다. 환율의 완만한 하락이 서민 경제에는 더 좋다는 것도 알 수 있다.

챕터 24) 다이아몬드(Diamond) 달러 투자기법을 응용하여 단기간에 부를 창조한다

다이아몬드(Diamond) 달러 투자법으로 부를 창조하는 첫 단계는 달러 가격이 가장 비쌀 때에 달러 자금을 융자받는 것에서 출발한다. 융자받는 즉시 환전하고, 달러의 1차 하락기가 완성되는 즈음에 주식을 팔고 달러를 사서 갚으면 된다. 이 방법만으로도 단기간에 4~8배짜리 부를 창조해 낼 수 있다.

다이아몬드 달러 투자법은 주식 가격이 최고일 때는 항상 달러 가격이 최저 가격이 되는 원리를 응용하는 것이다. 반대로 달러 가격이 최고 가격이 되면 주식 가격은 항상 최저 시세가 되는 현상을 이용하는 것이다. 이처럼 평상시에는 달러 가격과 주식 가격은 반비례 관계가 항상 성립된다.

이러한 반비례 관계를 그림으로 그리면 마치 다이아몬드 모양과 같다. 투자할 때에는 이러한 다이아몬드처럼 대칭적, 즉 반비례 현상을 이용하여 투자하면 된다. 그래서 투자자들이 달러와 주식, 아파트, 금, 은 등과의 대칭적인 가격 형성 원리를 헷갈리지 않도록 이를 저자가 다이아몬드 달러 투자법이라고 명명했다.

[그림 27]의 윗그림은 42년간 한국의 원·달러 변화를 그린 그래프이다. 아랫

부분은 윗부분의 원·달러 그래프처럼 같은 42년간의 코스피 지수를 그린 그래프이다. 두 그래프의 시작 일자와 끝 일자가 같다. 그러므로 어느 곳에서나 수직점선을 그으면 같은 일자의 원·달러 환율과 같은 일자의 코스피 지수의 관계를 살펴볼 수 있게 만든 편리한 그림이다.

다이아몬드 달러 투자법으로 돈을 벌기 위해서는 우선 달러 가격이 최고일 때 은행에서 달러 자금 융자를 받는 데에서부터 출발해야 한다.

[그림 27]을 보면 IMF 사태 때인 수직점선②와 금융위기 때인 ④, 코로나 때인 ⑧이 달러 자금 융자 시기로 제일 좋다. 이때가 일시적으로 달러 가격이 최고로 치솟았을 때이고 코스피 지수, 즉 주가는 최저 시세일 때여서 그렇다.

달러 자금 융자를 받은 경우 각각의 최적의 상환 시기는 개략적으로 IMF 때인 수직점선②는 27개월 후, 서브프라임 금융위기 때인 ④는 15개월 후, 코로나 사태 때인 ⑧은 3개월 후이다.

그러니까 이벤트 별로 최고 시세에서 최저 시세를 빼서 계산해 보면 수익률은 개략적으로 1차 하락기 바닥시세를 기준으로 하면 각각 53.4%, 38.3%, 15.6%이다.

최적 상환 시기가 될 때는 금융위기, 경제위기 등으로 급등했던 달러가 급락하는 시기이다. 그림처럼 주식은 달러 가격이 내림에 따라 단기간에 급등한다. 달러가 주식 가격이나 아파트 가격과 반비례하는 현상을 재테크 기회로 활용하는 것이 바로 다이아몬드(Diamond) 달러 투자법의 핵심 원리이다.

이때에 달러를 사서 달러 융자금을 갚으면 된다. 투자부터 자금 회수 기간까지 소요된 기간은 각 각 27개월, 15개월, 3개월에 불과하니까 융자금 이자는 얼마 되지도 않는다.

위기가 최고에 달했을 때, 즉 달러 가격이 가장 비쌀 때에 달러로 은행에서 대출을 받아 환전한 후에 그냥 현금 등으로 보유하다가 급등했던 달러 가격이 제자리를 찾으면 다시 달러를 사서 상환하는 방법도 있다.

미국에 거주하는 투자자, 즉 달러를 일상의 화폐로 쓰는 사람은 위기에 처한 나라의 국내 달러가 가장 비쌀 때 그 나라에 투자했다가 위기 국가의 달러 가격이 진정되기 시작하면 다시 달러를 사서 미국 거래 은행에 갚으면 된다.

이는 간단하게 평균 2배는 보장되는 투자이며 현지에 투자한 자산까지 2배 오른다면 간단하게 4~8배짜리 돈벌이 게임에 나설 수 있다.

미국을 제외한 나라에서는 다이아몬드 달러 투자법이 항상 그대로 적용된다. 이 4~8배짜리를 벌어들이는 투자기법은 미국에 거주하는 투자자도 할 수 있는 쉬운 투자기법이다. 펜타곤(Pentagon) 투자법의 3단계로 이것이 바로 달러와의 교체 투자법이다.

오늘날 전 세계에는 항상 금융위기, 재정위기, 경제위기에 처한 나라가 있으며 전쟁 중인 나라도 항상 존재한다. 미국 달러를 일상의 화폐로 쓰는 투자자는 항상 매의 눈으로 전 세계의 투자 시장을 바라보아야 한다. 2~8배짜리 투자 기회는 항상 있다.

한국 기준으로 보면, 달러 가격이 가장 비쌀 때가 코스피 지수가 가장 쌀 때이므로 이때에 달러 대출을 받아서 KODEX 200, ETF 등을 샀다가 코스피 지수가 올랐을 때 팔아 환전 후 상환하면 간단히 재산을 4~8배로 불릴 수 있음은 당연하다.

주식뿐 아니라 아파트, 은, 구리 등도 달러 가격이 급락하면 다이아몬드 달러 투자법에 따라 달러와는 반대로 급등한다. 하지만 이 중 아파트 투자는 양도소득세와 취득세, 등록세를 빼고 나면 남는 게 없을 것이니 단기간의 투자 대상으로 삼지 않는 게 좋다.

투자의 기초 이론 중에 현지통화가 강세인 나라에 투자하라는 말이 있다. 이 말은 투자 수익뿐만 아니라 환차익도 챙기라는 말이다. 예를 들어 설명해 보자.

달러당 원화가 1,200원이라고 하자. 그때 반입된 달러 자금으로 한국의 자산(주식, 부동산, 채권 등)에서 이익을 본 후, 이를 매도하고 한국을 떠나려는데 달러당 원화가 1,000원으로 떨어졌다는 가정이다.

외국 투자자는 단순하게 국내 투자 자산을 팔고 자금을 회수해 갈 때, 즉 달러를 환전할 때 이미 20%의 환전에 따른 이익인 환차익이 [(1,200

원-1,000원)×100%=120%] 투자금의 20%가 된다. 이러하니 현지통화가 강세인 나라에 투자하라는 말이 맞다.

세상의 모든 물건(주식, 부동산, 채권, 원유, 금, 은 등)을 국제간에 거래할 때에는 달러 가격으로 환산하여 비교하고 매매한다.

최근에는 원유 거래 시에 예전의 Petrosystem[6]에서 벗어나 위안화로 거래를 시작하고 있다고는 하지만, 미미한 금액이므로 달러 기축통화제는 당분간은 문제될 것이 없다고 본다.

또한 세상의 모든 물건은 달러 가격과는 반비례 관계이다. 즉, 달러 인덱스[7]와는 모든 물건은 반대 방향으로 움직인다.
원유 가격이 오르면 달러 가격은 내리고, 달러 가격이 오르면 원유 가격은 내린다. 어느 한 나라의 달러 대비 환율과 비교하지 말고 [그림 19]의 수직점선 ①, ②, ③을 보자. 달러 인덱스와 원유 가격을 비교해 보면 달러와 반비례 관계가 확연히 드러남을 알 수 있다.

그럼 실제로 우리는 주식이나 부동산 등에 투자할 경우 이 달러 가격의 변동을 어떻게 자산 시장에 적용하여 매매하면 될까? 바로 다이아몬드형에 맞춰 투자하면 된다. 이 방법은 저자가 창안한 새로운 투자법이다.

---

6 Petrosystem: 미국 달러로만 석유 대금을 결제할 수 있도록 하는 시스템
7 달러 인덱스: 달러 가격과 주요 6개국의 가격 변동을 나타내는 달러의 가격 지수

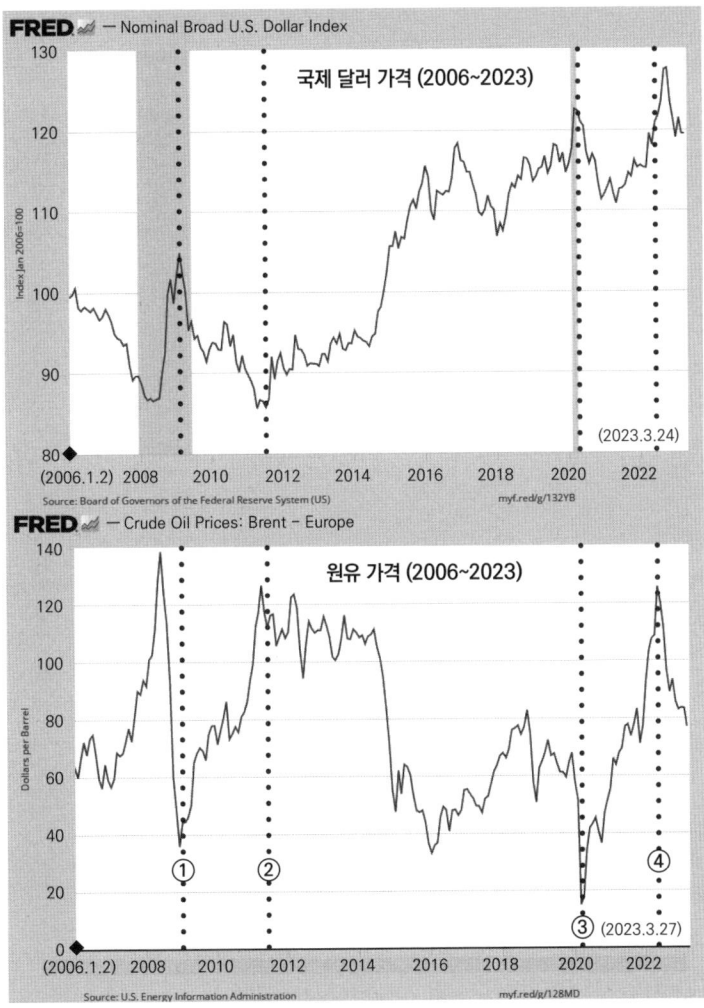

[그림 19] 18년간(2006~2023) 국제 달러(달러 인덱스)와 원유 가격

역시 이 달러와 기타 자산 간의 교체 투자기법은 미국 안에 거주하는 사람들은 해당되지 않는다. 그 이유는 달러는 그들에게는 일상통화이자 현금이기 때문이다.

다이아몬드형 달러 투자기법은 미국 밖의 나라들에서만 적용되는 저자의 독창적인 달러와 다른 자산 간의 교체 투자기법이다.

[그림 20]처럼 다이아몬드의 크기가 전후의 다이아몬드형보다 더 크거나 작은 경우도 있다. 그러나 항상 달러와 다른 대체물의 가격 변동은 반비례 관계에 있음을 주지하기 바란다.

적정한 투자 자산을 찾아내거나 잘못 투자했던 자산 가격의 오류 수정 등에 필요한 시간이 소요되므로 시차가 날 수는 있을 것이지만 결국에는 이러한 다이아몬드 형태로 균형을 찾게 될 것이다.

달러와 여타 자산 간의 이 반비례 관계는 평상시에도 항상 적용된다. [그림 20]은 다이아몬드 달러 투자법을 간략히 설명하기 위한 그림인데, 주식, 부동산, 원유, 금 등의 최고 가격 시점이 바로 달러 가격의 최저점 근처가 되고, 반대로 달러 가격이 최고점일 때가 주식, 부동산, 원유, 금 등이 최저점인 부근이 된다는 것을 나타내고 있다.

다이아몬드의 크기는 각 국가의 금융위기나 경제위기의 크기 정도로 보면 된다. 어느 나라의 경제에 심각한 위기가 생긴다면 [그림 20]의 다이아몬드형의 가운데 다이아몬드처럼 다이아몬드가 크게 만들어진다.

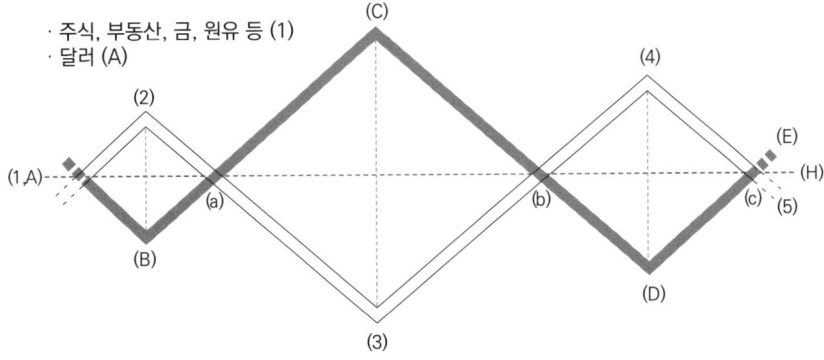

[그림 20] 다이아몬드 달러 투자법 이해도

검은 선이 달러의 움직임을 나타내는 선인데, 달러는 높이 급등하고 주식, 아파트, 원유, 구리, 금 등의 대체 자산은 큰 폭으로 반비례로 폭락한다.

(C)와 (D) 사이의 그림처럼 달러 가격이 내리기 시작하면 주식, 부동산, 원유, 금 등을 나타내는 (3)과 (4)가 오르기 시작한다.
아라비아 숫자는 주식 등 자산들의 시세 변동을 의미하고 달러 가격은 알파벳으로 표시하는데, (3)→(4)처럼 주가가 오름에 따라서 (C)→(D)로 서서히 내리기 시작한다.

이 자산과 달러 간에는 버블과 역버블이 시간을 두고 조정되며 이를 그림으로 그려 보면 [그림 21]처럼 연속된 다이아몬드형이 된다. 이러한 과정은 가운데 수평 점선인 (E)를 기준으로 [그림 21]의 많은 크고 작은 다이아몬드 그림처럼 균형점을 찾아가는 반복 다이아몬드형이 된다.

이처럼 한 번에 균형점을 찾지 못한 경우에는 시간을 두고 조정을 반복하여 결국에는 균형점에 수렴한다. 미국 달러를 일상의 화폐로 쓰지 않는 국가의 모든 투자가에게 유용한 설명도이다.

나라에 따라 다르지만 일본의 주택은 주식에 비교해 5개월 더 늦게 움직이고 한국의 아파트는 주식에 6개월 후행한다. 1981~2013년(약 32년) 사이의 한국의 국제수지 흐름과 주식, 아파트의 가격 변동을 1년간 래깅(Lagging) 처리, 즉 국제수지 그래프를 뒤로 1년 늦추어 비교 분석한 결과이다. 당연히 한국의 자산들도 이런 버블과 역버블 조정 과정을 통해 균형점에 수렴한다.

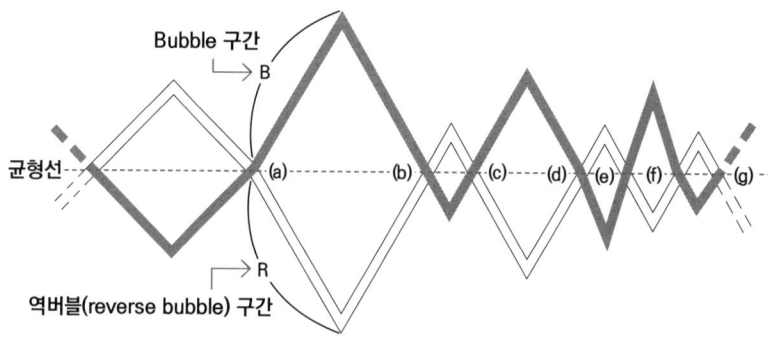

[그림 21] 버블과 역버블 과정을 통한 균형점 수렴 과정도

미국 거주자가 아닌 투자가들은 자국의 모든 자산에 투자할 시에는 다이아몬드형 투자기법을 준수하면서 투자하면 된다.

간혹 달러와 다른 자산 간이 바로 다이아몬드형으로 변하지 않고 종잡을 수 없이 아래위로 변하기도 한다. 그 이유는 주로 다양한 수요 변동 요인과 사람들의 판단 착오에 의한 최적 투자 자산을 찾아가는 투자 행위 때문으로 보인다.

즉, 투자자들이 시행착오적 방법으로 투자에 적합한 투자 자산과 투자 가격을 찾아 헤매는 것으로 보인다. 하지만 결국에는 다이아몬드형으로 귀착하게 된다.

한국의 아파트는 경기가 대세 하락기이거나 위기 시에 급락할 경우에도 6개월 후행함을 IMF 당시의 그래프로도 확인할 수 있다.

즉, [그림 22]의 수직점선①이 IMF 때이고, 수직점선③은 서브프라임 사태 때의 환율, 코스피, 주택지수의 관계를 한눈에 볼 수 있는 그래프이다. 환율은 ①과 ③이 최고점으로 항상 세 가지 변수 중에 가장 먼저 움직이는 선행 변수이며, 후행 변수인 주가는 환율의 급등보다 조금 늦거나 오히려 더 빨리 내리지만 맨 밑의 주택지수는 주가지수의 후행 변수로 매번 환율보다 더 늦게 내린 것을 볼 수 있다.

경제위기, 외환위기, 정치위기 등으로 위기에 처한 국가에서는 항상 달러와 주식, 부동산 등의 가격은 역의 관계가 성립된다. 금 가격과 원유 가격 또한 달러와 뚜렷한 반비례 관계에 있음을 앞서 자세히 설명하였다.

[그림 21]의 다이아몬드의 중간 수평선의 교차점들이 정상적인 경제에서의 달러와 여타 자산 간의 가치 균형점이 아닐까 추정한다. 그림 상으로는 소문자 알파벳 (a), (b), … (g)의 교차점과 E(equilibrium) 균형선이다. 이 교차점들은 가치선으로 보면 될 것 같다. 물건의 본질적 가치와 달러의 가치가 균형을 이루는 곳이다.

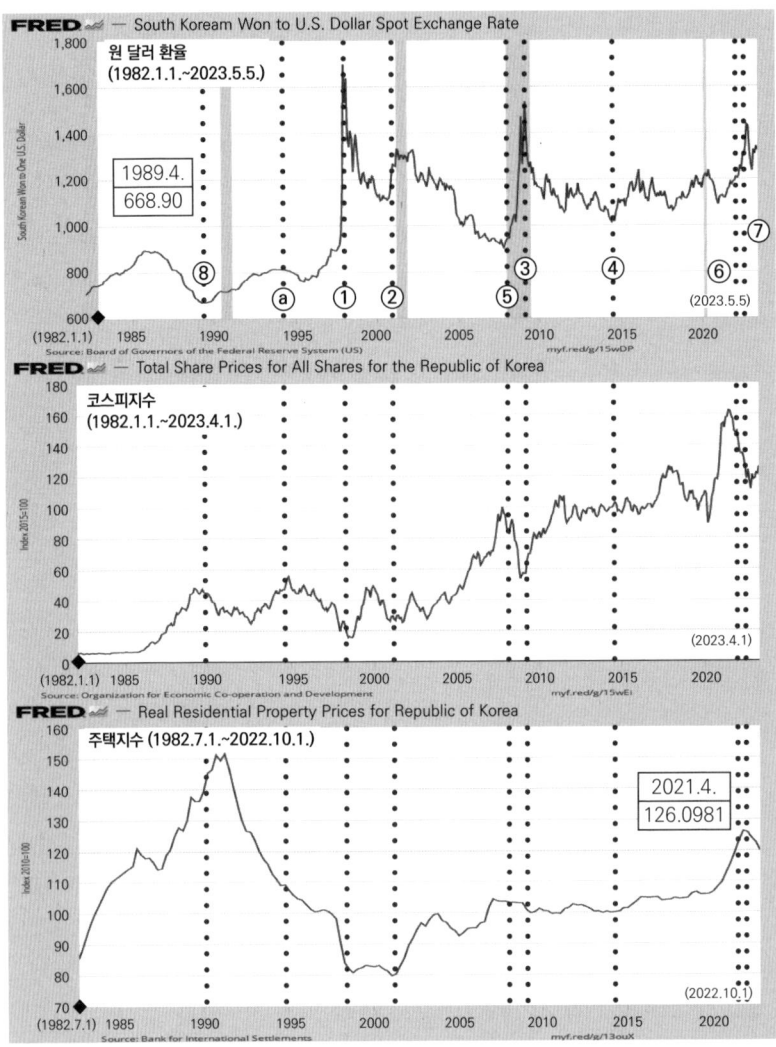

[그림 22] 42년간(1981~2023) 한국의 달러, 코스피 지수, 실질 주택지수

미국을 제외한 어느 나라든 위기에 처한 국가에서는 다이아몬드 연속형으로 달러 가격이 변동되며, 달러와 여타 모든 자산의 가격은 뚜렷한 반비례 관계

가 성립한다. 이 두 자산 간의 교체 투자로 단기간에 큰돈을 벌 수 있다. 이 한 줄이 이 책의 또 다른 히든 스토리(Hidden Story)이다.

이런 자산 간의 관계를 이용한 교체 투자는 항상 가능하다고 본다. 그렇게 되어야만 위기 국가의 자산은 제대로 평가받는 것이고 제 가격에 거래되기 때문이다. 보통 일상의 경제 상태에서는 두 자산 간의 반비례선인 수직점선의 길이가 짧다. 즉, 다이아몬드의 크기가 작아지는 것이다.

하지만 어느 나라가 외환위기, 금융위기, 재정위기, 전쟁위기 등 비상 경제 상황에 처하면 아주 강하게, 즉 진폭이 극대화되며 직접적인 관계가 나타난다. 바로 수직점선의 길이가 길어지는 것이다.

이러한 달러와 자산 간(달러↔주식, 달러↔부동산)의 반비례 관계는 미국 내에서는 발생하지 않는다.
미국을 제외한 나라에서 달러는 다른 자산과 교체 매매해야 할 중요한 대상 재산이지만 미국에서는 그렇지 않다. 미국의 일상 화폐는 달러이고 그들에게 달러는 현금에 불과하기 때문이다. 그러나 미국 밖에서는 각종 자산들과 달러의 반비례 관계는 국제적으로는 항상 나타나고 있다.

재테크를 한다면 누구나 다이아몬드형으로 달러와 주요 자산을 교체 투자 해야 부자가 될 수 있다. 그래야만 재산을 단기간에 2~8배로 불릴 수 있다.대체로 10년에 한 번 오는 기회이며 투자 기간은 2년 정도에 불과하다.

(4) 펜타곤(Pentagon) 투자법 4단계
예금 투자

예금 투자 단답형 궁금증

a) 정기예금의 가입 시기가 왜 중요한가?
⇒ 예금 이율이 큰 차이가 난다.

b) 만기가 짧은 것이 좋은가, 긴 것이 좋은가?
⇒ 금리가 더 오를 것으로 예상된다면 짧은 것이 더 좋다.

c) 국고채로 교체 투자 할 시기는 언제인가?
⇒ 예금 금리가 내리기 시작하면 국고채로 교체 투자를 준비해야 한다. 금리 인하폭과 저금리 기간이 얼마나 되느냐에 따라서 교체 투자 시기는 달라질 수 있다.

d) 외화 정기적금은 어떠한가?
⇒ 좋다. 평상시에는 정기적으로 달러로 정기적금을 하다가 경제위기나 금융위기 등으로 달러 가격이 급등하면 해약하여 사용하면 큰 도움이 된다.

다가올 국채 투매 시에 해약 후 환전하여 국채에 투자하면 더욱 좋다. 외화 보험도 마찬가지로 위기에 대응할 수 있다.

챕터 25) 정기예금에서도 4~5%는 벌 수 있다

Business Cycle은 개략적으로 10년에 1회 정도 순환하는데, 경제가 불경기로 돌아서기 시작하면 달러는 급등하고 주식은 폭락하며 6개월 후에는 아파트도 폭락한다.

이런 현상을 재테크에 응용하는 것이 다이아몬드 달러 투자법이다. 금리나 환율에 따른 재산 가격의 변동을 투자에 응용한 것이 바로 펜타곤(Pentagon) 투자법이다.

이제 펜타곤(Pentagon) 투자법의 4단계 투자 자산인 예금 투자를 살펴볼 때이다. 우리들은 재테크 대상 5대 자산(주식, 아파트, 달러, 예금, 국채) 간 돈의 흐름을 꿰뚫어 보는 펜타곤(Pentagon) 투자법에 따른 순환 투자를 설명하고 있다.

경기의 하락에 따라서 더 많은 이익이 발생하는 투자 재산을 좇아서 투자해 왔으므로 주식 아파트 달러는 이미 전부 처분하였고 수중에는 이제 현금만이 남아 있다.

이제는 아무 곳에도 투자할 곳이 없다. 금이나 은, 구리 등도 불경기로 하락할 운명이므로 투자 대상이 못 된다. 국채 등 채권도 지속적으로 금리가 인상되고 있으므로 이에 따라서 채권 가격도 폭락하고 있다.

따라서 투자 대상은 정말 아무 것도 없다.

미국 정부가 경기를 진정시키기 위해서 벌써부터 기준 금리를 몇 차례나 인상하고 있으므로 자연스럽게 경기는 대세 하락을 시작했으며 미국의 금리 인상에 맞춰 각국의 은행 금리가 급등하게 된다.

정부가 경기를 진정시키기 위해서 기준 금리를 인상함으로써 투자 수단들이 대세 하락을 가기도 하지만 자율적인 반락, 즉 어느 날 갑자기 지나치게 과열된 주식 시장이나 아파트 가격의 폭등으로 거품이 붕괴되면서 경기가 하락세로 돌아서기도 한다. 혹은 두 가지 상황이 동시에 발생하기도 한다.

기준 금리 인상으로 인한 은행 정기예금 금리 인상에 맞춰 현금 자산을 은행의 정기예금에 투자해 두면 예전과는 달리 1년에 약 4~5%의 은행 이자를 벌어들일 수 있다.

낮은 금리라고 판단할 수 있으나 사실 지금은 어느 자산에도 투자할 곳이 없으므로 짭짤한 수익을 올리는 것이 된다.

기본적으로 한 번의 경기 순환이 10년이고 재테크 투자 대상 자산이 주식,

아파트, 달러, 예금, 채권 등 5가지 밖에 없으므로 정기예금 가입 기간은 2년 정도면 될 것이다.

이렇게 은행에 정기예금을 해 두고 2년쯤 지나는 사이에도 정부는 상황을 보아 가며 아직도 기준 금리를 서서히 인상시켜 가며 경기를 진정시킨다.

목표 기준 금리 즈음에 도달했다고 판단하면 정부는 더 이상 금리를 아래나 위로 움직이지 않는다.

대개의 경우 약 1년간 금리 인상을 중단시키고 고원지대를 보내며 시중 경기를 읽으며 그 동안 금리 인상으로 인한 경기 진정 효과나 인플레율을 확인하려 한다.

미국이 0.25% 기준 금리를 5.50%까지 올려서 회사의 이자 비용은 무려 2,200%가 폭증한 것이 된다. 비용이 22배가 폭증한 것이다. 이런 충격을 견뎌 낼 회사는 없다고 보는 것이 타당하다.

고원지대 1년을 지나는 동안 시중의 경기는 급격히 냉각되기 시작하고 금융위기나 은행위기가 서서히 표출되기 시작한다. 기업 중 일부 기업은 이미 부도가 났을 것이며 특히 경기를 급등시켰던 산업에서 부작용으로 부도가 증가하기 시작한다.

한국은 주로 부동산, 즉 아파트 경기로 시중 경기를 조절하기를 좋아하므로 부동산 PF를 제공한 저축은행과 증권회사, 몇몇 시중은행도 위기에 봉착하게 될 것이다.

이때를 기회로 각국 정부는 급격하게 비자발적 금리 인하를 시작하면서 다시 경기를 회생시키는 것이 보통이다. 즉, 시중의 기준 금리가 공식적으로 내리기 시작하는 것이다. 이때가 바로 이제 국채로 은행예금을 옮길 때이다.

기준 금리가 한두 번 내리면 은행 정기예금이 만기가 되든 말든 얼른 해약하고 국채로 바로 옮겨 타야 한다. 금융당국은 이제는 경제 회생을 위해서 1년 정도의 기간 동안 기준 금리를 신속하게 인하한다.

그 후에는 서서히 금리를 내려 평상시의 금리로 돌려놓는 것이 보통이다.

하지만 이번에는 다르다고 본다. 이른바 볼커의 실수 같은 현상이 나타날 것이니까 모든 것은 확인하고 움직여도 늦지 않을 뿐 아니라 오히려 큰 기회 이득이 생길 것으로 본다.

즉, 이자율 하락과 다시 인플레이션을 잡기 위한 한 차례의 이자율 폭등 후에 오는 진정한 이자율 하락을 기다려야 한다고 본다. 이를 전부 확인하고 국채로 예금을 옮기는 것이 좋다.

진정 우려스러운 것은 앞으로 다가올 한 두 차례의 인플레이션율의 급등과 이를 진정시키기 위한 금리 추가 인상 후 몇 년이 지나야만 인플레이션이 진정되느냐이다. 2016년 1월부터 지표상으로는 이미 전 세계에 롱텀 디플레이션이 도래해 있음을 알 수 있지만, 나라에 따라서 1~3년, 대개 다 10~40년까지 고금리와 고인플레가 진행될 것으로 본다.

인플레이션이 진정되면서 한국은 확실하게, 전 세계는 각국의 국내 상황에 따라 롱텀 디플레이션으로 진입하여 종국에는 마이너스 금리까지 진전될 것으로 보기 때문이다.

지금 인플레이션 대책으로 금리를 올리고 있는 시기에 롱텀 디플레이션을 논하는 것이 이상스레 느껴지겠지만, 이번의 인플레이션은 롱텀 디플레이션이 진행 중인 과정에 코로나 사태로 인해 풀린 돈으로 잠시 인플레이션에 돌입한 상태여서 그렇다.

(5) 펜타곤(Pentagon) 투자법 5단계
국채 투자

국채 투자 단답형 궁금증

a) 국고채에 투자할 시기는 언제인가?
⇒ 시중 금리가 내릴 때이다. 금리와 채권 가격은 반대로 움직인다.

b) 1년에 몇%의 이자밖에 안 되는데 투자 가치 있나?
⇒ 대신에 국가가 원금과 이자의 지불을 보증하는 것이므로 안전하다.

c) 왜 발행 금리는 고정인데, 수익률이 달라지는가?
⇒ 발행 금리는 고정이지만 시중 금리는 변동되고 채권 가격은 시중 금리 움직임에 따라서 변하기 때문이다.

d) 국고채와 비슷한 성격의 믿을 만한 채권은 없는가?
⇒ 추천할 만한 것은 2043년에 해산되는 맥쿼리인프라 펀드가 유일하다.

e) 금은 왜 5가지 투자 대상 재산도 못 되는가?
⇒ 금은 인플레 헷지 상품이며 지금은 지나친 고평가로 곧 폭락이 예상되기 때문이다. 롱텀 디플레이션 시에는 폭락함이 이미 입증된 상품이다. 한국과 전 세계에는 2016년 초부터 롱텀 디플레이션이 도래해 있다.

챕터 26) 국고채 투자가 유리한 점

국고채는 위험도가 주식이나 아파트 등 부동산에 비해서 적으므로 투자 시기를 제대로 포착한다면, 즉 금리 예측을 잘해서 투자하면 전 재산을 몰빵 투자해도 되므로 수익액이 가장 클 수도 있다.

주식은 가격 변동 폭이 크고 부동산은 대개 100% 가까이 혹은 더 이상의 부채를 같이 쓰기도 하므로 꽤 위험하기도 하다.

국고채는 절대적으로 안전하다. 은행채도 여간해서 은행은 안 망하므로 제법 안전하다. 그러나 2023년 3월 유동성 위기로 유럽 UBS에 전격 인수된 크레디트스위스(CS)의 24조 채권은 전액 상각 처리 되어 완벽히 위험한 채권이 되었다. 이 은행채는 신종 자본증권(AT1) 일명 '코코본드'라고 불리기도 하는 채권이었다.

이 채권은 은행의 자본 비율이 미리 정한 비율 이하로 떨어지면 투자자 동의 없이 전액 상각되거나 보통주 주식으로 강제 전환되는 대신 고수익이 보장되는 채권인데 이번에는 전액 상각 소멸되었다.

기존의 고정관념, 즉 채권이 주식보다 안전하다는 통념이 신종 자본 증권인 경우에는 통하지 않는 경우도 있다는 사실을 알고 이제는 발행 조건 등을 조심스레 살펴봐야 하는 일이 되었다.

국내 일부 금융지주사가 발행한 AT1과 보험 회사 및 일부 기업이 발행한 영구채도 AT1인데, 2022년 말 현재 발행액이 약 31조 5천억이라고 한다.

미국 사태에서 보듯이 지금은 터치런 시대이니 금융 부실은 하루 만에도 생겨나는 것을 감안해야 할 것이다. 결국 국고채가 최고이다.

챕터 27) 금리에 따른 실제 국채 투자 요령

모든 국채는 발행 시에 이미 금리가 정해져 있다. 그래서 국채도 안전자산이 아닐 수 있다. 이에 관한 설명은 [챕터 8]에서 자세히 설명한 바 있다.

국채 금리는 그 당시 실제 시중 금리와 비슷한 이자를 주게 된다. 시중 금리가 5%라면 국채가 안전하므로 발행 금리는 5% 조금 못 미치게 발행하게 된다. 즉, 4.5% 정도로 발행하면 적당할 것 같다. 4%로 발행한다면 소화가 잘 안 될 것이고, 5%라면 서로 사려고 할 것이다.

그럼 실제로 정부가 4% 금리로 1년 만기 국채를 발행했다고 치자. 좀 더 지나서 시중 금리가 5%로 올라서, 이번에는 표면 금리 5%짜리 1년 만기 국채를 발행한다고 치자. 그러면 이전에 4% 금리로 발행한 국채는 이번에 5% 표면 금리로 발행한 국채가 있으니까 적어도 이 금리 차이만큼, 즉 1% 싸게 팔아야 누군가 살 것이다.

액면가인 10,000원(액면가는 보통 1만 원)에는 아무도 사지 않을 것이다. 즉, 표면 금리가 오르면 액면가인 10,000원에 거래되는 것이 아니라 액면가에서 금리 차액(5-4=1%)만큼 할인된 가격으로 거래되어야 맞는 것이다. 만기까지 남은 기간(듀레이션)을 감안하여 현재 가격으로 할인한 금액만큼 싸게 팔아야 매매가 성립될 수 있다.

우리나라는 국채의 발행 시장이나 유통 시장이 전부 아직 발전이 더뎌 쉽게 국채를 사거나 팔기 곤란하다. 발행 시장에는 기관 투자자들만 직접 입찰 가능하며 유통 시장은 증권회사 HTS에서 장내 채권 호가 현황을 검색한 후 장내 채권 현재가 호가창을 통해서 직접 매매할 수 있기는 하다.

현재 국민주택 채권, 국고채, 서울도시철도 채권, 강원 지역 개발 채권 등 각 지역 개발 채권, 한국전력 채권, 각종 은행채, 각 증권 회사 채권과 각 개별 회사들의 회사채를 직접 매매할 수도 있지만, 실제로 직접 매매하기에는 매도 물량이 충분치 않고 매수 세력 또한 많지 않아 매매 가격이 잘 형성되지 않아 매매 시에는 불편을 감수해야 한다.

그러나 매 분기 혹은 6개월마다 이자를 직접 받아서 생활하는 경우라면 직접 매수하는 것이 더 좋으며, ETF를 통한 국고채 등의 간접 투자 상품은 개인적으로 선호하지 않기에 추천하기는 힘들다. 그러나 최근에는 매월 이자를 지급해 주는 채권 관련 ETF도 출시되어 있다. 금리 변동에 따른 시세 차익 등과 이자액의 직접 수령을 원한다면 단연코 HTS를 통한 직접 매매뿐이다.

금리의 변동을 미리 예측하여 국채를 매매한다면 매년의 표면 이자율과 매도 시의 시세 차익을 전부 직접 향유할 수 있으므로 매력적인 투자 상품이 된다. 전 세계는 약 40년간 이자율은 내리기만 해서 얼마 전에는 덴마크를 비롯한 마이너스 금리가 시행된 나라가 있었고 일본은 아직도 마이너스 금리를 채택하고 있다.

제로 금리나 마이너스 금리는 시중은행과 중앙은행 간에 주로 적용되는 금리이다. 시중은행들은 지불 준비금으로 일정액의 시재금을 초과한 현금을 중앙은행에 맡겨야 한다. 중앙은행은 이때 저금하는 돈에 마이너스 금리를 적용한다.

침체된 경기를 활성화시키기 위해 시중들의 자금 대출을 독려하는 한 방법이다. 앞으로 약 40년간은 고금리 시대가 온다는 주장도 있으니까 여태까지의 금리 예측과는 다른 예측을 해 보고 이에 맞는 투자를 해야 한다고 생각한다.

미국의 인플레율이 무려 9.1%였기에 이 인플레율을 2% 이내로 잡기 위한 기준 금리 인상이 지속되어 0.25%에서 5.25%까지 단기간에 도달하였다. 보통 국고채 실세금리는 기준 금리가 최고가 되기 전 3~4개월 이전에 이미 하락세로 기우는 것이 그동안의 관례였지만, 이번에는 다르다고 생각한다,

왜냐하면 미 연방준비위원회의 기대와는 달리 인플레이션 목표율 2%는 달성 불가능할 가능성이 크다는 레이 달리오 등 소수파의 의견을 존중하기에 평균 인플레율이 4% 정도로 고착화될 가능성이 크다고 본다. 이에 따라서 기준 금리는 평균 6~8% 이상까지 오를 가능성이 큰 것으로 본다.

즉, 희망이나 예측과는 완전히 다른 고금리 시대가 장기간 지속되므로 미리

기준 금리를 예측하고 국고채 투자에 나서면 큰 실수를 하게 될 것이다. 따라서 이번에는 '볼커의 실수' 이후의 기준 금리의 진정한 첫 인하를 확인하고 국고채 투자에 나서기를 권한다.

이처럼 국고채 및 회사채 등 채권 투자 시에는 금리 예측이 필수가 된다. 재테크 대상 5대 자산(주식, 아파트, 달러, 예금, 국채) 간 돈의 흐름을 꿰뚫어 보고 투자하는 펜타곤(Pentagon) 투자법에 따른 채권 투자 시기는 5대 자산 중 마지막 본격적인 불황의 진입 시기와 함께한다.

따라서 국고채를 제외한 기타의 모든 지역채나 은행채, 회사채 등의 채권은 위험하다고 판단한다. 투자 대상은 오직 국고채만을 대상으로 하기 바란다.

미국 국채도 과연 최고의 안전자산인가 하는 의문이 생겨나는 현재이다. SVB 사태는 금리 변동에 따른 10년물 미국 국채의 폭락에 기인한 것이어서 미국 국채 자체의 안전성과는 큰 관계가 없기는 하다.

일본이 금리 인상에 나서거나 유로화가 절하되면 환율을 방어하기 위해 미국 국채를 투매함으로써 미국 국채 금리가 급등할 가능성이 항상 존재한다.

우리나라도 중국도 자국 통화의 화폐 가치를 유지하기 위해서는 미국 국채나 보유 금을 팔아 자국 통화의 가치를 유지해야 하기 때문이다.

게다가 미국 국채는 각국 중앙은행과 전 세계의 대형 은행들도 막대한 양을 보유하고 있다는 사실이다. 전 세계의 우량은행들이 거의 전부 관련이 있다고 봐야 한다.

챕터 28) 기준 금리가 최고점일 때가 국고채 투자 최적기가 되며, 개략적으로 2024년 12월 이후가 아닐까 한다

2021년 6월 주식 시장의 대세 상승장이 꺾이면서 짧은 기간 동안의 달러 가격 폭등과 폭락→아파트의 폭등과 폭락→정기예금→국고채 or 맥쿼리인프라 등으로 투자금을 순환하며 이번 10년 경기 순환은 끝을 맺을 것이다.

이번의 자산 시장 순환의 마지막 대박 투자 자산은 국고채, 맥쿼리인프라, KODEX 200 인버스, KODEX 200 인버스 레버리지 등이다. 이들 자산은 2037년 정도까지 대세 상승장이 온다고 본다. 롱텀 디플레이션이 본격화될 것으로 보기 때문이다.

한국이 아무리 디플레이션 경제를 피하고 싶어도 2017년에 시작된 인구절벽과 국가와 개인의 부채 문제 등을 피할 수 없을 것이기 때문에 디플레이션 경제는 계속 진전된다고 본다.

앞으로는 한국도 일본처럼 세계 경기 흐름과도 별 관련이 없어진다. 일본의 1989년과 거의 유사한 상황에 처한 한국은 2016년 이미 디플레이션 경제에 들어선 사실을 잊지 말아야 한다.

한국에는 한 번도 국채 투자 붐(Boom)이 분 적이 없다. 그러니 당연히 국채 버블이 생긴 적도 없다. 버블이란 실제 가치보다 가격이 더 부풀려져 거래되고 있을 때 쓰이는 용어이다.

국채에 버블이 생기려면 국채 가격이 실제 수익 가치보다 높은 가격에 거래되어야 한다. 국채가 프리미엄부로 거래되어야 버블이 생기는 것이다.

현재 일본 국채에는 엄청난 거품이 끼어 있고, 30년 이상 일본 국채는 대세 상승을 맞고 있다. 아무도 팔지 않으므로 시세도 없으며, 물건도 없다.

한국도 그렇게 될 운명이다. 미국에서도 1932년부터 14년간 국채의 대세 상승 기간이 있었다.

한국에서도 IMF 이후에 제2종 국민주택 채권에 딱 한 차례 버블이 형성된 적이 있다고 볼 수 있지만, 자료가 부족하여 판단하기 쉽지 않다. 같은 이름으로 아직도 제1종 국민주택 채권이 발행되고는 있지만 속 내용은 전부 다르니 결국 제2종 국민주택 채권은 이제 발행이 중단된 것이나 마찬가지이고 만기 상환으로 예전의 실물 채권은 존재하지도 않기 때문이다.

당시에는 아파트 투기가 극심해서 아파트를 분양 신청할 시에 채권 매입 예상액을 제시하여 최고액 제시자를 당첨자로 결정했는데, 당첨 후에는 계약 당시에 정부에서 발행하는 제2종 국민주택 채권을 입찰 시에 제시한 금액만큼을 매수하여 첨부해야만 했다. 신규 아파트 분양 시 부동산 투기 억제를 겸

한 제도로 1983년 4월 30일부터 상당 기간 시행되었다가 1999년에 폐지되었다.

당시 본 채권은 20년 후 상환, 이자율 5% 복리였다. 즉석에서 채권 수집상들의 할인 매수 가격이 액면가의 약 8~9%였다.
액면가 1억짜리 국민주택 채권(사실상 국채와 같음)이 불과 9백만 원 정도에 거래되던 시절이었다. 물론 당시엔 인플레율이 5~6%가 넘던 시절이었다.

이 국채가 IMF를 맞아 최고의 대우를 받았던 이유는 높은 복리 이자에 국채였고, 상속세가 면제되는 20년 채권이었기 때문이다. IMF 이후에는 액면가의 2~3배의 프리미엄부로 거래되었으니, 엄청난 가격 폭등이 있었다.

20년 만기 3~5% 복리 이자이므로 복리표를 이용한 단순 가치 계산을 해 봐도 만기 시에는 이자만 81%나 된다. 추정컨대, 만기 시에는 프리미엄을 제외하고도 구입 가격과 비교하여 2,000% 이상으로 대폭등했을 것이다. (1억 8,100만 원÷900만 원)×100=2,011%로 복리이자만 감안해도 수익률은 2,000%나 되었다.

그러나 이 기간 동안은 인플레이션이 꽤 높이 나타나던 때였으니까 아파트 등 부동산도 꽤 높은 상승세를 나타냈을 것이다. 하지만 IMF 상황이 되어 금리 급등으로 국고채가 최고 가격일 때에는 부동산은 이미 대폭락을 한 이후였을 것이다.

그 후 IMF 상황이 개선되면서, 즉 금리가 급격히 내릴 때 국고채를 팔았다면 그 수익을 고스란히 누렸을 것이다. 이처럼 아무리 좋은 투자 재산도 팔아야 할 때가 있는 것이다. 또 한 가지 재산에만 전 재산을 몰빵 투자 해도 안 된다는 것을 알 수 있다.

10년물 채권이라고 해도 만기일이 1년 남았다면 1년짜리 단기채라는 것이다. 잔여 만기 일수로 판단한다는 것을 주의하여야 한다. 현재 채권 유통 시장에는 5년물, 10년물 국채와 20년물, 30년물 국채가 거래되고 있으나 거래량이 많지 않으며 국채 발행액도 크지 않아서 시장이 제대로 형성되고 있지 않다.

그러나 선진국을 보면 국채 시장이 발전되어 있으며, 우리도 언젠가는 국채 발행 및 유통 시장이 크게 발전될 계기가 올 것이다. 바로 이번이 그 타임이다.

지금까지는 각종 세금으로 국가 경영에 필요한 자금을 조달했으나, 조세 저항이라든가 경제 성장과의 관계를 고려하면 선진국처럼 국채로 자금을 조달하는 시기가 곧 올 것이다. 그러려면 국채에도 투기 바람이 불어야 한다.

향후에는 국채의 인기가 치솟아 국채 시장에도 버블이 형성되어 거래되는 일이 생겨날 것이다. 이번의 자산 시장의 대세 상승이 끝나고 나면 늘어나는 복지 수요 등으로 국고채 발행 및 유통 시장이 크게 활성화될 것으로 예상한다. 그 후 디플레이션 경제가 지속되면서 국고채 시장에는 버블이 형성될 것이다.

현재에도 ETF를 통해서 국채를 대량으로 거래할 수는 있지만, 거래가 활발하지 않은 것으로 봐서 아직은 국채 수요는 크지 않음을 알 수 있다.

10년물 국고채 ETF라고 해서 실제로 국고채를 보유하는 것이 아니라 선물 거래이며, 통안채로 헷징(Hedging)한다.

그러나 금리 변동에 따른 큰 폭의 차익을 노릴 수 있는 상품이므로 타임에 맞춰 투자를 해야 한다. 디플레이션이 진행 중인 것을 감안하면 최고의 투자처가 된다. 이자는 이자대로 받고, 큰 시세 차익은 부수적인 수익이 된다.

보다 큰 차익을 노린다면 장기채를 거래해야 한다. 채권 ETF는 원하는 때에 필요한 물량을 사고팔 수 있고, 트레킹 에러가 좀 있을지언정 공정한 가격으로 거래될 것이라 생각된다.

그러나 국고채 ETF 상품들은 매매 차익의 15.4%를 세금으로 납부해야 한다. 반면에 국고채 실물은 매매 차익에 대한 세금이 아직은 전혀 없다. 앞으로 세금 부과 문제가 핫 이유가 될 가능성이 있다. 너무 잦은 세법 변경으로 투자하기도 어렵고 책을 쓰기도 어렵다.

챕터 29) 이론상 국고채의 가격 폭등 한도

채권 매매 차익은 아무리 차익 금액이 커도 세금이 부과되지 않으며 국고채이므로 절대적으로 안전하다. 10년물 기준으로 1% 금리가 내리면 국채 가격은 7% 폭등한다.

20년물 국채는 그 자리에서 14%나 폭등한다. 30년물은 21% 정도의 국채 가격이 폭등한다. 물론 금리가 오르면 각 비율대로 국고채 가격은 폭락한다.

몇 억을 단기간 투자해도 금리 변동만 제대로 예측한다면 큰 이익이 발생한다. 금리 하락기가 예상될 때 2~3%의 금리차를 예상하여 투자하면 큰 시세 차익과 매년 이자까지 향유할 수 있다.

게다가 국고채는 절대적으로 안전하므로 가진 재산을 전부 베팅하여도 된다. 국채 투자는 거래 단위가 크고, 시세 차익을 고려하지 않고 즉 매매를 하지 않고 만기까지 이자를 받으며 여유로운 노후를 보낼 수도 있다.

단, 인플레이션이 지속되어 만기 이전에 금리가 지속적으로 인상된다면 그 가치는 폭락하게 된다. 2023년의 미국 SVB(Silicon Valley Bank) 사태나 시그니처 은행의 파산 등을 보면 알 수 있다. 미실현 시세 차익은 만기가 될 때까지 서서히 없어지므로 기간에 따라서 가격도 폭락한다. 만기 시에는 항상 액면가만 반환받는 것이기 때문이다.

한국도 2016년 1월 이후 디플레 경제가 본격화되고, 일본처럼 잃어버린 30년의 디플레 경제가 지속될 것으로 보인다. 길게는 일본처럼 30년 이상까지 지속될 수도 있다고 본다.

이 경우에는 국고채 등이 제일 좋은 투자 수단이 된다. 현금도 좋은 투자 수단이지만 은행 예금은 이자가 낮으므로 국고채를 당할 수 없고 막대한 시세 차익까지 국고채에는 주어지기 때문이다.

채권은 설령 잘못된 매수 시기의 선택으로 시세 평가 시에 손해로 평가되더라도 만기까지 들고 가면 이자는 물론 전부 액면가로 상환된다.

현금은 상대적 가치는 상승하지만 시세 차익을 낼 수는 없다. 따라서 국채가 현금보다 더 매력적인 투자 수단이 된다.

일본은 1995년의 10년물 국고채 금리가 약 2.5%대였으나 2023년 5월 현재에는 -0.1%로 마이너스 금리이다. 일본의 10년물 국고채의 가격은 1995년과 비교하면 이론상으로는 17% 이상 올랐을 것이다. [그림 14]를 통해 일본 국고채의 금리 변동 추이를 보고 판단해 보면 알 수 있다.

17%가 오른 것은 단순한 수익률 차이에 의한 시세 차익이고 이와는 별도로 매년 2.5% 정도의 이자 수익은 별도였음은 물론이다. 다른 물가는 지속적으로 내린 것도 감안해야 한다.

한국에도 30년물 국고채가 2~3가지 발행되어 있으며, 증권 회사 홈트레이딩을 이용하면 상장된 국채들은 거래할 수 있다.

50년물 국고채도 발행된 적이 있다. 단지 사자 팔자 물량이 많지 않은 것이 흠이다. 이는 공정한 가격이 형성되지 않는다는 뜻이다.

챕터 30) 채권 시세 예측 Case Study

30년물 한국 국고채, 표면 금리 2%짜리의 가치 변동을 시간 가치는 무시하고 금리 변동에 따른 가격을 계산해 보자. 일본처럼 국고채 시중 금리가 마이너스, 즉 -0.1%가 된다면 이 국고채는 42%(약 2×21%) 이상으로 오를 것이다. 42% 정도가 올라서 프리미엄부 거래가 된다는 뜻이다. 즉, 액면 10,000원짜리 국고채의 시중 가격이 14,200원 정도에 거래될 것이다.

거꾸로 이자율이 오를 경우, 즉 발행 수익률이 2%이고, 유통 수익률이 4%라고 상정해 보라. 이 국고채는 5,000원이 적정 가격이 된다. 정기예금과 수익액을 비교해 보자.

오늘 현재의 국고 채권 발행 금리가 0.02%라면 시중 정기예금의 금리도 연간 0.02%의 정도의 이자율(수익률)일 것이다. 이미 발행된 국고채 금리가 연간 2%라면 이 국고채의 거래 가격은 얼마여야 할까?

정기예금으로 국고채 이자인 연간 200원을 받으려면, 1백만 원의 정기예금이 필요하다. 1,000,000×0.02%=200원의 수익이 시중의 실세 금리와 같다. 그럼, 이 경우에 이자율 2%로 이미 발행된 국고채의 10,000원당 실제 거래 가격은 얼마여야 될까?

1,000,000원일까?
14,200원일까?

공정하게 채권의 가격을 산정해서 평가해 주는 채권 평가 회사가 한국에는 KIS를 포함 세 곳이 있다.

각 금융 회사들은 이 가격을 평균하여 보유 중인 채권의 가격을 평가하고, 재무제표에 반영한다. 이 가치 데이터는 주로 기관들만 공유한다. 따라서 확인할 방법은 없다.

이 채권 가격을 100만 원으로 회계 처리 한다면 잔존 기간 동안 매년 약 10만 원씩 평가 손실 처리 하여야 할 것이다. 시세가 얼마이든 만기일에는 정부에서 매당 1만 원과 이자 200원만을 수령할 수 있기 때문이다.

챕터 31) 실제 시장에서의 국고채 평가 시의 한도 가격

현재 일본 국채가 세상에서 제일 비싼 채권이다. 일본 은행들은 국고채 10년 물은 수익률 2%로 무제한 사들이고 있다. 하지만 파는 사람은 없을 것이다.

금리 폭락으로 액면 1만 원 국채 가치가 이론상으로 100만 원인 것이지, 이 가격에 실제로 거래되는지, 이 가격에 살 금융 회사나 개인이 있는지는 별개 문제다.

일본의 국·공채 시장은 거래가 없는 죽은 시장이 된 지 오래되었다는 것으로 미루어 봐도 짐작할 수 있다. 일본 국채는 현재 가격 결정 불능 위기에 처해 있다. 언젠가는 한국도 일본과 마찬가지가 될 것이다.

이 수치 데이터마저도 아는 사람이 별로 없으며, 저자가 스스로 알아낸 것으로 약간의 오차가 있지만 비교적 정확하다. 한국의 경제학자나 이론가 실무자들은 이런 결정적 수치는 공개하지 않고 자기들만 보유한다.

국채를 사고 싶어도 한국은 국채 시장이 제대로 형성되어 있지도 않고, 증권사의 채권 시세도 약간은 의심스러운 구석이 있다. 이런 경우를 대비한 국채 투자 방법은 국채 관련 ETF 투자다. 3개월마다 배당금도 나오므로 이에 투자하면 된다. 최근에는 매월 배당금을 주는 채권형 ETF도 나와 있다.

하지만 이 배당금에도 모든 국채 관련 ETF의 매매 차익에도 15.4%의 세금이 부과됨은 이미 설명한 바 있다. KODEX 10년 국채, KODEX 10년 국채 인버스, KOSEF 국고채 10년, KOSEF 국고채 10년 레버리지 등이 있다.

챕터 32) 국채보다 더 좋은 맥쿼리인프라 펀드의 가격 예측

맥쿼리인프라 펀드라는 주식 기능+펀드 기능을 가진 펀드가 있다. 국내 사회 간접 자본에 투자해서 매년 675~900원의 분배금을 분배하는 맥쿼리인프라 (코드번호: 088980)라는 상품이다. 호주 맥쿼리은행이 조성·관리한다.

2043년에 해산하는 시한부 펀드다. 국채보다도 훨씬 배당금이 많고, 국제적 신인도 때문에 배당 약속 등을 깨트릴 수도 없는 일종의 부동산 리츠 같은 성격도 지녔다.

이 주식은 MRG로 최소 수익률이 보장되어 있다. 디플레이션으로 이용이 저조해서 최저 수익률만을 받을 경우도 상정해 봐야 하지만, 금리와 역의 관계에 있음은 국고채와 같다.

그러나 구태여 따지면 맥쿼리인프라는 2043-2023=약 22년짜리 국고채와 같다. 2023년 4월 3일 시세는 12,500원 정도이다.

연간 배당 예정 금액은 2018년부터는 연간 675원~900원으로 예상된다. 투자액 대비하여 연간 수익률이 약 7% 정도가 되는 국고채인 셈이다. 정부가 MRG로 최저 수익을 보장했지만, 최저 수익일 경우의 배당 예상액은 알려져 있지 않다.

추정하건대, 약 4~5% 정도로 예측한다. 즉, 배당 예정 금액(675원~900원)은 최저 예상 배당 확정액이 아니라, 지금처럼 수익이 서서히 늘어나는 것을 전제로 한 배당 예상 금액이다.

국채와 다른 점은 만기 시에 액면가 5천 원(발행가 7천 원)을 반환하지 않고 만기 전에 3회에 걸쳐서 강제적으로 미리 분할 지급한다는 점이다. 2023부터 배당 예상액이 연간 700원 이상이니까, 분배금 총계가 700원×20년=1만 4천 원이다.

투자 전에 미리 맥쿼리인프라 펀드의 가격 변동에 대한 대비책이다. 만약 앞으로 고금리 시대가 도래한다면 맥쿼리인프라 펀드도 가격 폭락을 면하지 못할 것이다.

그러나 만기 시까지 보유한다면 분배금(배당금)만으로도 구입 가격을 넘어 절대적인 손실액은 발생하지 않는다는 것이다.

원금 5천 원은 3회에 걸쳐 반환될 것도 고려하여야 하며, 앞으로 인플레이션은 4~5%로 지속되고 고금리 시대가 도래할 것도 미리 생각해 보고 투자해야 한다.

챕터 33) 채권 투자로 대박을 맞은 사례

a) 채권투자만으로 역사적인 대박을 맞은 사람은 앞의 대박 이야기에서 말했듯이 지금은 없어진 건설 회사 영동개발진흥의 창업주이다. 아마도 현 시세로 수천억은 벌었을 것이다. 그녀는 창고로 부흥 채권을 그득히 수집했다고 한다. 그 당시의 한국은 빳빳한 국채용 종이를 만들 수도 없는 형편이었다.

액면가는 완전히 무시하고 엿장수들이 저울로 달아서 수집하였다. 엿장수나 사채업자들이 그들이 중간 매집상 역할을 한 것으로 추정한다. 나도 엿장수가 꼬드겨서, 아버지 몰래 일본 채권을 엿으로 바꿔 먹기도 했으니까.

b) IMF 위기가 터진 후 채권으로 대박을 친 사람은 미래에셋 창업주다. 1998년 초 시중 금리가 연 30%를 치달을 때에 200억을 채권에 풀 베팅했다. 같은 해 3월 시중 금리가 20%대로 급락했을 때 채권값은 물론 급등했다.

만약 그가 10년물 국고채에 베팅했다면 시세 차익으로 $10 \times 7 = 70\%$가 올라서 차액으로 3개월 만에 140억 정도를 거머쥐었을 것이다. 세금 한 푼 없는 순수익이다.

c) 또 하나 지금은 없어진 세종증권 오너였던 ○○○씨는 BW로 수십 배의 차익을 남긴 적이 있다. 이렇듯 정작 큰돈은 채권 투자로 버는 것이다.

이 중에서도 특히 국채는 100% 안전하니까 풀 베팅이 가능하기에 가능하다. 투자의 핵심은 수익률이라기보다는 얼마나 집중 투자가 가능한지일 것이다. 국채라면 은행 정기예금보다도 더 안전하다.

위의 사례에서 말한 대박 사례처럼 미리 채권에 대해 공부해 두고 여러분도 대박을 맞을 차례가 오면 놓치지 말아야 한다.

준비된 자, 아는 자에게 채권은 완벽한 황금 방석이 된다. 이 책을 자세히 읽은 분들은 이미 눈치채고 있을 것이다. 우선 1929년의 미국, 일본의 잃어버린 30년에서 확인했듯이 롱텀 디플레이션 시에는 채권의 가격 폭등이 금리 하락으로 발생한다는 것이다.

게다가 매년 2~3%의 국채 이자, 더욱 중요한 것은 약 30년간은 지속적인 금리 하락으로 국채 가격이 대세 상승을 거듭한다는 점이다. 이와 같이 국고채권 시장에 3가지 초대형 호재가 동시에 찾아오고 있는 것이다.

최적 매수 시기는 국내 자산 시장이 대세 하락을 맞아 외국인들의 주식, 부동산, 채권 투매로 달러 값이 최고치가 되었을 때이다. 국고채와 맥쿼리인프라펀드는 펜타곤(Pentagon) 투자법의 마지막 단계이다.

세계는 장기적으로 약 40년간 고금리 시대로 진입하지만 한국은 저금리 시대로 끊임없이 금리를 내려야 할 운명인 것이다.

일본을 보면 알 수 있지만, 현재 일본 국채는 가치 계산 불능의 상태에 빠져 있을 정도로 비싸다. 너무 좋은 금융 상품이어서 아무도 팔지 않는다는 사실이 이를 증명한다. 그래서 가격조차 없다.

펜타곤(Pentagon) 투자법의 마지막 단계이다.

우리나라를 제외한 전 세계는 장기적으로 약 10~40년간 고금리 시대로 진입할 수도 있다. 그러나 한국은 전 세계처럼 짧은 기간의 고금리, 고 인플레 후에는 롱텀 디플레이션이 본격화되어 끊임없이 금리를 내려 일본처럼 마이너스 금리까지 될 것으로 본다.

일본은 아베노믹스 시절 이전부터 YCC(수익율곡선 제어정책, Yield Curve Control의 약자로 특정 만기일의 국채 금리를 미리 정하고 그 수준을 유지하도록 국채를 매입 또는 매도하는 통화 정책)로 10년물 국채를 무제한 매수해 주고 있다.

일본은 예금금리가 낮으므로 이에 응할 사람은 많지않다고 봐야 한다. 왜냐하면 일본 국채는 예금보다 이자가 조금이라도 더 나오기 때문이다.

일 본은행은 10년물 국채 금리 변동 상한선을 2022년에 0%에서 0.5%

로 올린 후에, 2023년에는 시장 동향에 따라 0.5% 넘는 것도 허용하기로 했다. 사실상 1%까지 용인할 방침을 보인 것으로 현지 언론들은 분석하고 있다.

(6) 펜타곤(Pentagon) 투자법
이론 검증

펜타곤 투자법의 실제적 검증
(2017년 5월 이후~)

저자는 2017년 5월을 대세 상승으로 시발점으로 파악했고, 앞으로는 펜타곤(Pentagon) 투자법의 재테크 대상 5대 자산인 주식, 아파트, 달러, 예금, 국채 간 돈의 흐름을 따라서 투자해야 한다고 주창한 바 있다. 그래서 그 결과를 스스로 검증해 보기로 한다.

(1) 주식 시장
경상수지가 흑자로 돌아선 지 1년 후에 주식 시장은 서서히 대세 상승을 시작한다. 그러나 이번에도 1년 전에 한국의 경상수지가 흑자를 나타내기 시작했는지 확인하지 못했다. 그러나 32년간의 통계이므로 2016년 5월부터 경상수지는 흑자를 나타내기 시작했을 것이다.

2017년 5월을 대세 상승 시작으로 3~4년 후인 2020년 5월 혹은 2021년 5월에 최고 지수를 기록할 것으로 예측했던바 실제로 꼭 4년만인 2021년 6월에 주가지수는 고점을 기록하여 정확히 예측과 일치하였다.
이번 순환 투자 시에는 2008년 금융위기와 코로나로 인한 자금 살포로 1~2년 주식 시장 꼭대기가 늦어질 가능성을 조금 더 높다고 보았지만 이미 말한 대로 4년 차인 2021년 6월에 주가지수는 최고를 기록하였다. 그 후 15개월간 급락세를 시현하여, 2022년 9월 말에 1차 바닥을 기록하였다. 그 후 2022년 10월부터는 코스피 시장이 반등세를 7개월째 기록하고 있다.

(2) 아파트 시장

아파트 그래프는 주택지수로 아파트와 합쳐서 발표되는 관계로 아파트만을 분석한 자료는 없어 정확히 확인하지 못하지만 개략적으로 [그림 22]의 수직점선⑥의 주택지수와 [그림 28]의 수직점선⑦처럼 2021년 12월부터 아파트 등 주택은 폭락세를 나타내고 있음을 알 수 있다.

아파트를 포함한 한국의 주택지수는 코스피 지수가 폭락하고 있음에도 6개월간 폭등세를 시현한 후 15개월간 1차 폭락을 기록할 것이다.

2022년 10월부터 코스피가 반등세이거나 더 이상 내리지 않으므로 아파트를 포함한 주택지수는 주가지수가 반등을 시작한 지 6개월 뒤인 2023년 4월경부터 코스피 지수가 반등하는 기간 동안, 즉 2023년 10월 정도까지 폭등한 후 2023년 11월쯤 코스피 하락 기간에 맞춰 다시 2차 하락을 시작하게 된다.

따라서 아파트도 2023년 4월부터 2023년 10월 정도까지, 주식 시장 반등 기간인 만큼 7개월간 반등세를 나타낼 것으로 본다. 상승 기간도 상승률도 주가지수와 같다고 보면 맞다.
저자가 주창한 펜타곤(Pentagon) 투자법과 다이아몬드 달러 투자법을 그대로 대입한 것이다. [그림 28]의 수직점선⑧을 보면 간략히 정리가 된다.

아파트 시세를 다시 요약하면, 이제 곧 반등세를 마감하고 주식 시장과 아파트 시장에 다가올 2차 하락 기간은 보통 1년 정도이며 1차 하락기 저점보다 약 30~50% 정도 더 폭락한다.

투자자들의 심리가 그래프로 나타나는 것이므로 대세 하락기의 그래프 형태들은 거의 전부가 다 비슷하다. 따라서 아파트에 투자하고 있었다면 당연히 팔고 달러로 교체 투자 했어야 한다. 미국 거주자에게는 달러로 교체 투자 과정이 필요하지 않음은 물론이다. 이들에게는 다섯 단계인 펜타곤(Pentagon) 투자법이 아니라 네 단계인 테트라곤(Tetragon) 투자법이 된다.

(3) 달러 시장
달러로 교체 매매 한 후 달러 가격이 진정세를 보이거나 오르내림이 미미해지면 이번 대세 하락 중 달러는 1차 상승을 마무리하는 것이다. 투자자들은 2023년 6월에 미국의 기준 금리 인상이 중단될 것으로 기대했지만 앞으로 2차례는 더 해야된다고 한다. 저자는 앞으로도 3~4차례 더 인상되어 결국 6~8% 사이가 될 것으로 판단한다.

보통 금리 인상 이후 약 1년간은 금리를 더 이상 변동시키지 않고 그동안의 금리 인상 효과를 기다려 보는 금리 고원지대가 도래한다. 하지만 매번 그랬듯이 1년 이상 고금리를 견뎌 낼 회사들은 많지 않다. 이미 2,200%, 즉 22배나 금리가 단기간에 올랐으므로 SVB 사태 같이 은행의 2차 위기는 점점 다가올 것이다.

위기가 본격화되면 또 다시 금리를 인하하겠지만 그 후 치솟는 인플레이션으로 '볼커의 실수'와 같은 금리의 급격한 인상을 또 해야 될 것으로 보인다. 그

때의 달러 가격은 당연히 1차 달러 최고 가격인 2022년 9월 30일의 1,445원 보다 훨씬 더 높은 가격을 나타낼 것이다.

(4) 예금 시장

이제는 달러의 1차 가격 상승의 시세 차익을 위해 교체 투자 했던 달러를 모두 판 상태이다. 즉, 미국 연방준비제도이사회는 인플레이션을 잡기 위해 혹은 경기를 진정시키기 위해 이미 금리 인상이 시작되어 금리가 꽤 오른 은행 정기예금에 가입해 있어야 하는 때이다. 한때 정기예금 금리가 5%를 넘은 적이 있지만 정부의 권유로 이율을 내렸다. 하지만 아직 4%대 정기예금은 많다.

통상 정부의 금리 정책, 재정 정책 등은 지나치기 마련이다. 관료 사회의 특성상 지표를 확인하고 좀 늦게 안전 위주로 정책을 펴기 때문이다.

(5) 국채 시장

고원지대를 지나면서 고금리의 지속적인 부담으로 급속히 냉각된 경기의 부양을 위해서 이제 정부는 약 1년 정도 신속하게 비자발적인 금리 인하에 나서게 된다. 평상시라면 이때가 바로 정기예금을 해약하고 국채를 사 모아야 할 타이밍이다. 천천히 사들여 가면 된다.

그러나 이번에는 급히 내린 금리로 인해 다시 인플레율이 급등하게 될 것으로 본다. 따라서 금리를 다시 신속하게 올려야만 한다. 이런 것이 '볼커의 실수'라고 하는데 이번에는 현재 연방준비제도이사회 의장인 제롬 파월

(Jerome Powell)도 같은 실수를 할 것으로 본다. 그 후에야 비로소 인플레가 완전히 잡히고 미연준은 지속적으로 금리를 내리게 된다.

그래서 이번에는 금리 정책이 평상시와 완전히 다를 것으로 예상되므로 정부의 기준금리 인하를 확인하고 천천히 국채로 진입하는 것이 좋다.

통상 최고 기준 금리 3~4개월 이전에 시장 금리는 미리 내리기 시작하지만 이번처럼 파월의 실수 예상과 40년간 금리가 상승 추세로 갈 것으로 판단될 경우 기준 금리 인하를 확인하고 기조를 변환하는 것이 더 좋다고 본다.

평상시라면 1~2년 후, 즉 미국의 기준 금리가 인하되고 미국 경기가 다시 살아나고 경상 적자가 늘어난 지 1년쯤 지나고, 각국의 무역수지가 흑자로 돌아선 지 1년쯤 지나면 이제는 주식 시장으로 진입하면 된다.

1980년대부터 지나온 40년은 저금리 시대였고 앞으로는 기본적으로 인플레율은 4~5%가 지속된다고 보는 것이 금융계 구루(Guru)들의 견해이다. 즉, 다가올 40년은 고금리 시대로 보이므로 미리 예측해서 미리 국채를 팔지 말고 금리 인하를 확인한 후 방향을 바꿔야 한다. 금리가 얼마나 더 인상될지 아무도 예측할 수 없는 상황이 올 수 있기 때문이다.

이로써 펜타곤(Pentagon)식 5대 자산 간 순차별 순환 투자는 1회전을 완료한 것이고 어느덧 대세 상승이 시작된 지 10여 년의 세월이 지난 때가 된다.

이번에는 한국을 비롯해 전 세계가 2016년 1월에 이미 롱텀 디플레이션에 진입해 있다. 한국은 [챕터 8]에서 설명한대로 2037년까지 즉 앞으로 15년 정도 국채에 그대로 투자해야 할 것으로 본다. 롱텀 디플레이션의 정도에 따라 나라별로 금리가 확연히 다를 것으로 예측한다. 특히 한국은 롱텀 디플레이션이 시작된 1988년 12월의 일본의 경제 여건과 너무 닮아 있다.

(6) 다시 주식 시장으로의 진입

재테크 시장은 항상 이렇게 재테크 대상 5대 자산인 주식, 아파트, 달러, 예금, 국채 사이를 펜타곤(Pentagon)식으로 순차별 순환 투자가 반복된다. 그 이유는 이렇게 5대 자산 간 순차별로 순환 투자를 하지 않으면 큰 손해를 보게 되기 때문이다.

주식, 아파트, 달러, 예금, 국채의 5대 자산 가격이 오른 대로 가격이 그대로 항상 유지되지 않고 폭락하기 때문에 반드시 순환 투자를 해야 한다. 그 이유는 환율의 변화, 이자율의 변화 때문이다.

주식도 그대로 두면 매기가 아파트로 넘어가면서 최소 50%씩은 급락하고, 아파트 또한 달러가 급등하면서 50%는 급락한다. 40~50%나 100%까지 올랐던 달러도 금융위기의 진정으로 서서히 급등 이전으로 되돌아가니 결국 하락률이 40~50%를 넘는다.

정기예금은 이자율이 조금 내릴 뿐 원금 손실은 없다고 할 수 있지만 이 자금으로 펜타곤(Pentagon) 투자법의 마지막 투자 재산인 국채를 산다면 50%

는 족히 오르므로 결국엔 큰 손해를 본 셈이 되는 것이니 그대로 무기한 정기 예금에 가입해 있다 해도 바보가 되는 것이다. 그러므로 펜타곤(Pentagon) 투자법의 이 투자 순서를 공식으로 만들어 널리 알려야 한다. 이것이 제일 중요한 히든 스토리(Hidden Story)이다.

(7) 롱텀 디플레이션시의 펜타곤 투자법
(1)~(5)의 평상시 까지의 과정은 경기 순환에 맞춘 투자 방법이다. 그러나, 롱텀 디플레이션이 온 경우에는 (5)후반부 처럼 2037년까지 국채에만 투자해야 하는 상황이 지속된다. 롱텀 디플레이션(Long Term Deflation, 약칭 LTD)에 처해 있던 일본처럼 다른 나라와는 달리 한국의 금리는 하락을 지속하여 마이너스 금리까지 내려간다.

1929년의 미국은 [그림 6]과 [그림 18]처럼 22년 만에 롱텀 디플레이션에서 탈출했다.

일본은 [그림 5]의 수직점선 B, ②, C' 선인 1988년 12월에 롱텀 디플레이션에 진입하였다. 그 후 무려 32년이나 지난 2020년 12월에야 롱텀 디플레이션에서 거의 다 빠져나온 것으로 보인다.

[그림 34]의 수직점선④가 바로 2020년 12월이다. 보다 자세히는 [챕터 39]에서 자세히 설명한다. 그러나 일본은 아직도 마이너스 금리를 시행 중이다.

이상으로 펜타곤(Pentagon) 투자법의 정확성과 우수함, 간편성을 검증한 것이 된다. 2017년 5월에 시작된 이번의 경기 순환은 주식 투자에서부터 시작하여 지금은 정기예금에 투자해 놓고 이자를 즐기고 있거나 국채 투자를 기다리고 있을 때이다.

(8) 결론
펜타곤(Pentagon) 투자법은 5가지 투자 대상 자산, 즉 주식, 아파트, 달러, 예금, 국채에 대해서 선제적으로 투자하는 투자기법이 아니라 항상 뒤따라서 확인하고 투자하는 추종 매매 기법이 된다.

국채에서 시세 차익을 누리면서 배당금을 2년 정도 받고 있다가 주식 시장으로 투자를 바꾸는 때는 1~2회 금리 인하를 확인하고 나서이다.

코스톨라니처럼 금리가 낮을 때나 높을 때를 판단한 후 다음 투자 수단으로 넘어가는 것이 아니라 자국의 경상수지가 흑자로 돌아선 지 1년 후 또는 미국의 경상 적자가 늘어난 지 1년 후쯤 주식 시장으로 진입하면 된다.

32년간의 통계로 이미 확인·검증된 때가 한국이나 미국의 경기로 판단한 1년 후이므로, 그냥 1년 후에 주식 시장으로 진입해도 되지만, 여기에다가 다시 기조 반전일로 확인하고, 삼선전환도로 한 번 더 진입 시점을 확인한 후에, 국채를 팔고 주식 시장의 신고가주나 상한가주로 진입하면 된다. 장차 이 주식 중에서 주도주가 나타날 것이다. 항상 주도주에 투자하려고 애써야 한다.

이후 [그림 27]처럼 주식 시장이 꺾인 것을 확인한 후에 달러로 교체 투자에 나서면 되는 것이지, 미리 예측하여 움직일 필요가 없다. 정기예금이나 국채의 투자 시기도 금리 인하를 확인하고 따라가면 된다.

주식→아파트→달러→예금→국채의 순차적 순환매 기회가 지나가면 모든 자산은 엄청난 폭락 현상이 나타나므로 반드시 모두 팔고 다음 자산으로 넘겨야 한다. 그래야만 1회의 경기 순환 투자로 약 16배까지 재산이 불어나는 것이다.

그러나 이런 대폭락을 즐길 방안이 이제는 펜타곤(Pentagon) 투자법 외에도 꽤 있음은 물론이다. 바로 적당한 인버스(Inverse) 상품 등을 매수하면 된다.

코스피 200을 기초 자산으로 하는 인버스 혹은 레버리지 ETF, 금리의 변동을 기초로 하는 ETF, 달러 가격이나 외환을 기초로 하는 ETF, 금, 은 등 실물을 기반으로 하는 ETF 등 꽤 많다.

이제 어떤 경우가 숏텀 디플레이션이고, 어떤 경우가 롱텀 디플레이션인가를 꼭 알아야겠다는 느낌이 들 것이다. 롱텀 디플레이션에 관한 이론은 제3부에서 독점 소개한다.

제3부

롱텀 디플레이션 시대의 투자학

인버스 시대의 투자학

제3부에서는 롱텀 디플레이션의 원인 구별법, 투자법 등으로 구성하여 '롱텀 디플레이션 시대의 투자학'이라고 소제목을 붙여 자세히 설명할 기회를 갖는다. 롱텀 디플레이션 시대에는 모든 것이 다 내리므로 인버스 상품에 투자하면 대박이 나는 인버스(Inverse) 시대이기도 하다.

2016년 1월에 전 세계에 도래한 공포의 롱텀 디플레이션(Long Term Deflation)의 본격화는 이렇게 시작된다.

제롬 파월의 미국의 연방준비제도 이사회는 인플레이션이 진정된 것으로 오판하고 혹은 여론에 밀려 평균적인 고원지대 대기 기간인 금리 인상 중단 후 11개월이 지나기도 전에 기준 금리를 신속히 몇 차례 내리게 된다.

이에 맞춰 주식과 아파트는 더 급등하고 물가도 당연히 다시 급등하게 된다. 즉 성급하게 기준 금리를 내린 결과 미국의 인플레율이 다시 급등하게 된다.

이에 대응해 미국은 황급히 다시 기준 금리를 급등시키게 된다. 이른바 '파월의 실수'가 이렇게 시작된다.

이로 인해 한국을 비롯한 전 세계에는 달러 가격이 급등하게 되어 급속한 외화 유출로 주식과 아파트가 30~50% 한 차례 더 폭락한 뒤에 롱텀 디플레이션이 본격적으로 찾아온다고 본다.

한국에서 대유행하는 수익성 자산에의 몰입 투자와는 달리 일본인들은 30년 전부터 모든 수익성 자산에 거의 투자하지 않는다. 심지어 살 집도 여간해서 사지 않는다.

그 이유는 월세용으로 수익성 자산에 투자를 하면 매년 손해를 보기 때문이다. 1년 월세로 2천만 원을 받지만, 주택 가격이 1년에 3천만 원이 내린다면, 집을 사지 않는 게 당연하지 않은가?

이런 현상은 한두 해가 아니라 앞으로 30년 이상 한국을 비롯한 전 세계에서 지속된다. 가지고 있을수록 손해를 보는데 누가 월세 투자용 주택을 사겠는가?

일본인은 한때 국제적으로 이코노믹 애니멀로 불렸을 만큼 계산에 밝다. 그러나 1990년 일본 대붕괴부터 30년에 걸쳐 배운 것 중 하나가 바로 월세 투자, 즉 수익성 부동산에 투자를 하면 망하더라는 사실이다.

그래서 우리가 신봉하는 토지 신화라는 단어는 일본에서 완전히 사라졌다. 그래도 자녀가 적어 상속으로 양가에서 주택이 강제 상속되어 가구당 주택이 1~2채가 추가로 생겨나기도 한다.

그 바람에 재산세가 급증하게 되어 상속으로 받은 가옥분의 재산세라도 줄이려고 불도저로 가옥을 밀어 나대지로 만들고 있다.

현재 한국의 부동산 시장과 일본의 부동산 상황을 보고 한국인들은 상속으로 아파트가 1~2채 더 생겼으니 이 상속 주택으로 월세를 받으면 좋겠다고 생각하겠지만, 국민 누구나 현재보다 주택을 1~2채를 더 보유하게 되니까 월세를 살아 줄 사람도 완전히 없어지게 된다. 이것이 현재 일본 주택 시장의 모습이고 곧 닥칠 한국 아파트의 미래이다.

그리고 또 일본처럼 한국도 장기간의 원·달러 환율 하락으로 물가도 계속 하락한다. 부동산도, 주식도 같이 폭락한다. 이것이 기존 이론과는 완전히 다른 롱텀 디플레이션 현상이다. 롱텀 디플레이션 현상이 나타나면 펜타곤(Pentagon) 투자법이 전혀 먹히지 않는다.

이런 현상들은 기존의 경제학 이론으로는 설명할 수도 해결할 수도 없다. 이것이 바로 일본을 분석하여 결론 낸 롱텀 디플레이션 현상이다.

그래서 일본을 분석하여 롱텀 디플레이션 현상의 30년 후 결과를 미리 예측하여 지금의 한국에 투자해야 한다.

챕터 34) 롱텀 디플레이션의 원인…

숏텀 디플레이션과 롱텀 디플레이션의 경우에는 투자 방법과 결과가 완전히 다르기 때문에 혼동해서 투자하면 절대로 안 되며 양 디플레이션을 구분하는 방법부터 철저히 검토해 두어야 한다.

디플레이션은 보통 호경기 뒤에 찾아오는 5년 이내의 불경기인 단순한 디플레이션, 즉 숏텀 디플레이션과 5년 이상이나 디플레이션 상태가 지속되는 롱텀 디플레이션으로 나눌 수 있다.
이 두 가지 디플레이션을 분리해서 대처해야 한다. 본 저서는 주로 롱텀 디플레이션에과 관한 이론과 투자 방법을 다룬다.

그러면 롱텀 디플레이션의 원인에 대해 알아보자.

(1) 달러 가격의 지속적인 하락
롱텀 디플레이션의 가장 강력한 원인은 달러 가격의 지속적인 하락이다. 원화가 강세로 가면 모든 수입 물가가 하락하므로 우리나라의 물가는 내려갈 수밖에 없다. 따라서 달러 가격의 지속적인 하락이 디플레이션의 가장 강력한 원인이다.

달러 가격의 3% 하락은 모든 수입 물가를 평균적으로 3% 하락시킨다. 물가가 그만큼 싸지면서 월급도 3% 인하시킬 명분이 생긴다. 달러 가격의 하락은 물가에 무차별적으로 적용되는 디플레율이 된다. 이것이야말로 가장 강력한 히든 스토리(Hidden Story)가 된다.

이와는 반대로 달러 가격의 상승, 즉 환율의 상승은 수입품 가격을 상승시키고 수출품 가격을 상승시켜 수출하는 나라나 기업에 환율 상승으로 인한 초과 이득을 가져다주기도 한다.

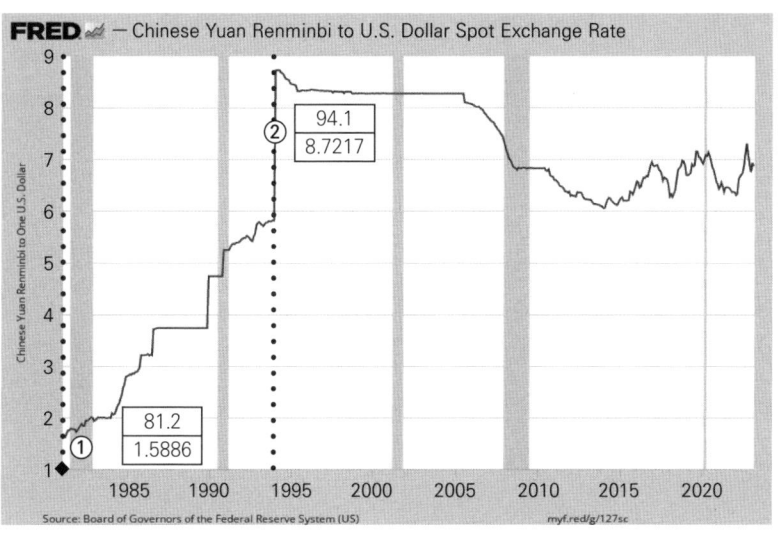

[그림 23] 43년간(1981.1.2.~2023.3.24.) 위안·달러 환율

그러므로 지구상의 각 나라들은 고환율 정책을 선호하게 된다. 그냥 간단히 디플레이션의 원인은 달러 약세의 지속, 인플레이션의 원인은 달러 강세의 지속으로 보면 된다.

그래서 미국은 의도적인 고환율 정책을 시행하는 나라를 환율조작국으로 지정하기도 하고 관찰 대상국으로 다소 느슨하게 관리하기도 한다. 모든 나라는 그들의 목적에 맞춰 경제 정책을 펴지만 거의 모두가 고환율 정책을 펴 나간다고 할 수 있다.

개발도상국의 입장에서는 환율을 조정하여 가장 손쉽게 해외에서 자국 제품들의 가격 경쟁력을 확보할 수 있다. 이른바 국제적으로 가격 경쟁력을 확보하는 가장 간단한 방법이 환율을 인상시키는 것이다.

중국이 처음으로 세계 시장에 진출하여 경쟁력을 손쉽게 확보할 수 있었던 것은 바로 [그림 23]처럼 끊임없이 높여 간 위안화의 환율 덕분이었다.

즉, [그림 23]의 수직점선①처럼 중국은 개혁 개방(1978.12.) 초기 연도에 가까운 1981년 2월 1일 1.5886이었던 달러와 위안화의 환율을 지속적으로 절상하였다. 개혁 개방 14년만인 1994년 1월의 위안화 환율은 ②처럼 8.7217이었다. 무려 549.0%의 위안화 절하가 있었음을 알 수 있다. 거기에다가 13억 인구의 싼 인건비로 만든 제품의 가격 경쟁력 확보로 세계 시장에 성공적으로 진입하였다.

이 덕분에 전 세계는 인플레이션 없는 호황기를 근 45년간 지내 온 것이기도 하다. 그래서 중국은 1978년 개혁 개방 이후 약 45년 만에 G2로 성장하였다. 우리나라도 처음 국제 시장에 진출할 당시에는 역시 고환율 정책으로 가격 경쟁력 확보를 통해 수출액을 늘리는 것이 목표였다.

그러나 수입 상대국에는 적자가 쌓여 가므로 이러한 단계는 일정 기간이 지나면 적용하기가 쉽지 않다. 가격 경쟁력만으로 세계 시장을 확보하는 것은 영구적이지도 않고 무한정 지속될 수도 없다. 인건비, 지대 등의 비용이 급등하기 때문이다.

[그림 24] 53년간(1971.1.4.~2023.4.28.) 엔·달러 환율

중국이 값싼 제품과 위안화 절상으로 우리나라의 시장을 대체해 왔듯이 생산의 3요소, 즉 3M(자원, 사람, 자본) 중 일부가 절대적 우위에 있어야 국제 시장에서 가격 경쟁력 확보가 가능하다.

가격 경쟁력이 추락하기 시작하면 이제는 품질로써 경쟁하는 품질 경쟁력을 강화시키지 않으면 안 된다.

같은 제품이지만 가격 대비 품질을 한 단계 업그레이드시켜야 국제 시장에서 경쟁력 확보가 가능한 것이다. 요즘 말로 가성비가 맞아야 제품이 팔리는 것이다. 품질이 뛰어나면 환율 절하 시에도 상대방에게 가격 전가가 가능해진다.

[그림 24]처럼 일본의 엔화는 1970년대 357.42엔에서 2012년 76.34엔, 단순히 계산하면 43년간 수입 물가는 78.6% 폭락했다. 롱텀 디플레이션은 이처럼 적어도 10년 이상 아니 보통 20~30년 이상이나 자산 가격이 끊임없이 내린다.

환율이 지속적으로 하락하면 자연스레 자본 유출 유혹이 생기게 된다. 일본을 예로 들면 일본 국내 달러 가격은 지속적으로 하락하므로 일본인이 미국 자산을 볼 때 자산 가격은 하락한 것과 같지만 미국인 입장에서 미국 자산 가격은 그대로이다.

즉, 움직임이 전혀 없는 상태다. 오르지도 내리지도 않았다. 하지만 달러 가격 하락으로 일본인 입장에서 보면 미국 자산 가격을 하락시켜 일본의 자본 유출을 유혹하게 된다.

결국 일본의 GDP 중 일부는 해외 유출을 하게 되어 국내 소비 감소를 유발시키고 이는 또다시 달러 유출의 유혹을 키워 악순환 과정을 밟게 된다. 결론적으로 지나친 경상수지 흑자, 즉 수출의 해악으로 엔화 강세가 나타나는 것이다.

일본인들은 해외 투자 시에 달러의 최저점을 찾아서 해외에 투자하지 않으면 결국 손해를 보게 된다. 그 후에도 달러 가격이 계속 더 내리면 해외에 나간 달러는 환차손 때문에 국내로 반입하지도 못한다. 이른바 해외 투자액은 점점 늘어만 가고 누적되는 것이다.

2001년 3월에 일본은행이 돈 풀기를 시작했지만 아베의 취임 이후 본격적으로 돈을 무한정 풀어 엔화 가치를 떨어뜨려 국제 경쟁력을 확보하고자 하는 것이 바로 아베노믹스였다.

엔저가 아베노믹스로 구현되고 미국 자산 가격이 상승하면 해외에 나간 일본 투자자들의 투자 수익+환차익은 엄청나게 된다. 즉, 완벽한 해외 투자 성공 사례가 된다.

그러기 위해서는 일본의 국력, 국가 경쟁력이 약해져서 엔화가 약해져야 한다. 결국 막대한 무역 흑자가 일본을 망친 것이다. 일본이 살려면 무역 흑자를 줄여야 하는 이상한 일이 생겨난다. 아무도 몰랐던 히든 스토리(Hidden Story)이다.

일본은 롱텀 디플레이션으로 자산을 국내에 그냥 둬도 매년 가격이 내리고 있다. 대신에 미국으로 나가면 잘 빠지지는 않는다. 그러나 해외로 나갔던 돈은 엔화 강세로 일본 국내로 들여오면 환차손이 발생한다. 이것이 일본인들의 딜레마다.

1985년 9월 22일 플라자(Plaza) 합의 때 약 2배 정도의 엔화 강세가 시현됐다. 다이아몬드(Diamond) 달러 투자법을 상기해 보라. 일본의 부동산과 주식은 폭등하게 된다. 실제로는 1986~1989년 사이에 엔화는 300% 정도가 폭등했다. 버블과 역버블에 따라서 결국에는 균형점을 찾아가는 과정이었기에 최고 시세는 약 3배까지도 오른 것이다.

그러나 1990년에 일본의 롱텀 디플레이션이 본격화된 이후 이제는 일본의 재산들은 80~90%가 폭락했다. 거품 붕괴와 달러가격 폭락, 인구 문제, 부채 문제 때문으로 그렇게 된 것이다.

(2) 해리 덴트의 인구절벽
다음으로 생각해 보는 롱텀 디플레이션의 원인은 해리 덴트가 말한 인구절벽이다. 한동안 해리 덴트의 인구절벽이란 단어가 온 세계를 풍미한 적이 있다. 이를 두고 생산 활동 가능 인구(15~64세 인구)가 줄어 물건을 못 만들어 그런 것으로 오해하는 사람들이 많은 것 같다.

롱텀 디플레이션은 생산 활동 인구가 줄어들어 오는 것이 아니다. 생산 활동 가능 인구의 부족은 자동화나 여성 인력으로 충분히 대체 가능하다. 15~64세의 인구를 생산 활동 가능 인구(Working age)라고 부르는데, 이 말을 뒤집어 보면 이 들은 소비 활동 가능 인구도 된다. 인구는 단기간에 늘려 갈 수 없다.

즉, 단순히 생산 활동 가능 인구의 감소 때문에 전 세계 경기가 디플레이션을 향해 간다고 오해하면 안 된다. 지금 세계는 생산이 부족해서 디플레이션이 오는 것이 아니라 소비가 부족해서 디플레이션이 오는 것이다.

생산량의 부족은 자동화로 간단히 해결할 수 있다. 기계를 통한 자동화보다 생산과 소비를 동시에 늘려 주는 여성의 새로운 사회 활동이 훨씬 더 중요하다.

새로이 사회 활동을 시작하는 가정주부 등 여성 인력은 생산과 소비를 동시에 늘려 주기 때문이다. 즉, 디플레이션의 원인은 과소 소비라는 관점에서 봐야 한다.

맬서스의 인구론이 세상을 지배하던 시절 등소평은 "인구가 자산이다."라고 천명한 바 있다. 이제야 이 말이 먹히는 시대가 된 것이다. 어느 나라나 인구가 중요하다.

1929년의 미국을 제외하면 현재까지는 전 세계의 유일한 롱텀 디플레이션 국가는 일본이었다. 1990년 이후의 일본의 주식, 아파트 등 자산 가격이 폭락했다.

해리 덴트는 일본의 생산 활동 가능 인구가 갑자기 줄어드는 이유를 단카이 세대의 은퇴 때문이라고 주장한다. 단카이 세대는 전부 은퇴하였고 연금 외에는 수입이 거의 없으므로 소비를 줄여 갈 것은 맞다.

하지만 절대 인구가 줄어도 상대적으로 늘어나는 고령 인구도 있다. 수요가 폭증하는 산업, 즉 제약, 바이오, 헬스케어 산업은 고령 인구의 증가로 오히려 수요가 폭증한다.

당장 이 단카이 세대나 한국의 베이비부머 세대가 지구상에서 사라지는 것이 아니라 수입이 줄어 소비를 조금씩 줄여 갈 뿐이기에 해리 덴트의 걱정처럼 되지는 않는다.

달러 가격 하락, 즉 원화 가격 상승은 인구 감소로 인한 소비 감소에 따른 하락률보다 즉각적이고 무차별적이다. 반면 인구 감소에 따른 소비 수요 감소는 서서히 적은 비율로 반영된다고 보는 것이 타당하다.

따라서 인구 감소에 따라서 디플레이션이 온다는 분석은 과장된 것으로 보는 것이 타당하다. 한마디로 오버 인사이트(Over Insight)이다.

(3) 소구형 주택담보대출 제도 시행
이 방법은 채무자가 주택담보대출금을 완전히 갚을 때까지 주택은 물론 채무자의 모든 재산을 추적하여 빚을 받아 내는 대출제도이다. 그래도 다 갚지 못하는 경우에는 상속자에게 까지 빚을 받아 가는 대출 제도이다. 한국, 일본 등이 시행 중이다. 패자부활전이 없는 시스템이며 채무자의 소비 여력을 완전히 고갈시키는 대출 제도이다.

반면 미국은 소구형 주택담보대출 제도와는 완전히 다른 비(非)소구형 주택담보대출 제도를 시행한다. 이 방법은 주택담보대출금을 갚지 못할 경우가 되면 집을 비우고 열쇠를 은행 측에 넘기면 모든 빚이 사라지는 주택담보대출 제도이다.

비소구형 주택담보대출 제도는 이렇게 빚의 청산이 신속히 이루어짐으로써 경제회생이 빨라지는 장점과 주택 가격 평가의 적정성에 따른 책임 등의 소재가 명확해지는 장점 등 좋은 점이 많다.

은행이 채무자의 다른 재산에 대한 소구권이 없게 제도화하는 것은 당연하고도 합리적인 제도이다. 담보로 제공한 재산 이외의 재산에도 소구권이 있다는 것은 이해할 수 없다. 소구형 주택담보대출 제도는 은행 위주의 제도임에 틀림없다.

지금 한국의 가계 기업 정부의 부채가 GDP의 358% 정도이다. 빚이 국민 생활에 고통을 준다면 그 기간을 짧게 해야 한다. 더구나 대물림해서까지 소구권이 인정되는 부채 청산 제도는 말이 안 된다고 본다. 한·중·일 등 동양권의 소구형 주택담보대출 제도는 앞으로도 계속 경기에 영향을 끼칠 것으로 보인다.

2008년의 금융위기를 단기간에 극복한 미국식으로 빚을 일시에 처리하는 비소구형 주택담보대출 제도가 국민들의 고통을 오히려 줄여 주는 것은 틀림없는 사실이다.

챕터 35) 디플레이션을
숏텀·롱텀 디플레이션으로
반드시 구분해야 하는 이유

그 이유는 한마디로 디플레이션의 종류에 따라서 재테크 방법이 180도 다르기 때문이다.

두 가지 종류의 디플레이션에 따라서 달리 투자하지 않으면 완전 쪽박을 차게 된다. 그러하니 우선적으로 디플레를 롱텀 디플레이션과 숏텀 디플레이션으로 정확히 구분해 내야 한다.

물가가 하락하고 경기가 침체되는 것을 디플레이션이라고 한다. 통상적인 경기 변동(Business Cycle)은 호경기인 인플레이션 5년과 불경기인 디플레이션 5년으로 구성된다. 이 중 실제적인 인플레나 디플레 기간은 각기 3년 정도로 추정된다.

보통의 디플레이션은 최장 5년 정도의 기간 동안 물가가 하락하고 경기가 침체되는 현상인데, 이를 숏텀 디플레이션 아니면 그냥 디플레이션이라고 말한다.

반면 5년 이상 지속되는 디플레이션, 즉 일본처럼 30년간이나 지속되는 디플레이션도 있는데, 저자는 이를 롱텀 디플레이션(Long Term Deflation)

이라고 정의하고 이를 따로 분리하여 분석, 설명한다.

숏텀 디플레이션 시의 재테크 방법은 여태까지 여러분들이 투자하던 방법 그대로에다 달러 투자와 예금 투자, 국채 투자의 과정을 추가한 것 외에는 별로 달라진 게 없는 것으로 보기 쉽다.

하지만 미국을 제외한 나라에서는 반드시 주식이나 아파트를 달러로 교체 투자 하는 과정을 거쳐야 한다는 것 자체가 엄청나게 다른 점이다. 이 과정에서 단기간에 8배의 수익이 발생할 수 있기 때문이다.

저자가 제시하는 펜타곤(Pentagon) 투자법은 투자 자금을 주식→아파트→달러→예금→국채의 순서대로 순환 투자 하는 것이다. 그래야 이익이 가장 커지므로 누구나 이 순서대로 주식이나 아파트를 순환시켜야 한다는 이론이다. 저자는 이 5단계 순환 투자법을 펜타곤(Pentagon) 투자법이라고 명명한 바 있다.

주식과 아파트는 달러로 순환 투자 과정을 거침으로써 단기간에 최대 8배의 수익을 거둘 수 있는데, 이를 다이아몬드(Diamond) 달러 투자법이라고 한다.

평상시에는 모든 재화의 가격은 달러와 반비례 관계가 형성된다. 그 후 달러 가격의 변동이 미미해지면 재화 가격은 달러 가격에 따른 변동은 거의 없어지고 단지 수급에 의한 변동 요인만이 남게 된다.

미국에 거주하며 달러를 일상의 화폐로 쓰는 사람들을 제외하고 이 세상의 모든 재산은 달러의 등락에 맞추어서 반대로 투자하고 회수해야 함을 알 수 있다.

이 다이아몬드 달러 투자법은 숏텀 디플레이션에 최적인 재테크 법이다. 만약 롱텀 디플레이션에도 이 다이아몬드 달러 투자법에 맞춰 투자한다면 완전히 실패한 투자 결과를 얻게 된다.

따라서 모든 디플레는 숏텀 디플레이션인가 혹은 롱텀 디플레이션인가로 구분해야 한다.

챕터 36) 디플레이션의 징후 포착법

(1) 숏텀 디플레이션의 포착 요령
우리가 흔히 경험해 왔던 불경기, 즉 일반적인 디플레이션인 숏텀 디플레이션 때에는 달러 가격이 오르면 주가나 아파트는 반비례해서 내린다. 그래서 숏텀 디플레이션의 징후를 포착하는 요령은 다이아몬드 달러 투자법이 제대로 작동되는 것만 확인하면 된다. 우리가 흔히 겪어 온 주기적인 불경기를 생각하면 된다.

그러므로 달러 가격이 오를 것으로 판단되면 주식이나 아파트를 팔아야 한다. 우리가 겪었던 IMF나 2008년 금융위기나 코로나 사태 등을 생각하면서 간단히 기억해 낼 수 있어야 한다.
어느 나라의 국내 달러 가격과 주가지수, 아파트, 금, 원유 등의 반비례 관계를 이용한 투자법이 바로 저자가 오래전에 주창한 다이아몬드(Diamond) 달러 투자법이다.

이 투자법은 미국을 제외한 어느 나라든 국내 달러 상승률과 하락률은 어느 나라의 모든 재산들의 개별 상승률과 하락률과 같으며 서로 반비례 관계임을 이용하는 투자법이다.

(2) 롱텀 디플레이션(국가별 발생/세계적 발생의 2가지 경우)

그러나 이 다이아몬드 달러 투자법 이론이 전혀 먹히지 않는 현상이 생겨나면 경제가 롱텀 디플레이션에 진입한 것으로 판단하는 것이다. 롱텀 디플레이션이 되면 숏텀 디플레이션처럼 금 가격과 달러 가격은 반비례가 아니라 정비례 관계로 변하며, 이렇게 변하는 이유는 아직까지 밝혀진 게 없다.

롱텀 디플레이션에서는 달러 가격과 주식 가격, 아파트 가격이 같은 방향으로 움직인다. 롱텀 디플레이션에서 아직도 완전하게 탈출하지는 못한 일본의 이 세 가지의 지표들이 과거에 얼마나 비슷하게 움직였는가를 싱크로율 그래프를 통해서 우선 살펴보자.

[그림 25] 일본 롱텀 디플레이션(2009~2019) 중 엔, 니케이 지수, 주택지수의 싱크로율

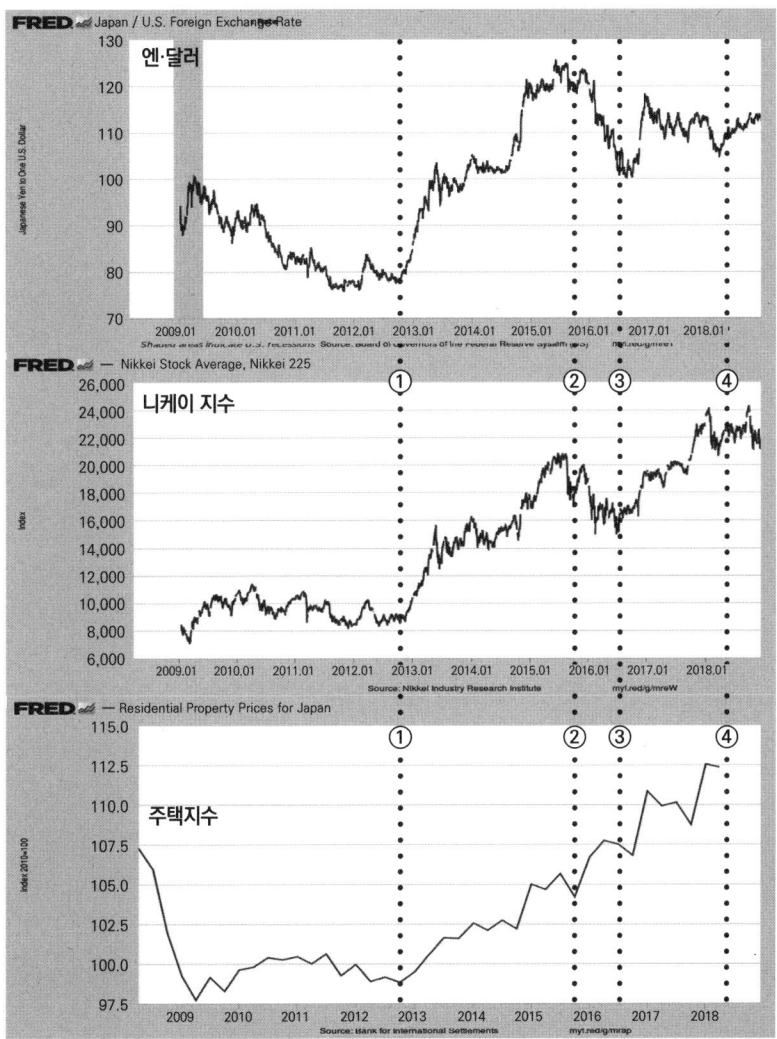

[그림 26] 11년간(2009~2019) 롱텀 디플레이션 중 니케이 지수와 엔화 환율, 주택지수

[그림 25]는 2009~2019년(11년간) 일본의 엔·달러 가격과 니케이 지수, 주택지수와의 싱크로율을 보기 위해 한 그래프 안에 같은 연월의 3자의 관계

를 비교해 본 그래프이다. 일견하면 이들 세 가지 지표들의 움직임이 놀라울 정도로 유사함을 알 수 있다.

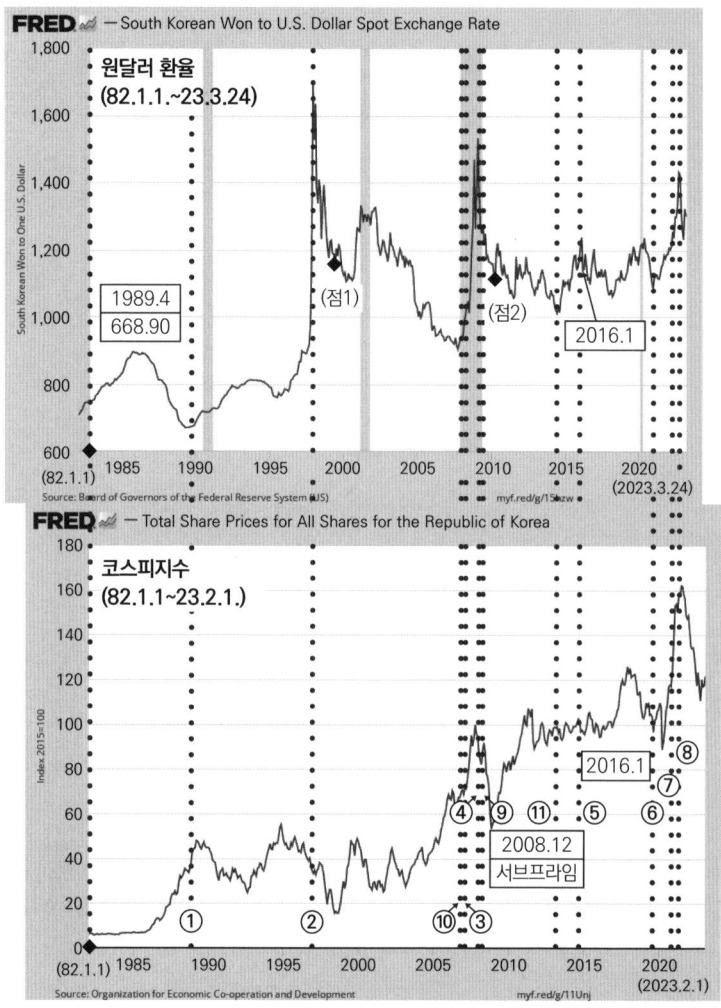

[그림 27] 한국의 42년간(1982.1.1.~2023.3.24.) 원·달러 환율과
42년간(1982.7.1.~2023.10.1.) 코스피 지수 관계

주택지수가 표시되기 시작하여 주택 가격과의 관계도 동시에 살펴볼 수 있는 [그림 5]의 D 이후 혹은 [그림 26]의 수직점선② 이후의 같은 연월의 엔·달러 시세와 니케이 지수와 일본의 주택지수를 약 11년간 비교해서 보면 된다.

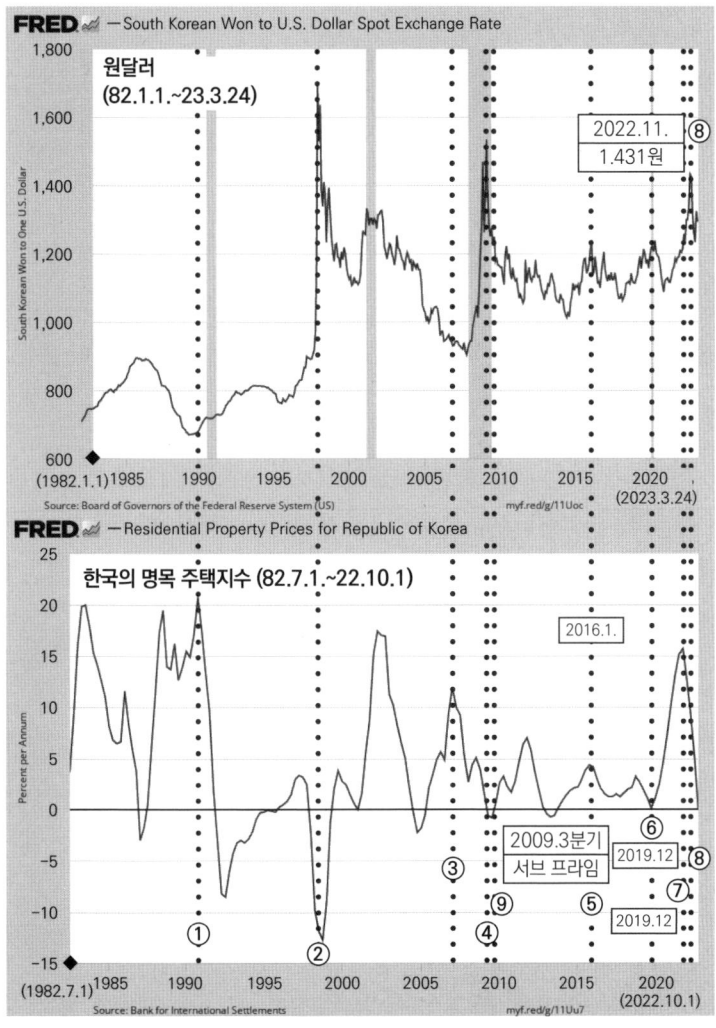

[그림 28] 42년간(1982.1.1.~2023.3.24.) 환율과 명목 주택지수

다시 롱텀 디플레이션의 징후를 더 자세히 알아보기 위해서는 어느 국가에만 찾아오는 경우와 전 세계에 롱텀 디플레이션이 도래하는 경우를 나눠서 생각할 필요가 있다.

1) 국가별 롱텀 디플레이션 포착법

첫째로 어느 국가만의 롱텀 디플레이션의 발발을 찾아내는 방법으로는 그 나라의 국내 달러와 주가지수 관계와 주택지수와의 관계로 판별해 낼 수 있다.

[그림 28]은 한국의 환율과 한국의 42년간 명목 주택지수와의 관계를 나타낸 것이다. 위 그래프의 원·달러 환율은 1982년 1월 1일부터 2023년 3월 24일까지를 나타내고 있다. 아래 그래프는 1982년 7월 1일부터 2022년 10월 1일까지의 한국의 주택지수 그래프이다.

앞에서 설명한 대로 한국은 부동산이 환율보다 6개월 늦게 따라오므로 미리 밑의 주택지수의 시작 연월일을 6개월 앞당겨 양 그래프의 시작 시점이 6개월 차이가 나 있음을 알 수 있다.

이 중 수직점선①과 ③을 보면 주택 가격이 최고일 때, 달러 가격은 거의 최저점이었음을 알 수 있다. 수직점선②는 IMF 당시의 최고 환율일 때에는 주택은 최저 가격임을 알 수 있다. 수직점선④는 서브프라임 사태 때의 환율과 이에 따른 주택 가격을 볼 수 있다.

수직점선⑤는 2016년 1월을 나타내는 환율과 부동산의 관계를 볼 수 있는

데, 이때부터 환율과 주택지수의 움직임에 변화가 생기고 있음을 알 수 있다.

다이아몬드(Diamond) 달러 투자법에 따라 환율과 부동산은 반비례 관계여야 하는데 갑자기 움직임 방향이 서로 같아지고 있음을 알 수 있다. 일자별로 정확히 비례 관계는 아니지만 움직임의 방향이나 추세는 거의 같은 것이다. 이것이 바로 롱텀 디플레이션인 것이다.

이런 현상은 [그림 27]의 한국의 환율과 한국 코스피의 관계 중 수직점선 ⑤, 즉 2016년 1월부터 역시 반대쪽으로 움직여야 할 두 자산의 관계가 돌연 정비례 관계로 변했음을 알 수 있다.

[그림 5]의 수직점선 B, ②, C' 선 이후의 일본의 엔·달러 가격과 니케이 지수 그래프도 마찬가지로 정비례 관계이다. 이것이 바로 롱텀 디플레이션의 시작 연월일을 찾아내는 방법이다. 저자가 이 방법을 최초로 발견하고 공표한 것이다.

그리고 [그림 26]의 2009~2019년 사이의 니케이 지수와 엔화 환율, 일본 주택지수의 11년간의 관계를 살펴보면 이런 정비례 관계가 롱텀 디플레이션 기간 동안에는 항상 지속됨을 알 수 있다.

2) 전 세계적인 롱텀 디플레이션 포착법

이제는 롱텀 디플레이션이 전 세계에 찾아올 경우 그 징후를 포착하는 요령을 알아보자! 의외로 간단하다. 국제 시장에서 거래되는 국제 금 가격과 국제 달러 가격, 즉 달러 인덱스 가격이 반비례 관계에서 정비례 관계로 변하는 시점을 찾아내면 된다. 그때가 바로 세계적인 롱텀 디플레이션이 시작되는 때이다.

달러 가격과 국내 자산 시장의 가격 결정 원리를 간편하게 정리한 것이 바로 [그림 20]의 다이아몬드 달러 투자도이다. 막연하게 달러와 자산 가격이 반대로 움직인다고 생각하는 것을 명확히 정리한 것이 바로 다이아몬드 달러 투자도이다.

[그림 20]과 [그림 21]을 보면 버블과 역버블 과정에서 서서히 또는 급격히 달러 가격에 맞춰 금과 원유 가격이 균형점을 찾아가는 모습을 볼 수 있다. 특히 [그림 29]는 달러 가격이 변동됨에 따라서 원유 가격과 금 가격이 달러와 반비례로 움직이고 있음을 실제로 구체적으로 볼 수 있다.

달러에 대한 반응 속도는 금이 원유보다 약간 더 빠름을 알 수 있다. 하지만 원유도 결국에는 달러 가격과 연동되어 반비례 관계가 됨을 알 수 있다.

이를 실전 투자에 응용하면 금이나 원유에 대한 투자, 더 나아가 각종 국제 원자재 투자 시에 이 달러 가격과 모든 원자재는 반비례 관계임을 알고 이에 맞춰 투자하면 중장기적으로 실패할 경우가 없음을 간접적으로 알 수 있다. 금과 달러 가격 추세는 서로 5개월의 시차가 있음은 다음에 설명한다.

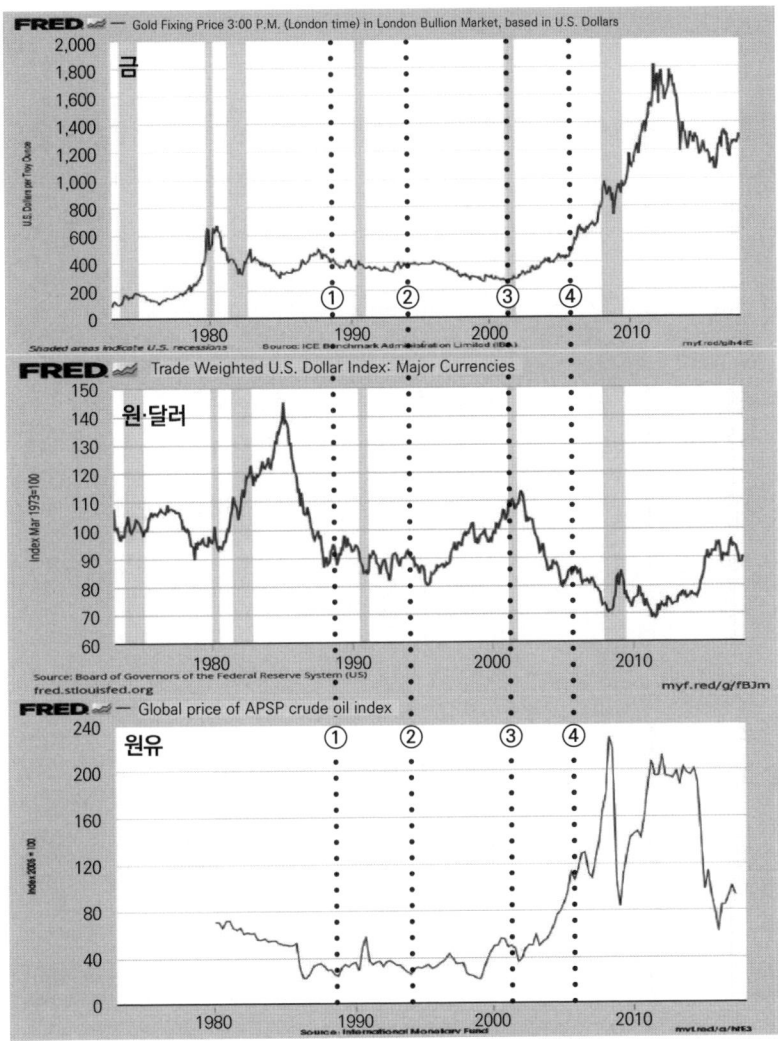

[그림 29] 원·달러와 원유, 금 가격의 반비례 관계

이 도형에 따른 매매법은 미국 밖의 어느 나라, 어느 시대에도 그대로 적용된다. 환율 하락이 무차별적으로 부동산과 주식 등 재산의 폭등을 유발시킨다

는 사실은 아주 중요한 투자 포인트이다.

또한 롱텀 디플레이션이 진행 중인 나라에서는 절대로 같은 방법으로 투자하면 안 된다는 사실이다. 여기서 한 가지 유의해야 할 점이 나타났다. [그림 29]의 수직점선④까지는 금 가격과 달러의 관계가 다이아몬드 달러 투자법의 법칙에 따라 서로 반비례 관계였음을 볼 수 있다.

수직점선④, 즉 2016년 1~2월 이후가 문제다. 2016년 1월 이후에는 금과 달러의 관계가 반비례 관계가 아님을 알 수 있다. 문제의 2016년 1월 2일부터 2021년 2월 26일까지 약 6년간 달러와 금의 관계가 비례 관계로 변해 있음을 [그림 29]는 물론이고, [그림 12]의 국제 달러 가격과 국제 금 가격의 관계 그래프로도 추가로 확인할 수 있다.

최근에는 금 가격과 달러 가격이 막무가내로 변동하고 있다. [그림 21]과 같은 버블과 역버블 과정으로 보인다. 일본의 롱텀 디플레이션의 시발점은 수직점선 B, ②, C'처럼 달러와 주가의 정비례 관계가 시작된 곳이라고 설명한 바 있다.

국제 원자재인 국제 금과 국제 달러의 반비례 관계가 정비례 관계로 변한 시기가 2016년 1월 수직점선④ 이후부터이다. 바로 이 시점을 국제적인 롱텀 디플레이션이 시작된 시기로 봐야 한다.

[그림 30] 달러 인덱스와 국제 금 가격

저자는 국제 금과 국제 달러의 관계를 확인해 본 결과 이번에 찾아올 롱텀 디플레이션은 전 세계에 전부 해당되며 특히 한국은 피할 수 없는 상황으로 판단하고 있다. [그림 30]과 [그림 31]을 통해 금 가격과 달러 인덱스의 정비례 관계를 봐도 이미 전 세계적인 롱텀 디플레이션이 시작된 것으로 보인다.

어느 나라의 국내 롱텀 디플레이션 시작 여부는 국내 달러 가격과 국내 주가지수, 국내 주택지수와의 관계로 판단하는 것이 맞다. 세계적인 롱텀 디플레이션의 시작 여부는 국제 원자재인 국제 금과 국제 달러의 비례 관계 혹은 반비례 관계 한 가지만으로 판단해야 옳다.

[그림 29], [그림 30], [그림 31]로 확인했듯이 금 가격은 2016년부터 이미 달러와 정비례 관계로 변해 있다. 바로 이 방법을 이용해서 전 세계적으로 이미 국제적인 롱텀 디플레이션이 도래했음을 알 수 있다.

다시 한번 더 자세히 살펴보자. [그림 30]의 달러와 금이 최고 시세를 형성한 시점을 인위적으로 일치시켜 만든 그래프가 [그림 31]이다. [그림 31]을 보고 저자의 주장, 즉 롱텀 디플레이션에는 달러와 금 가격이 반비례 관계가 아니라 정비례 관계가 된다는 주장이 맞음을 한눈에 다시 확인할 수 있다.

금과 달러 인덱스 가격의 정점일 이전과 이후를 보면 달러 움직임과 금의 움직임은 많이 닮아 있음을 알 수 있다. 여기에서 더 나아가 [그림 31]은 저자가 국제 달러 가격과 국제 금의 최고 시세를 연월일을 무시하고 임의로 같이 맞춰서 이들의 추세를 살펴본 것이다.

살펴본 결과 [그림 31]의 위 그래프와 아래 그래프에서 최고치를 나타낸 연월일이 약 5개월 차이가 난다는 사실이다. 국제 달러가 먼저 최고가를 형성한 후 국제 금 가격도 5개월 늦게 최고가를 형성하게 된다.

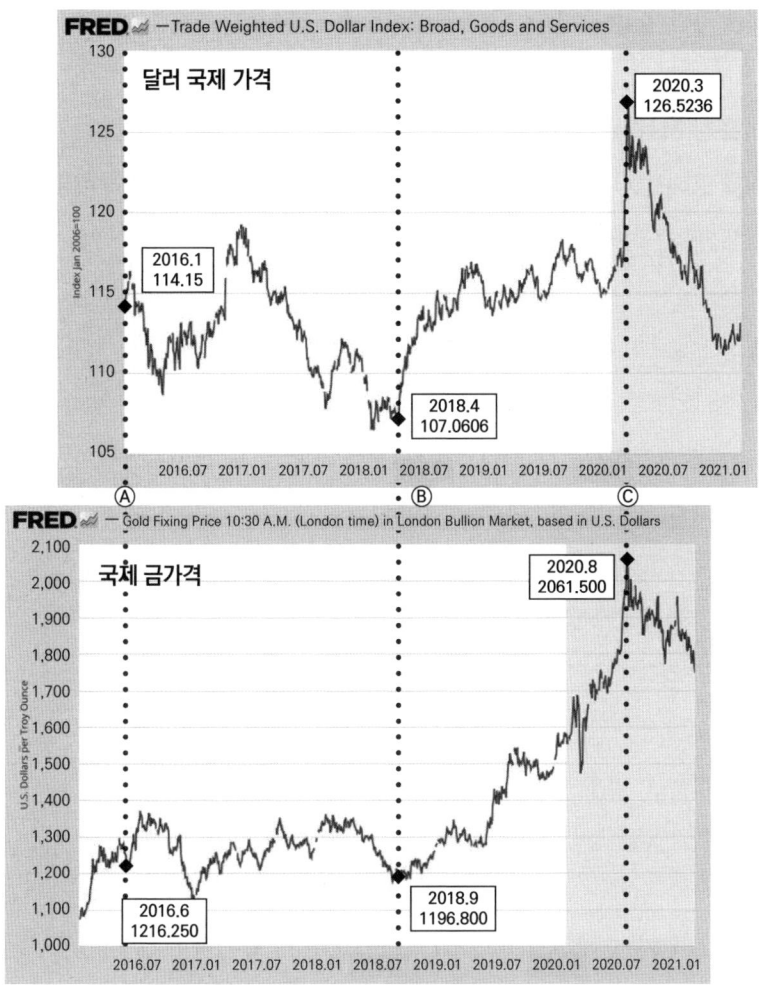

[그림 31] 달러 국제 가격과 국제 금 가격

즉, 국제 달러 가격과 국제 금 가격 사이에는 약 5개월의 시차가 나며 금 가격은 달러 가격 그래프의 5개월 뒤를 거의 같은 궤적을 그리며 따라간다는 결론이다. 즉, 금 가격 그래프가 5개월 전의 달러 가격 그래프를 모양이 비슷하게 따라간다는 것이다.

이 또한 저서의 가장 큰 핵심 비밀이다.
이를 통해서 금, 은, 구리 등의 매수 시점과 공매도 시점을 한눈에 파악이 가능해진다는 점이다.

최근 자료로 다시 한번 더 확인해 보자!
[그림 12] 국제 달러 가격과 국제 금 가격의 관계의 그래프를 우선 설명하면 위의 달러 인덱스는 2006년 1월 2일부터 2023년 3월 24일까지의 달러 인덱스 가격을 그래프로 나타낸 것이다.

[그림 12]의 밑의 그래프는 국제 주얼리(플래티넘과 은 제품, 금 가격) 그래프이다. 다이아몬드 달러 투자법에 따르면 모든 물건들의 가격은 달러와 역의 관계에 있으므로 밑의 그래프가 순수하게 금 가격만을 나타낸 그래프가 아니어도 큰 차이는 없다고 보이고 이 그래프를 국제 금 가격 그래프로 봐도 별 차이가 없을 것이라고 판단한다.

그리고 금 가격은 5개월 후의 달러 가격의 움직임의 궤적을 그대로 따르므로 일찌감치 그래프의 첫 시작 일자를 2006년 6월 1일로 맞춰서 비교해 놓은 그래프이다. 이렇게 함으로써 이 그래프들의 아무 곳에나 수직점선을 그으면 5개월 차이가 나는 시기에 대응하는 국제 달러 가격과 국제 금 가격을 볼 수 있는 것이다.

[그림 32] 11년간 국내 달러 가격과 국내 금 가격 추이도[8]

[그림 32]는 국내 금 가격과 국내 달러 가격의 경우에도 5개월 시차를 두고 금 가격이 달러 가격의 궤적으로 그리며 따라가는지를 확인해 본 그림이다.

두 그림을 하나로 합친 것이 [그림 32]인데 위 그림은 국내 달러 가격, 아래 그림은 금 가격을 나타내는 그림이다. 국내 달러 가격의 시작 일자를 5개월 먼저 시작하도록 엇비껴 만든 그래프이다.

수직점선①은 2016년 1월 선인데 이때부터 국내 달러와 국내 금의 관계가

8　자료 출처: NAVER

비슷해지기 시작함을 볼 수 있다. 다이아몬드 달러 투자법에 따라 금과 달러는 반대 방향으로 움직이는 것이 정상임은 이미 수차례 설명한 바 있다.

[그림 33]의 위 그림은 10년간 국제 달러 가격 추세이다. 밑의 그림은 국제 금 가격 그래프이다. 위 그래프의 수직점선①은 2016년 1월이다. 밑의 그림은 국제 금 가격 그래프를 5개월 래깅시킨 그래프이다. 따라서 같은 수직점선①이지만 국제 금 가격을 나타내는 밑 그래프는 2016년 1월이다.

이러한 현상을 이용해서 금 실물이나 금 선물 매매를 국내에서도 맘 놓고 거래할 수 있다. 적중률은 95% 이상이다. 확률이 높으므로 금 공매도 가능하다.

즉, 5개월 후의 금 가격의 궤적을 알 수 있다. 이를 응용한 금 매매 기법을 5개월 타임래그 금 투자법이라고 명명하고 졸저 《한국의 눈물》에서 자세히 설명한 바 있다. 이것이 바로 금 매매 시의 히든 스토리(**Hidden Story**)이다.

[그림 5]를 보자. 1988년 12월 이후의 일본의 엔화의 방향과 일본 니케이 지수의 방향이 같은 쪽으로 움직인다. 여태까지 아무도 이 사실은 알지 못하고 있고 저자가 이런 현상을 FRED가 제공하는 자료를 활용하여 독창적으로 분석하고 장기간의 그래프를 통해 입증한 것이다.

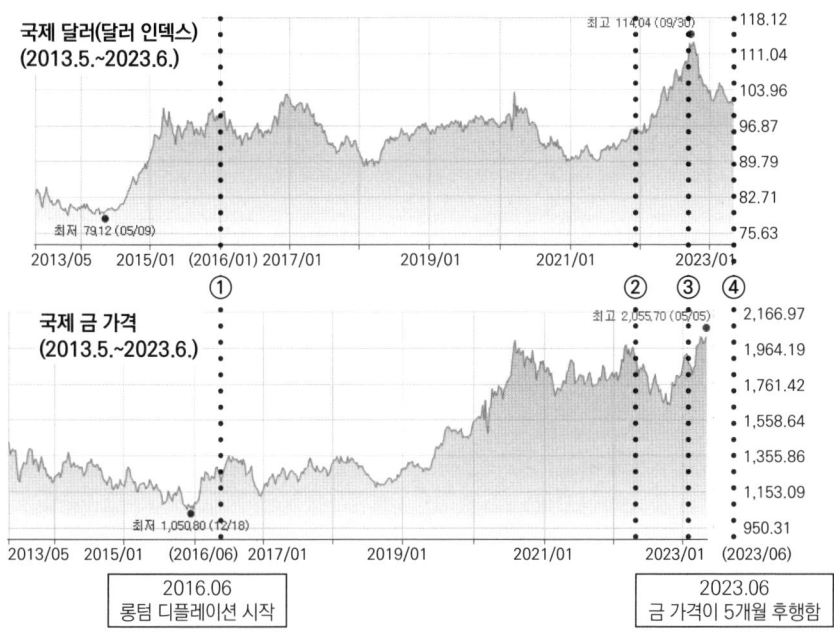

[그림 33] 10년(2013.5.~2023.6.)간 국제 달러와 국제 금 가격

이 또한 히든 스토리(Hidden Story), 숨겨진 이야기인 것이다. 이것이 바로 롱텀 디플레이션 현상이다. 한국도 이미 2016년 1월부터 롱텀 디플레이션이 진행 중이므로 숏텀 디플레이션에 꼭 해야만 했던 달러와 교체 투자는 반드시 생략해야 한다는 점을 명심하여야 한다.

왜냐하면 코스피 지수가 내리면 달러 가격도 같이 내리고 반대의 경우에도 움직임이 같은 방향으로 움직이게 된다. 즉 숏텀 디플레이션처럼 다이아몬드 달러 투자법을 따르면 역주행 투자로 완전히 망하는 투자가 되기 때문이다.

이는 일본처럼 앞으로 약 30년 이상의 기간 동안 국내외에서 달러 투자를 해서는 안 된다는 뜻이다. 즉, 국내에서는 달러 현찰 보유나 달러 예금을 하지 말아야 한다.

'나는 보유한 달러가 없어.'라고 간단히 생각하지 말고 달러 기축통화 제도하에서는 전부 달러를 활용하여 국외로 송금하여 투자하기도 하고 국내로 반입하기도 하므로 해외에 투자했다면 바로 달러를 보유한 것과 효과는 같은 것이다.

앞으로 국내 달러는 점진적으로 860원 이하로 빠질 것이기에 우리 국민들이 해외에 투자한 돈도 일본인들의 해외 투자금처럼 모두 유령 달러가 될 운명이다. 따라서 우리나라에도 엔화의 저주처럼 원화의 저주가 서서히 나타나게 된다.

보통 숏텀 디플레이션의 재테크 방법은 현금을 보유하는 것이다. 그러나 미국 거주자가 아니라면 롱텀 디플레이션 때의 달러는 전혀 투자 대상이 아니다. 즉 롱텀 디플레이션이 되면 달러는 현금이 아니라 재산이 되는 것이다.

달러는 미국 거주 미국인에게는 현금이이기 때문에 미국인들은 롱텀 디플레이션 대비책이나 숏텀 디플레이션에도 달러 현금을 보유하면 된다.

하지만 기타의 나라에서는 롱텀 디플레이션에는 달러는 현금이라기보다는 재산에 가깝기에 이미 자세히 살펴본 대로 달러를 절대로 보유해선 안 된다.

달러 가격이 폭락하기 때문이다. 평상시에는 달러는 현금이지만 롱텀 디플레이션이 되면 달러는 현금이라기보다 가격 변동이 심한 재산이 된다. 그래서 달러는 괴물이다.

챕터 37) 롱텀 디플레이션이 되면 달러와 금은 폭락한다

주식은 달러에 즉각적으로 아파트에는 6개월, 금에는 5개월 후행한다. 정상적인 경제하의 나라라면, 즉 숏텀 디플레이션이 진행되는 나라라면 금 가격과 달러 가격은 반대 방향으로 움직인다. 이것이 다이아몬드 달러 투자법의 이론적 근거다.

(1) 숏텀 디플레이션 시에 위기가 닥치면 달러는 급등하고 금 등은 급락한다

숏텀 디플레이션 시에는 달러와 세상의 모든 물건은 반비례한다. 위기가 닥치면 달러는 급등하고 모든 재화 가격은 급락한다. [그림 12]를 보면 국제 달러 가격과 국제 금 가격의 반비례 관계를 한눈에 확인할 수 있다.

수직점선①, ②처럼 국제 달러가 오르거나 내리면 이에 맞춰 국제 금 가격도 내리거나 오른다. 즉, 반대로 움직인다.
[그림 29]를 통해서도 한국 내의 환율, 금 가격, 원유의 상관관계를 한눈에 볼 수 있다. 수직점선②, ③을 보면 간단히 알 수 있다. [그림 32]를 통해서는 최근 10년간(2013.4.~2023.1.)의 국내 달러 가격과 국내 금 가격의 관계를 볼 수 있다. 국내 금 가격이 국내 환율을 약 5개월 후행해서 같은 궤적을 그리며 움직이는 것도 볼 수 있다.

이 사례들을 보면 2016년 1월 한국을 비롯한 전 세계에 롱텀 디플레이션이 이미 도달한 증거로 달러 가격과 금 가격이 비례 관계로 변해 있음을 볼 수 있다.

그런데 이런 현상을 무시하고 금이 오른다고 금에 투자하는 행위를 전혀 이해할 수 없다. 환율 인상이 인플레이션을 유발하듯이 환율 인하는 가장 강력한 롱텀 디플레이션의 원인임을 잊지 말아야 한다. 즉, 금에 투자하면 절대로 안 된다. 달러도 초장기적으로 무제한 내리므로 절대로 장기 투자 해서는 안 되는 자산이다.

(2) 롱텀 디플레이션 시에는 달러는 지속적으로 내린다
롱텀 디플레이션에는 달러와 금 가격은 지속적으로 내린다. 롱텀 디플레이션 때에는 금 가격은 5개월 전에 움직였던 국내 달러 가격의 궤적을 그대로 따라가며 움직인다. 그리고 롱텀 디플레이션에는 금 가격과 달러는 항상 정비례로 움직인다. 즉, 다이아몬드 달러 투자법이 반대로 작동한다.

(3) 이상 급등한 금 가격은 국제 달러 하락에 맞춰 같이 대폭락한다
2016년 1월부터 전 세계에는 이미 롱텀 디플레이션(Long Term Deflation)이 진행 중이다. 금 가격은 내렸어야 하는데, 오히려 엄청나게 이상 급등했다. 금명간에 달러와 금은 폭락할 운명이다.

(4) 최근의 금 가격 강세는 설명할 길이 없다
글로벌 은행 리스크와 경기 침체의 도피처로 금 가격이 2020년 8월 금값 역대 최고치(2,075달러)를 돌파한다는 예상도 나왔다. 금이 안전자산이라는

명분밖에 그 이유를 댈 수 없지만 금은 안전자산이 아니다. 보관 운반 처분이 힘들다. 투자해도 이익도 발생하지 않는다.

(5) 금, 은 등 실물 자산은 인플레이션 헷지 수단이다
실물이 디플레이션 헷지 수단이 될 수 없음은 경제학의 기초 상식이다. 금, 은 등은 인플레이션 헷지 수단이다. 어느 나라나 각국 국내 금 가격의 움직임을 정밀하게 그래프화하여 제공하는 나라는 없다. 따라서 국내 금 가격의 추이와 국내 달러 가격의 차이를 비교해 가면서 그 추이를 자세히 분석할 수 없음은 유감스럽다.

본 저서에서 분석한 금 가격은 국제적으로도 세금 문제만 감안하면 거의 같으므로 비교·분석한 증거로서 그 가치를 훼손할 것이라고 생각되지는 않는다. 숏텀 디플레이션, 롱텀 디플레이션 포착법과 같이 밝혀 낸 달러 인덱스와 국제 금 가격의 관계를 활용한 5개월 타임래그(Time Lag) 금 투자법은 확실하고도 안전한 금 투자 재테크 방법이다. 새로운 부의 탄생을 위해서 적극 활용하면 된다고 본다.

이 또한 중요한 내용임에 틀림없다. 이로써 롱텀 디플레이션의 진단법과 롱텀 디플레이션 시의 투자법 등을 알아보았다. 결론적으로 앞으로 국내외 금 가격은 대폭락을 앞두고 있다.
달러 가격이 지속적으로 내릴 것이고 금은 디플레 방어 수단이 아니기 때문이다.

롱텀 디플레이션을 맞아 마땅한 투자 수단이 없다고 해서 금에 투자하는 것은 말이 안 된다. 금보다는 차라리 현금이 더 낫다고 본다. 최선책은 국고채에의 투자다.

앞으로 국고채 금리는 약간 진정되던 미국의 인플레율이 다시 급등하고 이에 따라 미국의 기준 금리 재 인상과 한국의 경상수지 적자 확대와 한·미 간 금리차 등 때문에 외국인 투자자들의 외화 유출로 인해 한차례 국채 투매가 발생할 것으로 본다.

즉, 미국이나 한국의 국채 금리가 급등하게 된다. 그 후에 달러 가격이 진정되지만 대부분의 국가는 10년 이상 고금리가 지속될 것으로 본다.

하지만 우리나라는 금리가 끊임없이 내려 결국에는 잃어버린 30년의 일본처럼 마이너스 금리까지 내리면서 완전한 국채에 프리미엄이 붙는 국채 버블 시대까지 돌입하게 될 것이다.

일본은 30년도 넘게 채권의 대세 상승기가 이어졌다. 이자율과 상관없이 모두가 채권이 최고라고 외칠 때가 자산 시장이 꼭대기임은 항상 같다. 임계치를 넘어서면 한순간에 몰려들고 금리가 내려도 관성의 법칙이 작용하므로 2회차 하락쯤 국채 시장을 떠나면 될 것이다.

국채 버블 시대를 10년 이상 지나서야 다시 경상수지의 호전으로 주식 시장으로의 진입 시기가 다가올 것이다. 즉, 이때서야 주식, 아파트, 달러, 예금,

국채의 5가지 재테크 대상 자산에 대해 펜타곤(Pentagon) 투자법이 다시 시작되는 것이다.

챕터 38) 롱텀 디플레이션은 절호의 공매도 기회다

주식의 공매도는 장·단기간에 걸쳐서 큰돈을 벌 수 있다. 특히 장기간의 공매도는 저자의 롱텀 디플레이션 이론과 결합하면 주식·곡물·원자재 등의 장기적인 하락 폭과 기간을 미리 예측하고 공매도를 할 수 있기에 롱텀 디플레이션은 좋은 공매도 기회임에 틀림없다.

롱텀 디플레이션은 미국이나 일본을 보면 최소 22~30년 이상 걸리며 이 기간 동안 아파트, 주식 등은 80~90%까지 폭락한다.

이 두 가지 사실을 바탕으로 주식, 아파트, 금, 은, 구리 등의 공매도에 나서라. 사용자와 근로자의 위치가 바뀔 완전 대박 찬스가 온다.

해당 주식을 직접 공매도하거나 KODEX 200 인버스 혹은 KODEX 200 인버스 레버리지를 매수하여도 안전하게 어마어마하게 큰돈을 거머쥘 수 있다.

아파트도 공매도할 수 있다. 이 말은 생소하게 들릴 것이지만 롱텀 디플레이션 이론에 따라 시세를 정확히 예측할 수 있으므로 비쌀 때 아파트를 팔고 바닥에서 되사면 되는 것이니 공매도한 것과 효과가 같다. 그래서 아파트도 공매도할 수 있다고 말한 것이다.

부의 몰락과 이동, 새로운 부의 탄생 기회는 누구에게나 공평하게 열려 있다. 롱텀 디플레이션이야말로 하이퍼 인플레이션 못지않게 재벌들의 순위가 바뀌는 큰 쩐의 전쟁이다.

롱텀 디플레이션이 진행되면 될수록 달러 가격은 폭락하고 이에 맞춰 국제 금 가격도 폭락하고 주가도 아파트도 폭락한다. 일본처럼 투자할 자산이 완전히 사라지는 것이다.

롱텀 디플레이션이 30년 이상 지속 중이라는 뜻은 30년 이상 해당국의 달러 가격과 금 가격은 폭락하고 있다는 뜻이 된다. 즉, 수출 대기업들은 롱텀 디플레이션이 본격화되면 그야말로 큰 쩐의 전쟁이 가까이 와 있음을 알아야 한다.

수출 대기업은 나날이 달러 가격이 지속적으로 하락하므로 죽을 맛이 되고 중견·소형 기업들은 해외 수입 원자재 가격이 장기간 하락하므로 즐거운 나날이 되기 때문이다.

1989년 이전에 하늘 끝까지 위상이 올라갔던 일본 대기업들은 계속된 롱텀 디플레이션으로 그들도 모르게 사세(社勢)가 꺼지기 시작한 후 Sony는 세계 최고 전자 기업에서 오늘날 명맥을 유지하기에도 바쁜 형편이 되었고, TOYOTA의 한 해 매출액의 외화 환산 손실액만도 13조에 달했다.

이를 보면 이들 일본의 대기업들도 롱텀 디플레이션에 전혀 대처하지 못했음을 알 수 있다. 삼성은 136조의 현금성 자산을 보유하고 있다. 디플레이션 시에는 현금이 최고의 자산 중 하나가 된다.

국채와 맥쿼리인프라 펀드 등은 현금성 자산으로 현금과 같다. 이때에는 현금과 현금 등가물이 최고인 세상이 된다.

롱텀 디플레이션에는 미국이 아닌 나라에서는 달러는 보유하면 안 된다. 달러는 계속 내리는 자산의 대표이다. 공매도로 큰돈을 벌어들일 절호의 기회는 바로 오랫동안 폭락하는 국내 달러 가격 때문에 온다.

이때에는 오로지 현금이다. 롱텀 디플레이션 때에는 달러는 현금보다는 재산으로의 성격이 더 강해진다. 즉, 성질이 변한다. 그래서 달러는 괴물인 것이다. 어느 때에는 현금으로 어느 때에는 재산으로서 더 크게 기능하는 것이 달러다.

챕터 39) 아베노믹스(Abenomics)는 성공했다, 이제 일본을 살 때이다!

일본의 롱텀 디플레이션은 1990년 1월에 시작되었다고 경제계는 믿고 있다. 그러나 일본의 롱텀 디플레이션은 정확히는 1989년 12월에 시작되었다고 저자는 몇 년 전 [그림 5]의 첫 공개와 함께 이미 주창한 바 있다.

어느 나라의 롱텀 디플레이션 진입 여부는 그 나라의 화폐의 대 달러 환율과 주가지수의 관계가 반비례 관계인가 아니면 정비례 관계인가를 판별 기준으로 한다.

[그림 5]를 통해서 설명하면 수직점선 B, ②, C'가 바로 일본이 숏텀 디플레이션 상태에서 롱텀 디플레이션 상태로 진입한 경계선이다. 수직점선 B, ②, C'는 1989년 12월인데 이 선 이전은 숏텀 디플레이션 상태이고 이후는 롱텀 디플레이션임을 나타내고 있다.

수직점선 B, ②, C' 이전의 엔·달러 그래프와 니케이 지수를 비교해 보면 엔·달러 환율이 급락함에 따라 니케이 지수는 급등하고 있다. 이처럼 환율과 주가지수가 반비례 관계이면 다이아몬드 달러 투자법에 따라 이 나라의 경제는 숏텀 디플레이션 상태로 판별한다.

수직점선 B, ②, C' 이후인 1988년 12월 이후에는 엔·달러가 급등하니까 니케이 지수도 급등하고 있다. 즉, 정비례 관계로 움직이기 시작한다. 이런 현상이 바로 롱텀 디플레이션 현상이다. 이때 즉 수직점선 B, ②, C' 이후부터 롱텀 디플레이션이 발생한 것으로 봐야 한다.

BB'와 C'C 사이를 살펴보면 달러가 30% 급등하는 사이에 니케이 지수도 29% 급등한 것을 볼 수 있다. 상승률도 거의 비슷하다는 것이다.

이번에는 보다 더 자세하게 볼 수 있는 [그림 34]를 통해서 다시 한번 더 확인해 보자. [그림 34]의 수직점선①은 2020년 12월 16일 아베노믹스가 시행되기 시작한 때이다.

이 시기에는 엔·달러 환율, 니케이 지수, 일본의 주택지수가 오르고 있음을 볼 수 있다. 즉, 아베노믹스가 시작될 때에 일본은 이미 롱텀 디플레이션 상태였음을 알 수 있다.

[그림 34]의 수직점선②는 2016년 1월인데 한국을 비롯한 전 세계가 롱텀 디플레이션에 진입한 때이다. [그림 34]의 수직점선③은 2016년 9월 선인데, 이 두 수직점선②와 ③ 사이를 살펴보면 엔·달러 환율이 내릴 때 니케이 지수가 급등하고 있음을 볼 수 있다.

숏텀 디플레이션에는 엔·달러 환율과 니케이 지수는 항상 반비례 관계이다. 롱텀 디플레이션에는 이와 반대로 엔·달러 환율과 니케이 지수는 정비례 관계가 된다. [그림 34]의 수직점선①과 ② 사이를 보면 정비례 관계임을 알 수 있다.

그러나 [그림 34]의 수직점선②를 경계로 2016년 1월부터 엔·달러 환율과 니케이 지수의 움직임이 반비례 관계로 변했다.

반면에 일본을 제외한 전 세계는 [그림 12]와 [그림 29]의 수직점선④ 이후처럼 2016년 1월에 롱텀 디플레이션 상태로 진입하였다.

2016년 1월 이후 일본의 엔·달러 환율과 니케이 지수 및 주택지수가 [그림 34]의 수직점선④까지 엔·달러 환율과 니케이지수 관계는 일시적으로는 반비례 관계를 유지하긴 하지만 결국에는 비례 관계를 나타낸다. 즉, 이때부터 일본은 롱텀 디플레이션에서 벗어날 기미가 조금 있었다고 보인다.

필요충분조건으로 주택지수도 엔·달러 환율과 반비례 관계일 필요까지는 없음은 물론이다. 같은 기간 엔·달러 환율과 주택지수는 정비례 관계였음을 맨 밑의 그래프로 확인할 수 있다.

그러나 [그림 34]의 수직점선④ 이후인 2020년 12월부터는 엔·달러 환율은 급등하고 있고 니케이 지수는 급락하고 있다. 즉, 반대로 움직이고 있다. 이것이 바로 저자가 최초로 정리한 다이아몬드 달러 투자법에 따른 투자법을 만들어 낸 이론적 근거이다.

엔·달러 환율과 니케이 지수의 반비례 관계의 회복이 바로 롱텀 디플레이션 상태에서 숏텀 디플레이션 상태로 넘어온 것을 나타내는 것이다. 이게 바로 아베노믹스가 대성공을 한 근거이다.

다이아몬드 달러 투자법에 따르면 롱텀 디플레이션이 아닌 정상 경제 상태라면 엔·달러 가격과 니케이 지수는 반대로 움직여야 하며 등락률까지도 같아야 한다. 아직 이 정도까지의 완벽한 정상화는 아니지만 반비례 관계임은 분명하다.

일본은 2020년 12월부터 롱텀 디플레이션 국가에서 숏텀 디플레이션 국가, 즉 정상적인 경제 상태의 나라로 넘어온 것으로 봐야 한다. [챕터 36]에서 설명한 대로 경제상황이 롱텀 디플레이션이냐 아니냐의 판별 기준은 엔·달러 환율과 니케이 지수의 반비례 관계이지, 일본 주택지수와의 반비례 관계까지 필요한 것은 아니다.

1990년 1월, 정확히는 [그림 5]의 수직점선 B, ②, C'인 1988년 12월 롱텀 디플레이션에 진입한 일본 경제는 아무리 노력을 해도 여기에서 빠져나올 방법이나 기미가 보이지 않았다.

그러나 2012년 12월 16일에 취임한 아베가 양적완화를 8년간 시행한 결과, 2020년 12월부터는 해결된 것으로 봐야 할 듯하다.

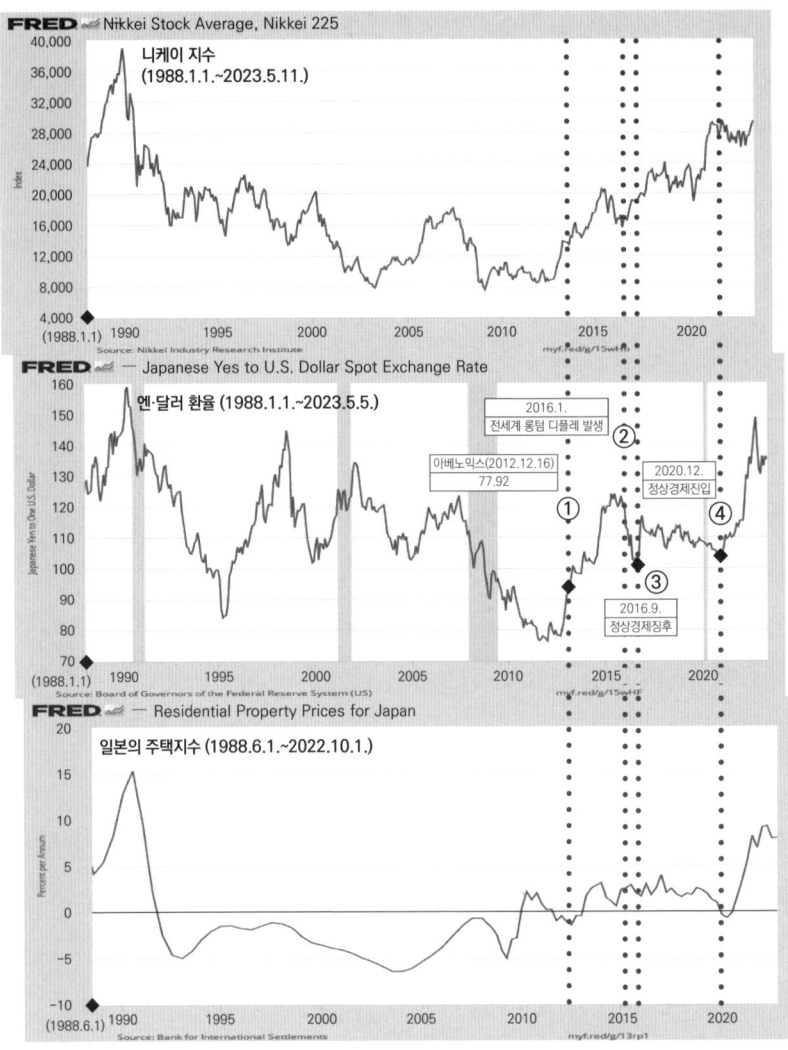

[그림 34] 36년간 일본 니케이, 엔·달러, 주택지수 비교

[그림 34]는 36년간 일본의 니케이 지수와 엔·달러 환율 및 주택지수의 관계를 나타낸 그래프이다. 가운데 그래프는 엔·달러 환율 그래프이고 맨 위쪽은

니케이 지수 그래프이다. 이 두 그래프의 시작일은 둘 다 1988년 1월로 맞춰져 있다. 반면 맨 밑의 주택지수는 시작일이 1988년 6월 1일이다. 일본의 주택지수는 엔·달러 환율보다 5개월이 항상 늦으므로 비교하기에 편하도록 미리 그래프의 시작일을 맞춰 놓은 것이다.

즉, 어느 곳에서나 수직점선을 그으면 같은 날짜의 엔·달러 환율이나 니케이 지수와 맞는 일자의 주택지수와의 관계를 볼 수 있게 미리 조정해 둔 그래프이다.

Abenomics.
일본을 엔고에서 탈출시키겠다면서, 인플레율 목표 2%, 무제한 금융완화, 마이너스 금리 정책 등을 펼친 결과 이 노력은 이제 성공한 것이 맞다.

반면에 일본을 제외한 우리나라와 전 세계는 롱텀 디플레이션 속으로 빠져든 지 벌써 8년째이다. 이번의 인플레이션 퇴치 과정 때문에 롱텀 디플레이션에 본격적으로 진입함과 함께 전 세계는 기나긴 불경기 속으로 빠져든다고 판단한다. 이제 일본을 제외한 전 세계는 저성장 마이너스 금리까지 빠져들 것이다.

반면에 일본 경제는 선순환을 시작한다.
우선은 해외 투자에 나섰던 엔 자금들은 과실을 가득 안고 귀국길에 오를 것이다.

일본의 막대한 해외 투자는 아베노믹스의 성공으로 환차손이 점점 사라져 유령 달러(ghost dollar) 신세를 면하고 이제 곧 귀국할 수 있다. 즉, 2020년 12월부터 기나긴 롱텀 디플레이션에서 벗어나 일본의 자산 시장은 오르기를 시작했으므로 일본인들은 이제 일본을 사야 할 때가 온 것이다.

버핏 옹이 일본에 투자했다는 얘기가 얼마 전에 나왔다. 역시 혜안을 가진 투자자임에 틀림없다. 마침 일본은 롱텀 디플레이션에서 벗어나고 있었으며 어느 나라나 주식이 아파트보다 먼저 오르니까 일본 주식에 투자할 때가 온 것이 맞다. 일본은 주식이 부동산보다 5개월 더 먼저 오르기 시작한다.

버핏 옹은 일본의 미쓰비시, 이토추, 미쓰이, 스미토모, 마루베니 등 5대 종합상사에 2020년 8월에 처음 투자했으며 일본에서 융자를 받아서 투자했다고 한다.

그가 일본 현지에서 은행 융자를 받아 가면서까지 일본의 5대 종합상사에 투자한 이유는 지금 엔화 투자, 즉 일본 자산들이 그만큼 매력적이라는 뜻이다. 해외 투자 성공의 두 가지 조건 중 한 가지는 현지화 강세인데 지금 일본 엔화는 기나긴 약세 사이클에 접어들었음을 그는 알고서도 일본 투자에 나선 것이다.

해외 투자는 아무나 아무 때나 하는 것이 아니다. 해외 투자는 허들 경기와 같다. 웬만한 투자자라면 해외 투자에 나서지 말길 권한다.

한편, 전 세계는 인플레율을 낮추기 위해서 '파월의 실수' 후 결국에는 이를 포기하고 10년 이상 40년 정도까지 고금리 시대가 지속된다고 본다. 전 세계는 고금리 속에서 인플레율 4~5% 시대로 합의해야 하는 것은 아닐까 한다.

한 가지 다행스러운 것은 전 세계는 아베노믹스로 롱텀 디플레이션 퇴치 작전의 실증적 데이터를 확보했다고 본다. 즉, 대대적으로 금융완화 정책을 쓰는 것이다.

그렇다고 가계 기업 정부의 빚이 청산된 것은 아니며, 인구 감소 문제도 해결된 것은 아니다. 그래서 결국에는 인플레율 2%의 정책적 목표를 달성해서는 안 되는 사회가 될 것 같다. 전 세계는 장차 고금리, 고인플레율 세상으로 바뀔 운명인 것이다.

그동안 일본인들은 관행처럼 국내의 주식과 집을 사지 않았다. 그러나 이제는 니케이를 사야 하며 다시 대기업 시대가 도래하므로 수출대형주 위주로 사들여야 한다.

주택도 수익성 부동산 투자도 이제 시작해야 할 때이다. 인구 감소에 따른 지방 부동산 수요 감소는 자연스레 포기하더라도 인구가 모이는 도시 지역의 부동산으로 매기가 몰려들 것이 확실하다. 이제 일본에는 숏텀 디플레이션 시대가 도래한 것이다.

제4부

심심풀이 경제 이야기들

원래 이론 경제학은 너무나 무미건조하다. 사회적 현상을 이론적으로만 분석하고 예측하는 것이어서 재미도 없고 딱딱하다.
하지만 실물 경제 쪽으로 넘어가면 귀가 쫑긋해지는 얘기들이 꽤 많다.

이 책을 골랐다면, 인플레이션 시대를 살아온 사람들의 투기적인 재테크 경험들과 앞으로 다가올 무서운 디플레이션 경제 시대를 예측하는 글을 나누어 읽게 될 것이니 재테크 실무서로는 제법 잘 고른 것이 된다. 한마디로 재테크 책으로는 잘 고른 것이다. 이 한 권의 책으로 주식 투자, 아파트 투자, 달러 투자, 예금 투자, 국채 투자의 상관관계와 투자 요령을 다 익히게 된다.

또 향후, 약 3~30년 후의 경제를 예측하는 경제 예측서이기도 하니 많은 도움이 될 것임을 약속드린다.

먼저, 인생만사 새옹지마고 도로 나무아미타불인 재테크 경험담 하나를 들려드리겠다. 내가 KBS에 입사한 게 1981년 11월이니까 지금부터 약 40년 전 이야기가 된다.

먼 과거 이야기이고 호랑이 담배 피던 시절의 이야기이다. 그런 시절도 있었구나 하고 읽어 보시길….

1981년 연말쯤이 될 것 같다.
어느 날 총무부에서 돈을 36만 원(월 6만 원, 6개월 납입분)을 주택은행에 입금하면 아파트를 하나씩 당첨시켜 준다는 공문이 돌았다.
그 당시 월급이 60만 원이 채 안 되던 시절이었다.

게다가 이미 결혼까지 하고 큰딸이 태어난 지 얼마 지나지 않은 때라 당시로서는 36만 원도 나에게는 큰돈이었다.

2~3일 이내에 구하기는 쉽지 않아서 처갓집에서 빌려서 간신히 총무부에 제출하였다. 다음 해에 알게 되었는데 새로 생긴 분양주택, 조합주택 청약 저축통장에 가입한 것이었다. 처음 생긴 제도였다.

그 당시는 엄청난 불경기였고, 아파트 등은 분양이 잘 안 되던 시절이었다. 가격도 무척 싸던 시절이었으며 국민주택 규모(전용 면적 25.7평 이하)는 분양가 상한 제도를 시행하여 평당 105만 원으로 분양가가 제한되어 있는 시절이었다. 국민주택 규모 초과는 평당 분양가가 부가세 포함하여 115만 원이었다.

그다음 해에 아파트 분양 공고를 보고, 과천이나 개포동 중에서 맘대로 골라서 신청하라는 것이 총무부 담당자의 전언이었다. 과천은 35평 이하, 개포동은 15평 이하에 신청하면 100% 당첨이 된다는 것이었다. 개포동 15평으로 신청하여 무사히 당첨되었고, 452동 4층에 당첨되었다. 하지만, 집이 좁아서 장롱도 안 들어가고 연탄아궁이를 쓰는 아파트였다.

내 기억으로는 아파트 총 분양가는 1,200만 원 정도였고, 은행 자동 융자액이 700만 원 정도였다. 500만 원이 있으면 무난히 입주 가능한 집이지만 당시에 500만 원도 내겐 없었다.

은행에서 융자를 받거나 대전의 집을 팔거나 해야만 입주가 가능했다. 당시에는 개인에게는 융자도 잘 안 해 주던 시절이었다.

그 당시 소유 중이던 대전 가양동의 아파트는 300만 원 정도였던 것 같다. 아무튼 상당히 무리를 하여야만 입주가 가능했다. 당첨되고 몇 개월 뒤에 강남의 주택공사 주택연구소에서 계약을 하게 되는데, 동료들은 반드시 손해를 보게 될 것이라면서 계약을 포기하라고 권했다.

한편으로는 걱정이 되었으나, 이제 결혼도 했고 큰딸도 있으니 살 집은 있어야겠다고 생각하여 주택연구소에 가서 계약을 하고 집으로 향하는데, 도로 양쪽에는 부동산 업자들이 도열하여 명함을 돌리면서 팔기를 권유했다.

그 자리에서 프리미엄으로 200만 원을 제시하였다. 난 놀랐다. 당첨일로부터 불과 3개월도 지나지 않은 사이 부동산 경기가 대폭 호전된 것이다. 엊그제까지 계약하면 손해 본다던 그 부동산 경기가 불과 한두 달 사이에 이렇게 급변한 것이다.

사실 이런 사실을 동료들이 알 리가 있겠는가?
아무튼 무사히 계약을 마치고 심심할 때마다 프리미엄을 확인하며 시간을 보내는 날이 많았다. 그러던 중 390만 원의 프리미엄을 받고 팔아 치웠다. 내가 납입할 돈은 500만 원이었는데, 프리미엄이 390만 원이면 상식적으로 다 오르고도 이제 떨어질 날만 남았다고 판단한 것이다.

계약금으로 납입한 내 돈 150만 원으로 390만 원을 벌었으니 2배 이상이 남은 것이다. 엄청난 수익률이다. 그 후 투기 바람이 전국을 강타하면서 6개월 이후에 내가 판 이 아파트는 프리미엄만 1,600만 원까지 올랐다.

상식적이지 않은 일이 생겨났던 것이다. 주택 가격이 분양가의 2배를 넘어선 것이다.

정부에서는 각종 부동산 투기 억제책이 나왔음은 물론이고, 전매한 사람들은 처벌한다고까지 했지만 엄포에 그쳤고, 투기 대열에서 빠진 사람들은 허탈감을 감추지 못했다. 개발 경제 시대에 부동산 투기가 전국을 강타한 것이다.

1년 연봉이 1,500만 원 정도였던 시절에 불과 1년 사이에 1년 연봉을 넘는 공돈이 생길 수 있었는데 이를 먼저 처분하는 바람에 당시로서는 엄청나게 큰돈인 1,000만 원 이상을 놓친 것이다.

그다음부터는 당연히 부동산 투자에 골몰하게 되었다.

그 당시에는 전산화 작업이 제대로 안 된 시절이었기에, 개인회사 아파트 추첨 시에는 주판알에 동호수를 적어 추첨한 경우도 있었고. 요즘 오피스텔 분양 시의 긴 줄처럼 아파트 분양 시에 긴 줄을 서야 하기도 했었다.

그 후에는 토지 투기 바람이 전국을 휩쓸었다. 누구는 가 보지도 않고 산을 샀기에 후에 알아보니 산꼭대기였다고 한다. 난 맹지를 샀고…. 부침은 있었지만 부동산 투기 열풍은 2008년 금융위기 전까지 전 세계적으로 불었던 것 같다.

그 후 안양의 진흥아파트에 당첨되어 근 8년을 살았고, KBS 조합주택인 광명시의 우성아파트를 분양받아서 전매하기도 했었다.

그 사이에 세 아이는 무사히 의사로 키워 냈고, 아이들 친구 사귀기를 대비하여 목동아파트 작은 평수 아파트에서 근 30년을 살다가 현재는 판교의 제법 큰 임대아파트를 분양받아 거기에 거주한다.

대한민국 최고의 언론사에서, 상위 10%의 연봉을 받으며, 30년간 일해 온 결과치가 이 정도다. 언젠가 전 정부의 한 장관이 청문회에서 내가 판 개포동 4단지 15평 아파트의 시세가 15억 정도라고 말했다. 이 말을 들으니 씁쓸했다.

큰 실수를 하지 않고 성실히 살았지만, 난 현재 중산층에 끼지도 못한다. 내가 돈을 벌고자 여기저기 10여 곳으로 이사를 다니다가, 첫딸이 초등학교 4학년이 될 즈음부터 30년간 목동 한 집, 한곳에 정착한 결과, 내 재산은 50년 전 개포동 그때 그 집에서 산 것보다 더 못한 도로 아미타불이 되었다.

인생무상이다. 귀거래사다.

이 사실에서 우리가 주목해야 할 것은 이 아파트가 40여 년 만에 무려 166배 정도가 올랐다는 것이다. 이제는 재건축한 번듯한 아파트이다. 복리 효과를 무시하고 계산해 보면 평균적으로 1년에 3.3배 정도가 꾸준히 오른 것이다. 개발 경제 시절에는 인플레이션이 꾸준히 진행되었고, 주변 환경이 좋아질 때까지 부동산은 계속 올랐다.

아파트를 사서 이렇게 오래만 가지고 가면 누구나 대박을 칠 수 있었다는 것이다. 또 하나 우리가 알아야 할 것은, 이제는 이런 시절이 다시는 오지 않을 것이라는 것이다.
이제는 반대로 40년이 더 지나면 이 아파트는 얼마까지 내려갈 것인가를 생각해 보아야 한다. 이번의 주식 시장과 아파트 시장의 대세 상승을 끝으로 우리 앞에는 기나긴 롱텀 디플레이션이 기다리고 있음을 늘 생각해야 한다. 일본이 지나온 잃어버린 30년 세월을 뒤따라갈 운명이 눈앞에 다가와 있다.

한숨이 나오게 해서 미안하지만, 이번에 마지막으로 찾아왔던 주식과 부동산 시장의 대세 상승을 놓치지 말았어야 한다. 그리고 이번 대세 상승을 끝으로 연이은 롱텀 디플레이션 시대 30년 이상을 살아갈 대비책을 누구나 세워야 한다.

벌써 은퇴한 지 12년 차가 되었고 이번 저서는 그동안 출간했던 4권의 저서를 총 집대성하고 살을 붙이고 시점에 맞춰 보강한 것으로 이 책의 투자 방법보다 더 좋은 투자 방법은 없다고 생각한다.

주식, 아파트, 달러, 예금, 국채의 5가지 재테크 대상 자산에 대한 투자 요령과 투자 순서를 전부 터득하게 되기 때문이다.

자랑스러운 나의 첫 손자인 김시윤 군은 이제 번듯한 중학생이 되었고 친손자인 손현배 군도 내년이면 초등학교에 입학한다.
나는 신난다. 대여섯 권의 재테크 책을 남기고 세상에 왔던 흔적도 남기고 간다.

펜타곤(Pentagon) 투자법은 전 세계 투자업계의 금과옥조가 될 것으로 믿어 의심치 않는다. 이는 미국 거주자가 아니라면 누구나 꼭 따라야 하는 재테크 법칙이다. 미국 거주자들도 달러와의 교체 투자 과정만 생략한다면 최고의 매크로 시각의 재테크 전문 서적이 되리라 의심치 않는다.

저자는 이제 재테크에 나서는 초보자와 내 자손들과 전문 투자자들이라 하더라도 투자 성과를 뒤돌아보고 히든 스토리(Hidden Story)를 잘못 이해시킨 점은 없는지 한 번쯤 반성할 기회가 되길 바라는 마음에서 쓰는 것이다. 늘 가까이 두고 마음이 흔들릴 때마다 한 번씩 봐 주길 바라는 마음이다.

저자는 이제 한국 나이로 72세이다.

"인생은 살 만한가?"라고 나에게 넌지시 물어본다.

그냥 살 만은 했지만, 인생이 아름답지만은 않은 것 같다고 답할 수 있을 것 같다. 다만 매번 최선은 다해서 살았노라고….

챕터 40) 화무십일홍(花無十日紅), 중국에 속은 세계 경제

화무십일홍은 "열흘 붉은 꽃은 없다."라는 말로 권력이나 부귀영화는 오래가지 못한다는 뜻이다. 즉, 세상의 이치란 게 물극필반(物極必反)이요, 일월영측(日月盈厠)이라! 해도 달도 차면 기운다는 말이다.

2001년 12월 11일, 13억 인구의 중국이 자유진영의 무역기구인 WTO에 가입했다. 이전에는 자유진영을 빼고 공산주의 나라들은 그들끼리만 교역했다. 2001년 이후 세계 경제는 중국의 값싼 인건비로 싸게 만들어 낸 공산품 등으로 인플레이션도 없이 성장에 성장을 거듭해 왔다.

지나간 차, 화, 정 등의 산업들도 화려하게 다시 부활했고, 13억 소비 시장도 새로이 생겨 전 산업들은 높은 성장을 시현했다. 이 혜택을 가장 많이 본 나라와 기업은 단연코 한국이었다. 이제는 모두가 다 화무십일홍(花無十日紅)임을 알아야 한다.

아니, 정확히 말하자면 '화무23년홍'이다.
이제 중국은 모든 산업에서 우리의 강력한 경쟁국으로 떠올랐다. 우리가 60여 년에 걸쳐 이룩한 경제 성장을 그들은 불과 22년 만에 따라잡은 것이다.

1978년 개혁 개방 정책을 추진한 중국은 자유진영과 자유로운 무역을 시작하게 된 것을 시작으로 비약적인 발전을 해 왔다. 중국은 산업 발전 단계상 이미 사양 산업으로 기울었던 산업들을 다시 일으켜 세운 것이다.

특히 한국은 중국에서 조선, 철강, 화학원료 등을 대량으로 주문받음으로써, 마치 죽은 고목나무에 다시 꽃을 피워 낸 것이나 마찬가지였다. 하지만 이제는 아니다.

세계 경제를 다가올 미래 산업이 주도한 것이 아니라 지나간 산업이, 2001년 중국의 WTO 가입부터 약 22년간이나 지배한 셈이다.

인플레이션도 없이 성장한 이 기나긴 호황으로 투자가들은 큰 오해를 하게 되었다. 세계 경제는 항상 신산업을 축으로 대량 수요와 공급이 이뤄지면서 성장해 왔다.

그런데 중국이 세계 시장 경제에 등장하면서 지나간 산업들이 예전의 전성기로 돌아가고 있자, 계속 이런 상태로 흘러갈 것으로 오해를 하게 된 것이다.

하지만 모든 게 화무십일홍임을 2008년 세계 금융위기와 2020년 코로나 사태로 알게 되었다. 이제는 중국의 급속한 경제 성장으로, 13억 인구의 시장과 13억 인구가 만들어 내는 물자는 세상을 메우고도 남을 정도가 되었다.

투자가들은 지난 7년 동안의 주도주인 차, 화, 정, 조선 철강 등에 미련을 두어서는 안 된다는 것을 빨리 눈치채야 한다. 세계 인구는 중국을 빼면 57억 정도다. 중국 인구가 13억이다. 중국의 WTO 가입으로 인구 대비로 볼 때 갑자기 세계의 생산 및 소비 시장 규모가 22.8%가 커진 것이다.

완전히 새로운 세상이 열린 것이었고 단순히 평균적으로도 전 산업의 모든 중간 제품들이 22.8%가 더 팔려 나간 것이다. 수입한 원재료 등으로 많은 인구가 값싼 인건비로 만들어 낸 값싼 물건들은 미국 시장뿐 아니라 세계 시장의 주역이 되었다.

WTO 가입 22년 후 중국은 대외 무역 총액이 엄청나게 증가했고, 세계 2대 경제 강국이 되었음은 다 아는 사실이다. 이 무역액의 증가가 세계 각국과 중국이 서로 반제품이나 완제품을 주고받은 것이다.

값싼 인건비를 바탕으로 한 싼 중국 제품으로 세계 경제는 인플레이션 없는 성장을 22년 동안 지속해 온 셈이다.

13억 인구의 인도가 다시 새로이 시장에 나타났다고 주장하는 사람들이 있지만, 사실 인도는 이미 옛날부터 국제 시장 경제에 편입된 나라여서 수요가 중국처럼 대단하지는 않다.

윌리엄 오닐(William O'Neil)의 저서 《How to make money in stocks》에 따르면 한번 주도주였던 산업이나 주식이 다시 주도주로 나서는 경우는 8분의 1에 불과하다. 13%에 불과한 이 확률이 실제가 되었던 것이다. 이 사실은 윌리엄 오닐이 54년간의 다우지수를 분석한 결과 확인된 사실이다.

이제, 지나온 과거는 잊어라.
G2가 된 중국을 견제하려고 이제 미국은 리쇼어링(Reshoring) 정책과 프렌드 쇼어링(Frendshoring) 정책을 펴고 있다. 모든 중국산 제품에 높은 관세를 매기거나 수입을 통제하고 있다.

2022년 하반기 중국의 대미수출 타격이 컸던 분야는 완구(55%), 가구(38%), 플라스틱 제품(29%), 방직(20%)이 있다. 그래서 당연히 이 세상의 모든 물건값은 올라간다고 보는 것은 타당하다.

물론 다른 나라에서 중국이 공급하지 못한 제품을 공급해 낼 수 있겠지만 어느 나라가 더 싸게 대량으로 공급하느냐가 더 중요하다고 할 수 있다.

가장 중요한 세계 경제이론 중의 하나인 트리핀의 딜레마를 무시하고 반대의 정책을 펴고 있다. 즉, 미국 혼자만 잘살겠다고 한다.

미국 경상수지 흑자가 늘면 세계 경기는 위축되어 저성장을 하게 되고 미국의 적자 상태가 늘어나면 달러화 가치가 하락하여 세계 경기는 좋아진다. 이것이 트리핀의 딜레마이다.

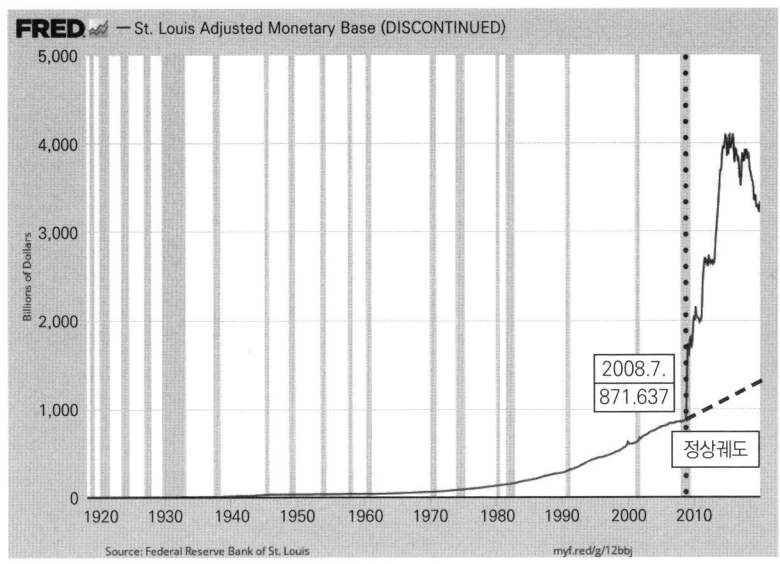

[그림 35] 102년간(1918.1.1.~2019.11.1.) 미국의 본원통화

참고로 [그림 35]는 미국의 102년간 본원통화 공급 그래프이다. 2008년 9월을 기점으로 얼마나 많은 통화량이 서브프라임 이후 공급되었는지 알 수 있다! 결국 늘어난 경제 규모를 감안해서 늘어난 통화량을 적당히 줄어야 정상 경제로 회귀한 것으로 보면 맞을 것이다.

결국 전 세계는 미국의 경기 흐름에 사로잡혀 있다는 사실을 완곡하게 표현한 미국 Yale대학교의 로버트 트리핀 교수가 얘기한 트리핀의 딜레마를 모르는 사람들은 없을 것이다.

미국의 리쇼어링 정책뿐만 아니라 무역 규제가 심해지니 중국산 소비재는 비싸질 수밖에 없다고 생각하기 쉽지만 중국은 뛰어난 앱 실력을 이미 확보한 것 같다.

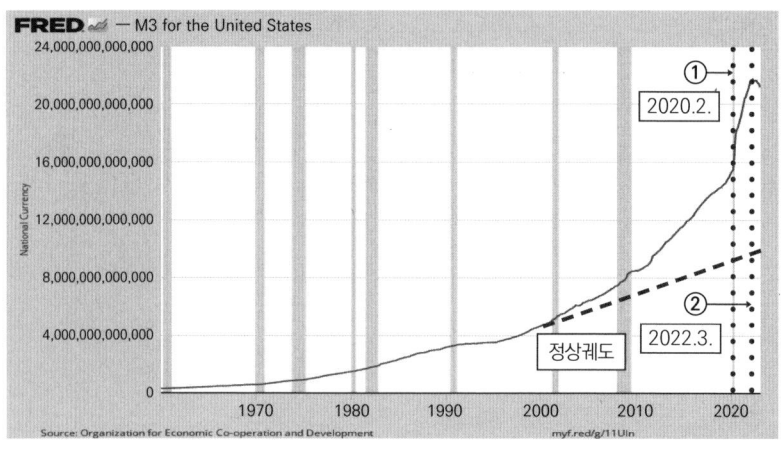

[그림 36] 64년간(1960.1.1.~2023.1.1.) 미국의 M3 증가율

아마존의 탄생이 세계 물가 하락에 기여한 점도 무시하지 못하지만 최근에는 미국의 Z(10대 후반~20대 중반) 세대에게 인기인 중국 앱들이 떨치고 있다.

애플 앱스토어에서 '티무'라는 10달러 미만 중국 공산품 위주로 판매하는 앱과 '쉬인'이라는 10달러 미만 의류 중심 판매 앱은 작년에만 37조 원의 매출을 올리고 있다고 한다.

애플 앱스토어 다운로드 1위 앱이 티무이고 4위가 쉬인이다. 아마존의 잠재 고객이 중국 앱, 즉 중국 시장으로 넘어가고 있는 것이다. 아마존의 절반 가격에 파는 물건들이 많아지고 있다고 한다. 또 다시 중국이 인플레이션을 잠재우며 세계 경기를 도와줄 수 있을 것인가?

티무는 이미 캐나다에서도 인기 1위 앱이고 최근 영국에도 진출했으며 규제를 피하기 위해서 미국 보스턴에 본사를 둔 중국계 미국 기업인 것이다. 쉬인은 중국에서 싱가포르로 본사를 옮겼다.

두 회사 모두 물건은 중국에서 배송하지만 배달 기간은 2주 정도가 소요된다고 한다. 운송비는 무료이거나 수천 원에 불과하다. 대량을 물건을 미국으로 보내면서 배송비를 해결하고 있다.

미국은 인플레이션이 더 심해질 줄 알면서 중국으로부터의 모든 수입을 규제하고 있다. 수입을 규제함으로써 모든 소비재는 가격이 올라가고 있다.

그동안 인플레이션 없는 경제 성장의 혜택을 전 세계가 누려 온 것은 사실이며 이제는 전부 허상이 되고 있다. 화무십일홍에 불과한 중국의 세계 경기 편입이었던가!

어느 나라든 전 세계든 통화량이 줄어들면 경기가 식고 불경기가 온다는 것은 너무나 자명하다. [그림 35]와 [그림 36]처럼 미국에서도 본원통화량도 M3도 급격히 줄어들고 있으니 이는 곧 전 세계 경기가 불경기로 진입한다는 뜻이다. 물론 인플레이션을 진정시키기 위한 것임은 알지만…….

본원통화는 보통 신용창조를 통해 9배로 융자되어 경기를 부양하지만, 본원통화나 M3의 감소는 역으로 9배의 통화량 감소 효과를 가져온다.

바이든 정부는 이미 검증된 트리핀의 딜레마를 무시하는 것인가? 미국은 자기 혼자만 잘살겠다고 설쳐 대지만 결국엔 미국도 가난해진다는 것이 바로 트리핀의 딜레마 이론이다.

미국과 유럽도 이미 생산 활동 가능 인구(15~64세)의 감소 열차를 2006년부터 타고 있고, 일본은 이미 1995년에, 한국도 2016년에 올라탔다. 2008년 미국의 금융위기도 2006년의 인구감소와 지속적인 금리 인상에서 출발했다고 본다.

현재까지는 새로이 엄청난 수요, 즉 판매고를 올릴 신산업은 제대로 발발조차 못 하고 있음을 느끼고 있다. 디플레이션과 인플레이션이 섞여 오고 있다. 무엇이 진짜인가를 설명해야 하는 것도 이 저서의 목표다.

스티브 잡스가 스마트폰으로 상당 기간 세계를 구했던 것은 아닐까? 이제는 전 세계는 신규 수요를 대대적으로 창출할 신산업이 태동도 하지 않는 것 같고, 새로운 발명품도 나오지 않는 것 같다. 기껏해야 지금까지 있었던 물건들에서 전기차처럼 가성비가 높아진 대체품들만 나오고 있다.

또한, 전 세계가 2008년 금융위기로 인한 돈 풀기로, 경제가 호전됐다고 착각하는 것은 아닌지 의심하지 않을 수 없다. 내가 경제학자도 아니지만 미국이나 유럽 등은 착시적인 경기 호전으로 보이는데, 전문가들은 제대로 된 경기 호전으로 판단하고 있다.

주식이나 부동산 등의 투자를 할 때, 항상 스트레스 테스트를 개인인 나에게도 해 봐야 한다. 이번에는 특히 더 그렇다. 가짜 경기 호전으로 보이기 때문이다.

우리나라는 GDP 대비 개인 가계 빚이 105%, 정부 빚이 48%, 기업 빚이 205%이다. 총 빚이 358%이다. 1년 벌어들이는 돈과 빚이 같거나 더 많다. 이 돈들은 이자율이 쌀 때 빌려 쓴 빚이다.

그 후 이자율은 미국 기준으로 2020년 6월부터 오르기 시작해서 약 2,200%(22배)가 올랐다. 미국이 올린 이자율과 거의 대동소이하게 전 세계 정부도 이자율을 올리거나 내리는 것이 바로 Pax America가 아니던가?

(1) 또 다시 경기가 활발하게 돌아가려면 가계 부채나 기업 부채가 100% 수준으로 내려와야 한다

전 세계는 약 40년간 저금리 상태에서 살아왔고 코로나 사태 이후의 9.1%의 인플레이션과 함께 이제는 급격한 금리 인상으로 고금리 시대로 진입할 것으로 보인다.

각국의 2% 인플레이션 목표와는 달리 평균적으로 4~5%의 인플레이션이 몇십 년간 지속될 것이다.

(2) 부동산 임대 명목 수익률이 8~9%는 나와야 된다

기존의 부동산 임대 수익률이 달라져야 한다. 즉, 4~5%의 평상시의 인플레율에 적정 수익률인 3~4%의 마진을 붙여서 판단해야 하므로 명목 임대 수

익률이 8~9%가 나와야 수익이 발생하는 것이다.

금리가 즉 돈의 양이 모든 것을 결정하는 것이다. 1959년 이후 미국의 M2(광의 통화, Broad Money) 공급은 2021년까지 매년 증가해 왔다.

2008년 금융 M2는 2배 증가하였고, 코로나 이후로는 2년 만에 30% 급증했다. 2022년에는 60년 만에 최초로 M2가 0.6% 감소했다.

(3) M2가 줄어든다는 것은 이번 불황은 장기간 지속되리라는 것을 미리 알려준다

미국이 본원통화를 공급을 늘려도 M2가 늘어나지 않는다. 그 이유는 돈을 빌려주고, 즉 신용창조를 해서 돈을 더 벌어들이고 싶어도 갚을 능력을 가진 대출 신청자, 기업이 없기 때문이다. 이 말은 담보를 제공하지도 못하는 대출이 꽉 찬 상태여서 그렇다.

신용창조 액수가 줄어드는 또 하나의 이유는 장기 금리가 단기 금리보다 더 싸면 그렇게 된다. 이런 현상이 생겨나면 은행은 융자를 해 줄 수가 없다. 즉, 신용창조를 할 수가 없다.

단기예금에 적은 이자를 주고 예금을 유치해서 장기간 빌려주면서 더 비싼 금리를 받아 이 금리차로 영업을 하는 것이기에 그런 것이다. M2가 줄어들면 전 세계 경기든 어느 나라 경기든 경기가 수그러드는 것은 같은 이치이다. 흔히들 주식은 실물 경기에 6개월 선행한다고 한다.

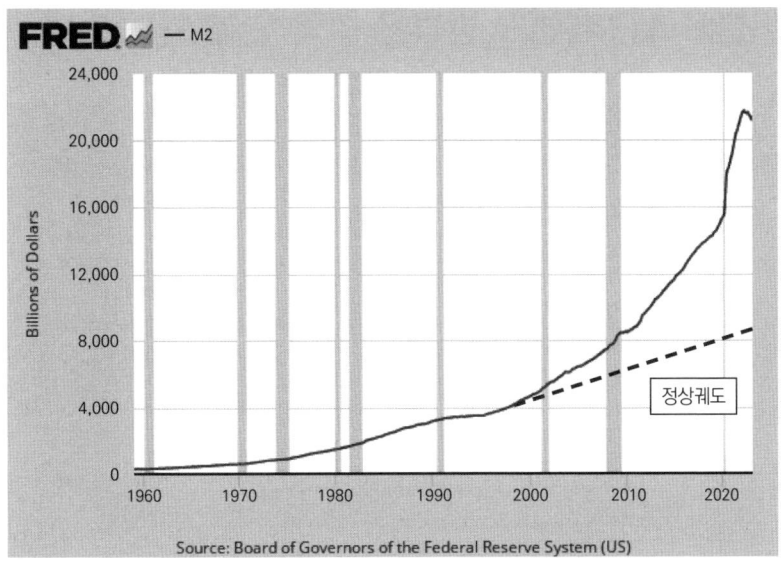

[그림 37] 64년간(1960.1.1.~2023.1.1.) 미국 달러 M2 그래프

중국의 WTO 가입 이후 전 세계는 인플레이션 없는 경제를 누려 온 것은 사실이다. 그동안 전 세계는 화무십일홍(花無十日紅)을 잊고 살았다.

이제껏 중국에 속은 세계 경제였다. 아직까지 전 세계는 인플레이션과 싸우고 있지만, 이제 곧 본격적으로 롱텀 디플레이션에 진입하고 있다.

챕터 41) 재테크 방법은 미국 안에 사느냐, 밖에 사느냐에 따라 다르다

재테크 기법은 미국 밖의 모든 나라에서는 다 같고, 예전이나 지금이나 미래에도 그 방법은 다 같을 것이다. 그러나 미국 거주자의 재테크 기법과 미국에 거주하지 않는 사람들의 재테크 기법은 크게 다르다.

미국인이라도 미국 밖에서 경제 활동을 영위한다면 미국 내에 거주 중인 미국인과는 재테크 방법이 달라져야 한다. 어디에 사느냐에 따라서 달러와 주식, 아파트 등과의 교체 투자가 필요한지와 아닌지로 달라진다.

여기서 미국 거주자라 함은 미국인이란 뜻이 아니라 달러를 일상 화폐로 쓰는 사람들을 말한다. 이들은 달러와 다른 자산 간을 교체 투자 하더라도 아무런 이득이 없다. 따라서 교체 매매 할 이유도 없다.

하지만 미국 안에 사는 사람들, 즉 미국 거주자들은 전 세계 어느 나라에서든 금융위기, 재정위기 등이 찾아오면 항상 대박의 기회를 갖는다.

비싸진 달러를 들고 위기 국가에 가면 어느 나라에서나 달러 인상 폭만큼 싸게 살 수 있기 때문이다. 주식, 부동산, 채권 등을 그냥 줍는 것이 된다. 위기 국가에서는 이미 달러가 천정부지로 올랐을 것이기 때문이다.

그러므로 미국 밖에 사는 사람들보다 미국 안에 사는 사람들은 투자 기회가 훨씬 더 많다. 왜냐하면 오늘날 금융위기 등은 전 세계에서 지역별, 나라별로 수시로 발생하기 때문이다.

한편, 미국 밖에서 사는 사람들, 즉 달러를 일상 화폐로 쓰지 않는 사람들은 누구나, 어느 나라나 자국에 경제위기가 오면 달러와 주식, 부동산, 채권 간의 교체 매매로 대박 기회를 갖는다. 달러 자금 융자를 받았다가 갚는 기법을 쓰면 2~8배를 단기간에 벌 수도 있다.

이 내용이 이 책의 핵심 정보 중 하나이고 기존의 재테크 책들과 크게 다른 점이다. 기존의 모든 재테크 책들은 이처럼 달러와 주식, 아파트, 예금, 채권의 교체 투자 비법을 다루지 않는다.

앞으로 이 책에서 월급쟁이와 가난뱅이가 부자가 되는 방법은 주식 투자와 아파트 투자 두 가지뿐이라고 수차례 말하게 될 것이다. 그렇다. 대중적인 재테크 기법 중 재산을 크게 늘려 줄 방법은 이 두 가지뿐이다.

이 밖에도 여러 가지가 있다고 각종 금융 회사, 정부, 기업들이 떠들어 대지만 사업가가 아닌 이상 이 두 가지뿐이다.
달러 투자, 채권 투자는 부자가 되는 과정 중에 잠시 경기 변동에 따라서 거쳐 가야 하는 길이지만 이는 결국 주식과 아파트 투자로 가는 과정이다. 은행의 예적금 또한 같다.

금융 회사들의 수많은 광고들이 이렇게 하면 부자가 된다고 말하지만, 이는 우리를 현혹하고 있는 것에 불과함을 먼저 알아야 한다. 우리를 부자로 만들어 주기 위해서 금융 회사들이 존재하는 것이 아니라 그들은 우리를 이용해서 스스로 부자가 되려 하는 것이다.

재테크 기법이 모든 나라에서 다 같고, 시대를 초월해서까지도 같은 이유는 인간의 욕심은 끝이 없고 모두 같기 때문이다. 시대를 초월해서도 같으니, 사실은 새로운 이론도 새로운 투자기법도 이미 알려진 것 외에는 별로 없다.

다만 이 책처럼 기존의 현상에서 새로이 연구해서 밝혀 낸 더 좋은 투자 방법만 생겨나는 셈이다. 최근에는 AI, 즉 인공지능을 통해서 주식 투자를 한다고 투자가들을 현혹하지만 성과는 별로고, 앞으로도 별로일 것이다. 어찌 수백만의 생각을, 수백만의 마음의 결정을 그까짓 기계가 예측할 수 있겠는가?

한국의 삼성 그룹의 창업주 이병철 회장은 매년 연말이면 일본으로 장기간 여행을 훌쩍 떠났었다. 이른바 동경 구상을 위해서였다. 한동안 이건희 회장도 한 달 이상씩 연말연시에는 일본에 체류했다. 그 당시에도 일본은 선진국이었고, 한국은 후진국 중의 후진국이었다.

선진국에 가면 우리의 미래가 보인다. 한국의 장래가 눈에 보이는 것이다. 한국의 미래를 보기 위해서 그들은 일본에 갔던 것이다.

그러므로 사업을 하거나 새로운 아이템을 구상 중이라면 선진국을 여행하는 것이 큰 도움이 된다. 선진국의 백화점 순례 여행만 해도 여행 경비의 수십 배를 건져 오는 게 바로 해외여행이다. 앞선 문물을 구경하고 익히고 배워 오는 것이다.

그렇다고 후진국 여행에서는 배울 것이 없는 것은 아니다. 그들에게서는 삶의 지혜를 배우고, 선진국에서는 문명을 배운다. 누구나 해외여행을 자주 많이 하길 바란다.

약 50년 전 쯤에 오사카에 거주하는 사돈의 팔촌쯤 되는 성공한 재일 교포 분이 정부의 성공한 재일 교포 초청 행사의 일환으로 한국을 찾은 적이 있다. 그때, 그분이 "한국에는 돈이 굴러다니고 있다."라고 했다. 그때는 무슨 말인지 이해하지 못했지만, 지금 와서 보면 제법 이해할 것 같다.

우리는 학생 시절 누구나 로스토우의 경제 발전 단계설을 배웠다. 여기에 빗대면 정치 발전 단계설, 사회 발전 단계설을 누구나 만들어 낼 수 있다.

그분은 명동 로얄호텔에 장기 투숙을 했었는데, 그분 눈에는 명동 거리와 서울 시내가 전부 돈으로 보인다고 했다. 일본의 발전되어 가는 과정을 다 겪은 그분에게는 앞으로 한국이 발전되어 갈 모습이 미리 다 보인 것이다.

오늘날 한국인은 같은 시각에 해외여행 중인 사람이 십만 명은 될 것이다. 해외 거주 교포도 750만 명에 가깝다. 해외 거주 중인 교포나 장기 체류자들은 각국에서 주식 투자나 부동산 투자를 할 때에 한국에서 쓰던 방법을 약간만 변형하여 쓰면 백전백승한다. 이병철 회장이 투자와 기업 경영에서 백전백승한 것처럼 말이다.

특히 본 저서의 펜타곤(Pentagon) 투자법을 활용해서 해외 교민들도 누구나 다 부자가 되길 바란다. 경제 발전 단계설, 이를 변형하여 정치 발전 단계설, 사회 발전 단계설로 변형하여 세상을 보라.

한국의 정치판이 개판이라지만 이 개판도 발전 단계를 다 거쳐야 발전하는 것이고, 촛불 집회에서 보듯이 사회 발전도 국민 소득 수준에 따라서 달라지는 것이다. 심지어 데모하는 기법도 국민 소득 수준에 따라서 달라짐을 느낀다.

다시 말하지만, 이 책에서 말하는 펜타곤(Pentagon) 재테크 기법들은 어느 나라나 어느 시대에나 통하는 기법들이다. 그 이유는 미국인이나 일본인이나 중국인들의 돈에 대한 욕심이나 한국인들의 돈에 대한 욕심은 같고 그 결과는 경제 발전에 따라, 사회 발전에 따라, 정치 발전에 따라 조금씩 다르게 나타날 뿐이기 때문이다.

단, 달러와 주식, 부동산, 채권 간의 교체 투자기법은 미국 거주자가 아닌 사람들에게만 유용하다. 미국 거주자들은 자국 내에서는 이 교체 매매 기법으로 큰돈을 벌 수 없다. 하지만, 위기 해당국으로 달러를 들고 가면 역시 대박의 기회를 갖는다.

중국에서 치과 의사로 활동 중인 사랑스러운 나의 자식들도 이 이론을 중국에 적용해 투자하고 돈도 벌고 투자를 즐기기를 바란다.

본 저서에서 인용하는 환율, 금리, 인구 등 수치에 관련된 데이터들은 몇 년 지나면 맞지 않을 수 있다. 그러나 그 당시 데이터를 적용하여 판단하면 지난 기록들로써 유용하게 참고할 만한 자료가 될 것이다.

챕터 42) 빌딩 사는 연예인들 잘하는 걸까?

요즘 연예인들이 워낙 인기가 있다 보니 그들의 일거수일투족이 기사화된다. 그중에서 유독 나에게도 관심이 가는 기사는 그들이 빌딩을 샀다는 기사다.

아무리 유명하고 인기가 많다고 해도, 전직 PD 출신인, 세상 물정을 아는 내가 볼 때는 별 볼 일 없는 연예인이 빌딩을 샀다 하니 배도 아프고 과연 무슨 돈으로 샀을까도 궁금할 수밖에 없다. 이들은 자금 출처 조사도 안 하는지 세금을 추징했다는 기사는 한 번도 없다.

4인조 밴드 ○○○의 드러머 ○○○ 씨가 서울 강남구 신사동의 지상 4층짜리 빌딩을 50억 원에 매입했다고 한다.

월 수익은 1,000만 원 가량이며, 연 수익률은 약 2.0%로 추산된다. 매입 대금 50억 원 중 37억 원은 빌딩을 담보로 은행에서 대출을 받았다고 한다. 2018년쯤 기사다.

알려진 대로라면 서울시 중구 정동의 상림원 아파트에 비해서 5.6÷2=3배나 더 비싸게 산 것이다. 물론 향후 월세 수입의 지속가능성과 빌딩 가격 상승

여부가 결정적으로 가치 변동에 영향을 줄 것이지만, 실현이 불분명한 향후 건물 가격의 상승 예상 가치를 미리 빌딩 값에 포함한 것으로 보인다. 한마디로 잘못된 투자로 보인다.

수익률 2%의 자산에 2018년 현재 주택담보대출 금리인 3.68%의 대출을 받아서 매입했다고 해도 상식적으로 옳지 않다. 일반 자금 대출이라면 이자율은 이보다 훨씬 비싸다.

1년 임대 수익은 1.2억이다. 은행 이자는 연간 3.68%×37억=1.36억이다. 임대 수익을 초과해서 매년 1,600만 원을 더 납입해야 한다. 게다가 자기 자본 13억에 대한 수익은 한 푼도 못 올리고 있고, 오히려 추가로 매년 이자를 납입해야 한다. 형편없는 투자로 보인다. 이와는 반대인 경우에만 투자해야 한다.

수익률 2%의 자산을 사면서 이자율 3.68%의 대출을 쓴다는 것은 사자마자 손해를 보는 것이다. 실제로 손해 보는 연간 액수는 이자 1,600만 원+본인 자금 정기예금 이자(1.6%) 환산 추정액 2,080만 원=최소한 매년 3,680만 원씩 손해이다.

여기에다가 등기비, 취득세, 앞으로도 임대 계약 시에 매번의 중개수수료, 매년의 재산세, 공실로 인한 임대료 감소분, 화재보험료, 종합소득세, 부가가치세 등을 부담하여야 되므로 향후 손해 예상 폭은 훨씬 더 커진다.

이런 경우 빌딩 가격이 폭등에 가까이 오르지 않으면 세월이 갈수록 투자자의 재산은 쪼그라든다. 혹시라도 제2의 IMF 사태나 2008년 금융위기, 코로나 사태 등의 위기가 온다면 대출 금리가 폭등하여 감당하기 힘들 것이다.

그의 수입이 얼마인지 모르지만 업계의 경험상 보통 자기 수입의 30% 이내가 적정 원리금 상환 한도액이다.

은행 이자율은 수시로 변동되고, 이자율에 따라서 아파트나 건물들의 가치 평가액이 달라진다. 외국에서는 수익률이 자산가치 평가 가격의 잣대가 된다.

이자율(수익률)로 자산 가치를 평가한다는 것이 외국에서는 당연한 일이지만 한국에선 낯설다. 하지만 이 방법이 가장 합리적으로 결정한 가격이므로 앞으로 이 방법으로 거래될 것이다.

게다가 빌딩에는 보통 사업자들이 입주하므로 세원이 거의 100% 노출된다. 합법적 탈세가 불가능한 셈이다. 매년 보유세도 엄청나다. 관리인도 1~2인을 상시 고용해야 한다. 빌딩 소유는 과시용으로는 제격이지만, 가격 상승률도 높지 않다.

또한, 양도 차익이 발생해도 다운 계약서 작성도 불가능하다. 그런데도 왜, 많은 연예인들이 건물 소유에 집착하는 걸까? 한국에서도 앞으로는 모든 부동산은 수익성을 기준으로 하여 그 가격이 재편될 것이다.

그동안 한국의 부동산은 항상 가격 상승이라는 기회가 있었기에 수익성을 기반으로 평가하는 시스템이 활성화되지 않았으나 미국 등 선진국을 보면 다르다. 수익은 전혀 발생치 않고 매년 각종 보유세나 내는 부동산이 가치가 오를리 없으며, 몇 %의 수익이 발생하느냐를 기준으로 가격이 형성되는 것은 너무나 당연하다.

은행예금 이자를 기준으로 하여 1억을 정기예금하면, 2018년 현재 1년 이자가 약 140만 원 정도이다. 어떤 상가의 임대 수입이 연간 280만 원이 발생한다면 그 상가는 2억이 적정 가격인 것이다.

현재 한국의 부동산 가격은 향후 오를 가격을 미리 받는 것과 다름없지만 이는 가격 상승이 전제되어야 가능한 일이다. 하지만 이번의 대세 상승 후에는 지속적인 가격 하락이 이어질 것이므로 예전의 가치 산정 방식은 달라질 것이다.

(1) 아파트 적정 가격
수익성을 기준으로 중구 정동의 상림원 아파트의 적정 가격을 따져 보자.

2018년 현재 시세는 70평을 기준으로 15억 정도이며, 월세는 약 700만 원이다. 세전 수익률이 5.6%이다. 현재 정기예금 이자율은 1.6% 정도에 불과하다. 5.6÷1.6=350%다. 세전 수익으로 본 상림원의 적정가격은 52.5억이다. 은행 이자의 3.5배를 받으므로 현재 시세는 15억×350%가 적정 가격이다. 이를 다시 확인해 보면 8,400만 원÷52.5억=1.6%가 되는 것이다. 현

시세와 수익성을 기반으로 예측해 보면 상림원 아파트의 가격은 너무나 싸다.

결국에는 52.5억으로 아파트가 상승하거나 월세가 줄어들어야 은행예금과 비교해서 그 가치가 맞게 조정되는 것이다.

물론 여기에다가 임대소득세까지 감안해야 하고, 이에 따른 종합소득세와 보유세인 재산세, 건강보험료 신규 납입에 따른 추가 경비 등을 감안해야 함은 물론이다. 앞으로는 세후 순수익률과 은행 이자율을 비교해서 가치를 평가해야 한다.

(2) 오피스텔 적정 가격

오피스텔은 임대 수입을 올려 주는 가장 일반화된 인기 아이템이니 이를 분석해 보자.

분양가 2.5억의 오피스텔의 수익률이 3.5%, 월세 45만 원 정도가 일반적인 수익률이다. 그러나 여기에서, 구입 시 대출받은 은행이자, 부가가치세, 소득세, 종합소득세, 재산세, 안 내도 될지 모르는 건강보험료 등을 매년 납부해야 한다. 이를 전부 감안하면 수익률은 3%가 채 안 될 것이다.

그러나 지금 현재 주택담보대출의 금리는 이미 3.68% 정도이다. 매년 0.68%의 손해를 이미 보기 시작한 것이다. 향후 은행 금리가 더 오르면 매년 손실 폭은 더 커진다. 보유 기간과 손실은 비례할 것이고, 이 경우에는 오피스텔 주인은 하루라도 빨리 오피스텔을 처분해야 할 것이다. 바로 '앞으로 남고 뒤로 밑지는' 대표적 사례이다.

(3) 비수익성 자산의 평가

그럼 수익이 전혀 발생치 않는 강원도 산비탈의 임야 가격을 어떻게 산정하고 거래시켜야 할까? 사실 이것은 나도 잘 모르겠다. 감정 평가 업계에서는 매매 사례 비교 가격으로 평가하지만….

여태까지 1990년 이후 약 40년간 인류는 저금리 시대에 살아왔다. 즉, 예전의 고금리 시대를 까마득히 잊고 살아왔다. 이제 다시 40년은 고금리 시대에 살게 될 것으로 보인다.

늘 해 왔던 방식대로의 투자는 멸망을 불러올 뿐이다. 연예인들의 빌딩 투자, 평범한 직장인들의 꼬마빌딩 투자는 이제 수익성 계산부터 새로 하면서 투자해야 한다.

평균 수익률은 은행의 고금리를 부담하고도 장기적인 인플레율로 추정되는 4% 정도를 감안하고서도 실질 수익률 2~3%는 확보해야 가능한 일이다.

모든 자산의 가치는 세후 수익률이 결정하는 시대가 온다. 요즘은 시중의 오피스텔 투자 시 가격 기준을 보면, 보통 1년의 수익률로 계산하는 것이 이제는 일반적이다.

오피스텔은 주로 교통이 좋은 상업 지역에 건설되고 땅 지분이 적어 재개발 가능성도 희박하다. 따라서 오피스텔은 가격이 거의 오르지 않는 것으로 전제된 계산법이다.

그러나 이 오피스텔 투자는 한 번 더 깊이 검토해야 할 자산이다.
오피스텔을 임대하게 되면 우선 사업자등록을 하여야 하며, 이에 따라서 당연히 매월의 월세에 따른 부가가치세를 납부해야 하고, 소득세 또한 납부해야 한다.

연간 임대소득이 2,000만 원을 넘는 경우에는 이듬해 5월 말까지 종합소득세 신고를 세무서에 마쳐야 한다. 월급, 강사료, 원고료, 인세 등 다른 소득이 또 있다면 합산하여 종합소득세도 추가로 납부하여야 한다.

만약 은퇴한 사람이 오피스텔을 산다면 위와 같은 세금과 각종 신고 의무 외에도 사업자등록증이 발부된 사업자가 되므로 건강보험료를 새로이 납부해야 한다.

은퇴한 경우 가족의 피부양자로 등록하거나 지역의보 가입자가 되는데, 사업자등록이 되어 있는 경우에는 실제의 소득이 있든 없든 가족의 피부양자 자격이 박탈된다.

오피스텔 투자로 월 40여만 원의 수익이 생긴다 하여도 의료보험료와 소득세를 추가 부담하고 나면 별로 남는 것은 없는 셈이다. 투자액을 대비하여 검토하면 월 수익률은 3%도 채 안 될 것이다.

현재 오피스텔로 임대 수익을 올리면서도 사업자등록을 하지도 않은 임대사업자가 많음을 정부는 이미 다 파악하고 있을 것이다. 곧 안 낸 세금을 한꺼번에 추징하게 될 것으로 보인다.

지금은 월급 생활자들의 경우에도 급여 이외의 별도 소득에 따른 의료보험료 추가 부담이 없으나 머지않아 이 또한 부과될 것으로 보이고, 따라서 실제 월세 소득은 별 볼 일이 없어진다.

융자를 받아서 투자했다면 더욱이 별 볼 일이 없어지고 혹 이자율이 더 오른다면 손해를 더 볼 수밖에 없다. 그래서 결국에는 오피스텔에 대한 개인들의 투자 수요는 없어질 것이니, 가격이 내릴 수밖에 없다. 앞으로 남고 뒤로 밑지는 대표적 사례가 될 것이다. 상가투자도 이 기준으로 판단해 볼 필요가 있다.

또한 1가주 1주택 보유자의 월세 수입은 19세대 이내인 경우에는 전액 면세 처리 되고 있으나 이 또한 공평과세에도 어긋나고 보유 자산이 9억 원 이하인 경우에만 주어지는 혜택이다.

2018년부터 의료보험 부과 시에도 자산 규모가 5억 4,000만 원 이하인 경우에만 가족의 피부양자 자격이 있는 것으로 개정될 것이다. 따라서 임대소득세 면세 자산 기준도 이 기준액에 맞춰질 것이다.

현재의 국민주택 규모도 전용 면적 기준으로 25.7평이지만 이는 5인 가족을 기준으로 본 것이니, 이 또한 장차에는 20.5평 정도로 줄어들 것이다. 국민주택 규모인지 아닌지에 따라 취득세, 등록세, 재산세 등의 혜택이 달라서 국민주택 규모가 더 유리하다.

앞으로의 국내 자산 시장의 가격도 이 1년간의 수익률에 따라서 형성되고 점차적으로 가격을 산정하는 방법도 수익률에 따라 바뀔 것이다.

그동안은 부동산의 자연스러운 가격 상승이 전제되었기에 수익률 계산에 의한 가격 형성이 안 되었지만, 이젠 부동산은 가치 하락이 전제가 되는 때가 임박했으므로 수익률이 타 자산, 즉 비교 대상인 은행 금리보다 떨어진다면 보유할 이유가 없어진다.

이 책을 읽으시는 분들은 당연히 '은행 금리가 아니라 뒤에 소개할 맥쿼리인프라 펀드의 수익률과 비교해야 되겠구나.'라고 생각할 것이다. 일반적으로 선진국이 되면 국가는 부유해지고, 국민은 가난해진다. 그만큼 이름도 모르는 각종 세금들이 나타나는 것이다.

앞으로는 항상 세금을 감안해서 투자를 해야 하는데, 우선은 수익률을 계산하고, 그다음에는 각종 세금과 거래 비용과 의료보험료 등의 부과 여부와 추가로 부과될 공과금을 계산하여 순수익률로 자산 가치를 평가하고 투자하여야, 앞으로는 남고, 뒤로는 밑지는 투자가 되지 않는다.

낙숫물이 바위에 구멍을 뚫는다는 사실을 잊지 말아야 한다. 이미 가지고 있는 자산들도 이 기준으로 다시 한번 따져 보고 계속 보유 여부를 결정하여야 한다. 한 번의 대세 상승 이후에는 기나긴 디플레이션 상황이 지속될 것이기에 더욱 그러하다.

또한 상속이 유리하느냐, 증여가 유리하느냐의 문제도 있다.
현재의 상속세 체계라면 약 3대만 상속하면 재산은 거의 다 없어진다.

금융 자산 중 10년 이상의 국고채는 실물로 후손에게 넘겨주면 면세 처리 되는 것이나 마찬가지이다. 국가의 조세징수권의 소멸시효는 5년에 불과하다.

국채는 매수 후에 거래하는 증권 회사에 실물로 인출을 요구하면 다음 날 전달받을 수 있다.

타 금융 자산은 100%가 과표로 잡힌다. 단독주택, 토지, 상가 등은 시가의 약 60~70% 정도로 상속 가격을 산정하고 있고, 아파트는 약 80~90%까지 상속 자산 가격으로 산정되므로 당연히 단독주택의 상속세가 더 싸다.

나이에 따른 증여세액과 기간에 따른 증여세 차이를 감안하여 상속인지, 증여인지 결정하여야 할 것이다. 하나 분명한 것은 3대만 상속하면 재산은 거의 다 정부가 소유하게 된다는 점이다.

그래서 요즘은 세대를 건너뛰어서 상속하기도 한다는데, 그 정도 재산이 있는 것은 아니니까 위안이 되기도 한다.

돈 많은 얌체들은 학교법인이나 종교법인을 만들어 절세를 연구한다. 일본의 한 축재의 신(神)은 주식으로 상속을 하였는데, 30년간 매년 1만 주씩 주식을 상속하여, 세무당국을 실망시킨 적도 있다고 한다.

'어느 정도이면 부자라고 생각하는가?'를 주제로 설문조사한 결과가 가끔 신문 등에 나온다. 사실 부자는 매년 쓸 만큼 쓰고도 다음 해 초에 돈이 늘어나 있다면 부자인 것이다. 적당한 부자이면 만족스러운 인생을 살고 가는 것이므로 너무 욕심낼 필요는 없다고 본다.

그러나 부자가 되기 위해 인생 자체를 몰입하는 것이 아니라 재테크 지식을 활용해서 즐기면서 재산을 늘려 가는 재테크라면 부를 마다할 이유가 없다. 눈에 보이는 부를 일부러 거부할 이유도 없다.

많이 벌어 여유롭게 살고 남을 위해서도 살아간다면 이보다 더한 행복을 없을 것이다. 여러분은 펜타곤 투자법(Pentagon)을 활용하여 투자 대상 5가지 재산인 주식, 아파트, 달러, 예금, 국채 투자에 여유롭게 나서길 권한다.

월급이나 자유직업자들이 매월의 수익을 모으는 것만으로는 결코 부자가 되었다고는 말할 수는 없다. 그 돈은 원래 자기의 것이니까.

늘 얘기하지만 이를 밑천으로 새로운 부를 창조하지 않으면 결코 진정한 부자라고 할 수는 없는 것이다.

챕터 43) 재미난 대박 이야기

1997년 12월 3일 한국의 IMF 사태.
시중 금리는 18%대를 돌파하고 있었고, 달러는 1,800원을 넘어섰던 시기.

(1) 강남 요지 건물 싸게 인수
내가 아는 모 한의사는 평상시 60억짜리 의류 회사의 강남 건물을 30억이라는 헐값에 인수했다고 했다. 아마도 진실로는 훨씬 더 싸게 인수했겠지만…. 그도 돈이 없었지만 싸게 돈을 조달할 기회를 잡았다. 정부의 정책 자금을 싼 이자인 3~4%대로 20억을 융자받아서 어렵사리 이 건물을 인수했다. 지금은 800~900억은 줘야 할 건물이다.

이자가 비싼 시절에 값싼 정부의 정책 자금을 동원하여 헐값에 비싼 강남 요지의 건물을 인수하였다. 바로 우리 대기업들이 예전처럼 차관 자금을 융자받은 것이나 마찬가지였다.

(2) 해방 직후 부흥부 시절
당시에는 각종 인허가 민원서류에는 정부 채권을 첩부, 강제적으로 정부 채권을 소화하여 산업 자본을 조달했다. 이 당시에 발행했던 채권은 주로 아이들의 딱지 만들기 종이로 쓰였다. 나도 채권을 접어서 딱지를 만들어 놀았던 기억이 있다.

그 당시 대한민국이 이 국채와 이자를 갚을 수 있다고 예측한 사람은 거의 없었다. 그래서 어른들도 말리지 않았으리라. 이를 남몰래 휴지 값보다 좀 더 주고 사 모아 창고에 쌓아 놓았던, 지금은 없어진 영동개발진흥의 모 여사. 그 후 재정이 좋아진 대한민국 정부는 일반 국민들의 생각과는 달리 정부 국채의 원금과 이자를 전부 현찰로 지불했다. 요즘 돈으로 수천억 원은 받았으리라.

비슷한 일은 1980년대에도 있었다.
아파트 투기가 극심해지자 정부는 분양가와 시가의 차액을 환수하기 위해 국민주택 채권을 강제로 사게 하여 20년간 묶어 두는 정책을 취했다.

당시 액면가 1억 원짜리 국민주택 채권의 시중 할인 거래 가격은 900만 원 정도였다. 첫 아이가 초등학교 졸업반이 되었을 때 채권을 살려고 마음을 먹었으나 나에게는 돈이 너무 없었다.

당시 900만 원, 즉 1억 원어치만 사 뒀으면, 이자가 3%로, 20년 복리였으니 복리표로 환산해 보면 20년 동안 이자만 8,100만 원 정도를 받을 수 있었다. 일생일대의 큰 기회를 놓친 것이다.

이 채권은 20년 채권이므로 상속세도 면제였다. 이젠 발행도 하지 않는다.

이 채권이 IMF 이후에는 프리미엄부로 거래됐다. 즉, 액면가 1억에다가 향후 이자를 미리 더하고도 프리미엄이 붙어서 거래되었다.

이렇듯 향후의 상황을 예측하면 부자 될 기회는 가끔씩 찾아온다. 그러게 평소에 재테크 공부를 해 둬야 이런 기회를 잡는 것이다. 이를 돌이켜 보면 그 당시의 전문가들의 예측과는 완전히 반대 방향이다. 인플레이션으로 채권이 휴지가 될 것이라는 일반인의 평범한 예측을 뒤집어 발상한 역발상 투자의 대명사였다.

(3) 북한 국채
현재 북한은 국채를 발행해서 국제 자본 시장에서 새로이 자금을 조달할 수는 없다. 하지만 예전에 국제 시장에서 발행되어 디폴트된 북한 국채가 있다.

이는 미국에서 거래되는데 액면가의 약 3~4%선에서 거래되는 것으로 알고 있다. 언젠가 통일이 된다면 아마도 이 국채는 대한민국이 원리금을 다 갚아 주게 될 것이다.

(4) 미수복지구 혹은 민통선 위쪽의 광활한 토지도 천재일우의 투자 기회일 수 있다
자금이 여유가 있거나 자금 배분상 필요하다면, 포기한 투자(Givenup investment)를 해 볼 수 있다. 즉, 자금의 당대 회수는 포기한다고 생각하고 투자할 수 있다는 말이다.

10년, 20년 후를 내다본 자식 세대를 위한 투자이다. 강화도 군사시설 보호 지역, 안양 호계동, 세종시 인근 토지 등도 대박 기회가 가능할 것이다.

(5) 지방채, 회사채도 많이 있으나 이는 절대 권하지 않는다. 특히 우리나라 영구채는 쳐다보지도 마라!

위기에 처하면 회사채 등은 보통 액면가의 20% 선에서 거래되지만 회생하는 경우가 많지 않고 잔여 재산을 분배해도 20%를 찾기는 힘들 것이다. 회사에 잔여 재산이 있다면 기업은 제일 먼저 사채권자의 빚을 갚아야 한다. 이 회사채는 주식보다는 우선순위다. 주식은 잔여 재산이 있는 경우에만 재산을 분배받을 수 있다.

그러나 이번의 크레디스위스 은행의 몰락에서 또 배운 것이 하나 있다. 바로 코코 본드(CoCobond, contingent convertible bond)의 구체적 적용 사례가 탄생했다.

유사시 회사채가 주식으로 강제 전환되거나 무상 상각도 될 수 있다는 조건이 붙은 회사채가 코코본드이다.

이자를 좀 더 주지만 우리나라 대기업들이 꽤 많이 발행한 영구채라는 것들도 발행 조건을 미리 구체적으로 검토를 해 둬야 좋을 것이다.

머잖아 우리나라에서도 구체적 적용 사례가 나올 것으로 본다. 그래서 정부가 발행한 국채 아닌 회사채는 상대하지 말고 항상 국고채만 상대하라고 한 것이다. 그러나 이 또한 트릭이 있는지 평소에 공부해 둬야 한다.

이처럼 남의 위기는 나에게는 큰 기회가 되는 경우가 많다. 물론 미리 준비되어 있지 않으면 나도 위기 중일 것이다. 그러나 탈출구를 찾으면 된다.

만약, 한국에 또 다시 IMF 사태처럼 큰 위기가 온다면 한국보다 상대적으로 이자가 더 쌀 중국이나 미국에서 융자를 받아 한국 자산에 투자하면 큰 기회를 잡게 될 것이다.

IMF 사태처럼 경제위기는 한국에만 온 것이므로 단순히 금리 차이만 하더라도 미국, 중국, 일본은 낮을 것이고, 위기에 처한 한국은 또 다시 18% 정도일 것이니, 타국에서 융자를 받아서 한국의 은행에 정기예금만 해도 환전 비용이 없다고 가정하면 이자 차익만 15% 정도가 나온다. 자국에 위기가 닥치면 이제는 국제화 시대이니 눈을 국외와 국내로 같이 맞춰 봐야 하는 것이다.

또한, 언젠가는 북한은 한국으로 흡수 통일될 것이고 그날은 아무도 모르게 찾아올 것이다. 한국은 북한 개발 자금으로 엄청난 세금을 거두게 될 것이고 그래도 모자라는 개발 자금을 국제 금융 기구에서 조달하게 될 것이다. 달러가 엄청나게 소요되고, 인플레이션이 될 것이므로 달러 값이 천정부지로 뛸 것이다.

이때를 대비하여 달러를 사 모으거나 통일 직후에 미국과 중국에서 달러를 들여오면 큰 기회가 될 것이다. 한국을 비롯한 전 세계는 2016년 1월부터 롱텀 디플레이션(Long Term Deflation)에 진입해 있으므로 달러에 대한 투자는 평상시의 경제하에서만, 즉 숏텀 디플레이션(Short Term Deflation)에서만 투자해야 한다. 다만 위기가 닥쳤을 때 단기적으로만 생각해 볼 수 있을 것이다.

하지만 최근 미국의 리쇼어링(Reshoring) 정책은 강력하고도 장기적인 달러 강세 요인이다. 전 세계에는 롱텀 디플레이션에 따른 강력하고도 긴 달러 가격 하락 요인도 2016년 1월에 이미 도래해 있다.

미국의 리쇼어링에 따른 달러 강세 요인과 롱텀 디플레이션에 따른 달러 가격 하락 요인 중 어느 요인이 더 힘이 세냐에 따라 앞으로의 달러 가격의 향방이 결정되리라 본다.

예전의 개발 경제 시대에는 정부가 차관이라는 명분하에 해외에서 싼 이자의 자금을 엄청나게 들여왔고, 이 싼 이자의 자금들은 주로 지금의 재벌들에게 시중 금리보다 싼 이자로 주어졌다.

당시 국내는 만성적인 인플레이션 경제 아래 있었으니, 단지 금리 차이만 해도 재벌들은 1년에 수천억을 그냥 삼킨 것이다. 그러니 정부가 재벌에게 정치 자금을 달라고 말하지 않아도, 수백억을 갖다 바치는 세상이 수십 년간 지속된 것이다.

차관의 빈번한 도입은 내가 고등학교와 대학교 저학년 때의 일이지만 나는 당시에는 차관이 우리나라와 국민들에게는 좋은 줄만 알았다. 언론에서도 그렇게 자랑스러워했었다. 그러니 경제 공부는 항상 해야 한다.

정부는 또다시 다른 일로 국민들을 속일지도 모른다. 항상 큰 소용돌이, 사회적 이슈가 생기면 신문 방송 등을 통해서, 반드시 새로운 사항들을 이해하고 지나가야 한다. 그렇게 세월이 흐르면 모든 지식과 정보들이 융합되어 머리를 차지하고 있을 것이다.

북한과의 통일 얘기가 나온 김에 한마디 더 하겠다. 만약, 통일이 되면 어느 자산에 투자를 해야 할까? 부록에서 설명했지만 말 나온 김에….

이는 독일을 연구해야 한다. 달러 값이 오를 것은 너무나 명백하다. 독일은 등기부에 흔적이 있는 경우 동독 땅의 소유권을 다 인정해 줬다. 우리도 그렇게 될 것이다.

사회 간접 자본 주식은 폭발할 것이다. 한국전력, 건설, 은행 등은 정부의 자금으로 신속히 경제 부흥에 나서야 할 것이다.

세계적인 투자가 짐 로저스는 통일 시점의 한국의 부동산 등 자산들을 노린다고 공공연히 말해 왔다. 역사상 가장 큰 투자 기회라고 본 것이다. 그가 맞다. 그러나 이런 투기 자본에 투자할 기회를 주는 것은 전부 검토가 끝나고 판단해야 한다.

챕터 44) 투자할 돈이 없어서 투자를 못 한다?

역설적이지만 투자할 돈이 별도로 있는 사람은 이 세상에 아무도 없다. 즉, 다들 써야 할 돈으로 투자하고 있는 것이다. 여유 자금이 있으면 투자하라고 들 말하지만 이 세상에 여유 자금이란 것은 없고, 그런 자금을 가진 사람도 없다.

누구나 돈은 항상 부족하다. 누구나 쪼개어 투자하거나 빌려서 투자하는 것이다. 물론 이제 막 월급쟁이가 된 사람은 정말로 돈이 없을 수가 있다. 그래도 자기의 신용을 이용하면 누구나 약간의 투자금 정도에 해당하는 돈을 조달할 수 있다.

난 경영학을 전공해서인지 은행 돈은 내 돈으로 여기고 평생을 살았다. 필요하다면 빌리면 된다. 빌리면 내 돈이 되는 것이다. 문제는 이 돈을 빌려서 술을 먹거나 노름을 해서 날린다면 빚이지만 이를 이용해서 이자를 내고도 돈을 더 번다면 내 돈인 것이다.

요즘은 '부채 투자'를 '레버리지 투자'라는 고상한 말로 쓰지만 결국 빚으로 돈을 버는 빚테크이다.

문제는 무한정 빚을 지는 게 아니라 내가 최악의 경우에도 감당할 수 있는 범위 내에서 은행 빚을 써야 하며, 은행 이자를 내고도 남을 만한 곳에 투자해야 한다는 점이다. 만약 그렇게 한다면 수익률은 무한대가 된다.

한국의 재벌들은 이렇게 재벌이 되었으며 개발 경제 시대의 수많은 기업도 이렇게 은행 빚으로 부자들이 되었다고 해도 과언이 아니다.

예전에는 평균적으로 기업들의 부채 비율이 400~500%나 되었고 지금도 약 100% 정도의 빚을 지고 있다. 이른바 이들 기업들은 늘 빚테크를 하고 있는 것이다.

난 일생 동안 빚테크를 해 왔으나, 성공하진 못했다. 약 40년 전에 회사의 마을금고에서 1,500만 원을 빌려서 대둔산 온천 지역에 투자했으나 아직도 가격은 제자리이고, 능암온천 지역에 1,000만 원을 빌려서 투자했으나 아직도 제자리이다. 월급을 타서 약 3년에 걸쳐서 분할 상환을 다 하고도 가격은 아직까지도 제자리이다.

결국 내가 투자 대상이나 투자 장소를 잘못 잡은 것으로 이자를 손해 본 셈이지만 망하진 않았고, 따져 보면 2,500만 원을 강제 저축을 한 셈이다. 만약 두 곳의 땅값이 10배씩만 올랐다면 이미 부자가 되어 있을 것이다.

내가 땅을 보는 눈이 없었다고 할 수 있다. 온천은 개발되면서 농경지에서 상업 지역으로 변하므로 성공만 한다면 땅값은 수십 배가 폭등한다. 두 지역은 개발업자가 돈을 조달치 못해 아직도 제대로 개발을 못하고 있으니 운도 없는 셈이다.

이 돈으로 분당이나 판교, 파주 등 당시 미개발지의 땅을 샀다면 지금 자산의 10배는 늘어나 있을 것이다. 주식이나 부동산이나 현재는 아니지만 장차 좋아질 것을 사야 하는 것은 당연하다.

이런 땅이나 이런 주식을 사기 위해서는 신문이나 뉴스를 보면서 서서히 생각과 정보를 넓혀 가야 한다. 요즘은 인터넷 신문이나 뉴스 회사가 많아서 정보의 획득 시기가 전문업자와 비슷하니 평소 지식을 꾸준히 모으면 해당 뉴스를 보는 순간 투자 유망 지역이나 유망 주식을 금방 찾아낼 수 있을 것이다.

해외에 거주한다고 사정이 다른 것은 아니다. 그 나라에도 주식도 있고 부동산도 있으니 말이다. 또한 이제는 한국 주식을 외국에서 거래하는 일도 쉽다.

해외에 거주하는 교포들도 한국 주식을 거래하는 사람들이 아주 많다. 오히려 한국은 글로벌 수출 기업들이 많으니 현지에서 한국 기업들의 활약상을 늘 보고 느낄 수 있기에 내국인보다 더 유리한 점도 있다. 평소 투자에 얼마나 관심을 가지고 있느냐의 문제일 뿐이다.

신용으로 주식을 매수하거나, 전세금을 안고 매매하는 갭 투자도 전부 요즘 유행하는 레버리지 투자의 전형이다. 투자 총액 대비로 수익률을 계산하는 것이 아니라, 순수한 내 돈의 투자액과 수익액을 계산해서 비교하는 것이다. 다시 말하지만, 재테크 기법은 만국 공통으로 같고, 시대까지 초월해서도 같다.

챕터 45) 제대로 된 레버리지(Leverage) 투자법

(1) 순수 레버리지 활용 투자법

경영학과 재무관리론에서는 레버리지(Leverage)라는 개념을 배운다. 이 단어가 주식 투자기법으로 넘어온 것은 불과 수년 전 일이지만 이 개념이 기업 경영에 쓰인 지는 40년 이상은 되었다.

내가 대학 시절에 배운 개념이니까. 한동안 유행했던 MBA 코스에 입학하면 주로 이런 것을 배운다. 차입 경영, 신용 투자, 갭 투자, 빚테크 뭐 이런 것들이 전부 레버리지 투자에 속한다.

레버리지란 지렛대라는 뜻인데, 남의 돈을 차용하여 자기 자금과 합쳐서 지렛대처럼 쉽게 큰돈으로 불려 나간다는 의미에서 레버리지란 단어를 도입한 것 같다.

이론적으로는 맞는 내용들이다.

싼 이자로 자금을 조달하여 이자보다 더 큰 수익을 올린다면 돈을 더 많이 버는 것이 사실이다. 하지만 미래는 알 수 없기에 확률적 분석을 하여 미래를 예측하는 기법이 필요하고 분산 투자를 하는 것이다.

사람의 욕심은 한이 없기에 적극적으로 권하지는 않지만, 쉽게 활용할 수 있는 레버리지 투자법을 알고 있으면 언젠가 활용하기 좋은 때가 올 것이다. 사실 레버리지 투자를 처음으로 활용하기 시작한 곳은 은행 시스템이었을 것이다.

은행은 개인들의 정기예금 등을 약 2~3%의 이자만을 주고 돈을 빌려서(개인 입장에서는 예금이지만 은행 입장에는 빚이 된다), 제일 안전하고 싼 주택 담보 대출 이자를 예로 들어도 약 2배 정도나 비싼 7~8%의 이자로 대출한다. 예대 이자 차액을 전부 은행이 갖는데, 이게 전형적인 레버리지 투자이다.

이들은 예금액 지불을 대비한 약 10%의 자금만을 한국은행에 지불 준비금으로 예치해 두고, 신용창조를 통해 약 9배로 융자액을 늘려서 대출한다.

주식 투자로 치면 신용 대출, 즉 레버리지를 9배쯤 일으켜서 쓰는 셈이다. 우리가 살면서 은행 돈을 안 쓰기란 불가능에 가깝다. 그러나 투자 시에 항상 염두에 둬야 하는 것은 최악의 경우를 상정하고 투자하고 은행 돈을 빌려 써야 한다는 점이다.

미국 은행들의 스트레스 테스트 같은 것이다. 개인들도 최악의 경우에도 살아남을 정도의 빚만을 쓴다는 것을 인생의 철칙으로 삼아야 한다. 주식을 투자할 시에 레버리지 기법을 소개한다. 주로 내가 활용하는 기법들이다.

첫째, 여러 가지 상황상 대형 호재의 발생으로 급히 사야 할 주식으로 판단된다면, 동일 종목이 신용 매수가 되는 종목인가를 먼저 HTS나 증권사에 확인한다.

둘째, 보통 40% 정도의 자금으로, 수량을 2.5배를 더 살 수 있으므로 미수 제도를 활용하여 가진 현금보다 2.5배를 더 많게 매수할 수 있다. 주식은 3일 후 수도 결제이므로, 3일 이내에 부족한 자금을 추가로 납입하여도 되고, 아니면 산 주식으로 담보 대출을 받아서 미수금을 정리한다.

이 자금은 보통 6개월 동안 자금을 이용할 수 있고, 이자율은 연간 8% 정도이다. 증권 회사마다 약간씩 이율, 융자 기간 등이 다르므로 평소에 미리 확인할 필요가 있다.

셋째, 이제 2.5배의 레버리지 투자를 한 상태이다. 엄밀히 말하면 이 방법은 신용 대출이 아니다. 주식 담보 대출이다. 이 방법이 신용 대출보다 훨씬 편리하다.

이제 6개월 이내에 아무 때에나 산 주식을 처분하여도 되고, 혹 더 오랫동안 보유하고 싶다면, 같은 기간 동안 대출 기간을 수차례 연장할 수도 있다. 물론 계속해서 이자를 내야 한다.

넷째, 1년을 보유하였는데도 더 보유하고 싶을 경우에는 담보 대출 금액을 일시에 전액 상환한 후, 바로 다시 대출을 받는다.

그러면 다시 처음과 같아진 것이니, 이런 식으로 평생을 쓸 수도 있다. 그동안 담보 대출 받은 주식이 올랐으면 새로이 받는 주식 담보 대출 금액이 늘어날 것이고, 내렸다면 줄어들 것이다. 이를 맞춰서 처리하면 되는 것이다. 경험상 담보 대출이든, 신용이든, 은행 차입금이든 남의 빚을 쓰는 경우에는 어떤 경우에도 살아남을 범위 내에서만 써야 함을 다시 강조한다.

즉, 상환 능력 범위 내에서만 써야 한다. 미국의 은행들에게 2008년 금융위기 이후 수시로 스트레스 테스트를 하듯이, 자기 자신의 재산 상태를 수시로 스트레스 테스트(Stress Test) 해 봐야 한다는 것을 강조한다.

그리고 주식 투자 시에 담보 대출을 쓰려면, 아래 조건을 대충 충족시켜야 한다. 우선은 최소 10종목 정도 이상으로 분산 투자 되어 있어야 한다. 한 종목에 올인하면 절대 안 된다는 뜻이다. 담보 대출이 되는 종목과 안 되는 종목들이 보유 포트폴리오에 적당히 혼성 편입되어 있어야 한다.

총 투자액의 50~60% 이내에서 차입해야 한다. 즉, 어떤 경우에도 손해만 좀 보면 항상 상환 가능해야 한다. 평소에 분산 투자를 하는 사람은 대출 금액의 비율이 대충 맞게 된다.
그래도 신용을 전혀 활용하지 않는 투자자보다는 50% 이상을 더 투자하여 레버리지 효과를 적극 활용한 것이 된다.

이런 상황이 아닌 상태에서 신용을 100% 활용하는 것은 자살행위이다. 주가는 누구도 단기적으로는 맞출 수 없고, 변동 요인이 너무 많기 때문이다.

그래서 웬만큼 주식 투자에 숙달되기 전에는 레버리지(Leverage) 투자는 하지 말길 바란다.

(2) 아파트 등 부동산에서의 레버리지 투자
부동산에도 레버리지 투자기법을 동원할 수 있는데, 이를 갭 투자라고 한다. 전세금을 제외한 금액을 주고 주택을 사므로, 이 차액이 바로 갭(Gap)이다.

이 갭을 제외한 자금마저도 차입한 자금을 활용한다면 무일푼 투자인 셈이다. 전세금 제도는 한국에만 있는 빈곤층 탈출의 유일한 부동산 투자 방법이다. 전세금은 무이자 융자에 해당하는 것이다.

중산층이 되어 가는 과정 중에 돈이 없는 사람들도 돈을 모으는 한 방법이었고, 전세 입주자나 주택 소유자에게도 재산을 불려 가는 좋은 방법이었다. 사회도 주식도 부동산도 점점 차별화되고, 양극화되어 이제는 신분 상승의 사다리가 없어져 가고 있는 것이 안타깝다. 한국에만 존재하는 전세금 제도는 그동안 무이자로 남의 돈을 쓰는 아주 좋은 제도였다. 전세 제도는 서서히 그 빛을 잃어 가고 있지만 없어지지는 않을 것으로 본다.

왜냐하면 집을 사기에는 투자금이 조금 모자라는 투자자와 여러 채의 주택을 보유하기 위한 투자자 입장에서 둘 다 필요한 제도이기 때문이다. 거의 누구나 주택을 매매할 시에는 은행의 대출금을 포함해서 매매한다. 주택 가격이 워낙 비싸서이기도 하지만 레버리지 효과를 누리기 위해서이기도 하다.

부동산 투자 시의 레버리지 투자의 효과를 보기 위해서는 건물에 투자할 때 그 효과가 가장 크다. 게다가 법인 명의로 투자할 시에는 그 효과가 더 크다. 우리나라 연예인들이 제일 좋아하는 투자처가 바로 빌딩에의 투자이다. 만약 롱텀 디플레이션이 없다면 옳은 방법이다.

보통 레버리지 비율이 300~500%는 가능한 투자가 바로 수익성 자산인 빌딩에의 투자이기 때문이다. 1인 법인을 세워 투자하면 개인 명의로 투자하는 것보다 훨씬 더 유리하다.

(3) 레버리지 효과 응용 투자법

신용을 쓰지 않고 레버리지 효과를 극대화해서 주식에 간접 투자가 가능한 것 중 하나가 바로 분리형 신주인수권(WR) 투자다. '신주인수권(Warrant)' 이란 일정 금액으로 어떤 회사의 신주를 인수할 권리를 말한다. 기업들이 전환 사채를 발행하면서 사채와 신주인수권을 분리 매매할 수 있는 신주인수권 분리형 전환 사채를 발행한다.

발행 후 전환 사채와 신주인수권을 분리하여 만기 시까지 그 두 개를 각기 거래하는 것이다. 전환 사채 대신에 이미 분리되어 증권 시장에서 거래 중인 신주인수권(Warrant, 약칭 WR)을 사도 된다.

신주인수권이란 간단히 말해, 분리형 신주인수권부 전환 사채에서 신주인수권만 분리하여 증권 시장에서 매매하는 만기 5년짜리 옵션으로 보면 된다.

레버리지 효과는 무한대라고 할 수 있다. 왜냐하면 본주 가격이 많이 오르면 거의 무한대로 신주인수권 가격이 폭등하기 때문이다. 신주인수권 소멸 만기 하루 전에는 1원에도 거래가 되지 않는 경우도 가끔 나오기 때문이다.

부자가 되려면 레버리지를 쓸 줄 알아야 한다. 레버리지 효과가 큰 주식 선물 거래 시의 증거금률은 국내외가 조금씩 다르지만 대충 3~13% 정도이다. 지수 선물과 종목 선물의 증거금률은 수시로 변경된다. 변동성이 높으니까 일반 투자자들은 선물 옵션, FX 외환 거래 등에 손을 대지 않는 것이 좋다.

국내 선물의 경우는 현물에 비해 약 13.3배의 레버리지 효과가 있다고 말할 수 있다. FX 외환 거래의 레버리지도 비슷하다. 상방과 하방이 열려 있으므로 큰 이득이나 손실을 볼 수 있기 때문이다.

좀 독특한 상품으로 ELW 투자가 있다. 하방은 닫혀 있고 상방은 열려 있는 상품이다. 약 6개월이나 그 이상의 시세를 예측할 수 있다면 재미있는 상품이 된다. ELW 투자도 레버리지가 높게 나오는 경우가 많다. 이 역시 일반인들은 손을 대서는 안 될 상품으로 보인다.

아래로는 한도가 정해져 있고 위로는 한도가 없기에 종목을 잘 맞추면 안전한 대박이 나는 것이다. 오로지 WR에만 주력하는 것이 좋다.

ELW도 한때 인기였는데, 기관투자가들이 컴퓨터 프로그램으로 일반인보다 항상 빠른 주문을 할 수 있게 함으로써 이젠 ELW 투자를 하는 사람이 거의 없다. 결국 ELW는 활성화되지 않아서 권할 만하지도 않다.

마지막으로 이번에 저자에 의해 처음으로 밝혀진 타임래그 금 투자법을 활용하면 안전한 금 관련 선물 거래가 가능할 것으로 판단한다.

(4) 사업에서의 레버리지 투자
기업이 연평균 10%의 자기 자본 이익률을 유지하고 있고, 시중 금리가 3%인데 무차입 경영을 하는 기업이라면 잘못된 것이다. 즉, 10-3=7%의 초과 이윤 기회를 포기한 것이나 마찬가지인 것이다. 이런 전문 경영인은 잘라야 한다.

강산이 한 번 변할 때, 즉 10년 단위로 평가해 보면 부동산 상승률과 주가 상승률은 거의 같으며 부동산의 지역별 상승률, 주식의 종목별 상승률도 거의 같다는 사실을 알아야 한다.

따라서 그냥 기다릴 줄 아는 지혜가 필요하다. 싸면 돈을 벌려는 사람들이 가만두지 않는다는 사실을 명심하자!

물이 논에 꽉 차면 수면의 높이는 같다는 것. 이것이 순환 매매가 일어나는 이유이기도 하다. 논에 처음 물을 대기 시작하면 낮은 곳부터 물이 차고 차차 조금 덜 낮은 곳이 차고 결국에는 논 전체에 물이 차는 것과 이치가 같다.

부동산도 마찬가지다. 강남에서 먼저 오른 아파트 가격은 목동을 거쳐 분당,

일산을 올리고 나서는 천호동의 단독주택의 부동산 가격을 먼저 오른 아파트 상승률과 비슷하게 끌어올린다.

또 고가주냐 저가주냐를 생각해 보면 사람들은 흔히 고가주만 예찬한다. 그러나 결론은 거의 같은 비율로 오른다. 모든 주식은 종합 주가지수 상승률만큼 오른다고 보는 것이 타당하다.

따라서 투자는 저자가 창안한 펜타곤(Pentagon)식 Big Cycle 순환매 법칙을 준수해서 자산별로 투자 금액을 순환시켜야 수익을 극대화할 수 있다.

주식→아파트→달러→예금→국채의 순서대로 순환시키면 총 주식(2)×아파트(2)×달러(2)×국채(2)=16배를 1회의 경기 순환(One Business Cycle)에 벌 수 있다.

이것이 투자를 제일 잘한 표준적인 수익 배율이다. 그러나 보통 1회의 경기 변동 기간에 10배의 수익을 올리면 성공한 투자로 보는 것이 일반적이다.

챕터 46) 남의 위기는 나의 기회다

남의 위기를 내가 기회로 활용하려면 평상시에 준비되어 있어야 한다. 자금을 빌려 레버리지 투자(부채 투자)가 가능하지만, 머리는 빌릴 수가 없다. 돈이 많은 자에게는 PB들이 가까이 있지만 서민들을 도와줄 PB는 없다. 하지만 요즘 PB들은 공부를 많이 하지 않는다.

자기 돈이 아니라, 남의 돈을 관리하는 자들이기 때문이다. 게다가 한국은 성과급 제도가 발달되어 있지도 않기 때문이기도 하다. 그러니 스스로 공부하여 기회가 왔을 때 송골매처럼 기회를 치고 들어가야 한다.

자본주의 국가는 어느 나라든 대략적으로 10년마다 한 번씩 경제위기나 정치위기가 온다. 같이 오기도 하고 따로 오기도 한다. 그 이유는 자본주의 경제의 기본 원리가 사유 재산 제도이기 때문이다. 사유 재산 제도는 인간의 욕심을 기반으로 하고, 욕심은 끝이 없기에 탐욕의 끝은 거품과 함께 위기로 찾아온다.

우리가 흔히 얘기하는 10년이면 강산도 변한다는 말 역시 수백 년간 강산을 지켜본 자의 경험에서 나온 것이다.

어느 경제 주체(가계, 기업, 정부)나 전부 탐욕의 끝을 향해서 달려가기 때문이고 그 탐욕이 끝에 이를 즈음이, 불황의 끝자락부터 10년 정도인 것이다. 즉, 정치나 경제나 스스로의 자정 능력이 있는 것이다.

그러나 남들에게는 위기인 때가 나에게는 큰 기회가 되므로, 항상 자신을 견제하고 지식으로 대비를 해야 할 것이다. 이는 증권가에서 말하는 역발상 투자와도 일맥상통한다.

인간의 탐욕과 자체 자정력으로 경기는 대충 10년 단위로 호경기와 불경기를 순환한다. 이 경기의 흐름을 타는 사람이나 기업은 부자가 되고, 이를 거꾸로 타는 경우에는 거지가 된다. 그러나 이를 맞추는 게 너무나 어렵다는 게 지금까지의 경험이다.

재정경제부, 통계청, 한국은행 등의 기관들의 목표는 바로 이 들쑥날쑥하는 호·불경기를 조절하여 호경기와 불경기의 구분이 없이 경제가 순탄하게 흐르게 하는 것이라고 볼 수 있다.

그래서 각 기관들은 고용지수, 실업률, 경기동행지수, 경기선행지수 등으로 예측하고 조절하여 원만한 경기의 흐름을 추구한다. 하지만 제대로 된 예측을 해 내는 기관이나 사람은 많지 않거나, 내 경험상으로는 없는 것 같다. 우연히 맞춘 사람들은 있지만. 정부의 경기 예측은 항상 실제보다 1년 정도 늦거나 빠르다.

그러나 이 책을 읽은 사람들은 아주 간단히 경기를 예측할 수 있다. 경기의 흐름을 맞추고 돈의 흐름을 예측해야 기회를 잡을 수 있다.

간략히 경기 흐름은 경상수지(무역수지)가 1년 전부터 흑자면 경기가 호전되기 시작하는 것이고, 또 다른 방법은 미국 경상 적자가 1년 전부터 늘어난다면 이제 경기는 호전되고 있는 것이 된다.

1981~2013년까지 약 32년간의 한국의 국제수지 흐름과 국내의 주식 시장과 아파트 가격 변동을 1년간 래깅(Lagging) 처리 하여 얻은 분석 결과이다. 훌륭한 발상과 분석이다. 오늘날 모든 나라들의 GDP는 무역수지에서 출발된다는 사실을 알려 주는 분석이다.

결국 이 이론은 어느 나라, 어느 시대에도 맞는 이론이다. 무역 의존도가 200~300%로 너무 높은 경우나 10~20%로 너무 낮은 경우도 있고, 각국마다 경기에의 반응 속도를 별도로 분석해야 될 것이겠지만…….

재테크를 하려면 누구나 시간과 노력이 필요한데, 귀찮다고 하여 이를 무시하고 그냥 재산을 가지고 있거나 은행에 저축해 놓으면 본전은 될 거라는 생각들을 많이 하게 된다. 하지만 이는 하나만 알고 둘은 모르는 것이다.

재산은 그 자체의 가치보다는 상대적인 가치에 따라서 이득이냐 아니냐를 결정해 주는 것이다. 즉, 절대액은 같을지라도 돈의 가치가 인플레이션이나 환율 변동에 따라서 상대적 가치가 하락하기도 하고, 오르기도 하는 것이다.

즉, 기회비용(opportunity cost)을 늘 감안해서 생각해 봐야 한다.

그래서 심심할 때에는 자기의 재산을 달러로 계산해 보는 습관을 들이면 더욱 좋다. 외국인들이 한국 자산을 사거나 파는 이유 중 상당 부분은 바로 환율 변동에 기인한다. 그들은 늘 달러로 투자 자산을 평가한다.

지금까지 말한 간단한 경기 예측 방법 등의 내용들은 교수나 기획재정부관리 한국은행의 책임자들도 잘 모른다. 그들은 늘 장황하게 데이터를 근거로 들고 싶어 하기 때문이다. 책임지기 싫어하는 분위기도 한몫한다. 사실 이 경기 순환 내용들만 알면 나머지 이하의 내용들은 전부 사족에 해당한다.

평생 잊지 않도록 한다.

그리고 적어도 일생에 3~4회는 5가지 투자 대상 자산인 주식, 아파트, 달러, 예금, 국채의 펜타곤(Pentagon) 투자법 순환 투자 순서에 맞춰 가기 바란다. 그러면 누구나 부자가 되어 있을 것이다.

챕터 47) 한국에는 재테크 전문가가 없다?

이 말을 감히 공개적으로 말할 수 있는 것은 한국의 재테크에 관한 정보와 지식들은 마치 국사 선생은 국사만을 가르치고 세계사 선생은 세계사만 가르치는 형국이기 때문이다.

이렇게 가르치고 배우다 보니, 세종대왕 시절에 영국은 무슨 일이 일어나고 있었고, 미국이 있었는지 없었는지도 잘 조합해 내지 못한다. 온 세상이 서로 맞물려 돌아가는 역사를 반쪽씩 따로 배워 그야말로 역사를 통째로는 잘 모른다.

재테크에 관한 지식이나 정보도 마찬가지다. 자칭 재테크 전문가라고 유튜브나 책, 언론을 통해서 주장을 펴지만 부동산과 주식을 통틀어서 두 가지를 동시에 잘 아는 전문가는 없다. 게다가 달러 투자나 국채 투자에는 답변조차 못 하는 전문가들이 거의 전부다. 그래서 한국에는 재테크 전문가가 없다고 감히 말할 수 있다.

주식과 부동산은 수레바퀴의 양 축이다. 서로 맞물려 돌아가는 수레바퀴다. 이 두 바퀴의 한쪽 바퀴만을 알면서 전체를 다 아는 재테크 전문가라고 말한다. 이들은 이 밖에도 재테크로 돈을 벌려면 왜 달러와의 교체 투자가 필요하며 은행 예금은 언제 해야 하며 국채는 언제 사 둬야 하는지를 전혀 설명하지 못한다.

단연코 이 자들은 재테크 전문가가 아니다. 재테크에 관한 전반적 이론을 설명하지 못한다면 전문가가 아니라 자기 분야만 조금 아는 재테크 보조자이다.

주식과 부동산의 상승 하락 순서와 그 이유는 물론 달러와 채권과의 순환 이유를 설명하지 못한다. 그래서 미국 재테크 전문가들의 책이나 이론을 준용하는 한국 등 전 세계의 자칭 재테크 전문가들은 제대로 된 재테크 전문가가 아니다.

이 세상에 재테크 대상으로 삼을 수 있는 재산은 주식, 아파트, 달러, 예금, 국채 5가지뿐이다. 금, 원유 등은 심심할 때 가지고 노는 물건일 뿐이다. 결국 그 동안 재테크 전문가라는 사람들은 5분지 1쪽짜리 재테크 전문가라고 말할 수는 있겠다.

달러와의 교체 투자 과정이 완전히 빠진 미국인들의 시각에서 쓴 시중의 기존 재테크 책을 따라서 투자하면 재테크 요령의 5분의 1 정도만 알고 투자하는 것이다. 그러나 이 책으로 요령을 터득하면 재테크 전부를 알고 투자 전선에 나서는 것이 된다.

주식과 부동산 이 두 가지 재산들의 상호 관련성과 대체성을 잘 알아야 하며,

보통 10년마다 불경기~호경기가 한 바퀴 순환한다. 이를 제대로 알고 투자 자산을 순환시키면, 10년이 지나면 재산은 자신도 몰래 10배쯤 불어나 있음을 알게 된다.

경기 순환에 따른 자산 간의 돈의 이동 원리에 따라서 펜타곤(Pentagon) 투자법으로 순환 투자를 하면, 재산은 10년 사이에 평균 10배씩 불어난다는 뜻이다.

제대로 된 재테크 요령을 습득해 경기 흐름에 따른 자산 간의 이동과 그 이유를 알게 되면, 미리 가격이 오를 재산에 가서 기다릴 수도 있게 된다. 그럼 어떤 경우에 주식이 오르고, 어떤 경우에는 부동산이 오르는가? 두 양대 재산 중 오르고 내리는 순서가 있는가? 그렇다.

돈이 모여서 움직여 가는 길이 있다. 그 길을 따라가면 저절로 부자가 되고, 늦거나 반대로 가면 가난뱅이가 되고 투자하는 것마다 상투잡이만 하게 된다.

이 길을 정리한 투자법이 바로 펜타곤(Pentagon) 투자법이다. 투자 대상 자산이 주식, 아파트, 달러, 예금, 국채로 5가지뿐이기 때문에 미국의 펜타곤을 연상하며 평생 잊지 말라고 펜타곤(Pentagon) 투자법이라 저자가 명명한 투자법이다.

미국 거주자는 이 펜타곤(Pentagon) 투자법을 따라 투자할 수 없다. 그들에게 달러는 그냥 현금이기 때문이다. 즉 미국 거주자와 미국 비거주자는 재테크 방법을 달리해야 한다.

미국 비거주자는 펜타곤(Pentagon) 투자법에 따라 자산간 투자 순서에 맞춰 투자해야 하며 미국 거주자는 앞에서 설명한 대로 테트라곤(Tetragon) 투자법에 따라 자산을 주식, 아파트, 예금, 국채의 4가지 투자대상 자산에 순서에 맞춰 순환 투자 하여야 수익을 가장 크게 올릴 수 있다.

시중에는 항상 외국 자금, 국내 기관 자금, 기업 자금, 개인 자금 등 막대한 자금이 돈 벌 곳을 찾아서 대기 중이다. 돈은 경기가 살아남에 따라서 주식과 부동산 중에서 우선은 수익이 먼저 좋아질 주식을 향해 출발한다. 투자자들은 이 자금들의 순환 고속 도로만을 따라 차례로 다녀야 한다.

부동산과 주식, 달러와 채권을 아우르는 제대로 된 재테크 전문가가 한국 내에는 없으므로 사실상 누구의 도움을 받을 수도 없다. 우리들은 각자가 제대로 된 전문가가 되어야만 하는 것이다. 코끼리 다리 만지기식의 재테크 지식으로는 크게 성공할 수 없다. 앞으로는 코끼리 전신을 보고 다리 부분도 봐야 한다.

그래서 조금이라도 보탬을 주기 위해서 이 책을 쓰는 것이기도 하다.

여기서 주로 말하는 재산 간 돈의 이동 법칙에 가까운 순환 원리는 미국 거주자들을 제외하고는 어느 시대, 어느 나라에서나 통용되는 일반적 투자 이론이다. 이 책에는 다른 책에는 없는 달러 교체 투자에 관한 이유와 이론과 기법을 자세히 기술하였다.

가장 중요한 달러 투자에 관한 이 부분은 국내외 어느 재테크 책에도 나오지 않으며, 기존의 주식 투자 책들에도 전혀 거론되지도 않는 부분이다. 수백 년 동안 기라성 같은 투자자들이 명멸해 왔으나 그들은 미국인이어서 달러와의 교체 투자의 필요성도 모르고 폐쇄 경제 시절에 나온 달걀 이론 등의 이론들은 이제 맞지도 않는다.

달러를 일상통화로 쓰는 국가의 국민이 아니라면 이 달러 투자는 필수적으로 이해해야 한다. 이 달러 투자기법에 관해서 연구되거나 잘 알려지지 않은 이유는 기존의 투자서들은 주로 미국인들이 쓴 것이거나 각국의 재테크 전문가들이 이를 준용해 써 왔기 때문이다.

미국 거주자 입장에서는 미국 내에서는 달러 투자를 할 이유가 없으며, 채권 투자 또한 미국에서는 외국 자금의 투매가 그동안 없었으므로 미국에서는 큰 매력이 없었다. 그래서 기존의 미국 재테크 전문가들의 책들에서는 다루지도 않는 것이다.

따라서 이를 준용한 기존의 재테크 이론서들도 거론조차 하지 않은 것이고…. 그러나 이제 미국에서 미국 국채의 투매가 생겨날 가능성이 아주 많은 것은 사실이다.

미국 국채도 안전자산이 아닌 것을 우리는 SVB 사태에서 처음으로 경험했다. 각국은 외환보유고를 미국 국채나 금으로 혹은 달러 현찰로 보관한다.

다시 강조한다.
기존의 재테크 책들은 미국인이 쓴 책을 단순 번역한 것이거나 이 글들의 콘텐츠 전개 순서에 맞춰 혹은 준용하여 저술된 책들이다.

그래서 전 세계의 모든 재테크 서적들은 달러와 주식, 부동산의 교체 투자를 활용한 대박 투자 요령과 기법들을 거론조차 하지 않는 이유이다. 실제로 미국 재테크 전문가들도 이를 알지 못할 것이다.

저자만이 달러와 주식, 부동산 간의 교체 투자를 활용해서 단기간에 재산을 4~8배로 불리는 기법을 소개하는 것이다. 이 교체 투자 요령을 반드시 이해하고 활용하여야 부자가 되는 출발선(Start line)에 비로소 서게 된다.

미국 거주자들 눈으로 달러를 볼 때에, 달러는 현금이므로 가치 변동이 거의 없는 안전자산이다. 따라서 평소에는 달러, 즉 현금을 투자 대상으로 다룰 이유가 없다.

하지만 미국에 거주하는 자가 아니라면, 모든 투자자는 달러와 자국 통화, 달러와 자국 자산 간의 가격 변동 원리를 정확히 모르면 큰돈을 벌 수 없다. 길어야 약 2년 정도의 단기간이 지나면 최대 4~8배짜리 재테크 기회가 주어져 있다.

전 세계 각국의 자산 시장에 투자되는 큰돈은 거의 전부가 달러 자금이다. 또한 전 세계의 모든 자산은 달러로 그 가치를 비교하고 판단하고 투자 혹은 회수한다.

이 달러 가격이 정치위기나 경제위기가 닥친 나라에서 움직이면, 해당국의 자산 시장도 크게 요동을 치는 것이다. 달러를 일상의 화폐로 쓰는 사람들은 이때가 떼돈을 벌 기회가 된다.

일상통화로 달러를 사용하는 국가의 국민이 아니라면 달러는 안전자산이 아님을 알아야 한다. 이들 나라에서는 달러는 평상시에는 안전자산이다가도 경제적으로나 정치적으로 위기가 발생하면 달러는 돌연 괴물처럼 투기 자산으로 변한다.

달러는 한 국가의 정치적 경제적 위기 시에는 너무 등락이 심한 위험 자산이 된다. 반대로 달러 가격의 변동 원리를 아는 사람에게는 달러가 위험 자산이 되는 이 순간이 바로 대박을 맞을 기회가 되는 것이다.

펜타곤(Pentagon) 투자법에 따라 앞으로는 주식, 아파트, 달러, 예금, 국채로의 순환 투자 과정을 반드시 거쳐야 한다는 것을 알아야 한다.

미국에서는 아니지만 전 세계 어느 나라 어느 시기이든 달러 시스템이 그대로 쓰이고, 달러가 기축통화인 이상 달러와 여타 재산과의 관계와 교체 투자의 필요성을 이해하지 못한다면 재테크 전문가라고 말할 수 없다.

챕터 48) Believables & Unbelievables

살다 보면 믿을 자와 믿지 못할 자, 믿을 만한 일과 믿어서는 안 될 일들이 우리 주변에 항상 널려 있다. 이 판단만 제대로 하면 누구나 굶어 죽지는 않는다. 예로부터 3대 바보 집단으로 치는 직업이 있는데, 그 첫째가 의사, 둘째가 교사, 셋째가 군인이란다.

대충 맞는 것 같다.
말을 바꾸면 그만큼 순수하다는 것이고 자기 일에만 정신을 집중하고 산다는 말이기도 하다. 특히 의사 등의 길은 죽을 때까지 공부하고 정진해야 하는 것에서 연유한 듯하다.

(1) 정부의 거짓말과 참말
한국의 개발 경제 시대를 고스란히 따라서 살아온 나는 정부의 거짓말에 많이 속으면서 살아왔다. 정책의 실패였는지는 모르지만, 의도된 거짓말도 많다고 본다. 부동산 투기를 하면 망한다고 말할 땐 부동산을 샀어야 부자가 되었고, 주식을 투기적으로 하지 말라고 말할 땐 주식을 신용으로라도 매수했어야 돈을 버는 경우가 너무나 많았다.

이 때문에 항간에는 정부의 정책과 반대로 해야 돈을 번다는 이야기가 전해졌고, 요즘도 국민들은 정부의 정책을 잘 믿지 않는 풍조가 생겨났다고 할 수 있다.

정부의 대표적인 거짓말은 차관 제도가 있던 개발 경제 시절, 외국 차관이 국민 경제에 엄청난 도움이 된다는 논리였다. 그 당시 재벌이라는 단어나 개념이 없던 시절, 낙후된 산업이나 지역을 개발한다는 명분하에 선진국이나 국제 금융 기구 등에서 차관을 수천억씩 싼 이자(보통 2~3%)로 들여와서 대기업에게 약간의 마진을 붙인 후 싼 이자로 공급해 주었다.

당시 시중 금리는 고리대금 시절로 약 30% 이상씩 되었다. 즉, 보통 3부 이자라는 말이 유행하던 시절이었다.

이자 차익만으로도 연간 수백억이 대기업에게 공짜 돈으로 쌓였고, 이들은 정부의 바람대로 기술 개발 등보다는 공장용 부지를 산다면서 부동산 투기에 자연스레 나섰다.

기업 경영 수익보다 땅값 인상으로 얻은 수익분이 훨씬 더 많은 시절을 수십 년간 보내 왔으니, 국민들이 가져야 할 부가 대기업 등으로 이전된 셈이다. 이 특혜성 차관 자금이 오늘날 한국의 대기업과 재벌 형성의 초석이 되었다고 본다. 사실 차관은 하이퍼 인플레이션의 또 다른 이름에 불과하였다.

이것은 한국은행의 통화량 조절 기능을 마비시키는 범죄 행위에 가깝다. 매년 막대한 이자 차익의 혜택이 대기업에 고스란히 이전됐다. 이 차관은 국민들의 부가 정부로 이전되는 하이퍼 인플레이션도 아니고, 고스란히 대기업에 이전된 것이다.

반면 정부는 개발 경제 시절, 국민들에게는 산업 자금이 부족하다면서 저축 장려 운동을 강력하게 펼쳤다. 이 돈은 기업으로 전해졌지만, 국민들은 하이퍼 인플레이션이 진행되는 줄도 모르고 착실하게 은행예금에만 열을 올린 것이다.

당연히 화폐 가치는 급전직하로 떨어졌고, 국민들의 예금은 높은 인플레이션으로 쪼그라들었다. 단지 부동산 등 실물 자산만이 그 가치를 유지할 수 있었던 시절이다.

당시는 은행에 저축액이 부족하니 일반 국민들에게는 돈을 빌려주지도 않았다. 은행 대출 자체가 엄청난 혜택인 시절이었다. 당시 일반 월급쟁이들이 빌릴 수 있는 돈의 한도는 30만 원 신용 대출이 전부였다. 주택담보대출이라는 제도 자체도 물론 없었던 시절이다.

반면, 기대와는 달리 정부가 약속을 제대로 지켜 낸 일도 있음은 앞에서 말한 적이 있다. 부흥부 시절의 정부 개발 채권인 산업 부흥 채권은 원금조차 받지 못할 줄 알고 국고채 매입 증서를 애들 딱지를 만들거나, 고물상에게 무게로 달아서 엿과 바꿔 먹었는데, 정부에서 이 채권들은 원리금을 전부 상환해 주었다. 허, 참!

(2) 은행 등 금융 회사의 악랄함

경기가 하강기이거나 불황이 극에 달하면 금융 회사들의 악랄함이 극에 달한다.

· **금융 회사의 악랄함**

은행들이 무지한 중소기업과 대중들에게 사기 상품을 팔기도 하고, 손해를 보지 않기 위해서 주가를 조작하기도 한다. 서브프라임 모기지 채권을 이리 섞고, 저리 섞어서 팔아먹고, 결국 이 채권들의 디폴트로 인한 2008년 세계 금융위기도 여기에 연유한 것이다. 그 후 이들은 이 사기 사건으로 일부 은행은 대규모로 벌금을 내고 없어지기도 하였다.

한국에서의 대표적인 사기 사건은 파생 상품 KIKO와 도이치 은행의 ELS 만기일의 주가 대폭락을 시키기 위한 대량 매도로 주가를 조작한 일이다. 은행, 증권, 보험 등도 자기들의 이익을 위한 존재이지 결코 나를 위한 조직이 아님을 알고 철저히 금융 상품을 분석해야 하고 공부해야만 속지 않는다.

독자들은 문재인 정부 시절의 옵티머스 라임 디스커버리 사기 펀드에 가입하지는 않았는지 궁금하다. 저자는 남을 잘 믿지 않기에 펀드에는 가입해 본 적이 없다. 그래도 가장 믿을 만한 금융 회사는 우체국이라고 보면 맞다. 파는 상품이 많아 우체국을 은행이라고 불러도 좋을 지경이다.

사기성 상품을 판다 해도 정도가 가장 약하며, 정부가 100% 지분을 보유하니 망할 이유도 없다. 특히 보험 상품은 우체국 보험이 가장 유리하다는 것을 참고로 말해 둔다.

· 증권 회사의 악랄함

DLS 발행액이 수십조 원이나 된다고 한다. 발행액은 지금이 최고치일 것이다. 이미 롱텀 디플레이션에 진입해 있으니까 이 DLS는 풋 상품이다. 장차 이 DLS는 대세 하락 시에 주가 폭락의 주범이 될 것이다.

이 ELS를 발행할 때 증권사들은 헷지를 위해서 의무적으로 판매액의 약 10% 정도를 매번 공매도를 해야 한다. 이번 주식 시장 대세 상승의 끝은 2021년 6월로 본다고 2018년에 이미 책을 통해 공개한 바 있다. 정확히 맞았음은 물론이다.

종합 주가지수나 주가가 내리지 않으면 증권 회사들은 시중 금리의 약 4~5배의 금리를 ELS 상품 구매자인 개미 투자자들에게 3년간 지불해야 한다. 평균 8% 정도다. 이들은 역마진 상품을 개미 투자자들에게 판 것이다.

이들이 바보가 아닌 이상 갖은 수단을 동원하여 주가나 종합 주가지수의 하락을 원할 것으로 보인다. 한편 공매도 의무화로 자연스러운 주가 하락을 유도하는 상품을 판 것이다. 만약, 만기일까지 목표 지수나 목표 가격까지 내린다면 판매액의 40% 정도는 모두 증권 회사의 수익으로 돌아간다. 성공만 한다면 수조 원 정도가 일시불로 증권사에 수익으로 잡히는 것이다. 만약 안 내린다면 증권사들은 역마진으로 부실화될 것이다.

일본의 1990년 대세 하락기 시절 약 4~5곳의 증권 회사와 더불어 많은 은행과 보험 회사가 부도 처리 되었음을 잊어서는 안 된다. 이들은 이 기간에 세계 최초로 '풋(Put)'이라는 상품을 무제한 팔아 재꼈다.

풋은 지금의 DLS와 같은 이름만 다른 상품이다. 우리도 2021년 6월부터 온 대세 하락기에는 흥미진진한 하락세를 보게 될 것이다.

(3) 친구, 친척의 거짓말

항간에 가장 초보적인 사기꾼은 형제간에 사기를 치고, 제법 잘나가는 사기꾼은 사촌 등 친족들에게, 전문 사기꾼은 모르는 사람에게 사기를 치는 자라는 말이 있다.

사람이 사기를 당하는 가장 큰 이유는 욕심에 있다. 이 세상에 공짜는 없다고 생각하면 사기를 당할 이유가 없다. 사람이 살다 보면 은행 등에서 돈을 빌려야 하는 경우도 있다. 남의 보증이 절실할 경우도 있다.

특히 전문직인 우리 집 식구들은 개업 등을 할 때 보증이 필요할 경우가 있다. 그러나 형제간에도 보증은 서지 말기를 부탁한다. 아니 보증을 서 달라고 서로 부탁하지 말길 바란다. 서로 불편해질 거니까.

보증을 안 서 준다고 나를, 내 능력을 안 믿어 준다고 섭섭해 하지도 말라. 형제간에도 보증 서지 말라고 얘기한 것을 지키는 것이라고 생각하라. 돈이란 흔히 생각과는 달리 움직이므로 잘못하면 돈 잃고 형제간의 우애도 상하니 말이다.

아무에게도 보증을 서지도, 서 달라고 하지도 말고 오로지 자기의 능력과 책임 안에서 경제 활동을 하라고 부탁한다. 형제간에 보증을 서거나 돈을 빌려준다면 안 받아도 되는 돈이라고 생각될 때에만 빌려주어라. 정말로 죽을 만큼 위험한 순간에 차라리 그냥 주는 것이 더 낫다.

(4) 디플레이션에는 은행예금이 최고라는 말
디플레이션은 매년 물가가 내리므로 무엇이든 좀 더 늦게 사는 게 유리하다는 것은 누구나 안다. 일본의 경우 잃어버린 30년 동안 물가가 내렸으니, 현금 가치는 더욱 올라간 것이 된다.

역사상 처음으로 디플레이션 경제를 장기간 경험한 민족은 일본인들뿐이라고 생각할 수 있다. 1929년 대공황도 일본의 잃어버린 30년과 거의 비슷하기는 하지만 아무도 그때를 연구 분석하여 결과를 낸 적은 없다. 게다가 그 당시의 자료들도 충분하지 않다.

이제 한국을 비롯해 전 세계가 본격적으로 롱텀 디플레이션 경제로 들어가게 될 것으로 본다. 그래프상으로는 전 세계는 2016년 1월에 이미 롱텀 디플레이션에 진입했기에 2023년은 디플레이션 경제 8년 차인 셈이다.

2012년 12월에 취임한 아베 총리는 대대적인 금융완화 정책을 폈다. 디플레이션과 엔고 퇴치가 목표다. 그들은 주택담보대출 융자금을 빚잔치하지 않았다. 빚잔치란 우리의 전통적인 빚 청산, 즉 파산 처리 방법이며 신용 불량자 공개 선언 같은 것이다. 파산할 지경에 이른 채무자가 채권자들과 동네 유지 등 사람들을 불러 모아 놓고 자기의 남은 재산을 전부 공개하면서 일종의 공개 검증을 받는다. 빚 또한 전부 공개한다.

파산으로 더 이상 빚을 갚지 못하니 빚의 비율에 따라서 남은 재산을 나눠 가지라고 하면서 간단히 국수 정도를 내어놓고 용서를 비는 눈물겨운 잔치가 빚잔치이다. 동내 어른들의 허락받은 이 잔치 이후의 모든 빚은 탕감시켜 주고 새 출발을 하게 해 주는 우리의 미풍양속이 바로 빚잔치이다.

오늘날의 경매법이 만들어지기 이전의 빚 정리 방법이자 인생을 새로 출발하는 한 가지 방법이었다. 어쩌겠는가? 돈이 밉지 사람이 미운 것은 아니잖은가?

나는 어린 시절 빚잔치로 고함과 눈물바다였던 어느 가정의 광경을 목격한 적이 있다. 그래도 채무자에게는 사글셋방 하나 값과 한두 달 치 식량 정도는 남겨 준다. 이후 빚쟁이는 조용히 고향을 등지고 떠난다. 야반도주보다는 낫지 않은가?

아무튼 일본은 주택담보대출을 빚잔치하는 것처럼 경매를 통해 완전히 청산하지 않고, 대출 기간을 연장해 주는 조치를 취했다. 또한 주택담보대출 시에는 아직도 소구형 주택담보대출 융자 제도를 시행하고 있다.

단지 가계 빚의 청산을 지연시켜 놓았기 때문에 일본 경제의 회생이 더욱 힘들다는 것이다. 주택담보 융자 시 상환 기간 10년을 20년 등으로 연장시킨 것이다. 한국도 똑같이 따라 하고 있으니 가계 부채의 청산은 요원해졌다. 롱텀 디플레이션이 더 길어지는 요인 중 하나가 된다.

반면에 미국은 비소구형 주택담보대출 융자 제도를 채택하고 있으므로 2008년 금융위기 당시의 개인 빚을 완전히 청산하였다. 물론 은행이 그 잘못을 책임졌으며 리먼 브라더스는 없어지고 결국 정부 돈(세금)으로라도 완전히 빚을 청산하였다.

가계 부채가 완전히 없어진 제로 베이스가 된 것이다. 따라서 미국은 성장을 거듭해도, 한국과 일본은 빚을 청산하기 전에는 그렇게 되지 않을 것으로 보인다.

(5) 금융 회사, 특히 은행은 믿어도 된다는 생각
이를테면 현금이나 예금의 인출, 송금 등 눈에 보이는 돈 관리는 은행을 믿어도 된다. 즉석에서 내가 확인이 가능하기 때문이다.
그러나 파생 상품 시장, 보험, 펀드 등에서는 금융 기관, 아니 금융 회사들은 믿어서는 안 된다. 요즘은 은행에서 보험도 팔고, 앞처럼 펀드도 판다. 이 업무는 은행 고유 업무가 아니다.

이들은 물론 전문 금융 회사에서 막대한 판매 수수료를 받는다. 넓은 지점망과 그동안의 신용을 적당히 써먹는 것이다. 그러나 일반인들은 이 상품들이 은행의 고유 상품인 줄 안다.

1) 'KIKO'라는 달러 파생 금융 상품은 사기 판매로 고소되어 재판을 받고 은행들이 승소했지만, 개인적 생각으로는 사기 판매한 것이 맞다고 본다. 판사는 사회적 파장을 생각해서 합목적으로 판결을 했을 것이다.

2) 인사이트 펀드, 브라질 국채, RP 달러 채권 등 금융 회사들의 특판 상품은 꼭 투자자들이 다시 역발상을 해 봐야 한다. 이들의 주장과는 달리 거꾸로 투자를 하면 어떨까 하고 생각해 보는 습관을 들여야 한다. 이들은 끼워 팔기도 하며, 상품 내용도 자세히 모르고 외국 상품을 팔기도 한다. 그러나 책임은 전부 투자자가 져야 한다.

3) 외화 환전 수수료, 너무 비싸다.
금융 회사들도 달러 현찰을 일반 상품처럼 비행기로 수입하여 금고(창고)에 항상 보관하고 있다. 일반 상품이나 마찬가지이니 달러 가치가 쌀 때에 수입해서 은행 금고, 즉 창고에 보관하고 있는 것이다. 그런데 편도 환전 수수료가 무려 4%나 된다. 왕복 수수료는 무려 8%다. 비싸도 너무나 비싼 것이다.

환전 사업은 신고만 한다면 아무나 할 수 있으므로 길거리 환전상도 있다. 땅 짚고 헤엄치는 장사인 것 같다. 핀테크가 개척해야 될 분야이다.

(6) 증권 회사의 매도, 매수 추천주

누구나 다 아는 사실이지만 증권 회사들이 흔히 추천하는 주식들의 목표 가격은 6개월 후의 목표 가격이다. 이들은 긴 기간 후의 목표가를 산정해 낼 능력도 변변찮을 뿐 아니라, 그들은 6개월 이내에 투자자들이 팔아 주기를 원하는 목표가를 산정해 보는 것이다.

하지만 이마저도 합목적성을 띤 가격이어서 믿었다가는 발등에 도끼 찍히는 일이 생길 수 있다. 대개 그들이 투자 상품으로 보유한 주식을 팔기 위한 제도로 쓰인다.

심지어 증권 회사의 추천이 나오면 그 주식을 아침 동시 호가 때 전부 팔아버리는 전문 투자가들이 더 많고, 목표 기간이 되어 목표가 대비 현재가를 따져 보면 엄청 빠져 있음을 알게 된다.

(7) 주식이면서 국내외 주식 시세와는 전혀 관계없는 주식도 있다
ETF는 곡물, 원유, 원재료 등을 펀드처럼 여러 종목으로 묶어 팔거나 단독으로 파는 상품이다. 이는 전 세계의 주식 시장과도 별 관련이 없고, 오로지 국제 시세와 연동되어 있다. 한국 주가와는 더욱이 관계가 없다.

특히 곡물을 묶어 만든 KODEX 3대 농산물 선물(H) ETF는 국제 곡물에 투자하는 것이니 주식 투자가 아닌 셈이다. 이는 세계의 기후와 인구 증가 등과만 관련이 있는 셈이다. KODEX 유럽 탄소배출권 선물 ICE(H)도 분산투자를 위한 포트폴리오상 꼭 일정액(10% 정도)을 항상 편입해야 할 안전자산이다.

(8) 중요한 용어 설명
기업의 성과는 주로 영업 이익으로 평가한다. 당기 순이익이 실제로는 그해의 진정한 순수한 이익금이지만, 여기에는 일회성 수익도 포함되어 진정한

영업에 따른 성과라고 할 수 없기에 영업 이익을 지표로 많이 쓴다. 성과를 나타내는 지표로는 아래와 같은 것들이 있다.

> · ROE(자기 자본 이익률): 당기 순이익÷자기 자본, 예금 이자와 같은 개념으로 이해하면 된다.
> · ROA(총자산 순이익률): 당기 순이익÷총자산
> · ROI(투자 자본 수익률): 당기 순이익÷투하 자본, 투하 자본은 생산·판매·영업을 위해 투자한 자본과 부채의 합계를 의미한다.

ROI와 ROA는 같을 수도 있고 다를 수도 있다. 기업의 자산 중에는 생산·판매·영업에 쓰이지 않는 비영업용 토지나 매출 채권 등이 있다. 이런 경우에는 ROA와 ROI가 다르다. 즉, 비영업용 자산을 매각하면 ROA, ROI, ROE가 올라가서 주가가 오르게 되는 것이다.

만약 투자한 기업의 연간 ROE(=예금 이자)가 15%인데, 투자한 기업의 주가가 5%만 올랐다면 10%만큼 적게 오른 것이다. 결국 이 차액 10%는 오르게 되어 있다. 예금 이자를 받은 만큼도 오르지 않은 것이니까.

(9) 대기업들의 중소기업 뺏기 수법 중 하나

주요한 특허를 보유했거나 기술력이 뛰어난 하청 회사를 대기업이 뺏고 싶다면 어떻게 할까?

어느 날 엄청난 물량의 가짜 납품 오더를 이 중소기업에 주문한다. 현 공장으로는 만들 수 없을 정도의 큰 오더를 소화하기 위해서 하청 중소기업은 은행 융자와 사채를 끌어모아 공장을 짓게 된다.

그렇게 물건을 산더미처럼 쌓아 놓게 만든 다음, 난데없이 거래처가 주문을 취소했다며 오더를 취소하거나 물량을 확 줄여 주문을 수정한다. 중소기업은 당연히 부도를 맞는다.

타 대기업들도 이 방식을 많이 쓰기 때문에 공장이 경매로 나와도 다른 업체들은 의리상(?) 경매에 참여하지도 않는다. 이 기업은 오더를 준 대기업이 시중가의 20~30%에 싸게 인수한다. 꿩 먹고 알 먹고의 게임이다.

또 다른 사례도 있다. 과천의 모 호텔 땅 주인이 토지 디벨로퍼로 사업을 진행하다가 알거지가 된 사례이다. 모 재벌사 소속의 건설 회사가 시공을 맡았다. 골조 공사를 끝낼 즈음 건축주와 시공사 간의 다툼을 유발시켜 공사를 지연시키면 개인 건축주는 자금난에 허덕이게 된다는 것을 그들은 너무 잘 알고 있다.

공사 중간에 공사를 약 1~2년간 중단시키니 개인 건축주는 견뎌 낼 재간이 없다. 물론 변호사를 끼고 계약서 등을 촘촘히 작성하였으면 좀 더 나았겠으나 결국은 마찬가지였을 것이다. 재판 과정은 길고도 기니까…. 그들은 다 알고 있다. 아니 시작 전에 이미 시나리오가 있었을 수도 있다.

이 건물은 공사 대금으로 유치권을 재벌사가 가졌다. 이 경우에는 경매 처분

시에 이들에게 매입 우선권이 있다. 결국 땅도 다 빼앗기고 건축 중인 구축물도 다 빼앗겼다. 시가의 20~30%인 경매가로 재벌이 삼킨 케이스이다. 개발도상국에서는 이런 일은 너무나 많다.

(10) 언론 활용법

어떤 문제가 발생한 경우, 누구나 언론은 피하고 싶어 한다. 그러나 언론은 활용의 대상이지 피할 대상이 아니다. 물론 내가 잘못한 경우에는 피하고 싶겠지만, 그렇더라도 차라리 솔직히 사과하는 것이 오히려 과장되거나 왜곡을 피하는 길이 될 것이다.

특정 언론인에게 사과하는 것이 아니라 불특정 다수의 국민들, 대개 소비자에게 하는 것이니 신중하고 진지해야 할 것이다. 흔히들 개가 사람을 무는 것은 뉴스에 나오지 않지만 사람이 개를 물면 뉴스가 된다고 언론인들은 말한다.

즉, 뉴스거리가 되면 다들 서로 취재하여 뉴스로 만들려고 난리이니, 그동안의 연구 결과나 치료 효과 방법 등을 뉴스로 보도할 때도 언론을 잘 활용하여야 한다.

그동안 연구하거나 무엇인가 새로이 알아낸 것이 있고 뉴스거리라고 판단되면 KBS, MBC 등 방송사 보도국 해당 뉴스 부서, 신문사 해당 뉴스 부서에 팩스나 전화 등으로 취재를 부탁하면 된다.

취재가 되건 안 되건 그건 언론사의 판단에 따르면 된다. 기사로 취재되어서 보도하는 것을 퍼블리시티(Publicity)라고 하는데, 이는 광고보다도 3~4배 이상의 효과가 있다.

(11) 먹이사슬(Food Chain)의 맨 위에 서라
시중에는 수많은 프랜차이즈 가게들이 있다. 프랜차이즈 병원도 곳곳에 눈에 띈다. 이 프랜차이즈가 돈을 만들어 내는 신비의 조직(System)이다. 프랜차이즈 가맹점은 망해도 프랜차이즈 본사는 수백억씩 돈을 벌어들인다.

특히 음식점 체인점 같은 경우에는 전국에 500개만 체인화해도, 가맹비(대개 환불이 안 됨) 500만 원씩만 받아도 25억이고, 기타 인테리어 비용, 실내 인테리어, 로고형 자재비 등으로 엄청난 자금을 긁어모은다. 그러나 실제 가맹점 자체는 본점의 갖은 비용 청구로 별로 이득이 없음을 상식적으로 알아둬야 한다.

그들은 일정 기간 후에는 실내 인테리어 디자인 등을 변경하여, 간신히 번 가맹주의 수익을 실내 공사 한 번으로 회수해 가는 경우가 너무나 많다. 병원 등의 프랜차이즈도 운영 방법은 대동소이할 것이고 기업의 오너도 푸드 체인점의 톱 자리라 볼 수 있다. 재단법인의 이사장 자리도 마찬가지이다.

따라서 프랜차이즈에 가입할 것이 아니라 프랜차이즈 사업을 해야 큰돈을 버는 것은 당연하다. 주식 투자 시에도 당연히 먹이사슬의 정상에 있는 회사 위주로 투자해야 한다. IT 부품을 대기업에 납품하는 회사, 원재료를 대기업에 납품하는 회사 등의 이익은 메이저급 회사들에게서 이익을 조정받는 것이나

마찬가지가 되어, 천수답 경영을 하는 것이나 마찬가지이다.

대기업들은 중소기업들이 납품하는 부품의 단가를 다 알고 있으며 독점적 지위를 이용하여 납품 단가를 반강제로 조정한다. 그러므로 중소기업이라 하더라도 완제품을 판매하는 회사는 가격 결정력을 가진 회사들이며 투자자들은 가급적 이런 회사 주식에 우선적으로 투자해야 한다.

그래야만 이 기업들이 커 가는 동안의 이익을 투자자로서 같이 향유할 수 있게 된다. 또한, 부품을 납품해서 먹고사는 중소기업들은 판매처를 다변화하여 대기업의 먹이사슬에서 벗어나야 존립기반이 튼튼해지는 것이다.

한국의 바이오, 줄기세포, 헬스케어, 제약기업 등은 규모도 적고 자본력이 약하지만 신약 등의 연구 단계에서부터 완제품에 이르기까지 완전한 독점 체제의 기업들이다. 이들이 신약 부문에서 성공하면 세계적 기업도 될 수 있는 먹이사슬의 최정상에 서게 되는 매력적인 사업 분야가 된다.

이른바 꿈이 있는 기업이 되는 것이다. 게다가 바이오 계통 사업들은 아무리 돈이 많아도 단기간에 따라 잡을 수 있는 분야가 아니다. 임상 기간에 따른 필수적 소요 기간이 있기에 아무리 대기업이 달려들어도 인체를 대상으로 하는 임상 절차와 기간 등이 법으로 정해져 있기에 유일하게 대기업도 미리 연구를 시작한 중소기업을 영원히 따라 잡을 수도 없는 분야인 매력적인 사업 분야이다.

중국 등이 다른 IT 분야나 제조업 분야는 한국을 추월하거나 따라잡을 수 있어도 제약, 바이오, 줄기세포 등은 한국을 능가하지 못할 가장 큰 이유가 된다. 또한 한국이 이 분야를 집중적으로 키워 나갈 이유도 된다.

(12) 주식의 장중(場中) 조정

증시가 한참 오르거나 내리고 나면 이격도 조정을 해야 힘을 받고 다시 간다. 그래서 주식은 기간 조정을 위주로 하는 경우, 금액 위주로 조정하는 경우로 대별되지만, 이외에 장중 조정이란 게 있다. 이론상으로는 없고 실제적으로 존재하는 조정이다.

이 장중 조정은 투자를 오래하다 보면 저절로 알게 되는데, 조정 중에서 대체적으로 이 장중 조정이 제일 무서운 것이다. 조정할 시간과 주가 폭이 안 될 경우, 즉 앞으로 많이 올라야 하는데 시간도 목표 가격도 멀었을 경우에는 장중에 조정하면서 가는 것이다.

이런 장중 조정 때문에라도, 종가로만 주가를 확인하는 월급쟁이들이 매일 장에 나오는 장돌뱅이에게 질 수밖에 없다.

종가로만 보면 매일 오르기만 하는 것으로 보이지만 이미 장중에 조정을 받은 것이니 장돌뱅이들은 안심하고 매매하고, 종가로만 매매하는 개미들은 급등했으므로 겁나서 매매도 못하게 되는 것이다.

(13) 언젠가 큰돈을 버는 가족이 나온다면…

코스닥 시장의 상장 회사 하나를 가지면 정말 좋다. 회사를 하나 세워서 상장하기까지 너무 긴 세월과 자금이 들어가니 망해 가는 관리 종목 회사를 하나 인수하면 제일 좋다.

우선은 본인에게 그럴 듯한 대표 이사 명함이 나오며, 가족들도 전부 이사진으로 구성할 수도 있고, 자금이 필요하면 증자하면 되고, 주식회사이므로 모든 사업을 정관에 기재하기만 하면 다 할 수 있다.

악덕 기업인들이 기업을 이용하여 비자금을 조성하고 불법을 저지르지만 그럴 필요가 없다. 정당하게 월급을 최대한도로 올려서 받고, 월급으로 혹은 법적인 한도 내에서 법인 카드로 맘대로 회사 자금을 활용할 수가 있다. 법적으로는 법인과 개인이 엄격히 구분되므로 변호사에게 귀띔을 받고 자금을 집행해야 될 것이다.

이런 관점에서 하나 부러운 것이 있다. 사립학교(초, 중, 고, 대)는 대표에게 이사장이라는 명칭을 쓰지만 결국엔 대표 이사이다. 이 또한 상장 회사와 비슷하게 각 가계들이 직접 혹은 간접적으로 운영한다. 교육 사업이라고 정부에서 막대한 각종 보조금도 매년 챙겨 주는 좋은 사회적 이미지 기업인 셈이다. 교육 사업이므로 세금도 거의 없다. 재단 법인이므로 상속 등에서도 제법 자유롭다.

어느 나라나 교육 사업에는 주어지는 혜택이 많다. 중국이나 미국, 스웨덴 등에서의 교육 사업도 모든 국가는 학교는 지원하고 있고, 사업화도 가능하다.

교수 연봉은 많아야 1억 5천만 원 정도이고, 교수 1인당 학생 수는 100명이 넘는다. 등록금은 1인당 1년에 최저 600만 원 정도이다.

사위나 자식들이 학교 사업을 할 정도로 성공하길 빈다. 못 할 것도 없고 안 될 것도 없다. 우리 가족은 전부 의사이니, 남들만큼만 하면 성공할 수 있다고 본다. 항상 꿈을 가져야 한다. 내가 아는 어떤 분은 당대에 피부과 의사로 출발했지만 성공하여 대학을 세웠다.

항공기 분야로 특화된 충남의 모 대학도 개인 병원 피부과 의사가 당대에 벌어서 세운 대학이다. 대학 설립 자금도 거의 전부 정부에서 보조금 형태로 준다. 대학 설립용으로 적합한 토지만 마련하면 여기서부터 큰 혜택이 주어지는 것이다. 장차 인구 감소로 학생 수가 줄어들어 학교 운영이 곤란해질 수도 있겠지만, 특화시키면 얼마든지 생존할 수 있다고 본다.

(14) 작전 혹은 작전주

사람들은 주식 시장에서 작전주, 작전 세력이란 단어를 즐겨 쓰고 있지만, 난 작전이란 걸 믿지 않는 편이다. 작전 세력이란 게 있을 수도 있겠지만, 이들의 작전도 기관 외인, 특히 개미들이 참여해 주지 않으면 마지막에 팔고 떠날 때 문제가 된다. 따라서 실제로 호재 등으로 오를 이유가 없으면 가격을 끌어올리는 작전이란 것은 불가능하고 시도조차 하지 않을 것이다.

그러니 소문을 판단할 능력을 길러야 하고 타당하면 따를 수 있다. 단, 이미 다 올라 버린 주식은 안 되고, 적정 가격을 판단할 줄 알아야 된다. 이것은 또한 앞에서 설명한 신고가 주식 투자법과 일맥상통하는 것이다. 작전주는 당연히 신고가를 치면서 오를 것이기 때문이다.

문제는 오를 이유가 있고, 진입 시점의 가격이 적당한지 판단해 내야 하는 것이다. 이것은 단지 그 정보에 관한 지식뿐만 아니라 사회 전반적인 트렌드와 향후 경제의 흐름을 파악하는 능력까지 필요로 한다.

(15) 소유권 이전 청구권 가등기

최근에 좋은 아파트를 사려면 30~40억을 호가한다. 물론 빌딩을 산다면 80~100억을 호가한다. 이런 경우에는 계약금만으로도 무려 3억 혹은 10억을 지불하게 된다. 그러하니 매매 계약을 이중으로 하는 사기꾼도 있게 마련이다.

이를 대비하기 위해서 고가의 부동산을 사는 경우에는 '매매를 원인으로 하는 소유권 이전 청구권 가등기'를 매매 계약과 동시에 하여야 한다. 물론 허가받은 공인중개사는 보통 1억 정도의 중개 사고에 대비한 보험에 가입하고는 있다. 1억이 얼마나 큰돈이냐 하면 월급쟁이가 먹고살고 자식 키우면서 모으려면 약 10년이 걸려야 모을 수 있는 큰돈이다.

그러나 '소유권 이전 청구권 가등기'는 필수 사항으로 하면 좋다. 잔금을 치룬 후 본등기를 하면 소유권 이전 일자는 가등기 일자로 소급 등재되어 소유권을 완벽히 보호받게 된다. 그러므로 약간의 경비는 문제가 안 된다.

병원 등 사무실을 임대하는 경우에도 보증금을 보호받으려면 전세권 등기나 임차 보증금 등기를 계약과 동시에 처리하여야 안전하다. 임대차 계약을 이중으로 하는 사기 사건도 있었다.

중요한 부동산 거래를 할 때는 반드시 자기 자신이 대법원에서 계약 당일에 인터넷으로 등기부등본을 발급받거나 혹은 열람하여 확인하여야 한다. 중개업자나 소유주가 이미 발급받아 보여 주는 등기부등본은 보기는 하되 믿지는 않도록 하여야 한다.

계약 당일과 중도금이나 잔금의 지불일에 각각 해당 부동산의 권리 관계를 다시 한번 확인할 기회가 되므로 더욱 좋다. 뛰어난 사기꾼은 예전에 부동산 전세 계약을 체결하고 바로 그날 은행에서 융자를 받은 경우도 있었다. 입주자는 불과 몇 시간 차이로 후순위 채권자가 되는 것이다. 이와 관련된 법률 개정이 추진 중이지만 속도는 느리기만 하다.

불황이 극에 달하면 이런 일은 또 일어날 수 있다. 정말 눈 감으면 코 베어 가는 세상이니 자기 재산은 자기가 지켜 내야 하는 세상이다.
계약서에 계약 시간을 기재하면 보호를 받을 수 있을까? 이것은 불가능하다. 등기 우선주의를 채택하고 있기 때문이다. 가등기는 사법서사 사무실에 관련 서류를 가지고 가서 의뢰하면 된다.

현재 이 '소유권 이전 청구권 가등기' 제도를 활용하는 사람은 거의 없다. 미국과 중국은 에스크로(Escrow) 제도를 도입하여 이런 사기가 원천적으로 발생할 수 없다.

하지만 한국과 일본은 에스크로 제도를 도입하지 않았기에, 부동산 거래 시에 계약금이 크다면 '매매를 원인으로 하는 소유권 이전 청구권 가등기'를 꼭 하여야 한다.

(16) 정주영의 소양댐과 압구정동 모래밭

소양댐은 우리나라 최초의 사력댐이다. 이 댐은 박정희 전 대통령의 특별 부탁으로 현대건설에서 지어졌다.
북한과 대치 중인 우리나라에는 폭격에도 견딜 수 있도록 시멘트가 아니라 모래와 자갈만으로 튼튼하게 지은 안전한 다목적 댐이 한강 상류에 꼭 필요했다. 유사시에 서울을 보호하기도 하고 다목적도 달성해야 하기 때문이다.

당시 우리나라 기술로는 사력댐을 짓는 것은 모험이었다.
故 정주영 회장이 젊은 시절이었기에 흔쾌히 도전하였고, 군도 지원을 해줘서 소양댐은 국내 최초로 사력댐으로 지어졌다.

현대건설은 소양댐을 건설하면서 여름에는 물에 잠기고 갈수기에는 모래밭이 되는 압구정동 모래밭을 평당 몇백 원에 무한정 사들였다. 당연히 소양댐 공사 후 한강 수위를 예측하고 했을 것이다. 오늘날 압구정동 현대아파트 및 그 부근의 아파트가 있는 곳이다.

정주영 회장은 일화가 많은데 서산의 간척 사업 최종 물막이 공사 시에는 45개월로 예정되었던 공기를 9개월 만에 끝을 내었다. 폐 유조선을 가라 앉혀 유속을 거의 없애고 공사를 했기에, 무려 3년이라는 공사 기간과 약 280억 원에 달하는 공사비를 절약했다.

사업가는 이렇게 미래를 볼 줄 알아야 되고, 모험 정신이 있어야 하며. 항상 초과 이윤을 보기 위해서 공부를 해야 한다. '창조적 파괴'라는 수사로 유명한 Joseph Schumperte(1883~1950)가 말했던 기술 혁신은 기술 파괴에서 나오는 것이다.

공정 혁신, 제품 혁신, 인적자원 혁신, 관리 혁신, 기술 혁신이나 공법 개선, 신 시장 개척 등을 통해서 아무리 많은 돈을 벌어 가도 국민들은 찬사를 보낼 수밖에 없는 것이다.

오늘날 스티브 잡스나 일론 머스크 등이 창조적 파괴를 하는 사람이 아닐까 싶다. 테슬라는 '기가 캐스팅' 이라는 새로운 자동차 생산방식을 통해 차체에 들어가는 부품 수나 공정을 획기적으로 줄여 생산단가를 40%나 절감한다. 누구든 남들과 같은 방법으로 무엇을 한다면 항상 2등밖에 못한다는 사실을 알아야 한다.

2023년 4월 말에 목격한 사례를 하나 들어 보겠다.
오늘날 보도블록은 아스팔트 보도가 아니라면 거의 전 보도에 까는데 몇 년마다 한 번씩 블록을 갈아야 한다. 그 이유는 블록 사이에 채운 모래가 너무

작아서 비만 오면 서서히 빠져나가서 보도블록 길이 기울어지고 무너지기 때문이다.

이를 예방하기 위해서 한국에서는 블록과 같은 색깔의 돌가루를 일정한 크기로 만들어 블록 사이를 메꾼다. 이것은 작은 제품 혁신이지만 결국에는 엄청난 관리 비용을 절감할 수 있게 될 것이다. 이처럼 한국 기술은 만세다.

(17) 상권의 독점 지혜
1980년대 중반에는 안양에도 지하상가가 생겼다. 크지는 않았지만 꽤 번창했던 것으로 기억한다. 안양에서 살면서 자라나는 아이 셋을 키웠으니 신발을 수시로 사 줘야 했는데, 짧은 지하상가에는 신발 가게가 딱 한 곳이었다.

신발 가게를 독점하고 있으니 장사가 참 잘되었다. 그런데 어느 날 같은 상가에 신발 가게가 하나 더 생겼다. 앞집에서 가격을 알아보고 다음 집에서 비교하고 살 수 있으니 바가지를 안 쓰겠다는 생각이 들어서 제법 좋아했던 적이 있다.

하지만 우연히 두 가게가 전부 한 사람 소유인 것을 깨닫고 허탈했었다. 부부가 아주 가끔 교대로 장소를 바꿔 가며 장사를 하는 것을 알게 되었다. 여기에서도 재테크 힌트를 얻을 수 있다.

고객이 많지 않다면 이런 식으로 한 동네나 동네 골목의 상권을 독점할 수 있다. 신발 가게가 셋이라면 누구도 손익을 맞출 수 없으니, 아무도 새로이 가게를 열 리 없다. 한 사람의 완전 독점이 되는 것이다. 이는 치과병원이나 한의원, 동물병원, 세무사무소 등에도 적용 가능하다.

(18) 주식 투자로 금전 감각을 길러 줘야 한다

1985년, 새로운 후배들이 막 입사했는데, 취직을 하자마자 한 신입 사원 후배의 아버지가 1,000만 원을 주면서 다 잃어도 상관없으니 주식 투자를 하라고 권유했다면서 주식에 관해서 물어 왔다. 나는 참 훌륭한 아버님이라고 말해 줬다.

이 후배의 아버지는 아마도 주식 투자를 하는 분인 것 같고, 그 이후 이 후배는 깡통이 되었는지, 돈을 불렸는지는 모르겠다. 그러나 주식 투자를 하면 세상만사에 남다른 관심을 가지고 보게 된다. 정치, 경제, 사회, 문화 등 모든 분야에 관심을 남들보다 더 빨리 많이 가지게 되므로 돈으로 얻을 수 없는 지식을 얻게 된다.

이처럼 누구나 자녀들에게 금전 감각과 돈에 대해서 탐욕을 참는 요령 등을 가르쳐야 한다. 돈이 투자되어야 관심을 더 가지게 되므로 도상 실습은 필요 없다.

사람은 누구나 본전을 생각하기에 주식 투자를 하다 보면 금전 감각이 저절로 길러지게 된다. 돈을 불리는 요령뿐만 아니라 쓰는 법도 가르쳐야 한다.

조지 소로스나 워런 버핏은 그냥 탄생하는 것이 아니다. 끊임없는 도전과 노력으로 투자 감각이 생겨나는 것이다. 주식 투자는 일종의 종합예술 같은 것이다. 모든 것이 합쳐져 주가로 나타나는 것이고, 가격 자체도 모든 사항이 융합된 오묘한 것이라 할 수 있다.

사업가 집안의 자식들이 사업으로 성공하는 경우가 더 많다. 특별히 유전자를 타고 난 이점도 있겠으니, 알게 모르게 부모나 형제들의 대화를 통해 사업 감각을 익히거나 금전에 대한 생각 등을 배우게 되기 때문이다. 혹자는 서로 도와줘서 그럴 것으로 생각하지만 의외로 도와주지 않는다.

마치 사자가 사냥법을 새끼들에게 별도로 가르치지 않듯이, 보고 느끼고 생각하고 배우는 것이다. 예전에는 부자가 망해도 3대는 간다고 했다. 하지만 금융이 발전된 요즘에는 레버리지 투자로 3달도 못 간다는 사실을 알아야 한다. 역시 돈보다는 지식으로 전해 주는 것이 중요하다.

(19) 정보 관리법
성공한 사람들은 대개의 경우 메모를 하는 습관을 가지고 있다. 그때그때 순간적으로 떠오르는 아이디어나 정보들은 수첩에 메모를 해 두어야 잊어버리지 않는다.

일정 기간 이 메모들이 쌓이면 이를 연계하여 융합된 지식으로 활용할 수 있기 때문이다. 이제는 더 쉽게 영구히 정보를 모을 수 있다. 매일매일 쏟아지는 기사들을 자기의 이메일에 카피하여 저장하면 된다. 이제는 메모지가 필요 없는 것이나 마찬가지이다.

인터넷이 접속되지 않는 경우에 얻은 정보는 간단히 메모한 이후에 귀가하여 각자 자기의 이메일에 적어 저장하면 된다. 포털사이트들의 기사 스크랩도 일정 기간이 지나면 지워지는 것 같다. 지난 기사들을 찾아볼 수가 없는 경우가 많고 찾기에는 너무 많은 시간이 걸린다.

따라서 자기가 관심을 보일 분야인 재테크에 관한 기사, 세금관련 기사, 문화 교양 관광지 기사 등을 매일 이메일에 보관하면 된다.

이메일이 무료 메모장이 되는 것이다. 포털사이트마다 충분한 보관 용량을 제공하니 이를 적극 활용하기 바란다. 재직 시절에는 절판을 대비하여 《로마인 이야기》, 《토지》 등의 소설책도 정년퇴직 후에 읽을 생각으로 미리 사 놓았지만 아직 다 읽지도 못했다.

나처럼 읽어 봐야 할 책도 있다면 절판을 대비하여 미리 확보해 두어야 한다. 일정 기간이 지나면 책들도 절판되어 구할 수 없음은 누구나 경험을 통해서 알 것이다.

챕터 49) 稅테크 못하면 앞으로 남고, 뒤로 밑진다

2020년 6월 미국의 인플레율은 무려 9.1%였다. 미국 연준의 QT(Quantitative Tightening)로 다들 디플레이션을 걱정하는 시절이었다. 참 난데없는 일이었다.

그래서 미국은 인플레율을 2%로 내리기 위해 2023년 3월 0~0.25%였던 기준 금리에서 불과 1년 조금 지나서 2023년 7월에 5.25~5.50%로 2,200%(22배)나 금리를 급격히 올렸다.

이런 급격한 금리 인상을 견뎌 낼 경제는 없다. 엄청난 불경기가 올 것이다. 이미 장단기 금리 차가 사상 최대로 확대되고 있음이 이를 뒷받침한다. 마치 1989년의 일본의 잃어버린 30년 차의 시발점인 것 같다.

급격한 금리의 인상이나 인하는 반드시 부작용이 따르게 되어 있다. 일본은 2008년 금융위기 당시 기준 금리는 0.5%였다가, 2016년 1월 29일부터 마이너스 0.1% 기준 금리를 적용하고 있다. 아직도 전 세계에서 유일하게 마이너스 금리를 시행하고 있다.

한국도 2022년 2월부터 미국 기준 금리 첫 인상보다 선제적으로 1.25%에서 금리 인상을 시작하여 금리를 7차례에 걸쳐 3.50%까지 올렸다. 그런데도 사상 처음으로 한미 금리 차가 2%가 되었다. 자본 유출을 걱정할 만한 금리 차이인 것이다.

이제 평균 11개월 정도의 고원지대를 지나 기대처럼 미국이 기준 금리를 인하하기 시작한다면 한국은 일본처럼 롱텀 디플레이션이 본격 진행되어 금리의 대세 하락기가 도래할 것이다. 그 후 폴 볼커의 '볼커의 실수'처럼 '파월의 실수'가 생겨날 가능성이 커지는 것이고….

단지 그 동안 전 세계는 약 40년간 금리 대세 하락기 저금리 상황이었으니까 상당 기간 동안은 금리가 인하되지도 못할 것으로 보는 시각도 많다. 여러 가지 이유로 미국의 생각과는 달리 인플레율이 2% 가까이 내리려면 10년 이상의 기간이 걸릴 수 있다는 것이다. 인플레율이 4~5%로 약 10년 이상 장기간 고착화될 수 있다는 것이다.

이렇게 되면 모든 자산 시장은 대변혁기를 맞게 된다. 특히 채권 시장과 주식 시장, 수익성 부동산 시장 등의 수익성이 큰 변화를 초래하게 되는 것이다. 수익성이 완전히 기대와는 달라지는 것이니까.

결국 2037년 정도까지는 무서운 롱텀 디플레이션이 찾아온다는 뜻이다. 잠재 성장률 이하의 저성장, 인구절벽, 인구 고령화로 인한 뉴노멀 경제하에 한국은 단 1%의 이자를 더 받기 위한 행렬이 은행에 줄을 댈 것이다. 따라서 결국에는 절세 상품이나 면세 상품에 집중하여야 한다.

판단을 잘못하면 표면상으로는 남아도 자세히 살펴보면 손해이거나, 이득이 많은 것으로 판단한 상품이 소득이 대폭 줄어들 수 있으니 반드시 모든 수익은 세후 수익으로 계산하고 잘 살펴봐야 한다.

일본의 디플레이션 경제는 30년 동안 세계 경제 흐름과는 완전히 다른 행보를 보였듯이 한국과 전 세계는 그 이전과는 달리 완전히 다른, 즉 불황기가 끝나면 숏텀 디플레이션으로 되돌아갔던 과거와 달리 [그림 27], [그림 28]처럼 롱텀 디플레이션 경제 흐름을 장기간 보일 것이다.

전 세계에도 한국에도 2016년 1월 이미 롱텀 디플레이션이 진행 중임을 수차례 증거와 함께 설명한 바 있다. 지금의 인플레이션이 10년은 지나야 진정될 것이지만 장차는 저성장 시대이므로 은행 금리도 싸고, 기타 어느 곳에 투자해도 수익률은 낮을 것이다.

이럴 때에 100% 절세가 가능한 금융 상품에 가입한다는 것은 특혜다. 먼저 면세 상품들을 알아보자.

(1) 부동산 임대 소득 면세 상품

1가구 1주택의 경우에는 임대 소득 전액을 면세 조치한다. 원룸 다가구 주택의 경우 19세대까지도 전액 면세 조치한다. 다만 아직도 임대소득세 부과 내용은 진화를 거듭 중이라는 점을 감안해야 한다.

부동산 임대 소득은 영세민이 거주하기도 하고 영세민이 임대를 놓기도 하는 시장이어서 세법 변화를 잘 알아봐야 한다. 선진국에서는 집주인과 같이 한 집에 살며 방 1개를 임대해도 세금을 내야 하는 경우가 더 많다.

(2) 금융 소득 면세 상품
· **비과세 종합 저축과 세금 우대 저축**
장애인, 저소득층, 현재 64세 이상의 노인 등에게는 5,000만 원 이내의 면세 통장이 개설 가능하다. 보통의 금융 상품이 일반 예금 세율인 15.4%(소득세 14%+주민세 1.4%)인 데 비해 비과세 상품은 이자 및 배당에 대한 세금이 전혀 없다.

특히 은퇴한 사람들의 경우에는 아주 좋은 상품임에 틀림없다. 매년 가입 자격이 1년씩 늦춰진다. 자축 은행 새마을 금고나 신협 등에서 1.4% 농어촌 특별세 세금만 내는 세금 우대 저축도 있다.

· **10년 이상 가입한 연금 저축, 10년 이상 가입한 달러 연금 보험에 대한 소득세 전액 면제**
소득세가 면제되므로 종합 소득 등의 계산 시에도 소득이 없는 0으로 처리된다.

· **ISA(Individual savings account, 개인 종합 자산 관리 계좌)를 이용한 절세**
500만 원까지는 배당 소득을 면세 처리 한다. 초과분은 9.9% 분리 과세로 처리한다. 너무나 유리하다. 이 ISA를 이용하여, 맥쿼리인프라 펀드를 구입하면 최상의 배당과 최고의 절세 방법이 된다. 만약 은행예금 이자로 500만 원을 벌려면 투자 원금이 약 2억 5,000만 원(이자율 2%로 예상) 이상이어야 달성 가능하다.

반면에 맥쿼리인프라 펀드로는 훨씬 적은 투자로도 연간 500만 원 이상 수익을 올릴 수 있다. ISA는 면세이면서 500만 원 이상의 소득을 올릴 경우에도 초과분은 9.9%로 분리 과세하므로 최상의 금융 상품으로 판단된다. 5년 동안 연간 2,000만 원 한도로 1억까지 가입 가능하다.

노인 및 장애인 등에게만 주어지는 비과세 종합 저축보다도 유리하다고 볼 수 있다. 대신에 ISA는 수수료가 0.1~1% 정도가 부과된다. 비과세 종합 저축은 당연히 수수료가 없다.

증권 회사, 은행 등 20여 곳에서 가입 가능하며, 금융 회사마다 매매할 수 있는 금융 상품이 약간씩 다르므로 맥쿼리인프라 펀드를 편입할 수 있는 증권 회사를 찾아서 가입해야 한다. 미래에셋증권, NH투자증권 등 3~4곳에 불과하다.

· **본인의 능력에 따른 면세 금융 상품**
a) 외화 매매 차익
b) 주식 매매 차익
c) 국채 매매 차익

위의 세 가지 자산들의 매매 차익은 현재까지는 전액이 면세다. 하지만 주식 매매 차익은 과세자가 되는 대주주의 범위를 점점 좁혀 오고 있다. 별도로 검토 후에 가입해야 한다.

세금 제도는 사회발전에 따라 늘 변하므로 세법을 미리 알아 두고 대비하지 않으면 앞으로 남고 뒤로 밑지게 된다.

챕터 50) 금리 하락과 금리 인하를 구분하라

시중에 돈이 풍부해져서 금리가 하락하는 것과, 정책 당국에서 인위적으로 금리를 내리는 금리 인하와는 시장에 미치는 영향은 다르다는 것을 알아야 한다.

금리 약세, 즉 실세 금리 하락과 금리 인하는 크게 다른 것이다. 이를 구분하지 않으면 투자 시에 큰 실수를 범하게 된다. 시중 실세 금리가 하락하면 주식과 부동산은 오르고 환율은 하락한다.

금리가 하락하면 더 높은 수익을 찾아서 주식이나 부동산으로 돈이 밀려드는 것이다. 이런 시기에는 정책 당국이 금리 인상을 하더라도 주가는 오르는 경우가 더 많다.

그러나 금리를 인하하면 일반적으로 주식과 부동산은 하락하고, 환율은 상승하는 반대 현상이 생긴다. 금리 인하 효과가 발생하는 데 약 6~9개월이 걸린다. 이 시기가 되면 저금리 효과가 나타나면서 주가가 상승하는 경우도 있다. 일시적일지, 대세 상승으로 갈지는 당시 상황에 따라서 다르다.

금리 인하 초기에는 언론이나 전문가들이 금리 인하의 필요성을 얘기하면 일시적으로 주가는 오른다. 이때는 가능한 빨리 주식 시장에서 발을 뺄 준비를 해야 한다.

금리 인하 효과가 미흡하면 정책 당국은 계속해서 금리를 내린다. 이 시기에 주가는 줄곧 내려간다. 그러나 사람들은 한 번의 금리 인상 또는 금리 인하로 지금까지의 경제 흐름을 판단하여 생각을 바꾸고 행동을 바꾸기가 쉽지 않다.

전부 인간의 탐욕에 기인한다. 그래서 통상 세 차례의 금리 인상이나 금리 인하가 되면, 행동을 반대로 바꿀 적기가 된다. 이때가 본격적으로 시세에 반영되는 시기이다.

사람들은 무엇이든 보통 삼세번을 반복되어야만 '아하!' 하고서 행동에 나서는 사람들이 많다. 그때부터 시세에 본격적으로 반영되기 시작한다는 뜻이다.

2008년 서브프라임 사태 이후 2017년 8월 현재 미국은 기준 금리를 세 차례 인상했다. 즉, 금리 인상이다. 금리가 시중 상황에 따라 오른 게 아니다. 따라서 이는 큰 호재인데도 당시에는 전 세계 금융 시장이 발작에 가까운 움직임을 보였었다. 긴축 발작이라는 외래 용어까지 등장했었다.

일반적으로 금리를 인상하는 이유는 경기가 너무 좋아져서 정상 인플레이션(2% 이하)을 초과하여 물가가 오를 것 같기 때문이다. 게다가 각국 정부는 모든 것을 지표로 확인하고서야 비로소 올리기 시작하는 것이니, 실제 시장

조사와 집계 과정을 감안하면 정부의 정책들은 항상 시기가 조금 늦거나 빠른 때에 시행하게 된다.

아무튼, 그 이후 주가나 부동산이 얼마나 올랐는가? 금리가 내렸다는 언론 보도와 금리를 내렸다는 기사는 이처럼 엄청난 차이가 있다. "금리가 내렸다."에서의 '금리'는 시중의 실세 금리를 말한다. 보통 3년물 국고채 실세 금리로 판단하면 된다.

위기를 기회로 활용하라. 위기는 찬스다. 약간 미안하지만, 남의 위기는 나에게 더 큰 기회가 된다.

지나간 IMF 사태와 2008년 금융위기 등에서 미리 배워 놓아야 다음 위기에 당황하지 않고 슬기롭게 기회로 활용할 수 있다. 한국의 IMF 당시의 환율과 금리를 검토해 보고 향후에 찾아올 대세 하락기가 왔을 때 대처 방법을 연구해 두어야 한다.

챕터 51) 펀드 No, ETF Yes!
새로운 위험 분산 투자기법 ETF

ETF(Exchange Traded Fund)는 상장 지수 펀드라고 변역되는데, 최근 20년간 개발된 금융 상품 중 가장 혁신적인 상품으로 평가받고 있는 새로운 금융 상품이다.

유가 증권 시장에 상장되어 일반 주식처럼 사고팔 수 있는 일종의 펀드이다. 국가별 대표주, 채권, 주식, 농산물, 원유, 달러, 석유, 리츠 등 투자 대상으로 삼을 수 있는 종류도 수십 가지나 된다. 여태까지의 펀드는 사고팔지는 못하는 상품이었다.

펀드는 펀드 매니저가 편입 종목을 수시로 결정하는 액티브 펀드와 이미 지정된 종목이 편입되어 있는 인덱스 펀드로 나뉘는데, ETF는 인덱스 펀드여서 펀드 매니저 개인의 능력이 별 영향을 끼치지 못한다. 펀드와 달리 환매 수수료가 없으며, 단 1주라도 매매할 수 있다.

이외에도 장점이 많다.

(1) 주식 시장에 상장되어 있지만 주식 시장의 흐름과는 연관이 없는 ETF도 있다

금, 은, 동 등의 원자재, 원유, 곡물 등은 한국의 주식 시장과는 거의 관련 없이 움직이므로 주식이라고 할 수 없어 안전하다.

세계 3대 곡물가의 등락에 맞춰진 KODEX 3대 농산물 선물(H)은 국내 주식 시세와는 아무런 관련이 없이 국제 곡물가에 따라서 움직이므로 봉이 김선달처럼 곡물을 사 놓은 것과 같다.

(2) 어느 나라의 대표적인 종목들 100~200개로 구성된 ETF도 있다

선진국이나 후진국 등의 대표 종목 100개 내지 200개의 구성 비율을 미리 정해서 만들어진 ETF를 사고팔기 때문에 이 또한 국내 시장 흐름과는 별 관계가 없어 국제적으로 자금을 분산 투자 하는 효과가 있다.

TIGER 미국나스닥 100, TIGER 일본 니케이 225 등 베트남이나 러시아 EFT도 있다. 당연히 후진국 중 성장기에 들어선 나라의 ETF를 투자하면 한국 시장보다는 유리할 것이다.

(3) 주가가 내릴 때에만 수익이 나는 인버스 ETF나 2배로 수익이 나거나 손실이 나는 레버리지 ETF도 있다

KODEX 인버스, KOSEF 달러 레버리지 등이 있어, 예전과 달리 투자하기에도 너무 간편하다. 주식 시장의 대세 하락기에도 대세 상승기에도 안전하게 투자할 수 있다.

ETF를 이용하면 전 세계의 거의 모든 나라, 모든 주식, 농산물, 원자재 등에 투자할 수 있으므로 국내 시장 상황과 거의 관계없이 투자할 수 있는 세상이 되었다.

설사 한국에 전쟁이 터져도 국내 시장이 아니라 국제 시세를 따르므로 손익에 영향을 끼치지 않는 것이다.

기업의 경영 성적과는 거의 관계가 없는 농산물의 경작 상황, 금의 수요 공급, 원유 등 원자재의 국제 시세 변동에 따른 손익이 계상되는 ETF 등을 사면 절대로 망할 수는 없는 것이다. 가격이 제로가 될 수는 없으므로 게다가 부도, 증자, 감자 등은 있을 수도 없는 ETF이다.

한때 Buy Korea를 외쳤던 펀드(Fund), 전 세계 돈 되는 물건은 전부 투자한다던 인사이트 펀드(Insight Fund), 채권에만 투자한다던 채권 펀드 등 전부 투자자들에게 수수료는 손실이 나든 이익이 나든 철저히 챙겨 갔지만 수익을 챙겨 준 경우는 거의 없다.

신의칙에 따라서 제대로 된 자금 관리를 해 온 것 같지도 않다. 이제 펀드는 짧은 시간 내에 그 수명을 다할 것으로 본다.

앞으로는 펀드 역할을 ETF가 하게 될 것이고, 앞으로 증권 회사, 투신사, 자산 운용사들은 새로운 수익원을 찾아야 할 것이다. 특히 개별 종목에 투자할 시간이나 능력이 좀 부족하다면 ETF 투자가 제일 좋다.

한국도 2037년 정도에 끝날 것으로 기대되는 롱텀 디플레이션 경제가 지나고 나면 세계의 경기에 따른 경기의 부침을 따를 것이기에, 국내 경기와는 관련이 없는 국제 원자재 시장에 ETF 형태로 참여하면 초장기 투자도 가능하다.

따라서 투자금을 전부 ETF로만 구성하여 안전하게 장기 투자를 할 수 있는 세상이 되었다. 국가별, 원자재별, 주식 종목별, 채권형, 대세 상승 시 이익형, 대세 하락 시 이익형, 부동산 리츠 투자형 등으로 ETF를 구성한다면 초장기적으로도 안전하게 투자할 수 있다.

(4) 특히 KODEX 200 TR은 매년 약 2%의 분배금을 배당하지않고 재투자 하므로 미배당 분배금 2%에 대해서는 복리효과도 있다. 즉 장기 투자 할 수록 유리한 ETF 상품이다.

이미 얘기했듯이 월급쟁이나 가난뱅이가 부자가 될 방법은 주식과 부동산 투자밖에 없음을 인식하고 있어야 한다.

디플레이션 경제가 아닌 상황이라면 돈을 그저 은행에 예금해 둔다는 것은 돈을 놀리는 것과 다름없으니 미래를 대비하여 투자에 나서야 한다.

챕터 52) 펀드와 ETF, 보험, 연금 투자 요령

몇 번이나 말했지만, 월급쟁이나 가난뱅이가 부자가 되는 방법은 부동산, 주식 투자로 두 가지 수단밖에 없다. 부자가 되고 싶으면 이 두 가지 재산으로 투자에 나서라는 말이다. 예금은 통상 부동산이나 주식에 투자하기 위한 돈을 모으는 수단으로만 봐야 하는 게 좋다.

달러로의 교체 투자는 단기간에 재산을 4~8배로 불릴 수 있는 큰 투자 기회이다. 10년 마다 1회 정도만 오는 기회를 꼭 활용해야 한다. 앞에서 자세히 설명하였음을 상기하라. 국고채 투자는 롱텀 디플레이션이 깊어지고 길어질수록 완전 대박이 나는 금융 상품임도 앞에서 자세히 설명하였으므로 다시 읽어 보면 된다.

우리나라는 주식이나 부동산에 직접 투자하는 인구가 70~80%는 된다. 특히 부동산은 최근의 부동산 펀드나 부동산 리츠 투자가 조금 늘고 있긴 하지만 아마도 90% 이상이 직접 투자일 것이다.

한동안 펀드 투자가 유행처럼 번졌었지만 펀드를 판매하던 은행, 이를 관리하던 증권사 혹은 자산 운용 회사들의 무성의하고 형편없는 운용 성적으로 누구에게나 외면받는 시대가 왔다. 이들은 신의 성실 원칙에 따른 의무마저도 제대로 해 오지 않았다고 생각한다.

펀드 편입 종목도 안 가르쳐 주고 운용 성적은 코스피 상승률보다도 늘 낮았다. 게다가 적자를 보든 흑자를 보든 수수료는 꼬박꼬박 받아 갔으니 투자자들은 완전히 봉 신세였다. 앞으로 펀드에 가입하는 일반인은 거의 없을 것이며, 이 자금들은 적어도 수수료가 거의 안 나오는 ETF라는 일종의 인덱스 펀드로 옮겨 갈 것이라고 본다.

게다가 전 정부에서는 사기 펀드 상품을 판 적이 있으므로 펀드의 몰락은 더 빨라질 것이다. 대신에 ETF는 외국 주식에 간접 투자뿐만 아니라 국내 주식 투자도 전부 가능한 형태로 다양화되고 있다. 즉, 펀드는 전부 사라질 운명이다.

이 ETF는 실제로 거래소에서 형성된 주식들의 가격을 집계해서 나타내는 것이므로 어떤 세력의 조작이나 증권사, 펀드 매니저 등의 능력이나 관리 등과는 아무런 관계도 없는 패시브 펀드(지수를 따라가는 형태)인 셈이다. 국가별, 업종별, 테마별 등으로 수십 가지가 있으며, 주식 이외의 채권 농산물, 원재료, 석유 등 없는 게 없을 정도이다.

주식에 직접 투자 및 관리할 시간이 없거나, 능력이 좀 부족할 경우 긴 안목으로 투자하면 된다. 또한 가끔 주식해서 망했다는 말을 들었을 텐데, 여기에 투자하면 손해를 좀 볼 수 있는 있어도 망할 수는 없다.

주식을 해서 망하는 경우는 부도가 나는 종목에 올인했을 경우, 신용으로 풀 베팅하여 깡통 계좌가 된 경우 등 극히 적은 사례다. ETF에 편입된 종목 전부가 일시에 부도가 나는 경우는 없기 때문에 손해를 볼 수는 있어도 망하는 경우는 없다.

ETF는 근본적으로 많은 종목을 주제별, 테마별, 국가별로 맞춰서 투자하므로 편입된 전체 종목이 부도가 나거나 감자 등이 없기 때문에 망할 수는 없는 것이다.

평균 정도의 수익을 목표로 하는 경우에는 이젠 펀드가 아니라 단연코 ETF 투자이다. 더 많은 욕심을 내는 투자자는 직접 개별 종목에 투자하는 것이다.

부록에서는 이 ETF에 투자하여 평생 부자로 아이를 키우는 요령과 정년퇴직 후에도 투자 수익을 보아 가며 넉넉한 노후를 보낼 수 있는 ETF 투자로 부자가 은퇴 후에도 부자가 되는 법을 소개한다.

호경기와 불경기는 통상 5년씩 지속되고 호경기가 되면 주식이나 부동산은 오른다. 호경기 시절에 주도주는 통상 3~4년간 지속적으로 오르며, 4배에서 20배 정도나 오른다는 게 그동안 30년간의 한국 주식의 변화를 연구한 결과임은 KTB 투자 증권의 리포트로 확인된 바 있다.

또한 종합 지수가 내릴 것이라고 생각한다면 KODEX 200 인버스 ETF에 투자하면 되므로, 지수가 오르거나 내리거나 돈을 벌 기회는 항상 있는 셈이다.

예전에 주식 투자를 하다가 중단했던 사람들은 새로운 제도를 먼저 익히는 것이 좋다. ETF에 인버스 제도가 도입된 것도 큰 변화의 하나다. 예전에는 주식 시장에 대세 하락 시기가 오면 주식을 전부 파는 것이 정석 플레이였는데, 이젠 대세 하락 시에 사야 할 종목이 ETF 인버스 형식으로 나타난 것이다.

그동안 자본주의 역사를 놓고 볼 때, 디플레이션 경제가 아니라면 매년 몇 %씩 인플레이션이 될 것이 확실시하기 때문에 주식 값은 당연히 오르게 되어 있다. 한국은 1980년 1월 4일을 지수 100으로 하여 자본 시장이 출발했지만 2017년 기준으로 2,500에 약간 못 미치므로 36년 만에 25배가 올랐다.

예로 든 ETF라는 상품이 생긴 지는 불과 몇 년밖에 안 되지만 만약 1981년에 KOSPI 200 ETF를 사 뒀다면 대략 25배나 재산 가치가 늘어난 것이다.

하지만 2017년 5월에 시작된 이번 대세 상승과 곧 거품 경제가 끝나고 나면, 일본과 마찬가지로 디플레이션 경제가 본격적으로 시작할 것으로 예상되므로 ETF 투자나 주식 투자도 조심히 해야 한다. 즉, 인버스 ETF로 투자하면 될 것이다.

이번 대세 상승의 끝은 2021년 6월이었다. 이 시기 역시 30년간의 한국 주도주 연구 결과를 반영한 것이다. 미국은 부동산 대출 형태가 비소구형으로 집을 비우고 열쇠만 채권자(은행)에게 전달하면 빚은 전액 탕감되는 제도이다. 그 덕분에 미국 국민들 중 홈리스인 자가 많아졌어도 빚은 전부 청산되어 단기간에 경제가 호전되었다.

따라서 워런 버핏은 향후 40년간 주가가 오를 것이라고 호언장담한 것이다. 또한, 2017년 6월 FRB의 의장인 재닛 옐런은 우리 세대에는 새로운 금융 위기가 없을 것이라고 장담했다. 엄밀히 얘기하면 이는 둘 다 미국을 기준으로 이야기한 것이지만 이들은 이미 틀렸다.

디플레이션 경제로 살짝 발을 디딘 한국과 전 세계와 일본은 또 다를 것으로 본다. 국민 연금은 대한민국 국민이면 누구나 가입이 강제되어 있다. 중국 등 외국에서 일하는 경우에는 국민 연금 납입이 유예되지만 누구나 가입하여 노후 최저 생활비를 대비하여야 할 일이다.

또한, 국민 연금은 노후 대비 자금으로는 부족하므로 임의 가입 형태로 추가로 개인연금 보험을 가입하되, 생명 보험 회사에 가입을 하면 수익률 면에서 더 좋다.

우체국에서도 연금 보험을 판매하는데, 우체국은 정부 소유이므로 안전하고 수익률 면에서도 손색이 없다. 보험료도 공시 이율로 보험 회사 각기의 예상 수익률에 따라서 보험 회사마다 매달 내는 보험료가 조금씩 다르다.

우선 생각할 것은 AIA 등의 외국 보험 회사가 다소 유리하다는 점이다. 기축 통화국에 살지 않는 우리는 달러를 비상 자금으로 항상 보유해야만 안전하다고 할 수 있는데, 달러 확보 차원에서라도 외국계 보험 회사에 달러로 장기 보험에 가입하면 매월 달러를 연금식으로 받을 수 있거니와 10년 이상 불입하면 소득세도 완전히 면세가 되므로 이를 활용할 필요가 있다.

달러 보험 가입 기간 중이더라도 갑자기 달러 가격이 2배로 오르는 상황이 오면 달러를 팔았다가, 가격이 크게 내린 주식이나 아파트 국채 등에 투자하면 된다. 즉, 보험 계약을 해지하였다가 다시 달러 가격이 정상화되면 재가입하는 것이다. '달러 보유+보험' 기능이 합쳐진 셈이다.

제5부

Tips & Tips

관련 연구소들의 연구 결론을 한 줄로 요약 정리하지만, 엄청난 자료들을 분석하고 오랜 기간의 데이터를 분석한 결론들의 모음이다. 하지만 절대로 무시해선 안 되는 한 줄짜리 고급 정보들이다.

시중에는 그럴듯한 제목의 재테크 책이나 일반 교양서적들이 전시되어 있다. 이를테면 채권 투자에 관한 두꺼운 책을 한 권 읽어 봐야 얻거나 쓸 정보는 한 줄에 불과함을 저자도 경험으로 알 수 있다.

여기에서 소개하는 한 줄짜리 Tips & Tips들은 책 한 권을 읽어야 얻을 수 있는 정보들로 모아 두었다. 독자 여러분도 제5부 Tips & Tips 말미에 추가로 정리해 나가면 좋을 것이다.

한 줄짜리 정보지만 책 한 권을
읽어야 얻는 고급 정보들

1) 미국 기준 금리 1% 인상하면, 코스피는 8% 하락한다. 그러나 1~2개월 후 원위치된다(자본 시장 연구원, 2000년 1월~2021년 10월 21년간 통계).

2) 미국 주식은 나머지 나라들과 0.83의 상관관계를 가진다. 한국은 0.59의 상관관계를 가진다(켄피셔 피셔인베스트먼트 회장).

3) 전세 끼고 증여하면 증여세 크게 줄인다. 세목이 분산되기 때문이다. 가족 간 매매의 경우 시가 대비 5%만 차이 나도 양도소득세를 재부과, 증여세는 시가와 거래 가격 차액이 최대 3억 원 또는 30%까지는 부과하지 않는다. 증여세, 취득세 절세 효과가 크지만 사항 발생 전에 세법 변경 확인해야 한다.

4) 장단기 금리가 역전된 지 6개월 뒤면 증시가 폭락한다. 역전된 금리가 다시 역전된 후 4~6개월 뒤에 경기 침체는 당연히 온다.

5) 1995년 무렵 기준 금리 2년 만에 3.0%→5.8%로 3% 가까이 올리자 멕시코→중남미→1997년 아시아→1998년 한국 IMF 상황이 벌어진다. 이때 주담대 금리 16.5%였다.

6) 2006년 금리 인상→2008년 서브프라임 사태 초래

7) 폴 볼커 연준 의장 시절 인플레이션 퇴출 과정 요약

1970년대 1차(1973년), 2차(1979년) 석유 파동으로 물가 상승률 14.5%에 달했다. 연준은 기준 금리 21.5%로 대처했다. 당시 실업률 10%, 예금 금리가 무려 20%였다.

고금리는 3년간 지속됐다. 기준 금리 21.5-인플레율 14.5=차이 이율이 무려 7%였다. 1981년 14.6%였던 인플레이션율이 1983년 2.36%로 잡혀 인플레는 퇴치되었다.

만약 1981년에 미국채를 샀다면 매년 15.19%의 수익률을 30년간 보장받았다. 외화 적립식 예금 또는 외화 보험 가입 후 금융위기로 인한 달러 급등으로 인해 외국인 국채 투매로 국채 폭락 시 해약해서 국채 매수하면 대박이다.

8) 일본의 단카이 세대(1947~1949, 680만 명, 총인구 대비 5.7%), 한국의 베이비부머 세대(1955~1963, 720만 명, 총인구 대비 14.4%). 따라서 일본의 잃어버린 30년은 한국의 12년이다.

9) 도로는 건축법상 도로와 현황 도로로 나뉘며 지적도에는 없지만 실제는 있는 도로를 현황 도로라 한다. 2.5m 이상으로 자동차 통행이 가능해야 한다. 포장돼 있으면 사용 승인이 필요 없다. 도로 관리 대장상 존재 여부를 확

인해야 한다.

10) 지금의 미국 기준 금리 인상은 1989년 일본이 급격히 금리를 올린 것과 같다.

11) 금리와 아파트 가격

금리와 주택 가격(국토연구원 1991~2021, 31년간 통계)

· 금리를 내리면 주택 가격은 즉각적으로 오른다.
· 금리를 올리면 12~15개월 후 떨어지기 시작한다(2021년 8월 첫 인상). 왜냐하면 대출은 거의 다 변동 금리 대출로 금리 인상일로부터 1년 정도 지나야만 모든 대출은 오른 금리가 적용되기 시작하기 때문이다.
· 기준 금리 1% 올리면 1년 뒤 0.7%, 2년 뒤 2.8% 내려간다(한국은행 조사국).
· 금융연구원 시장 금리(국고채 3년물 금리를 기준) 1% 상승하면 2년에 걸쳐 아파트 5% 내려간다.

12) 일본 동경 28평 강창희 씨 친구 집 시세 변동 사례

· 1984년 1억 2천만 원 매수
· 1991년 3억 6천만 원 시세 형성
· 2022년(38년 후) 당시 단돈 3천~4천만 원 사이지만 이 가격에도 매수자가 없다.

13) 리스료, 기름값 지불로, 환율 10원 오르면 대한항공 350억 손실, 아시

아나 284억 손실이 늘어난다.

14) Clevend 연방은행. 달러 가치 1% 인상되면 원유를 뺀 미국의 수입 물가는 0.3% 낮아진다. 즉, 인플레이션을 수출한다.
· 달러 10% 오르면 물가 3% 떨어진다.
· 호황·위기 양극단에서 항상 달러 강세가 되어 Dollar Smile 현상 발생.

15) 폭락 후의 완만한 상승은 또 다른 폭락을 예고하는 것이며, 폭등 후의 완만한 하락은 폭등을 예고하는 것이다.

16) 유가와 코스피는 같은 방향. 코스피가 한 달 정도 선행한다(김영익).

17) 2022년 9월 22일 당시
서울 38%, 경기 58% 이상, 지방은 19%, 세종 60% 정도 부동산 거품이다.

18) 국고채 3년물 금리와 기준 금리 간 격차는 개략 0.5% 차이로, 명목 GDP 성장률과 통화 증가율은 같다. Fisher의 교환 방정식이다.

19) 달러 가격
· 플라자 합의 시 51% 하락
· IT 버블 시 41% 하락
· 3차 하락 시기 2023년 달러 29% 과대평가
기타 화폐들은 그대로 엔은 40% 과소평가라는 시각(김영익 교수), 즉 미국 달러 폭락이 예상되며 제국의 몰락을 보면 통화가 마지막으로 꺾이기 때문에 미국 자산은 사면 안 된다는 뜻이다.

20) 레이 달리오
· 인플레 4~5% 고착화되고 저성장 기조일 것
· 2023년 스태그플레이션
· 8~10%는 되어야 금리도 고금리로 고착화될 것으로 예측된다.
· 채권 할인율 4~5% 이하여야 한다.

21) 한중일의 부채비율
한국 기업 부채 GDP 대비 115.2%
한국의 가계 부채는 GDP 대비 105.4%(전세보증금 포함 시 156.8%)로 세계 1위의 가계 부채 비율을 기록하고 있다.

전세보증금을 감안하면 156.8%로 단연코 세계 1위이다.
전세보증금이 선순환되면, 즉 깡통 전세가 아니라면 그런 대로 자금이 선순환되지만 그렇지 않으면 부동산은 대폭락한다.

한국에도 롱텀 디플레이션이 본격화된다. 일본의 부동산은 2008년에 30년 전 시세로 되돌아갔었다는 사실을 기억하고 각자 대비하여야 한다.

일본의 가계 부채 비율은 65.2%, 중국의 가계 부채 비율은 63.6%이다.
한국 정부 부채 GDP 대비 50%

한국 총 부채 GDP 대비 358% 정도

한국 외환 보유고 GDP 대비 25%, 중국 18%

22) 중국 GDP 1% 낮아지면 한국 GDP 0.15% 하락

23) 그린스펀의 수수께끼

2004년 6월~2006년 3월까지 기준 금리를 2.75%로 올려도 10년물 미국채 수익률이 겨우 0.23%(4.62%→4.85%)만 올랐다. 기준 금리를 올렸어도 시중 금리는 오히려 떨어지는 현상이다.

24) 금년 7월 유가 130$→80$로 예상된다.

25) 실질 금리가 1% 내리면 금은 17% 가격이 오른다.

26) 잃어버린 30년의 일본
· 일본 니케이 지수는 2006년 4월, 30년 전 지수로 되돌아갔다.
· 일본 부동산은 2008년 4월, 30년 전 가격으로 되돌아갔다.
· 2020년 12월 일본은 롱텀 디플레이션 국가에서 탈출했다. 아베노믹스의 대성공이다. 따라서 30년 전으로 되돌아갔던 주가지수와 아파트는 이제 다시 오름세로 돌아섰다고 봐야 한다.

27) 독자들이 Tips & Tips 추가정보를 계속 기록해 나가시길

28) … 추가로 기록해 나가기 바람

마치면서…

아파트는 주식과 거의 유사하다.

왜냐하면 어느 지역 어느 아파트 84㎡ A형과 B형은 서로 서로 디자인이 거의 똑같으며 층에 따른 가격 차이만 고려하면 거의 가격이 정해져 있는 것과 같다.

그러니 주식처럼 가격이 정해져 있는 것과 같다. 몇 %를 더 받는 것도 불가능에 가까우며 몇 % 싸게 팔면 금방 팔린다. 심지어 현 주거 상황을 보지 않고도 매매가 가능하고 실제로도 그렇게 매매하기도 한다. 같은 크기의 아파트끼리는 디자인도 큰 차이가 없어 매매, 전세, 임대 등의 의사 결정 과정도 쉽다.

이처럼 아파트는 주식처럼 뛰어난 유동성을 자랑한다. 단지 가격이 엄청 비싼 주식과 비슷하다.

우리나라가 아파트 거주 인구 비율이 세계에서 가장 높다. 한국에는 총 75% 이상의 인구가 가격이 표준화된 아파트나 연립주택 등 공동주택에 산다. 한국이 전 세계 인구 비중상 아파트 등 공동 주거지에 거주하는 인구가 가장 높음은 물론이다. 최근에는 단독 거주자가 1,000만 세대에 이른다.

전 세계는 오랫동안 부동산은 시세 변동을 제대로 파악하지 못했다. 불과 몇 년 전부터 이제는 아파트로 부동산 시세의 변동성이 쉽게 확보되면서 아파트의 시세 변동을 그래프화할 수 있게 되었다.

한국의 경우 한국부동산원과 KB국민은행 등에서 매월 시세 변동 상황을 그래프화하기 때문에 이제는 부동산 시세를 분석할 도구가 생겼다.

주식처럼 매일매일의 시세 변동을 그래프화할 수는 없으나 주간 변동, 월간 변동, 연간 변동을 그래프화할 수 있다. 따라서 이 그래프를 활용해 지나온 시세나 앞으로의 추세 등을 예측할 수 있어서 많이 편해졌다.

부동산, 특히 그중에서 아파트의 시세 변동을 그래프화함으로써 주식이나 기타 재테크 대상이 되는 자산 간의 관계를 파악할 수 있다. 즉, 주식의 움직임과 아파트의 움직임과의 상관관계, 달러의 움직임과 아파트 가격의 움직임의 관계 등을 쉽게 파악할 수 있다.

이제는 재테크 대상 재산들 간의 상관관계를 정립하여 예측이 가능해 진 것이다. 이렇게 함으로써 사람들은 이 책을 읽고 읽어, 같은 실수를 반복하는 횟수를 줄일 수 있을 것이다. 실수는 누구나 한다.

실수로 실패자가 되는 사람이 있고, 다시 성공하는 사람도 있다. 전 세계의 내 고객들은 한두 번 실패하더라도 다시 성공한 사람들이 되길 원하며 이 글을 쓴다.

이 책을 쓰는 또 하나의 이유는 한국에, 아니 전 세계에도 제대로 된 재테크 책 한 권이 없기 때문이다. 즉, 공식화된 투자 순서, 투자 방법 등 룰이 없어 수많은 재테크 초보자들은 가산을 탕진하고 망해 왔기 때문이다.

"정형화된 투자 공식이 없을까?"를 갈구하던 중 그 객관화되고 일반화된 투자 공식을 찾았기 때문에 책을 낸다.

여태까지의 재테크 책들은 주식 전문가이면 주식만을 다루고, 부동산 전문가이면 부동산만을 설명하였다. 당연히 기존 책에는 주식과 아파트 달러와 예금, 국채 간의 관계에 대한 설명은 전혀 없으며 왜 돈은 항상 이 5가지 재산을 순환하는지에 대한 설명은 전혀 없었다.

본 저서에서는 이들 재산 간의 관계를 설명한다. 아마도 최초가 아닐까 생각한다. 어느 시대 어느 나라에서나 재테크 시기나 상황을 관통하는 항상 통하는 재테크 일반론을 남기고 싶었다. 저자의 투자론은 미국에서는 달러와의 교체 투자 과정만을 제외하면 그대로 항상 적용할 수 있다.

나라에 따라서 시대에 따라서 수출이 그 나라 경제에 미치는 영향이 다소 크거나 적거나 하겠지만 각국의 국제수지의 변화에서 이익이 많이 나는 곳으로 돈이 저절로(?) 순환하는 경제의 순환은 시작되는 것이다.

재테크 대상 자산은 주식, 아파트, 달러, 은행예금, 국채 5가지로 분류할 수 있다. 통상 달러나 예금, 금, 은, 원유 등은 가치 보전 수단으로서의 기능이 더 크다고 볼 수 있으며 재산을 불리는 수단이 아니다. 즉, 평상시에는 가격 변동이 미미하므로 투자 대상이 아니다.

그러나 이 중에서 달러는 잘 다루면 불과 1~2년 사이에 4~8배 정도의 투자 수익을 가져다주는 아주 중요한 재테크 대상 자산이 된다. 따라서 달러를 잘 다루어야 투자에 크게 성공할 수 있다.

저자는 약 50년 이상 재테크에 경험을 쌓았는데, 10년이면 변한다는 강산의 변화와 재테크 대상 자산 간의 관계를 꿰뚫는 재테크 전문서 하나가 없는 것이 늘 불만이었다.

재테크라는 수레는 계속 순차적으로 순환하면서 굴러 가는 것인데, 기존의 재테크 책들은 한 가지 재테크 재산에 관해서만 다루었다.

그들은 주식, 아파트, 달러, 예금, 국채 간의 순환 매매를 해야 된다는 것을 말하지 않는다. 몰라서 그러는 것인지 알고서도 안 알려 주는 것인지 모르지만 순서에 따른 순환매를 하지 않으면 각 자산의 시간이 지나면 이 5가지 재산들은 50% 이상씩 올랐다가 거의가 다 이제는 50% 이상씩 폭락하여 제자리 가까이로 돌아감을 누구나 경험으로 알 것이다.

그래서 어느 자산이든 단순히 한 가지 자산으로 장기간 투자하면 무조건 다 망하는 것이라고 앞에서도 자신 있게 수차례 강조한 바 있다. 순환 매매를 하기 싫다면 투자한 자산이 최고가였을 때 팔고 현금화했다가 적어도 7~8년 후에 팔았던 자산을 새로 사야 재산이 늘어난다.

한번 투자 시기가 지나면 다음에 또 그 재산이 오르려면 7~8년의 시간이 필요한 것이다. 매 10년마다 약간씩 다르기는 하지만 한 번의 경기 순환은 보통 10년이나 되므로….

순환매를 권하지 않는 기존 재테크 책들은 결국 1/5쪽짜리 재테크 지식이 되어, 투자 자산 간의 순환 이유와 순환 시기 등을 설명하지도 않아 참고할 만하지도 못한 것들이었다.

특히, 기존의 재테크 서적들은 달러 투자와 채권 투자에 관한 기법들은 전혀 설명하지도 않았다. 관심이 있다면 관련 책을 구해서 공부해야만 한다. 그러나 저자의 책은 그럴 필요가 없다. 한 권의 책 내에서 재테크 자금들의 자동 순환의 이유와 과정을 등을 간단히 설명한다.

달러는 위기가 찾아오면 순간적으로 50~100% 정도를 아래위로 오르내린다. 따라서 돈을 불리고 싶은 미국 거주자를 제외한 나라의 사람들은 누구에게나 달러는 중요한 투자 대상이 된다.

달러는 국내외의 자산 시장에 직접적인 영향을 끼치는 가장 중요한 요소 중의 하나인데도 기존의 책들은 늘 이를 배제해 왔다. 달러는 언제 사고, 언제 팔아야 수익이 크게 나는가?

미국 달러를 기축통화로 쓰는 현재의 세계 경제 체제하에서는 미국에서의 재테크 요령과 그 밖의 나라에서의 재테크 방법에는 큰 차이가 있을 수밖에 없다.

그 이유는 미국에서는 재테크 투자 자산을 달러로의 순환 투자 과정이 필요 없기 때문이다. 달러는 그들에게는 단지 현금이기 때문이다.

그러나 미국 외의 나라에서는 재테크 순환 과정 중에 반드시 한 차례는 달러와 투자 자산과의 교체 투자자 과정을 거쳐야만 수익을 극대화할 수 있기 때문이다. 달러 투자를 통해서 단기간에 투자 자산을 4~8배로 불릴 수 있다.

모든 나라는 미국으로의 수출에 목을 매는 경제를 운영 중이므로 결국 투자 방법은 미국을 제외하면 전부 대동소이하게 된다. 미국으로 수출이 늘어나기 시작하는 나라는 서서히 그 나라의 국내 경기가 좋아지게 된다. 경기가 좋아지면 먼저 주식 시장이 오르면서 투자 순환 사이클이 작동하기 시작하는 것이다.

본 저서도 기존의 재테크 책 내용들과 대동소이하다면 새로 책을 쓸 이유도 없다. 기존의 재테크 방법과는 판이하게 다르므로 이 책을 써서 자식들에게만 전해 주려다가, 누구나 알아야 재테크로 돈을 잃지 않겠기에 책으로 펴내는 것이다. 본 저서를 읽고 따르지 않으면 결국 재테크 투자자 본인의 손해가 된다고 자신한다.

흔한 시중의 재테크 책과는 완전히 새로운 달러로의 교체 투자기법과 개략적으로 10년마다 한 번씩 찾아오는 달러 가격의 등락 시 단기간에 대박을 차지하는 재테크 요령 등이 준비되어 있다.

1년에 자라날 수목 가치의 상승, 언젠가 철로 건설로 인한 접근성 개선 등을 감안하더라도 전반적으로 막연하게 인플레이션의 진행에 따른 가격 상승을 전제한 고평가된 한국의 부동산은 가격이 내려갈 수밖에 없다.

이런 자산은 수익은 발생치 않지만 매년 재산세 등으로 비용은 발생한다. 한마디로 답답하다. 이제 제조업체들이 한국의 각종 규제와 강성 노조, 고임금 등을 피해 해외로 나가는 이상, 더 이상 한국의 토지 가격의 대폭 상승은 없을 것이다.

토지 값이 오르지 않으면 아파트의 대폭 상승도 없을 것이다. 한 가지 잠재적 변수가 있는데, 바로 북한과의 통일이다. 통일이 된다면, 인구가 대폭 늘어나서 수요자가 많아진다.

부동산은 장래가 잿빛이지만 부동산에 비해서 주식은 조금 더 나을 것으로 보인다. 삼성전자를 예로 들면 1년에 50조 원을 벌어들인다. 작년 대비 수익이 50%나 늘어난다고 해도, 직원들 급여 인상 폭은 10% 이내일 것이다.

투자 재원 마련, 신 공장 건설 등 갖가지 명목을 붙여 임금 인상을 억제할 것이니 결국 기업의 이익금은 회사에 고스란히 보관되는 것이다. 그러나 종업

원 중에서 월급 외에 회사의 이 이익에 참여하려면 반드시 예로 든 삼성전자 주식을 일정 수량 보유할 수밖에 없다.

주당 순이익은 당장 주가에 반영이 안 된다고 할지라도 결국에는 반영될 수밖에 없다. 즉, 가격은 변해도 가치는 변하지 않는 것이다. 언젠가는 가치대로 수렴하는 것이 주가다.

다음으로 새로운 인플레이션 시대로의 회귀는 언제인가도 얘기해 보자!

기본적으로 2023년 3월 말 기준으로 지금은 5대 자산(주식, 아파트, 달러, 예금, 국채) 간 돈의 흐름을 꿰뚫어 보는 펜타곤(Pentagon) 투자법상 아직은 은행 정기예금에 돈이 머물러 있어야 할 시기이며 곧 국채 시대에 들어선 지 2년 정도가 지나야 하며, 정부나 가계의 부채가 100% 이내로 들어와야 한다.

아마도 우리나라는 2037년 정도까지 계속될 기나긴 롱텀 디플레이션 기간으로 일본처럼 국채의 파킹 기간이 기나길 것으로 예측한다. 일본을 예로 들면 마이너스 국채 금리까지 32년간의 기나긴 국채투자 세월을 보내 왔음을 알아야 한다.

세계는 전후 약 70년간 인플레이션은 곳곳에 누적되어 있으며, 40년간 저금리 시대를 지나왔다. 이제 40년간은 고금리 시대로 진입할 것으로 보이며, 미국의 경기가 좋아져 나스닥이 움직임을 시작하고 새로운 주도주로 짐작되는 주도주가 탄생하고 주가가 오르기 시작하면 각국의 국제수지를 들여다보고 결정하면 된다.

무역 의존도가 크든 적든 판단 요령은 전 세계 모든 나라가 다 같다. 미국 경제가 전 세계 경제의 약 25%를 담당하기 때문이다.

일본과 서독의 플라자 합의 후의 결과가 달랐듯이 각국의 사정에 따른 롱텀 디플레이션의 탈출 시기도 다를 것이다. 그러나 우리에게는 마지막 기회랄 수 있는 남북한 무혈 통일이 있다.

2,600만 인구가 늘어난다. 기회가 주어지길 바란다.

본 저서는 심심할 때 읽어 볼 만한 경제 이야기들과 인플레이션 경제에서의 투자 요령, 디플레이션 경제에서의 투자법, 5대 자산(주식, 아파트, 달러, 예금, 국채) 간 돈의 흐름을 꿰뚫어 보는 펜타곤(Pentagon) 투자법의 Big Cycle 순환 투자법, 주식을 전혀 모르면서도 자식을 주식 부자로 키우는 투자법, 은퇴해서도 주식 부자로 사는 법, 통일 시의 재테크 요령 등으로 구분해서 정리되어 있다.

책 내용을 강조하다 보니 어휘나 글에서 거북함을 줄 수있는 표현도 조금은 있을 것이다. 이보다 중요한 것은 시세에서는 저자도 그동안 많이 틀려 왔었다는 사실이다.

2021년부터 펜타곤(Pentagon) 투자법 이론이 제대로 맞는 이론임을 제2부에서 검증한 바 있다. 제대로 된 검증 기간만도 One Business Cycle과 같은 10년 정도가 걸린다. 2017년 5월을 이번의 대세상승 시발점으로 보니까 지금이 7년차쯤 검증하고 있는 셈이다.

저자는 지금이 펜타곤(Pentagon) 투자법의 4단계인 정기 예금에 투자해 놓고 마지막 투자 단계인 국채로 넘기기 위한 대기 기간으로 판단하고 있다.

저자도 그동안 마땅한 재테크 책이 없어 헤매다가 처음으로 펜타곤(Pentagon) 투자법을 이론화하고 이를 제대로 적용해 볼 기회가 마무리되고 있는 것이다.

즉 이제야 약 50년의 투자 경험을 자신 있게 한 권의 책으로 총정리하고 있다는 것이 무엇보다 더 중요하다.

지금이 롱텀 디플레이션(LongTerm Deflation) 상황이 아니라면, 그냥 단순히 한국의 경상수지가 흑자가 나기 시작한 지 1년 뒤에 혹은 미국의 적자가 커지기 시작한 지 1년 뒤에 국채를 팔고 주식을 사들여 가면 투자에 성공한다는 사실이다.

그 이후에는 펜타곤(Pentagon) 투자법의 순서에 그냥 맞춰 자금을 순환시키면 저절로 부자가 되는 것이다.

빌 게이츠의 명언처럼 '태어나서 가난한 건 당신의 잘못이 아니지만 죽을 때도 가난한 건 당신의 잘못이다.'라는 말을 되새겨 펜타곤(Pentagon) 투자법에 맞춰 10년마다 10배 정도씩 부를 창조하여 모두 부자로 살길 바란다.

그리하여 누구나 노후에 "The Life is Beautiful!"이라고 말할 수 있길 기대한다.

주.아.달.예.국 경제연구소
2023년 9월 판교에서

# 부록

부록 1) 60세에 시작해도 부자 되는 투자법
(어린이를 평생 주식 부자로 키우는 투자법 있다!)

요즘은 60세쯤 은퇴해도 누구나 20~30년 가까이 더 사는데, 새로운 투자는 위험하다고 아무 곳에도 투자하지 말라고들 말한다. 그러나 그러면 절대로 안 된다.

인생이 90년 정도 되니까, 이제 누구나 30년간 배우고 30년간 일하고 30년을 실업자로 살아야 한다. 따라서 은퇴 후에도 주식이나 아파트 등에 마음 놓고 투자하면서 평생을 부자로 사는 투자법을 꼭 배워 투자에 나서야 한다.

저자는, 챕터 1)에서 주식이나 아파트에 단순히 장기 투자 하면 누구나 다 망한다고 주장한 바 있다. 그러나 부록에서는 이와 반대로 달러 평균법을 이용한 장기 투자로 누구나 부자가 되는 숨겨진 투자기법과 투자상품을 독점 공개한다.

최초로 초보 투자자도, 어린 자녀들도, 은퇴자도 주식에 투자해 놓고 세월을 보내기만 하면 저절로 부자가 되는 주식 투자 비법을 안내한다.

대신에 일확천금하는 부자가 아니라 10년이나 20년에 걸쳐 서서히 부자가 되거나 어느 날 되돌아보니 떼 부자가 되어 있는 부자가 되는 정보를 제공한다. 이 콘텐츠를 아는 이상 마음 놓고, 호경기이거나 불경기이거나 대세 상승기이거나 대세 하락기이거나를 불문하고 아무 때에나 적극적으로 맥쿼리인프라 펀드나 ETF를 통해 주식에 투자하기를 권한다.

안전한 주식이 있기에 강력히 추천해 주는 것이다. 이 안전한 주식으로 주식이 뭔지 전혀 몰라도 자녀를 부자로 만들어 주거나 스스로도 부자가 될 수 있다.

바로 인류가 만들어 낸 물건 중에 최고라는 찬사를 받고 있는 ETF다.

매월 정기 적금식으로 KODEX 200 TR 혹은 KODEX 200이라는 주식의 조합을 꾸준히 사면 된다. 둘 중에서 더 좋은 것은 일반적으로 KODEX 200 TR로 판단된다. TR은 총수익(TR) ETF 혹은 토털리턴 ETF로 불리는데, TR이 맨 뒤에 붙어 있는 ETF이다.

외국인 투자자 선호도가 꽤 높은 총수익(TR) ETF는 1주도 살 수 있고 무한대로도 살 수 있다. 매년 약 2%의 분배금을 배당하지 않고 재투자하므로 분배금의 복리효과까지 누릴 수 있다. KODEX 200은 1주에 3만 2,690원 정도이며 매월 적금식으로 사도 되고, 자유 적립식으로 돈이 생길 때마다 원하는 만큼 사도 된다.

KODEX 200은 우리나라의 상위 200개 회사를 모아 놓은 주식 조합, 즉 주식 바구니이다. 이를 사 모으면 우리나라 상위 기업 200개를 조금씩 사 놓은 것과 같다. 그러니까 우리나라 코스피 기업 성장에 따른 주가의 상승과 배당 이득금의 내 몫은 종합 주가지수 상승률로 보면 무리가 없다. 코스피 지수 상승률만큼만 매년 벌어들이면 우리나라 기업들 모두의 성장으로 인한 평균 수익은 나도 올리는 것이 된다.

즉, 내 몫은 찾는 셈이 된다. 그런데 KODEX 200은 당연히 코스피 상승률, 즉 우리나라 기업들의 전체 평균 상승률은 항상 뛰어넘는 상승률을 기록하게 되어 있다. 코스피 기업 수천 개 중에서 좋은 회사 상위 200개를 모아 놓은 것이기 때문이다.

그동안 주식 투자를 전혀 하지 않았다면 그 사람은 이 평균 이득도 챙기지 못한 것이다. 결국 내가 더 가난해지는 이유는 주식을 안 해서 내 몫도 다 챙기지 못해서 그렇다는 것임이 명백해졌다.

KODEX 200 종목 중엔 가끔 부도가 나거나 경영 실적이 갑자기 나빠진 기업이 생길 수 있다. 이 경우엔 자산 운용사에서 해당 기업을 KODEX 200 종목에서 제외시키고 다른 기업으로 대체해서 편입하므로 이 KODEX 200으로 주식을 한다면 절대로 망할 수도 없다. 딱 우리나라 상위 200개 기업의 평균 이익률 정도만 먹고 싶으면 KODEX 200을, 더블을 벌고 싶으면 KODEX 200 레버리지를 사면 된다.

우리나라 전체 기업들의 성장률보다 조금 더 돈을 벌고 싶은 사람들이 사 모으는 주식이 바로 KODEX 200(자산 운용사에 따라 KODEX, TIGER,

KINDEX 등이 있으나 KODEX가 대표적임)이다. 이 ETF 상품은 증권 시장이 있는 나라면 어느 나라에나 있으니 사 모으기만 하면 부자가 된다.

분배금까지 자동으로 재투자해서 복리로 먹고 싶다면 KODEX 200 TR을 사면 된다. 이에 만족할 수 없는 사람들은 삼성전자, POSCO 등 개별 종목을 매매하는 것이다.

ETF는 1976년에 미국의 펀드 매니저 존 보글이 종합 주가지수에 연동시킨 인덱스 펀드를 처음 선보인 것이 효시다. 개별 주식은 등락을 거듭하지만 증시 전체는 경제 성장과 더불어 우상향한다는 개념에 착안한 상품이다.

워런 버핏이 주식을 잘 모르는 아내에게 남긴 유언장에 "재산의 90%는 S&P 500 인덱스 펀드에 투자하라."라고 유언했을 정도로 안전하고 수익성이 좋은 주식의 조합이다. 미국의 S&P 500은 미국의 상위 기업 500개를 모아 놓은 것이다. 바로 KODEX 200과 같은 것으로 보면 된다.

이렇게 좋은 물건이니 지수 추종형, 테마형, 액티브 ETF 등 수도 없이 ETF가 많지만 저자는 지수 추종형을 최고로 치고 이에 맞춰 KODEX 200을 추천한다.

그러나 해외의 ETF를 산다면 역시 환율과 해당 ETF의 장래 가격 두 가지를 맞춰야 하는 고도의 투자 지식이 필요하다. 그러니 외국의 ETF는 사지 않는 것이 좋다고 본다. 그냥 외국의 잘 오르는 테마형 ETF를 보고 한국의 해당

ETF를 사면 주도주를 맞출 수 있겠구나 정도만 알면 된다.

한국에는 ETF 종류가 현재에도 이미 300~400가지나 되며 골프, 웹툰만을 대상으로 하는 ETF 등 너무 많고 세분화되어 오히려 투자에 방해가 될 지경이다. 이것만으로도 주식이 뭔지도 모르면서 애들을 주식 부자로 키울 수 있다!

따라서 아이를 부자로 만들어 주기 위해서 ETF 투자를 대신해 주는 경우에는 KODEX 200, KODEX 200 TR, KODEX 레버리지 정도만 투자 대상이다. 해외 ETF는 롱텀 디플레이션과 초장기적으로 달러 약세가 이어질 것이 뻔하기 때문에 권하지 않는다.

주식이 뭔지도 모르면서 스스로 부자가 될 수 있다. 그러나 롱텀 디플레이션이 본격화되면 이미 정기예금처럼 목돈으로 사 놓은 KODEX 200도 KODEX 200 TR도 당연히 손해를 본다.

일본은 32년간 미국은 22년간 약 80~90%까지 주식과 아파트가 폭락했다. 대폭락이 예상되는 이럴 경우엔 KODEX 인버스를 사면 된다. 그러나 이것도 해 볼 수 있다는 것이지, 권하지는 않는다. 맞추기 쉽지 않기 때문이다.

숏텀 디플레이션이든 롱텀 디플레이션이든 지속적으로 KODEX 200이나 KODEX 200 TR을 계속 매월 사들여도 생각보다 큰 손해는 보지 않게 된다. 10~20년간 장기간 지속적으로 매수하고 보유하므로 결국 10~20년 평균 가격으로 사게 되기 때문이다. 오히려 비쌀 때 산 ETF 가격마저 싼 평균 가격으로 매수 가격을 떨어뜨려 주는 효과도 있다.

그러나 롱텀 디플레이션이 본격화되는 초기 3년 정도 기간에는 단기간 하락 폭이 너무 크므로 이 기간은 피하고 사면 더 좋다. 이 ETF에 투자하기로 했다면 저자가 창안한 펜타곤(Pentagon) 투자법도 따르지 말라.

ETF 중 KODEX 200을 구성하는 종목은 내가 정하는 것이 아니라 자산 운용사가 정한다. 사실은 정하는 것도 아니다. 상위 기업 200에만 투자하기로 이미 정해져 있으니 그렇다. 그들은 그냥 관리해 준다.

즉, 나는 종목 선정에 신경 쓸 이유가 전혀 없다. 이것도 펀드이기에 정부의 엄격한 통제하에 있어서 더욱 안심이 된다. 결국 투자자인 나는 ETF 중 KODEX 200 등을 매월 같은 금액을 같은 날짜에 사 놓기만 하면 된다.

영원히 계속 존재하는 상품이므로 영구 주식 투자이고 영구 주식 적금이다. 그렇다고 이자를 주는 것은 아니나 배당금(분배금이라 부름)은 나온다. 시중의 보통 예금 이자 이상의 소득은 보장된 것이나 마찬가지이다. 주가지수는 평균적으로 매년 10% 정도씩 상승하고, 배당금도 1년에 각 분기 말을 기준일로 하여 네 번 나온다. 왜냐하면 결산기일 기업마다 다르듯이 배당일도 다르기 때문이다.

참고로 종목별 편입 비중과 분배율도 한번 보자.

· 편입 비중

삼성전자(28.59%), SK하이닉스(4.56%), 삼성SDI(3.63%), LG화학(3.36%), 현대차(2.55%), POSCO 홀딩스(2.43%), NAVER(2.42%) 등 200개 종목이다.

· 분배율(배당금): 기준 연도 2020년

1월(0.176%), 4월(1.65%), 7월(0.184%), 10월(0.166%)로 연간 2.176%나 된다. 개략적으로 연간 2% 정도 나온다. 은퇴자들은 KODEX 200을 사서 적지만 매년 배당금을 받는 것이 KODEX 200 TR을 사는 것보다 유리하다.

KODEX 200 같은 경우 레버리지, 인버스, 곱버스가 아닌 시가총액 그대로 비율대로 주식을 실제로 보유하고 있는 펀드이기 때문에 각 종목에 배당금이 나오니 이를 주주들에게 나눠 줘야 하므로 KODEX 200도 분배금(=배당금)이 매년 2% 정도씩 나오는 것이다.

배당금은 2020년을 기준으로 계산해 보면 약 2%로 적은 편인데, 그 이유는 코스피 200 종목 전부가 배당금을 주는 것은 아니기 때문이다. 운용사가 이를 받아서 주주들에게 재분배하는 것이다. 그러나 평상시의 국채 이자율도 보통 2% 내외라는 점을 감안하면 상당히 매력적인 분배율(배당률)인 것이다.

KODEX 200과 KODEX 200 TR은 주식을 모르고 주식에 신경 쓰기는 싫은데 돈은 벌고 싶거나 최소한 한국의 성장을 나눠 가지고는 싶은 사람들을 위한 ETF이다. 또한 자식을 주식 부자로 만들어 주고 싶은 부모를 위한 상품이며 은퇴자들의 노후 자금 관리용 상품이기도 하다.

결국 KODEX 200과 KODEX 200 TR은 약간은 게으르고 투자기법에 무지한 사람을 위한 장기 대박 주식 투자 방법이며, 영구적인 주식 적금이다. KODEX 200 TR은 매년 약 2%의 분배금도 배당하지 않고 전액 재투자하므로 자녀를 주식 부자로 만들어 주기에는 KODEX 200보다 더 낫다고 할 수 있다.

ETF라는 상품이 생기면서 주식 투자하기에 너무 편해졌다. 주식으로 부자 되기도 너무 쉬워졌다. 분배금도 20~30년 장기 복리식으로 자동적으로 재투자해 주는 TR 상품이 나와서 너무나 좋아졌다.

ETF뒤에 TR이 붙어 있는 KODEX 200 TR은 1, 4, 7, 10월에 주는 분배금을 받지 않고 즉시 재투자하는 ETF이다. TR은 Total Return이란 뜻이다.

KODEX 200 TR은 정확히는 분배금을 재투자하는 지수를 추종하는 ETF이다. 분배금을 받지 않고 분배락(=배당락)을 시키지 않음으로써 분배금을 재투자한 것과 같은 효과를 내게 된다. 실제로 분배금을 재투자한다고 해 놓고 ETF 숫자가 1개도 늘지 않음을 보고 의아해하지 않아도 되는 이유이다.

KODEX 200보다 좋은 점은 분배금을 받지 않고 재투자하므로 복리 효과를 누리게 된다는 점과 분배금을 받지 않아 배당소득세를 실제로 ETF를 팔 때

내므로 세금의 이연 효과도 있다는 점이다.

세금 이연에 따른 복리 효과까지 누릴 수 있다. 세제는 수시로 변하지만 단순 ETF보다 TR ETF가 더 유리함은 당연하다고 하겠다. 세제는 거의 매년 변하므로 수시로 검토해서 판단하는 것이 좋다.

KODEX 200 TR은 아이들을 주식 부자로 만들 때 가장 유리한 초장기 복리 효과를 누리게 된다는 점이다. 20~30년간의 분배금의 복리 효과와 한국 주식 시장의 200개의 주요 종목의 평균 상승률을 대변한 주가 상승의 평균적 이익을 고스란히 취하는 ETF이다.

아이를 부자로 키우고 싶거나 한국 경제 성장의 평균 이윤이라도 차지하는 투자를 하려면 꼭 들어 줘야 하는 ETF이다. 적극 투자를 권한다. 투자 기간은 10년 혹은 20~30년간 장기 투자이며 장기간 사고팔 이유도 없는 한국 200개 대표 기업들의 주식의 조합이다.

또 하나. 지금 현재 중개형 ISA(개인 종합 자산 관리 계좌)는 19세 이상이면서 금융 소득 종합 과세 대상자가 아니면 누구나 가입할 수 있는 인기 상품이다. 가입 연령 제한이 있어서 아이들이 어릴 때부터 가입시켜 줄 수 없는 것이 아쉽다.

현재 필수적으로 가입해야 되는 절세 상품이어서 ISA에 가입하여 KODEX 200 TR을 5년 이상 장기 투자 하면 최고의 상품이 될 것인데 아쉽다.

하지만 19세 이상의 성인이라면 현재 최고의 상품은 중개형 ISA에 가입한 후, 이 돈으로 KODEX 200 TR이나 맥쿼리인프라 펀드 주식을 사 모으는 것이다. 미성년자인 자녀의 경우에는 롱텀 디플레이션 등이 아닌 기간에는 KODEX 200 TR을 계속해서 사 모으면 된다.

현재 ISA는 5년형 상품이지만 만기 시 해지한 후에 IRP 퇴직 연금으로 넘기고 다시 ISA에 가입하면 또다시 1억 원 한도 내에서 5년간 저축할 수 있다. 즉, 세제 혜택이 큰 5년짜리 정기적금으로 이해하면 된다.

ISA는 예·적금이나 펀드 등 다양한 금융 상품에 투자해 손익통산·비과세·분리과세 혜택을 받는 계좌다. 신탁형, 위임형, 중개형이 있다. 배당·이자·분배금 등을 받게 되면 배당소득세로 15.4%의 세금을 내야 하는데 ISA 계좌를 통한 수익에서는 배당소득세를 9.9%만 낸다.

매번 연 4.5% 가량의 추가 수익을 내는 것과 다름이 없다. 게다가 중개형 ISA는 만기가 되어 인출 시에는, 계좌 내 손익을 통산해 금융 소득 일반형은 200만 원(서민형은 400만 원)까지 비과세되고, 초과 이득이 있으면 9.9%의 분리과세 혜택도 적용해 준다.

특히 좋은 점은 2023년부터는 국내 주식, 비상장 채권, 국내 주식형 펀드 등의 이익이 5천만 원을 초과하면 지방소득세 포함 22%의 양도소득세가 발생하는데, 중개형 ISA 가입자는 금융 투자 소득에 대해 전액 비과세 혜택을 받는다. 정부의 2023 세제 개편안이기에 국회 통과 시 변경될 사항들도 있을 것이니 확인해서 판단해야 한다.

한국 코스피 주식 시장의 30년간 주도주만을 찾아서 결과를 분석해 보니 약 10년에 한 번씩 주도주를 중심으로 코스피 지수가 대폭 오르는데, 보통 주도주가 탄생하면 3~4년간 오르며, 상승 폭은 4~20배까지 오른다.

주도주가 꺾이면 대개 상승장은 끝난다. 주도주도 3~4년간 폭등한 후에는 수명을 다하는데, 피크 후 1년 이내에 최고점 대비 50~95%까지도 폭락한다.

그래서 주도주를 사서 장기간 보유하면 저절로 깡통 계좌가 된다. 참 아이러니하지만 이것이 전부 사실이다.

주식, 아파트, 달러, 예금, 국채의 펜타곤(Pentagon)식 5단계 빅 사이클 순환 매매 5가지 재테크 수단 중 주식 한 가지만을 장기 투자 해서 부자가 될 수 있다는 생각은 철저히 잘못된 것이다. 큰 부자가 되려면 반드시 빅 사이클에 맞춰 5가지 재산을 순서에 맞춰 순환 투자 해야 한다.

결론적으로, 주식만을 장기 투자 해서 부자가 되고 싶다면 주가의 상승폭과 내림 폭이 가장 큰 주도주 투자는 철저히 피하고 생필품 주식이나 만년 베스트셀러를 생산하는 제약, 바이오주 등만 사서 장기 보유하면 남들보다 성과는 좋을 것이다.

하지만 조무래기 부자에 그칠 것이다. 주식에 장기 투자 해서 무조건 성공하는 요령은 KODEX 200 혹은 KODEX 200 TR에 장기간 투자하는 것이다.

기간이 길수록 더 유리하며 가격이 폭등하든 폭락하든 같은 금액을 매월 적금식으로 10~30년 정도 초장기 투자 하면 투자 기간 동안 평균 가격으로 매수·매도하게 되어 가장 효과적이다. [그림 1]의 코스피 지수의 큰 폭의 상승을 보라!

하지만 디플레이션 초기의 급락기를 피하면 더욱 좋다.
사실 월급쟁이나 가난뱅이가 부자가 되는 방법은 빅 사이클 순환 투자 매매 대상인 주식, 아파트, 달러, 예금, 국채에 투자하여 돈을 불리는 것 외에는 없다고 봐도 된다. 이 밖에 금, 원유 등에 투자하기도 하지만 이는 가치를 보전하는 한 방법이지 늘리는 수단은 아니다.

욕심이 많은 투자자는 주도주만을 매매하고 싶어 하고 한번 주도주의 화려함에 취한 사람은 주도주가 폭락을 해도 팔지 못하고 또 오를 것으로 생각하기 쉽지만, 한번 주도주로 나섰던 주식이나 업종은 약 1/8의 확률로 다시 주도주가 된다고 통계상 확인된다. 거의 불가능하다는 뜻이다. 이것도 30~40년간 통계이니 틀릴 가능성은 5%도 안 될 것이다.

이전에 화려했던 건설주, 증권주, 은행주 등 트로이카주를 보라! 이들은 다시는 주도주로 못 떠오르는 게 정상이다. 이미 이 산업들은 성장이 제한적인 업종이나 주식이 된 게 그 이유이다.

그래서 주도주를 샀다 하면 폭등장이 끝나면서 반드시 주식 시장을 잠시 떠나 펜타곤(Pentagon) 투자법을 따라서 한 바퀴 돌거나 KODEX 인버스로 바꿔 줘야 한다.

최선책은 주도했던 주도주를 팔고 아파트→달러→예금→국채를 순서대로 돌아서 3~4년이 지난 후 다시 다음을 주도할 주도주를 찾아서 주식 시장에 새로이 진입해야 한다.

이 순환 투자를 잘 따라 하지 못하거나 하기 싫은 경우엔 대세 하락기인 3~4년간 KODEX 200을 팔고 KODEX 인버스에 체류하면 된다. 대신에 주식 시장이 다시 3~4년 후 소생하면 다시 KODEX 인버스를 팔고, KODEX 200으로 되돌아와야 한다.

주식은 오르내림의 폭이 너무 심하다. 아이들을 부자로 만들어 주기 위한 주식 투자는 장기적으로 투자해야 하는데 장기 투자를 하려면 KODEX 200이나 KODEX 인버스로 하기를 권한다. 주식은 주도주를 사더라도 주도 기간이 끝나면 대폭락하는 것이 그동안의 사실이다.

좀 게으르거나 더 긴 장기간으로 시장을 본다면 KODEX 200 ETF에 계속 투자금을 불입하면 가입 기간 동안 평균 가격으로 구입 단가를 떨어뜨리게 된다.

펜타곤(Pentagon) 투자법 순환매에 참여하기 싫은 투자자들은 KODEX 200을 무기한 정기적금식으로 오르든 내리든 사들여 가면 큰 손해는 없다. KODEX 200을 정기예금식으로 한 번에 투자한다면 롱텀 디플레이션 등으로 주식 가격이 폭락하면 큰 손해가 된다.

하지만 적금식으로 투자하는 사람은 계속 사들여 가면 디플레이션 시에는 평소 가격보다 더 싸게 사게 되므로 결국 불입 기간 동안의 평균 가격으로 산 것이 된다. 이렇게 평균 가격화되는 구입법과 매도법을 달러 평균법(Dollar Average Method)이라고 한다. 우리가 아는 총평균법과 같다.

매월 20만 원 씩 같은 금액을 투자한다고 치자.
어떤 주식이 쌀 때에는 1월처럼 100주를 사게 되고 10월에는 143주를 사게 된다.
가격에 따라 구입 수량이 달라지므로 매월 구입 수량이 [표 2]처럼 이렇게 달라질 수 있다.

10개월간 총 구입액은 200만 원(20만×10월)으로 총 1,144주를 평균가격 1,748원(200만원/1,144주=1,748원)에 매수하였다.

예로 든 것은 10개월간 투자 기록이지만 한 번의 경기 순환이 개략 10년쯤이니 이를 호경기 5년, 불경기 5년 총 10년으로 바꿔서도 생각해 보라. 즉, 매월을 매년으로 생각해 보라.

한 번의 경기 순환이 개략적으로 10년이고 펜타곤(Pentagon) 투자법의 투자 기간 회전도 10년이므로 한 번 매도 기회를 놓치면 5년 이상이 지나야 다시 매수 가격대로 주가가 오른다. 그제야 비로소 손해를 보지 않고 매도할 수 있는 것이다.

월	매수일자	구입 단가(원)	수량(주)	구입액(원)	비고
1월	25	2,000	100	200,000	
2월	25	2,200	91	200,200	
3월	25	2,150	93	199,950	
4월	25	1,950	102	198,900	
5월	25	1,800	111	199,800	
6월	25	1,700	117	198,900	
7월	25	1,500	133	199,500	
8월	25	1,400	143	200,200	
9월	25	1,800	111	199,800	
10월	25	1,400	143	200,200	
계	25	평균 1,748원	1,144주	1,997,450원	

[표 2] 달러 평균법의 효과 분석표

따라서 장기 투자를 한다면 5년 이상을 가져가야 하되 매도 시기도 잘 선택해야 망하지 않고 장기 투자로 성공할 수 있다는 것을 알 수 있다. 따라서 달러 평균법으로 매수·매도하면 절대로 망하지 않는 이유를 살펴보면,

1) 최고 가격(2,200원)과 최저 가격(1,400원)의 차이가 무려 36%에 달하지만, 이 사례는 가장 쌀 때에 팔아도 평균 구입가격(1,748원)이 낮으므로 손실률(1,748-1,400/1,748×100=20%)은 항상 20%인 것이다.

손실율도 최저치일 때 남들의 36%와 달리 20%이니까, 공포감도 상대적으

로 적다. 전체 구입량을 다 파는 것이 아니라 자금이 필요한 수량만큼 파는 것이므로 절대로 망하지도 않는다.

[표 2]를 통해서 장기간 가격 변동을 보면 주식은 한꺼번에 다 사거나 다 팔면 안 된다는 것도 간접적으로 알 수 있다. 만약에 자금 부족에 몰려서 8월~10월 사이에 판다면 망할 뿐 아니라 원금을 회복할 기회도 완전히 없어진다.

기관이나 개인이나 대개 불황의 끝자락에서 자금이 필요하게 되어 이때에 주식을 팔게 된다. 설령 그렇다 하더라도 달러 평균법으로 투자하면 손실액이 훨씬 더 적은 것을 [표 2]로 확인 할 수 있다.

-

Dollar Average Method(달러 평균법)을 통해서 매수 대상으로 삼는 종목 또한 개별 종목이 아니라 KODEX 200, KODEX 200 TR, KODEX 200 레버리지 등 ETF와 2043년에 해산되는 조건으로 조성된 맥쿼리인프라 펀드를 투자 대상으로 하면 된다.

약 10년 이상씩 ETF나 맥쿼리인프라 펀드를 적금식으로 매수 혹은 매도하는 것이다. 예를 통해 설명한 사례는 주식 개별 종목이어서 가격 기복이 심하지만 ETF는 이렇게 심하지 않아 ETF를 달러 평균법으로 매매하면 절대로 망할 수 없다.

이 종목들은 평균적으로 볼 때에는 경제나 기업이 성장하기만 한다면 10년 정도의 평균치 가격은 항상 오르기 때문이다. ETF는 상위 200개 기업에 조금씩 분산 투자를 하는 것과 같으므로 우리나라 상장 기업 전체의 평균 성장률보다는 가격이 항상 더 상승됨은 물론이다.

2) 일반적으로 주식 투자자들이 망하는 가장 큰 이유는 단순히 주식을 장기 보유 하는 것이 가장 큰 이유이다.

위에서 예로 든 10개월은 숏텀 디플레이션, 즉 불황기 때의 주식 시세표라고 볼 수 있는데, 누구든 주식 시세를 정확히 예측하지 못하므로 항상 불황의 끝자락에서 누구나 자금이 필요하여 팔게 된다는 것이다.

그래서 결국 가장 싼 가격인 10월(10년차)에 투매를 하게 되어 망하는 것이다. 2월과 3월에는 투자 수익이 났었음에도 욕심 때문에 팔지 못해 생겨난 일이다.

결국에는 불황의 끝자락인 10월(10년차)에 마지막 코너에 몰려 가장 싼 가격에 기관이나 개인이나 거의 동시에 투매하게 된다.

3) 망하는 또 하나의 이유는 펜타곤(Pentagon) 투자법을 지키지 않아서 망하게 된다는 것은 이미 수차례 설명하였다. 자금을 다음 투자 대상 자산으로 차례대로 넘겨야 한다는 투자 법칙인 펜타곤(Pentagon) 투자법을 항상 따라야 한다.

4) 이 달러 평균법은 10년 이상의 장기 투자에 적합한 투자이며 1주당 취득 원가와 매도 가격이 평균화되는 결과가 된다. 정해진 금액을 정해진 날짜에

맞춰 장기간 적립식으로 매수하거나 매도하는 것이 된다.

5) 달러 평균법의 위험 분산 기능을 보면 일시 투자법 보다 달러 평균법이 더 좋은 방법임을 알 수 있다. 따라서 목돈이 있더라도 ISA 등에 가입해 두었다가 매월 일정액을 인출하여 적립하는 것이 위험 분산과 세제 혜택으로 더 유용함을 알 수 있다.

이들을 활용하면 은퇴해서도 평생 부자로 살 수 있다. 마찬가시로 이 방법으로 자녀를 평생 주식 부자로 만들 수 있음도 알 수 있다.

따라서 은퇴 자금이 1억 원만 있어도 이 방법으로 맥쿼리인프라 펀드를 매월 ISA에서 인출하여 분할 매수 한 후 매년의 분배금(1억/13,000×780원/12=월 50만 원)과 약간의 연금을 합쳐 10년 정도는 큰 불편 없이 살 수 있다.

생활비가 부족하면 맥쿼리인프라 펀드나 KODEX 200 ETF를 100주씩 팔아서 생활비에 보태어 매월 쓰면 된다. 따라서 2억 정도만 준비되어 있다면 은퇴 후에도 20년은 주식 투자로 편히 먹고살 수 있는 방법이 된다.

보다 자세한 내용은 부록 2) 노부부가 1억으로 10년 사는 투자법에서 설명을 이어 가기로 한다.

이 방법들은 또한 어린이도 나이가 들어가면서 저절로 부자가 되는 주식 투자 방법이 된다. 특히 어린이들이 투자하는 경우에 매번 투자액이 달라져도 장기간 적금식으로 여러 번에 걸쳐 매수한다면 장기간의 평균 가격으로 매수하고 매도하게 되므로 투자 횟수와 기간이 같다면 수익률에는 별 차이가 없다.

은퇴한 사람이거나 어린이 투자자나 맥쿼리인프라 펀드의 높은 분배금으로 인해 맥쿼리인프라 펀드에 투자하는 것이 훨씬 더 유리하다. KODEX 200도 매년 2% 정도의 분배금이 주어지기는 하지만 분배율에서 큰 차이가 난다.

ETF가 2013년 정도에 우리나라에도 생겨났으므로 이제야 주식 투자만으로도 평생 부자가 되는 방법들을 자신 있게 소개할 수 있어 다행으로 생각한다. 이보다 더 큰 수익을 올리고 싶다면 펜타곤(Pentagon) 투자법을 따르면 된다.

우리나라의 주가는 정확히 국제수지의 1년 뒤를 그대로 후행하므로 이를 감안하여 주가가 대세 하락 초기의 대폭락세를 시현한 후, 1년 후에 하락 폭을 확인하고 이에 맞춰 개별 종목을 사면 된다.

우리나라의 주식이 국제수지 증감의 1년 뒤에, 아파트는 국제수지 증감의 1년 6개월 뒤에 같은 궤적을 그리면서 거의 흡사한 모양으로 후행하는 이유는 우리나라의 높은 대외 의존도 때문이라고 설명한 바 있다.

경기 순환의 시기가 다소 다르겠지만 이는 전 세계가 각국의 국제수지에 따라서 변한다는 것은 거의 같다고 봐도 무방하다.

주도주를 매매한다면, 주도주는 반드시 교체 매매를 해야 한다. 주도주는 3~4년만 대폭 성장의 희망과 함께 주식 시장을 주도한다.

그런데 이를 팔고 다른 상승 종목을 또 맞추는 것은 증권 전문가나 애널리스트 등보다 원숭이가 더 잘 맞춘다는 통계도 있으니 결국 주식으로 성공하는 것은 불가능에 가까워진다.

즉, 주식 종목 선정에 누구나 자주 실패하므로 주식하면 망한다고 말하는 것이다. 그래서 주식만을 투자하는 사람은 주식 시장 대세 하락기에는 주식 시장에서 잠시 떠나 있는 것이 더 좋다.

펜타곤(Pentagon) 투자법에 따르면 주식 시장이 대세 하락을 시작하면서 주식을 팔고 다음 상승을 주도하는 자산 시장, 즉 Big Cycle을 따라서 아파트로 옮겨 가야 하는데 계속 주식 시장에 머무르면 위와 같은 이유로 금번 상승장에서 번 돈은 거의 다 토해 내게 된다.

주도주가 주도를 끝내면 시장은 대개의 경우 대세 하락으로 가기 때문에 코스피 종목 전체가 급락한다. 보통 30~50%는 폭락한다. 그래서 주도주 매매는 가능한 한 하지 않고 정보에서 급적 멀리 떨어져서 주식 투자를 하되, 기업 이익의 기복이 작은 생필품 주식만을 위주로 투자하는 워런 버핏이 성공한 것이기도 하다.

게다가 워런 버핏은 매월 막대하게 들어오는 펀드 자금으로 위기 시에 폭락한 주식을 한꺼번에 대량 매수하여 매번 큰 기회를 잡는다.

그래서 일반인들은 주식에 직접 장기 투자를 하면 안 된다. 주식에 직접 투자를 하면 거의 모든 투자자들이 이처럼 욕심 때문에 주도주를 못 버리고, 대세 하락 시에는 올랐던 주가는 거의 제자리로 되돌아오며 다음에 오를 종목은 확률상 1/8밖에 못 맞추므로 돈을 거의 다 잃게 된다.

주식을 매매하면 일반인들은 자금 부족이나 쓸 곳이 생겨서 견디다, 견디다 결국에는 바닥에서 손해를 보고 팔고 나면 이제 급등을 시작하게 되는 경우가 거의 전부이다.

다음 주도주나 주도산업은 아마도 값싸지는 우주여행 등으로 우주 산업이 아닐까 싶지만, 역시 미국의 주식 시장이 답을 말해 줄 것이다.

얼마 전부터 주도산업으로 각광받는 바이오 제약주도 코카콜라, 라면, 음식 등 생활필수품 주식처럼 수명이 꽤 긴 산업이 아닐까 싶다.

앞으로 줄기세포나 바이오 제약주는 계속적인 새로운 질병의 등장에 계속 각광받을 것으로도 보이고, 어떤 경우에도 약은 먹어야 하므로 어떻게 보면 생필품 주식보다도 더 생필품적인 주식으로 보이기도 한다.

혹, 주식을 다 팔아도 아파트로 순환매할 돈이 안 되는 경우엔 일반적인 불경기라면 바로 달러로 가도 된다. 아니면 주식에 투자할 돈과 아파트에 투자할 돈을 따로 준비해 두는 것도 좋을 것이다. 이른바 투 트랙으로 관리하는 것이다.

주식 가격이 최고일 때 국내 달러 가격은 최저가 된다. 그래서 얼른 주식을 팔고 달러에 투자하면 된다. 단기간에 달러는 더블 가까이 오른다.

단, 롱텀 디플레이션 시에는 달러로 가면 안 된다. 주식 시장이 거품이 터지면서 폭락하면 바로 KODEX 인버스에 투자해도 된다. KODEX 인버스 레버리지도 투자 가능하다. 2037년 정도까지 줄곧 보유하고 있으면 큰돈이 된다.

결론적으로 앞으로 주식, 아파트, 달러, 예금, 국채 등 5가지 투자 대상 자산 중 장기 투자 대상은 바로 주식 투자뿐이라는 것이다.

이 중 IMF 당시 만들어진 맥쿼리인프라 펀드는 특별하게 우리나라에만 존재하는 사회 간접 자본 펀드인데 국채와 그 성격이 흡사하며 2043년에 해산되는 기한부 펀드이다. 수익률은 국채를 훨씬 능가한다는 점을 잊지 말기 바란다.

주식 투자는 보통 원숭이보다도 못한 투자 수익을 가져왔다는 것을 잊지 말아야 한다. 이것은 인간들이 욕심을 자제하지 못해서 화려한 인기 종목을 위주로 추종 매매하기 때문인 것으로 수차례 연구되었다.

화려했던 인기 종목인 주도주는 매번 대세 하락과 함께 50~90%까지 폭락한다는 놀라운 사실이다. 이 때문에 주도주에 장기간 투자하면 누구나 망한다는 연구 리포트는 30년간 한국의 주도주를 비교 분석하여 모 증권사에서 발표된 바 있다.

시중의 어쭙잖은 전문가들 말처럼 주식은 장기 투자해야 성공한다는 말을 그대로 믿고 따라 해서는 절대로 주식으로 부자가 될 수 없다.

부록 2) 노부부가 1억으로 10년을 넉넉하게 사는 투자법 있다!

1억 원의 노후 자금으로도 노부부가 10년간 편히 살 수 있다.

무지막지한 보험 회사들의 겁 주기식 노후 필요 자금 발표나 기타 자칭 노후 전문가라는 사람들의 겁 주기식 멘트에도 큰마음을 둘 필요는 없다. 그저 건강에만 신경 쓰며 살아가면 1억으로도 10년은 편히 살 수 있다.

그럼 이제 조목조목 따져 보기로 하자.

· **기본 포뮬러(Fomular)**
A) 먼저 국민연금으로 월 50만 원 정도의 수입이 있어야 한다. 국민연금에 가입되어 있지 않다면 노부부는 월 50만 원 정도의 기초연금을 수령할 것이다.

B) ISA에 가입한 후, 1억 원으로 맥쿼리인프라 펀드를 5년에 걸쳐 1억/13,000원 정도 =7,690개를 매수한다. ISA는 연간 2,000만원까지만 불입 가능하다.

C) 7,690개의 분배금은 주당 매년 780원(매년 6% 정도 배당금 수령)정도

가 항상 분배된다.

매년 분배금은 7,690×780원=5,998,200원이다.

ISA를 가입한 후에 맥쿼리인프라 펀드를 샀으므로 분배금(배당금)에 대한 세금은 없다.

· **실제 월수입 포뮬러**

A) 부부 기초 연금 혹은 국민연금 월 50만 원

B) 월 분배금 7,690×780원/12=월 50만 원

C) 맥쿼리인프라 펀드를 월 100개씩 매도해 생활비에 충당한다. 7,690/100=76.9개월 사용 가능하다. 약 6년 4개월 활용할 수 있다. 매월 13,500원×100주=135만 원을 확보할 수 있다. 물론 KODEX 200 ETF를 필요한 만큼 팔아서 활용해도 될 일이다.

D) 이렇게 할 경우 월수입은

연금 50만 원+분배금+50만 원+매각 자금 135만 원=235만 원, 즉 매월 235만 원의 생활 자금으로 살아갈 수 있다.

· **1억 원의 노후 자금으로**

A) 자가주택이 있다면 계산상으로도 6년 4개월을 월 235만 원의 수입으로 편히 살 수 있다.

B) 노부부에게 매월 235만 원은 적은 돈이 아니므로 실제로 조금씩 아껴 쓰면 10년은 무사히 노부부가 편히 살 수 있다고 판단된다.

· 2억 원의 노후 자금이 있다면…
A) 자가주택이 있다면 계산상으로도 6년 4개월을 월 470만 원의 수입으로 편히 살 수 있다.

B) 노부부에게 매월 470만 원은 적은 돈이 아니므로 실제로 조금씩 아껴 쓰면 15~20년은 노부부가 편히 살 수 있다고 판단된다. 그러하니 보험 회사의 겁주기식 보도자료에 겁먹을 필요도 없으며 애써 노후를 대비한 보험에 가입할 필요도 없다.

· 시세차익도 막대할 것이다
2023년 8월 7일 현재 한국의 기준금리는 3.50%이다. 저자는 2016년 1월부터 한국에도 롱텀 디플레이션이 도래한 것으로 판단한다. 롱텀 디플레이션이 시작되면 원달러 환율과 금리가 일본처럼 끊임없이 마이너스 금리까지 내린다.

앞 챕터 여러 곳에서 롱텀 디플레이션의 특징과 맥쿼리인프라 펀드와의 관계를 자세히 설명한 바 있다.이를 종합해서 판단해 보면 맥쿼리인프라 펀드는 약 20년짜리 국채와 같다.

즉 잠시의 금리 급등 후에는 롱텀 디플레이션으로 앞으로 장기간에 걸쳐 기준금리는 마이너스 금리까지 내리게 된다. 따라서 매년의 분배금은 별도로 하고 3.5%의 기준금리가 적어도 0.25% 정도까지는 내릴 것으로 저자는 판단한다.

인플레로 인해 앞으로도 2~3번의 미국의 기준금리와 한국의 기준금리가 인상될 것으로 본다. 금리가 2~3번 인상된 후에 맥쿼리인프라 펀드를 사면 최적기에 사는 것이 되지만 금리가 3.5%인 지금 맥쿼리인프라 펀드를 사더라도 장기적으로 보면, 즉 만기까지 가져 간다면 매수 시기에 따른 일시적인 손해는 복구된다.

그리고 지금 매수하더라도 시세차익만도 (3.5-0.25)×14%=45.5%가 나올 것이다. 즉, 맥쿼리인프라 펀드에 투자하는 것은 노부부가 1억으로 10년을 넉넉하게 사는 투자법이 되는 것이며, 분배금과 시세차익으로 꿩 먹고 알먹고의 투자법이 되는 것이다

부록 3) 통일 시 재테크 요령

북한의 개혁·개방 후의 최고의 재테크는 바로 북한 돈이다. 이미 미지급 이자가 많이 쌓여 있을 것이므로 북한 국채가 당연히 현금보다 더 좋다.

아마도 초단기에 매입 가격 대비 5~10배 이상의 이득이 주어질 것 같다. 그 증거로는 개혁·개방 후의 중국 위안화 환율의 드라마틱한 절상을 보여 주는 [그림 23]을 참고하면 된다.

독일의 경우에는 동독 돈의 가치를 통일 전의 가격 그대로 인정해 주었던 사실을 기억해야 한다. 흔히들 화폐 가치는 국력의 상징이라고 말한다. 그래서 사회주의 국가들은 자국 화폐의 가치를 달러 대비 거의 대등하게 둔다. 어차피 계획 경제이고 물건의 가격은 정부에서 통제하기에 가능한 일이다.

통일 독일도 동독의 화폐와 서독의 화폐를 1대1로 똑같이 인정해 주었기에 북한의 화폐도 당연히 1대1로 교환해 줄 것으로 본다.

사실상 북한의 경제 규모는 한국의 1/100도 안 되니까 통화량 또한 많지 않을 것이다. 따라서 경제에 미치는 영향 또한 거의 없을 것이다. 북한의 국채 또한 마찬가지다. 통일 독일처럼 밀렸을 국채 이자와 원금을 전부 대한민국 정부에서 주게 될 것이다.

독일은 통일 과정에서 15년가량 후유증을 경험했으나 현재는 세계 4위 경제 대국으로 성장했다.
북한의 부동산에 관심이 많겠지만 통일이 되더라도 소유권이나 영구임차권 등 권리 단계가 확정될 때까지는 긴 시간을 거치게 될 것이다.

등기부가 살아 있다면 독일처럼 국가에서 개인에게 소유권을 넘겨주게 될 것으로 보이지만…. 북한 돈과 한국 돈의 비율은 약 1:8이며 북한의 하모니카 주택이나 대동강변의 고급 주택은 투자 대상으로 좋다고 본다.

주식 시장에 통일은 대형 호재로 작용한다.
독일은 통일이 된 1990년부터 10년 뒤인 2000년까지 독일 DAX 지수는 240% 상승했다. 통일이 되면 대개는 도로와 항만, 전력 등 인프라 투자가 이뤄질 것으로 생각한다.

신영증권에 따르면 독일은 의류와 제약 등 경공업주가 실제로 많이 올랐다. 의류 대표 기업이었던 휴고보스는 1990년 9월부터 2000년까지 971% 폭등했다. 바이엘은 같은 기간 445% 올랐다. 물류기업 대표였던 루프트한자는 397% 상승했고, 전력 대표 E.ON은 336% 올랐다고 한다.

그러나 통일이 무엇보다 중요한 것은 한국의 롱텀 디플레이션에서의 탈출을 도와 조기에 끝내게 된다는 것이다. 북한 인구는 약 2천600만 명이다. 이 인구가 소비 및 생산 인구를 메워 주게 된다.

단군 이래 최대의 인구 증가가 단기간에 이뤄지는 것이니 축복이 될 것이다. 물론 독일처럼 서로의 적응 과정이 필요한 것은 어쩔 수 없을 것이다. 앞에서도 보듯이 꼭 인구 문제 때문만은 아니겠지만 한 번 롱텀 디플레이션에 돌입하면 미국도 대공황 탈출까지 22년이나 걸렸고, 일본은 32년이 지났어도 아직도 완벽하게는 탈출을 못했다.

일본의 경우를 보면 롱텀 디플레이션의 원인 중 인구 문제는 30년이 지나도 해결되지 않는 난제임에 틀림없다. 전 세계에는 이미 2016년에 롱텀 디플레이션이 도래해 있음을 저자는 수차례 강조한 바 있다.

따라서 제아무리 장기간 성장을 구가했던 대한민국이라도 이번의 세계적인 롱텀 디플레이션은 피할 수 없다. 나라마다 정도의 차이는 있을지언정 어느 나라도 피해 갈 수는 없다. 그러나 우리에게는 찬스가 있다. 한국의 눈물을 한국의 웃음으로 바꿔 줄 수 있는 북한과의 통일이 남아 있다.

만약 북한이 중국처럼 개혁 개방으로 나서거나 남북한 자유 왕래가 가능해지거나 통일이 된다면 우리나라는 단번에 한국의 눈물과 부의 몰락을 끝내고 통일 독일처럼 다시 도약의 길로 나서게 될 것이다. 다시 한번 더 도약의 기회가 오기를 간절히 바란다.

독일은 전 세계에서 제일 먼저 인구가 줄어드는 '독일소멸론'이 인정될 만큼 공공연한 인구 감소 국가였다. 그러나 통일로 단번에 인구가 급증했다. 인구가 급증한다고 해서 한꺼번에 경제가 좋아지는 것은 아니듯이 인구가 준다고 한 번에 경제가 침체되는 것 또한 아니다.

흔히들 얘기하는 베이비부머 세대의 은퇴나 단카이 세대의 은퇴가 경제를 한 번에 디플레이션으로 몰아가는 것은 아니다. 사람들은 실업자가 되더라도 서서히 소비를 줄여 가기 때문이다.

해리 덴트의 인구절벽론은 과장이나 침소봉대라고 봐야 한다. 이 또한 사회주의 국가들의 경제는 계획 경제여서 자국 통화는 엄청나게 고평가되어 있다.

중국의 개혁·개방 후의 위안화 절상 그래프 [그림 23]을 확인해 보라!

수출 단가는 천정부지로 튀어 오르고 대호황을 맞게 된다. 북한과 통일이 될지, 북한이 개혁·개방으로 나아갈지 아무도 모르지만 투자자 입장에서도 북한이 매력덩어리임은 맞다.

먼저 통일이 된 독일의 사례가 있고, 먼저 개혁·개방을 한 중국과 베트남 등의 사례가 있으니 비교 검토해 보면 미래를 예측할 수 있다.

— 끝 —